Michael Zeuske · Insel der Extreme

Michael Zeuske

INSEL DER EXTREME

Kuba im 20. Jahrhundert

Rotpunktverlag

© Rotpunktverlag, Zürich 2000 · www.rotpunktverlag.ch

Umschlagfoto: Raúl Corrales,»Caballería«, Mai 1960. (Die »Barbudos« von 1959 als »Mambises« des Unabhängigkeitskrieges verkleidet.)

Druck und Bindung: freiburger graphische betriebe · www.fgb.de

ISBN 3-85869-208-5

2., aktualisierte und stark erweiterte Auflage 2004.

Inhalt

»Die Geschichte dieser Insel [ist] ... immer außerhalb
ihrer tatsächlichen Größenverhältnisse«

François Maspero

Einleitung:
Kuba in Geschichte und Geschichten

Geschichte Kubas, die Geschichte eines 110 000 Quadratkilometer
großen (oder »kleinen«) Archipels in der Karibik, fordert zu großen
Erzählungen heraus. Das Monument einer solchen großen Narra-
tio wird für alle Zeit das 1600-Seiten-Opus von Sir Hugh Thomas
bleiben.[1] Vielleicht muss ihm heute die neueste Biografie von Fidel
Castro zur Seite gestellt werden.[2] Das würde auch die Verschiebung
von Erzählweisen zwischen 1970 und 2000 illustrieren. Vielleicht
fordert die Geschichte der Insel immer wieder Historiker und
Literaten heraus, weil Kuba immer Experimentierfeld von Globalisierungen, Imperien und Auswanderungen war – und der Revolutionen gegen Imperien? Oder weil auf Kuba seit Beginn der Kolonialgeschichte, seit 1510, immer die Geschichten der vielen
Globalisierungsopfer und der wenigen Gewinner von Kolonialismus, Sklaverei und globalisierter Expansion erzählt oder besun-
gen worden sind?

Einige Titel der Literatur deuten darauf hin: Nach Kuba flohen
die Aruak-Indios von Haiti seit der Ankunft des Kolumbus bei seiner zweiten Fahrt 1493; nach Kuba kamen im 16. und 17. Jahrhundert
über Sevilla und die Kanarischen Inseln vor allem arme Menschen
aus Spanien und seinen europäischen Besitzungen (wie Neapel).
Im 18. und 19. Jahrhundert wurden hunderttausende von Menschen
aus Afrika nach Kuba verschleppt. Für hundert Jahre, etwa von 1760
bis 1868 und nochmals 1878 bis 1895, war Kuba koloniales Experimentierfeld des imperialen Spanien, 1898 bis 1959 experimentier-

ten die USA auf der Insel und zwischen 1961 und 1991 die UdSSR,
auch Mexiko spielte immer eine wichtige Rolle: Kuba war die Insel
der Versuche im Atlantik, auch der frühen Globalisierungsversu-
che.[3] Dabei entstand auf Kuba zwischen 1790 und 1886 eine der am
deutlichsten konfigurierten und effizientesten Massensklavereien
der Weltgeschichte. Die Sklaverei spaltete die Insel.

Der Kampf um die Unabhängigkeit unter Bedingungen der Sklaverei trennte auch die kubanischen Literaturen in mindestens zwei:
die Inselliteratur und die Exilliteratur. Seit dieser Zeit gibt es bis
heute mindestens zwei Meta-Erzählungen über die Insel.[4] Seit der
Zeit um 1790 existierten auch ein »großes« Kuba der Sklaverei und
mehrere »kleine« Kubas, in denen sich die Sklaverei nicht oder noch
nicht durchgesetzt hatte. Bis zum Sieg des Nordens im Bürgerkrieg
der USA konzipierten Eliten an beiden Ufern des Golfes von Mexiko
das »große« Kuba und Havanna als Zentrum eines »schwarzen«
Plantagenreiches, beherrscht von kleinen weißen Oberschichten.
Havanna war aber auch eine Stadt der Flucht, des Untertauchens
und des Widerstandes gegen die Sklaverei. Havanna war Zentrum
der »schwarzen Karibik«.[5] Von den »kleinen« Kubas gingen die anar-
chischen Kriege des kubanischen Nationalismus gegen Kolonialismus, Imperien und Sklaverei aus; hier hatte auch das ambulante
revolutionäre Staatswesen während der Kriege, die *República en
Armas* (Republik in Waffen) ihre festeste Basis.

Vielleicht wäre das aber alles schon vergessen, wenn Kuba nicht
zum Symbol des kleinen David gegen den Goliath USA geworden
wäre? Auch die USA als imperiale Hegemonialmacht unserer Zeit
testeten auf dem Versuchsfeld Kuba ihr Verhältnis zu Lateinamerika oder überhaupt zum Süden.[6] Vieles an heutigen Interventionen und Okkupationen erinnert an die Okkupation der Insel
1899–1902. Oder fordert Kuba noch heute zu großen Erzählungen
heraus, weil – im Jahr 2004 muss man wieder sagen vielleicht –
Fidel Castro der einzige Revolutionsführer der Weltgeschichte ist
und vielleicht gewesen sein wird, der seine Utopie verwirklicht hat

– mit all den Problemen, wie sie realisierte Utopien haben? Oder hat die neoliberale Hybris der 1990er-Jahre uns daran gehindert, die Vorteile einer relativ stabilen Entwicklung im Zentrum der Karibik zu sehen?

Die Geschichte Kubas hat seit 1960 Hochkonjunktur in den amerikanischen und in den westlichen Geschichtswissenschaften, zu denen wir hier auch die der ehemaligen DDR und der ehemaligen ČSSR zählen. Das Zentrum der Kuba-Geschichtsschreibung sind die USA; zweites Zentrum ist bis heute Spanien[7], auch bedingt durch die Publikation der bis heute ausführlichsten Geschichte Kubas aus der Feder des exilierten Kubaners Leví Marrero. Diese Kuba-Geschichte ist ein Steinbruch des Positivismus, was hier durchaus positiv gemeint ist.[8] Louis A. Pérez Jr. ist seit Jahren der Doyen der internationalen Kuba-Forschung.[9] Für die Politikwissenschaften vor allem in den USA war Kuba über Jahrzehnte Studienmodell par excellence.[10] Eine Synthese zum Thema Kuba und Lateinamerika bietet aus brasilianischer Sicht Luiz Alberto Moniz Bandeira.[11]

Etwas vergröbernd kann man sagen, dass imperiale Geschichten Kubas von 1960 bis 1995 vor allem in den USA Konjunktur hatten, während Nationalgeschichten Kubas seit 1990 vor allem auf Kuba Konjunktur haben. Wenn das Schreiben von Geschichte ein Ausweis für die kulturelle Stabilität einer Gesellschaft ist, kann sich der Spätcastroismus auf eine stabile Basis stützen. Vielleicht aber handelt es sich auch um die Mobilisierung einer antiquierten Vergangenheit, um nichts über die Zukunft aussagen zu müssen?

Das kommunistische Kuba als Teil des realsozialistischen Lagers (1970–1990) benutzte als Nationalgeschichte des eigenen Landes vor allem das annalistische Handbuch von Ramiro Guerra y Sánchez[12] oder Teile der noch unter Batista gedruckten *Historia de la Nación Cubana*.[13] Auch die geniale, allerdings völlig überholte patriotische Synthese von Fernando Portuondo[14] oder die exzellenten Quellenwerke von Hortensia Pichardo und César García del Pino[15] fanden

Verwendung, obschon oder gerade weil sie als irgendwie »unmar-
xistisch« galten. Parallel dazu wurden die Texte von in der Tradition
des französischen und mexikanischen Strukturalismus stehenden
Historikern (Manuel Moreno Fraginals, Juan Pérez de la Riva, Julio
Le Riverend[16]) oder von fähigen Autodidakten (José Luciano Franco,
Pedro Deschamps[17]) gelesen. In den 70er- und 80er-Jahren entstanden auch Lehrbriefe und Textsammlungen. Frühe antiimperialis-
tische Nationalgeschichten (Oscar Pino Santos, Jorge Ibarra), geschrieben im Elan der 60er-Jahre, existierten zwar, kamen aber in
den 70er- und 80er-Jahren außer Gebrauch.[18]

Zwischen 1960 und 1990 war die kubanische Historiografie vor
allem auf die »100 Jahre Kampf« gegen Kolonialismus und fremde
Hegemonie gerichtet, datiert von 1868 bis zur jeweiligen Gegenwart. Dabei wurde die nationale Einheit unter den Führern der
Unabhängigkeitsrevolutionen des 19. Jahrhunderts betont, die zugleich als »Väter des Vaterlandes«, *Padres de la Patria*, verehrt wurden. Die kreolischen Führer des ersten Unabhängigkeitskrieges,
wie Carlos Manuel de Céspedes und andere, waren aber zugleich
Sklavenhalter gewesen. Die Soldaten im *Ejército Libertador*, in der
Unabhängigkeitsarmee, waren oft kampfgeübt – nicht so sehr gegen die Spanier, sondern gegen die Sklaverei. Im großen Narrativ,
der kubanischen Meistererzählung der Jahre bis 1990, wurde oft der
humanistische Akt der individuellen Freilassung ihrer Sklaven seitens der Padres de la Patria betont, nicht hingegen, dass sie vorher
von der Sklaverei profitiert hatten oder die Bedingungen, an die sie
die Freilassung gebunden hatten. Die ehemaligen Sklaven wurden
als »Kubaner« gesehen und nicht als Kämpfer gegen Sklaverei und
Rassismus. Als sich schon 1961 der marxistische Philosoph Walterio
Carbonell gegen die Heldenverehrung von Sklavenhaltern aussprach, verfiel er dem narrativen Scherbengericht.[19] Dagegen gab
Miguel Barnet mit der so genannten Testimonialliteratur den ehemaligen Sklaven[20] einen geachteten Platz in den »100 Jahren
Kampf«. So entstanden die *Foundational fictions* der kubanischen

Geschichtsschreibung: große Erzählungen, die die nationale Meistererzählung der Revolution flankieren, wie die vom »Cimarrón«
Esteban Montejo.[21]

Der Zusammenbruch des Realsozialismus in Europa hatte
katastrophale Folgen für Wirtschaft und Gesellschaft Kubas. Auf
den kubanischen Nationalismus wirkte er, als hätte ein karibischer
Prometheus die Fesseln, die ihn an das sowjetische Gebirge ban-
den, gesprengt. In kurzer Zeit entstanden mehrere Nationalgeschichten von Autorenkollektiven[22], von Autorengruppen[23] oder
von Einzelpersonen[24], die die ganze Breite des nationalen Erbes
betonen. Bisher haben fast alle diese Geschichten eines gemeinsam: Sie kennen das 20. Jahrhundert kaum, und schon gar keine
Zeit nach 1959! Und sie kennen die afrokubanische Geschichte
nicht oder kaum.[25] Die historische Bewertung der Vorzeit des Castroismus, der »neokolonialen« Republik 1902–1959, in den Endsieb-
zigern in einem großen Wurf unter Juan Pérez de la Riva begonnen
und in den Werken von Jorge Ibarra[26] fortgesetzt, ist heute sehr
schwierig, in den Universitäten scheint sie fast unmöglich. Jorge
Ibarra war nur kurze Zeit Universitätslehrer, Manuel Moreno
Fraginals nie in Havanna (nur kurze Zeit in Santa Clara); Eduardo
Torres-Cuevas ist zwar heute Universitätsprofessor, stammt aber
eigentlich aus dem berühmten Departamento de Filosofía (das
1970 aufgelöst wurde) und war jahrelang in der Versenkung.

Die heutige kubanische Historiografie reicht im Grunde nur bis
1959.[27] Es gibt Stimmen, die diesen Kanon unterlaufen, aber es sind
noch zu wenige. Und sie ertönen oft im Ausland, vor allem in Dok-
torarbeiten in Spanien.[28]

Zwischen 1990 und 2000 kam es auch zu einem Aufschwung der
europäischen Geschichtsschreibung zu Kuba (vor allem in Madrid,
Sevilla, Barcelona, Wolverhampton / Nottingham in Großbritannien, Köln und Prag). Die Grundlage der heutigen deutschen Historiografie zu Kuba ist die DDR-Historiografie zum Thema.[29] Der
hundertste Jahrestag der Republik von 1902 wurde auf Kuba vor

allem durch drei Publikationen gewürdigt: eine Sonderdoppel-
nummer der Intellektuellenzeitschrift *Temas*[30] und durch unter
maßgeblicher Mitwirkung von Ausländern entstandene Bücher *Espacios, silencios y los sentidos de la libertad*[31] sowie *Ciudadanos en
la Nación*.[32] Dazu kamen eine Reihe von lokalen Aktivitäten und
Reprints von Julio Le Riverend. An die Zeit des Castroismus selbst
(1959–?) wagen sich die kubanischen Fachhistoriker mit wenigen
Ausnahmen[33] nicht. Es gibt auch keine ernst zu nehmende Biografie Fidel Castros aus der Feder eines kubanischen Historikers.[34]

Die Krise der frühen 90er-Jahre und die kulturelle Mobilisierung
der Jahre nach 1998 hat zu einer historiografischen Blüte des eher
antiquarischen National-Mythos (bis 1898)[35] geführt, flankiert von
neuen Ansätzen in der Sozialgeschichte, vielen neuen Ansätzen
jüngerer kubanischer Historiker, der Frauengeschichte und von
Geschichten Lateinamerikas, neuerdings ist gar eine Weltgeschichte in zwei Bänden in Arbeit!

Kuba hat seit seiner Eroberung durch die Spanier als Insel eine
strategische Rolle im Schnittpunkt von Imperien, Kontinenten und
Kulturen gespielt. Deswegen gaben die jeweiligen Metropolen schon
sehr frühzeitig eine Art kolonialer »Entwicklungshilfe«. Kuba war
1515–1521 die wichtigste Basis für die Eroberung des Aztekenreiches.
Von 1543 bis in die erste Hälfte des 19. Jahrhunderts bildete die Insel
die strategische Schnittstelle zwischen dem europäischen Spanien
und seinen südamerikanischen Kolonien. Zugleich war sie der Vor-
hafen des Silberreiches Neu-Spanien (Mexiko). Parallel entwickelte
sich die Insel seit Ende des 18. Jahrhunderts zum Quasi-Monopol-
anbieter von Zucker für Märkte imperialen Ausmaßes. Um diesen
Zucker in Massen produzieren zu können, wurden Sklaven aus
Afrika nach Kuba verbracht, eine, wenn auch erzwungene, Verbindung zu einem weiteren Kontinent. In der zweiten Hälfte des
19. Jahrhunderts kamen viele Kontraktarbeiter aus China. Zwischen
1890 und 1930 gelangte rund eine Million Immigranten nach Kuba,
vorwiegend aus Spanien. Die Insel versorgte die Welt mit Zucker;

Europa bis hin nach Russland und Nordamerika und speziell die USA von circa 1870 bis 1960. Wie Allan J. Kuethe gezeigt hat, waren es die Eliten Havannas, die diese Insularität und ihre Verbindung mit Imperien trugen, ausnutzten und manchmal krass überschätzten. Diese historisch-geografische Tradition, basierend auf der Insularität, wurde mit der Rolle Kubas zwischen den Hemisphären in der Zeit des Kalten Krieges (Raketenkrise 1962), als Zuckerproduzent und geostrategischer Vorposten des Comecon (RGW), vor allem der UdSSR, seit 1970 in realsozialistischer Form wiederbelebt. Seit 1990 aber ist der Insel Kuba ein wie auch immer geartetes konkretes Imperium abhanden gekommen beziehungsweise in Gestalt der USA nur als Feind erhalten geblieben.

Auf der geografisch »kleinen« Insel Kuba haben sich durch die Lage Havannas als Schnittpunkt der großen Imperien, Kulturen und Kontinente auch alle sozialen Bewegungen, globale Utopien, Musikstile, Ideen, Philosophien, Architekturen, Technologien und überhaupt globale Kulturen gemischt. Das geschah schneller, vor allem dichter und in gewissem Sinne verrückter, exaltierter oder »extremer« als in ruhigeren Weltgegenden der großen Imperien und Kontinente. Ursachen waren auch die starken sozialen und rassischen Unterschiede auf der Insel, Spannungen zwischen dem modernen Havanna, dem eher schläfrig wirkenden Santa Clara und dem traditionell-karibischen Santiago oder überhaupt dem *Interior*, der »Provinz« außerhalb Havannas. Oder einfach die Tatsache, dass es die erzwungene Migration afrikanischer Menschen war, die Kuba den wichtigsten Kulturtransfer seiner Geschichte bescherte und bis heute seine Moderne prägt. Die afrikanischen Sklaven lebten im 19. Jahrhundert im demografischen Sinne dicht gedrängt in den Regionen des Hinterlandes von Havanna, Matanzas, Cienfuegos oder Sagua la Grande. Jede Landpartie der Eliten in der Zuckerzone führte in Zentren verdeckter sozialer, ethnischer und kultureller Spannungen. Die Eliten fanden ihr Afrika – etwas völlig »anderes« – vor der Haustüre oder in der Sommerfrische ihrer Zu-

ckerplantagen. Aber auch die Unterschichten schufen sich ihre
Welten. Im Umfeld von Sklaverei und Unabhängigkeitskriegen des
19. Jahrhunderts entstand in und um Kuba das Zentrum einer
»schwarzen Karibik« von unten. Arbeitsmigrationen, Flucht und
politische Kämpfe führten zu engen Verbindungen farbiger und
schwarzer Menschen in der Karibik; die Achsen der Verbindungen
Cartagena/Panamá–New Orleans dieser »schwarzen Karibik«
schnitten sich in Havanna. Die Migranten brachten ihre Religionen
und Musikstile mit. Kuba kann auch beschrieben werden als ein
kleiner Archipel mit einer zu großen Stadt – Havanna. Oftmals lag
der Grund für die Dichte der Geschichte in Havanna einfach im un-
ablässigen Strom und Transfer von Informationen über Konflikte,
Rebellionen und Modelle, die geflohene Sklaven, Einwanderer, Mat-
rosen, Transitpassagiere, Fernando Ortiz' *Aves de paso*[36], Arbeitsmi-
granten und Langzeittouristen mit nach Kuba brachten. Immer das
jeweils Modernste der jeweiligen Avantgarde der Moderne.

Strukturhistorisch begründet liegt diese Attraktionskraft für alles
Moderne in der historischen Dynamik der großen Zuckerwirtschaft,
im Pragmatismus der versklavten Menschen und im Drang der Herren, immer das technologisch Neueste in der Landwirtschaft anzuwenden und wie ein gigantischer Strudel Migranten (nicht immer
freiwillige) anzuziehen. Man kann von einer regelrechten modernis-
tischen Mentalität der Eliten und aller Kubaner sprechen. Aber
saisonale Zuckermigration, Kanalarbeiterschaft, Widerstand, Ci-
marronaje, Schmuggelwirtschaften und periodische Kämpfe gegen
Diktaturen oder Interventionen hielten auch eine transkaribische
Sensibilität »von unten« am Leben, seit es Rebellionen gegen die
Sklaverei gab. All diese Spannungen, Transkulturationen (Fernando
Ortiz) und Konflikte brachten auf die Dauer politische Bewegungen
mit gigantischen, universellen Ansprüchen hervor, konzentriert in
einem Punkt auf der Landkarte des atlantischen Raumes, verloren in
den türkisblauen Wassern der Karibik zwischen den großen Land-
massen der Kontinente. Und es war ja eigentlich nicht die ganze In-

sel, sondern Punkte im Punkt der Weltkarten, die Städte Havanna oder Santiago. In diesem Sinne war und ist Kuba »zu klein« für seine eigene Geschichte. Und so kann es auch kommen, dass der Regierungschef eines so kleinen Landes bis 2001 immer wieder universell argumentiert. Eigentlich erst seit 2001/02 muss Fidel Castro wirklich national argumentieren. Erst durch das »Anhalten der Zeit« steht Kuba vor der Gefahr und der Chance, ganz auf seine eigene »kleine« Geschichte zurückgeworfen zu werden – im Grunde handelt es sich um ein Abbremsen der Entwicklungsdynamik moderner kapitalistischer Gesellschaften. Jeder Besucher, der heute nach Kuba kommt, wird beobachten, dass dort (seit 30 Jahren, für Kubaner ganz massiv seit 13 Jahren) eine andere Zeit zu herrschen scheint.

Bis 1990 wurde diese »kleine« Geschichte Kubas verdeckt und durch Diskurse übertönt, die versuchten, die Insel als Avantgarde Lateinamerikas, der Weltrevolution, der Dritten Welt, der Nichtpaktgebundenen, der karibischen Länder oder der Globalisierungsgegner darzustellen. Aber Kuba ist immer auch als »kleiner« Akteur groß gewesen, vielleicht zu groß.

Auf Kuba kennt man alle Philosophien, Künste und Theorien des Westens, der »Geist« aber ist pragmatisch. Im szientistisch-technischen Sinne der zweiten Globalisierung des Industriezeitalters ist auf Kuba nur selten etwas »erfunden« worden (abgesehen von der umstrittenen Erfindung des Telefons durch den Italiener Antonio Meucci in Havanna 1849/50; Carlos Finlay möge mir verzeihen, seine Entdeckung der Gelbfieberübertragung war natürlich beste Wissenschaft), wenn man nicht die effiziente Organisation der Großraumlandwirtschaft mit Massensklaverei auf den Plantagen für eine Erfindung halten will (für mich ist sie es). Aber die Insel produzierte seit etwa 1870 – die Reiseschreiber hatten ihr eine gewisse Zentralität verschafft – kontinuierlich neue Musikstile, Tänze, Rhythmen, Performances, Literaturen, Darstellungsformen, Bilder und Utopien. Die afrokubanischen religiösen Formationen (St. Palmié) als eine ihrer wichtigsten Grundlagen sind Teil der Moderne, aber auch Rassismus und Antirassismus. Die große Geschichte der Sklaverei von José Antonio Saco war eine wissenschaftliche Leistung ersten Ranges. Die wichtigsten Kreationen Kubas aber liegen auf dem Gebiet der Perkussion, Transkulturation und Performance, nicht so sehr im technischen und technologischen Diskurs der Moderne. Immer wieder haben Wellen kubanischer Musik die atlantische Welt überflutet. Zuerst die Habanera. Der melodische Gesang wurde einerseits zu La Paloma und zur »spanischen« Oper *Carmen* und andererseits zum Tango von Buenos Aires. Von dort kam der Tango als Weiterexport nach Europa, Kuba und Amerika. Auch Rumba, Guaguancó, Tango congo, Son, Guaracha, Danza, Danzón, Bolero, Trova, Conga, Chachachá, Mambó, Jazz und Salsa sowie neuerdings auch Cuban Rap verbreiteten sich erst auf Kuba, die meisten zwischen 1880 und 1930, und dann in der Welt.

Kuba ist aber auch in einem ganz anderen, eher strukturellen Sinne zu »klein« für die vielen Zuflüsse seiner atlantische Geschichte. Trotz Inselbewusstseins und dauernden Zustroms von Menschen, Ideen und Gütern über die Meere, über Atlantik, Golf und Karibik gelten die Kubaner als ein mit dem Rücken zum Meer lebendes Volk. José Martí (1853–1895) hat das ganz deutlich gemacht in den *Versos Sencillos*, die zum Lied »Guantanamera« umgeschrieben worden sind:

>»Mit den Armen dieser Erde
>will ich mein Schicksal teilen
>der Bach in den Bergen
>gefällt mir besser als das Meer.«

Diese Verse sind meist in dem Sinne interpretiert worden, dass Martí, im Gegensatz etwa zu Karl Marx, auf die Armen und nicht nur auf die Proletarier gesetzt hätte. Das ist sicherlich richtig. Aber die Verse deuten auch auf die Unvertrautheit der meisten Kubaner mit dem Meer hin. Woran mag das liegen? Im Grunde sind ja die

Vorfahren jeder Kubanerin und jedes Kubaners irgendwann einmal über das Meer gekommen, selbst die Indios in ihren Kanus. Dann aber haben sie sich, wie man auf Kuba sagt, *aplatanado*, niedergelassen, eingewöhnt, und sich vom Meer abgewandt, von den Küstenfischern und Schmugglern natürlich abgesehen. Ist dem so, weil es immer die Herrschenden aus den fernen Imperien waren, die Spanier, Amerikaner oder Sowjets, die die großen Schiffe hatten, oder weil die Atlantikpassage für die Nachkommen der vielen Sklaven eine zu schmerzliche Erinnerung ist?

Kuba ist jedenfalls groß genug, um als Experiment der Realisierung einer Utopie weltgeschichtliche Relevanz zu haben, es ist aber auch klein genug, um sich notfalls mit Subsidien, Hilfsgeldern von außen, den *Remesas*, individueller Globalisierung oder auf Basis eigener Subsistenzwirtschaft wenigstens notdürftig über Wasser halten zu können. Das ist, je nach Position der Bewertung, der Vorteil oder der Fluch von historischer Größe, Transkulturalität, Klima und geografischer Situation im Zentrum des Inselatlantiks: »Inseln sind die Extreme dieser Welt« (Iván de la Nuez) – das gilt insbesondere für die größte der Antilleninseln.

Die kubanische Geschichte des 20. Jahrhunderts, aber auch schon die seit etwa Mitte des 18. Jahrhunderts, ist eine Geschichte der oft extremen Experimente. Auf Kuba entstand schnell eine atlantische Metropole (Havanna), und es bildete sich sehr schnell eine wirtschaftlich erfolgreiche, extreme Variante der Modernisierung mit Massensklaverei heraus; die Geschichte der Insel zwischen 1868 und 1898 wurde geprägt durch die extreme Dauer und Zerstörungskraft ihrer Unabhängigkeitskriege, von denen einer zehn Jahre dauerte!

Die frühe Globalisierung, Amerikanisierung und Entnationalisierung in der ersten Hälfte des 20. Jahrhunderts war außergewöhnlich in der westlichen Welt, sodass die Hinwendung des revolutionären Kuba zum Kommunismus und zur Sowjetunion ebenfalls ein extremes Experiment war. Die internen Begründun-

gen mit der Härte der Batista-Diktatur, die aus Perspektive der Opfer berechtigt ist, müssen angesichts ähnlicher Diktaturen im Lateinamerika der 50er-Jahre eher relativiert werden. Extrem war der
Bruch mit der westlichen Hegemonialmacht im Kalten Krieg und
nicht weniger extrem die Zerstörung der kubanischen agrarischen
Oberklassen und das Auseinanderbrechen der Mittelklassen.

Jedenfalls stellt Kuba heute durchaus ein Experiment dar in Bezug auf die Tatsache, dass es das letzte Land der westlichen Welt ist,
dessen regierende Eliten sich Kommunisten nennen. Allerdings
fühlen sich die kubanischen Kommunisten seit 1994 nicht mehr als
»Vorhut der Arbeiterklasse«, sondern sie führen die »gesamte Nation« an. In gewissem Sinne glauben sie die Stimme der Dritten
Welt und der Gegner der neoliberalen Globalisierung zu sein. Kuba
beweist somit, und auch das sicherlich in extremer Form, dass
Kommunismus als politisches System nur in enger Verbindung mit
dem Nationalismus in das 21. Jahrhundert gelangen konnte. Die In-
dividualität, Einzigartigkeit und der Eigensinn des kubanischen
Nationalismus – und das sei gegen den kulturellen Relativismus gesagt (»alles ist hybrid«) – kommt aus seiner Geschichte. Hierin liegt
aber auch die Gefahr, dass er sich in der heutigen dualen Wirtschaft
unter dem charismatischen Castro zum nationalen Patriarchalismus wandelt und den zentralen Mythos Unabhängigkeit gegen
den der Gleichheit setzt. Nicht Fidel Castro selbst, aber neue populistische Eliten des Dollarsektors könnten die entscheidenden
Akteure einer zukünftigen Geschichte des kubanischen Nationalismus werden.

1930, als Kuba etwa 3 Millionen Menschen zählte, konnte vielleicht ein Viertel der Kubanerinnen und Kubaner ihre Großeltern
unter das nationale Konstrukt »Kubaner« einordnen. Alles andere
waren »Ausländer« und Immigranten, die selbst eingewandert waren. Oder ihre Eltern waren nach Kuba immigriert. Im Laufe des
19. Jahrhunderts etwa zwischen 600 000 und 800 000 als Opfer des
Sklavenhandels. Was die Menschen aber zutiefst verband, war ihr

Gefühl und ihr Wille,»Kubanerin«oder»Kubaner«zu sein, auch wenn sie, wie die meisten unter ihnen, nicht einmal die ganze Insel kannten.

Die Pantheons Kubas sind voller Märtyrer der Unabhängigkeit, es ist nicht nur José Martí oder Ché Guevara, auch wenn Martí vor jeder Schule und auf der Plaza de la Revolución steht und das Bild des Ché in fast jedem Haus hängt. Es sind auch die Maceos und viele Menschen aus dem einfachen Volk. Sie finden sich in den Häusern und Hütten im besten Einvernehmen mit den Altären der Orichas, der Heiligen und der Ahnen. Das Problem der»Nation«ist nämlich nicht so sehr Diskurs, Symbolik, Marmorstatue oder politische Eliterhetorik. Die Frage ist vielmehr, inwieweit Menschen, die aus allen Winkeln der atlantischen Welt und des Globus nach Kuba gekommen sind, als»Volk«der Insel Kuba bereit sind,»Nation«als etwas Eigenes in ihre Gefühle und in die kollektive wie individuelle Erinnerung aufzunehmen. Damit erst wird das Konstrukt real, obwohl es ein Mythos ist. Es wird gelebt und kann so zu einer spezifischen Identität und Realität werden. Kuba hat dieses Gefühl einer besonderen Wir-Gemeinschaft bisher immer verteidigen müssen. Die revolutionäre Eliten der 60er-Jahre um Fidel Castro und Ché Guevara taten dies mit einer ziemlich aggressiven anti-imperialistischen Rhetorik. Der kubanische Nationalismus ist aber niemals expansiv gewesen. Expansiv wurde Kuba im Zeichen der Weltrevolution und des latein-afrikanischen Internationalismus. Unter dieser Fahne zogen kubanische Truppen auf einer umgekehrten»Sklavenroute«nach Afrika.

Wissenschaft soll auch Prognose sein; Historiker sind rückwärts gewandte Propheten, obwohl Geschichte natürlich keine Physik ist: Aber das Ende des Castroismus mit Castro steht irgendwann in den nächsten Jahren ins Haus. Dann werden wir sehen, wie weit der heutige Patriotismus der Kubaner aufgesetzt ist und ob er auch ohne den großen Übervater trägt. Bis heute hat dieser Patriotismus verhindert, dass Kuba zu einem Dominostein irgendeines Imperi-

ums geworden ist. Kuba kannte aus seiner Geschichte bereits um
1960 fast alle Probleme der Globalisierung und des Postkolonialismus. Die Revolution von 1959 kann auch als eine der ersten Rebellionen gegen eine neue Etappe der Globalisierung gedeutet
werden. Kuba entwickelte sich zum »Außenseiter« in der neoliberalen Welt, vor allem seit 1990. Erst die Massentourismuswerbung hat
dieses früh globalisierte und frühpostkoloniale Kuba auch noch in
eine touristische Themenparkecke der heutigen Globalisierung geführt, die, je länger sie anhält, Touristen wie auch und vor allem die
Menschen auf Kuba immer stärker von der realen Welt isoliert.
»Außenseiter« ist Kuba wohl nur im eigentlich beendeten Ost-
West-Konflikt und für Leute, welche die Geschichte Lateinamerikas
oder der Nord-Süd-Konflikte (oder gar Süd-Süd-Konflikte) nicht
kennen. Denn es sollte auch nicht übersehen werden – die Salsa-
schulen, die Restaurants und die doch recht zahlreichen Kubanerinnen und Kubaner etwa auch im ländlichen Deutschland oder in
der Schweiz (von Mexiko gar nicht zu reden) sind Zeugen –, dass
die Menschen von der Insel längst ihre individuelle oder familiäre
neue Globalisierung begonnen haben und dass die kubanischen
Eliten diese subversive Globalisierung nutzen. Unter anderem
auch für die Stärkung des heutigen kubanischen Staates.

Globalisierungen, Revolution und Nation: Die Gründung der kubanischen Republik

Der kubanische Krieg 1895–1898 und der Spanisch-Amerikanische Krieg 1898

In der Geschichte des Westens gehen Globalisierungen der Bildung von Nationen voran; es gibt nur wenige »alte« Nationen, die ihre Gestalt seit dem Mittelalter beibehalten haben (Portugal etwa). Der Nationalstaat auf Kuba ist sehr jung, nämlich etwa 100 Jahre. Auch ihm gingen Globalisierungen voraus. Der kubanische Staat entstand in antikolonialen Kriegen und Revolutionen gegen Aspekte dieser frühen Globalisierungen, wie Kolonialismus, Imperien, konservative Religionsformationen, Sklavenhandel und Sklaverei, im 20. Jahrhundert gegen die Amerikanisierung und auch auf sublime Weise gegen die allzu direkte Sowjetisierung. Die kubanische Republik, die sich zugleich als Repräsentantin der kubanischen Nation verstand, erwuchs aus den beiden Unabhängigkeitskriegen 1868–1878 und 1895–1898. Der wichtigste Repräsentant dieser Kriege war Antonio Maceo Grajales (1845–1896), ein Mulatte aus Santiago de Cuba. In seinen Anfängen war der Krieg 1868–1878 ein lokaler Konflikt zwischen den Eliten Ostkubas und den hispano-kubanischen Eliten Westkubas, die das spanische Imperium und die globalisierte Sklaverei verteidigten. Zwischen 1878 und 1895 waren es die Independentisten, die der Masse der farbigen Bevölkerung, den Bauern und den ehemaligen Sklavinnen und Sklaven ein überzeugendes integratives Konzept einer kubanischen Nation »mit allen und für alle« (José Martí) anbieten konnten. Kuba war eine der ersten »neuen«, weil transrassialen, Nationen des Westens. Seitdem stellt der Bezug auf die Unabhängigkeitskriege 1868 bis 1898 den Kern des kubanischen Patriotismus und Nationalismus dar. Gemeinsame kulturelle Erfahrungen und Erinnerungen konnten ehemalige Sklaven, ihre ehemaligen Herren oder Einwanderer aus Spanien kaum haben.

Im Unabhängigkeitskrieg 1895 bis 1898 hatten die Aufständischen mit diesem Konzept eines »Kuba für alle« von Anfang an Positionen, die bedeutend fester in der Bevölkerung (wie auch in Lateinamerika) verankert waren als 1868. Aber sie stellten keine Einheit dar. Zwar war der kubanische Nationalismus weit verbreitet und tief verwurzelt. Unter den Nationalisten aber gab es auf der Insel einen independentistischen Flügel, der von Militärs und Politikern der martianischen Linken repräsentiert wurde, die größtenteils nicht nur die Trennung von Spanien, sondern die absolute Unabhängigkeit einer egalitären Gesellschaft in republikanischer Form anstrebten. Repräsentant dieser Strömung war der Dichter-Revolutionär José Martí (1853–1895). Die Masse der bäuerlichen Soldaten wurde durch regionale, oft sozialrevolutionäre, Caudillos angeführt, die eine Umwälzung auf dem Lande anstrebten. Andere Gruppen strebten eine Vereinigung mit den USA oder eine autonome Postion im Rahmen des spanischen Imperiums an. Diese Flügel des Nationalismus repräsentierten vor allem emigrierte zivile Politiker. Der kleinste gemeinsame Nenner zwischen diesen Gruppen war der Separatismus, die Loslösung von Spanien. Auch zwischen Separatismus und Autonomismus waren die Grenzen fließend. Die soziale und organisatorische Basis des Separatismus hatte sich im Gegensatz zu 1868–1878 völlig verändert. Sie bestand aus ländlichen Mittelklassen, proletarisierten Unterschichten wie Tagelöhnern und Landarbeitern – unter ihnen viele junge Söhne ehemaliger Sklavinnen –, Tabakarbeitern auf der Insel und in den USA, Arbeitslosen, dazu ländlichem und städtischem Kleinbürgertum sowie einigen Hacendados, Studenten und Vertretern freier

Berufe. José Martí, Chef des Partido Revolucionario Cubano (PRC), war der große Organisator und Kommunikator bei der Vorbereitung des Krieges. Er war das Hirn der separatistischen Partei. In Kuba selbst allerdings war er weniger bekannt. Antonio Maceo und Máximo Gómez waren die großen charismatischen Führer.

Am 24. Februar 1895 begann der Krieg mit dem *Grito de Baire*. In allen Provinzen des Westens und des Zentrums scheiterte der *Pronunciamiento* zunächst. Das Zentrum des Aufstandes lag in Oriente. Bald bildete sich in der Zentralprovinz Las Villas ein zweiter Schwerpunkt heraus. Martí konnte sich mit seinem Ideal des demokratischen Krieges unter Führung eines zivilen Rates, *Consejo*, wie im Manifest von Montecristi (25. März 1895)[37] dargelegt, nicht durchsetzen.

Nach der Ankunft auf Kuba traf sich Martí am 4. Mai 1895 in La Mejorana mit Maceo und Gómez. Antonio Maceo verteidigte eine unbedingte Zentralisierung der militärischen Gewalt unter einer Junta von Militärs oder einem Oberbefehlshaber. Eines der Grundprobleme politischer Führung auf Kuba – von Castro und seinen Anhängern erst 1959 gelöst – ist hier angelegt. 1895 kam es zu einer heftigen Auseinandersetzung. Im Ergebnis, falls von einem solchen überhaupt gesprochen werden kann, wurde Gómez militärischer Oberbefehlshaber, *General en jefe*, Maceo sein Stellvertreter und Militärchef von Oriente. Martí war zwar von Gómez zum Mayor General ernannt worden, blieb aber ziviler Führer der Revolution, ihr strategischer Kopf und Außenpolitiker. Er starb schon am 19. Mai 1895 auf einem Erkundungsritt bei Dos Ríos. Damit war der wichtigste Zivilpolitiker zwar eine Legende, aber er fehlte in der realen Politik. Keine andere Persönlichkeit brachte die Weitsicht Martís auf, und keine war so wie er in der Lage, zwischen zivilem und militärischem Sektor der Separatisten Konsens zu stiften.

Wie der Volksmythos den toten Martí nachträglich zum Retter Kubas erhoben hat, kann vielleicht ein populärer Text mit dem Titel »Clave a Martí« zeigen:

»Martí hätte nicht sterben dürfen, ach sterben!
Wenn er der Meister und Führer wäre, würde ein anderer
Wind wehen
Das Vaterland wäre gerettet und Kuba glücklich.«[38]

Seit dem Tod des Dichterrevolutionärs kam es zur Entstehung eines »Panthéon mythologique« um ihn, dessen Erforschung zur Archäologie des Begriffs Nation gehört. Mit seinem tragischen Tod von 1898 ersparte Martí den Kubanern ein Gutteil der Tragödie der Identität, denn die spanische Geschichte Kubas vor 1898 war die Geschichte des politischen Gegners; die Sklavengeschichte Kubas wollte man nicht. Alles Positive der Kolonialzeit konnte nun auf die Lichtgestalt Martí projiziert werden. Der Dichter wurde zum Heiligen. Der Tod Martís stärkte die Position der Militärs.

Im Unterschied zu 1868–1878 versuchten Gómez und Maceo seit 1895, die Mambí-Armee (*Ejército Libertador Cubano*, E.L.C.) von oben zu organisieren. Das gelang vor allem bei der Aufstellung der Invasionstruppen, die von Oriente aus gegen Westkuba vorrückten. Die Konflikte mit den lokalen Kräften und Klientelschaften sowie der zivilen politischen Führung blieben allerdings auch diesmal nicht aus. Noch am Ende des Krieges polterte der knorrige Generalissimus Máximo Gómez über die fehlende Disziplin der Kubaner: »Die Wirkliche Disziplin [unterstrichen und in dieser Form von Máximo Gómez geschrieben – M.Z.] ist hier ein Mythos, aber das muss man leise sagen, damit man es nicht draußen [im Ausland – M.Z.] hört.« [39]

Die »Republik in Waffen«

Die politische Führung der Republik bildete sich im September 1895 mit zwanzig Vertretern der drei Ostprovinzen in der Konstituierenden Versammlung von Jimaguayú (Camagüey). Die kurze Verfassung bekannte sich zur Tradition von 1868 bis 1880, versuchte aber die Fehler des großen Krieges (1868–1878) zu vermeiden. Die

Verfassung sollte für zwei Jahre gelten, falls vorher nicht der Sieg errungen sei. Sie proklamierte die Doktrin der zivilen Suprematie in der Führung. Zur entscheidenden Kontroverse kam es zwischen Rafael M. Portuondo, der die Einheit des Kommandos beim Generalissimus Gómez forderte, und Fermín Valdés Domínguez, der ausrief:»Das ist Militärdiktatur!« Die Abstimmung ging mit 15:4 gegen Portuondo aus. Allerdings kümmerte sich kaum einer der Militärs um dieses Ergebnis. Theoretisch war allen klar, dass die Macht zwischen Regierung als oberster ziviler Gewalt und Militär geteilt werden musste. Die Verfassung trennte deshalb das militärische vom zivilen Kommando. Sie gab den Militärs während der Kämpfe die volle Befehlsgewalt über die Truppen im Felde. Die zivile Führung behielt sich allerdings das Recht zur Truppenaushebung, zur strategischen Planung und zur Vergabe von Offiziersrängen ab Coronel (Oberst) aufwärts vor. Allerdings konnte die Regierung diese Rechte kaum durchsetzen.

Ein Regierungsrat wurde gegründet, der zugleich exekutive und legislative Funktionen hatte. Das Gewicht der Tradition drückte sich darin aus, dass Salvador Cisneros Betancourt, autonomistisch-nationales Urgestein, zum Präsidenten gewählt wurde. Zum Stellvertreter bestimmte die Versammlung Bartolomé Masó, einen der wichtigsten zivilen Independentisten. Vier Staatssekretäre (Ministerien) wurden geschaffen: für Kriegsangelegenheiten, für Inneres, für Auswärtige Beziehungen und für Wirtschaft. Den wichtigsten militärischen Rang, nunmehr konstitutionell abgesichert, nahm Máximo Gómez als Oberkommandierender des Ejército Libertador *(Generalísimo)* ein. Antonio Maceo war sein Stellvertreter *(Lugarteniente general)*. Damit war die Führung der weißen Kreolen gesichert; der (farbige) Kubaner Maceo konnte nur Zweiter der Rangliste sein, sonst wäre die Einheit des Separatismus schon an diesem Punkt gesprengt worden. Bevollmächtigter Delegierter, faktisch Auslandsvertreter, und Chef des PRC wurde Tomás Estrada Palma.

Nach einer regionalen Phase des Krieges marschierte General
Antonio Maceo mit 1500 Mann in die Westgebiete ein. Máximo Gómez und Quintín Bandera unterstützten ihn durch Aktionen in Camagüey, Trinidad und Las Villas. Aber selbst Maceo musste erst von
der Notwendigkeit überzeugt werden, seine regionale Basis im Osten zu verlassen und per Invasion in das »spanische« Kuba einzu-
dringen. Denn die regionalen Militärführer aus dem Oriente, vor
allem Calixto García, lehnten das kosmopolitische und in Havanna
von den Reformisten entwickelte Konzept eines Vaterlandes in ge-
samtkubanischer Dimension ab, wenn sie es überhaupt kannten.
Für sie – mit Ausnahme von Máximo Gómez, aber der war Ausländer – musste die Invasion aus militärischen Gründen den Krieg bis
Pinar del Río tragen. Der kreolische »weiße« General Gómez und
der schwarze General Quintín Bandera mit der Oriente-Infanterie
folgten dem mulattischen General Maceo im Oktober 1895, um sich
mit ihm in der Provinz Las Villas zu treffen. Als die Oriente-Trup-
pen die Grenzen zu den großen Zuckerplantagen erreicht hatten,
soll Maceo gesagt haben: »Das Schiff hat die hohe See erreicht.«

In Las Villas wurden die Truppen auf 4000 Mann verstärkt. Ihre
Armee nannten sie eigenartigerweise Invasionsarmee. Die Befreiungsarmee trug den Krieg in das durch limesartige Befestigungsan-
lagen, *Trochas*, geschützte »große« Kuba. Die wichtigste Trocha von
Júcaro nach Morón zwischen Nord- und Südküste fixierte militärisch die alte politisch-kulturelle Grenze zwischen Oriente (Osten)
und Occidente (Zucker-Westen). Die Invasion bedeutete somit im
Denken der Orientales die Offensive ihrer lokalen Region gegen
den Inselwesten, der im Bündnis mit dem imperialen Spanien
stand. Ein wahrhaft dramatischer Ausdruck der tiefen regionalen
Unterschiede im damaligen Kuba. Die Desertionen von Orientales
aus den Truppen von Gómez und Maceo während des Marsches
nach Westen waren so hoch, dass Maceo Erschießungen anordnen
musste. Die Männer aus Oriente lehnten es ab, auch Westkuba als
ihr Vaterland anzusehen, für das es sich zu sterben lohnte. Das hieß

aber nicht, dass ihre militärischen Potenzen gering waren. Die Schlacht von Mal Tiempo (zwischen Cienfuegos und Santa Clara im Dezember 1895) bewies die Fähigkeit der Kubaner, auch offene Feldschlachten siegreich zu bestehen. Allgemein aber wichen die kleinen Verbände, die sowohl zu Fuß als auch zu Pferd kämpfen konnten, größeren Gefechten aus oder sammelten sich auf verschiedenen Wegen zu konzentrierten Aktionen.

Zunächst schien sich die Strategie eines kurzen Krieges zu verwirklichen. Die Zahlen über die Rekrutierungen des Ejército Libertador zeigen, dass es von Februar 1895 bis März 1896 massive Einschreibungen gab. Expeditionen, die Kuba aus den USA und anderen amerikanischen Territorien erreichten, wie etwa die von Roloff-Sánchez, brachten die emigrierten Offiziere des Zehnjährigen Krieges in die wichtigsten Regionen des Konfliktes. Im Januar 1896 erreichte Maceo an der Spitze seiner vorwiegend schwarzen Invasionstruppen Mantua, die westlichste Stadt Kubas. Aus dem regionalen Aufstand war ein nationaler Krieg gegen die Kolonialmacht geworden.

Es war auch eine Revolution. Gómez und Maceo hatten mit mittlerweile recht erfahrenen Stammeinheiten die soziale Guerilla-Kriegführung bis zur Perfektion entwickelt. Gómez' Devise war: »Zucker ist der Hauptfeind der Unabhängigkeit« (er hätte auch sagen können: »Das ›große‹ Kuba ist der Feind der Unabhängigkeit«). Das rief die Proteste Estrada Palmas aus New York wegen der Zerstörung US-amerikanischen Eigentums hervor. Die Separatistengenerale strebten ein *Ayacucho cubano* an – eine Hauptschlacht wie die, in der Simón Bolívar und Antonio José de Sucre 1824 die spanischen Truppen in Südamerika geschlagen hatte – in Pinar del Río, Havanna oder in Matanzas, jedenfalls im Westen. Aber dieses Konzept scheiterte. Der Krieg auf Kuba war kein klassischer Fronten- und Schlachtenkrieg.

Madrid versuchte durch die Entsendung wichtiger Militärs die Situation zu retten. Zunächst kam Arsenio Martínez Campos, Sieger im Zehnjährigen Krieg, der allerdings so realistisch war, die Kolonie de facto verloren zu geben (was in einem Klima imperialistischer Hysterie im ganzen Westen sehr mutig war). Er schrieb 1895 an den Ministro de Ultramar Tomás Castellano:»Dieser Krieg ist ein Ruin des Geldes und der Menschen. Es ist Jahre her, dass ich bedauere, dass die patriotischen Gefühle einiger Individuen der Regierung D[on] Juan Prim [y Prats] daran gehindert haben, diesen Abgrund von spanischem Blut und Reichtum [Kuba] zu verkaufen. Insulaner und Spanier, mit wenig Ausnahmen, bitten alle darum, sie gaben nichts; es gibt vielleicht eine Mehrheit von Söhnen dieses Landes, die wegen ihrer sozialen Position die Verlängerung der Herrschaft Spaniens wünschen, aber es sind nur sehr wenige, die es wirklich ehrlich wollen, in ihrer Mehrzahl ist das, was sie fürchten, Haiti, und was sie verschreckt, ist die Anarchie.«[40]

Die Stunde der Radikalen brach an. Als neuer Befehlshaber kam der deutschstämmige General Valeriano Weyler y Nicolau, Marqués von Tenerife (1838–1930). Weyler war, wie Martínez Campos, Veteran des Zehnjährigen Krieges; er hatte bei Puerto Príncipe Ignacio Agramonte geschlagen. Der General hatte auf Luzón und anderen Inseln der Philippinen von 1888 bis 1891 auch Erfahrungen in den Scheußlichkeiten tropischer Dschungelkriege gewonnen. Weyler verfolgte zwei Strategien. Zum einen die vom spanischen Premierminister vorgegebene Maxime , dass der Krieg in Kuba mit zwei Kugeln zu beenden sei – eine für Antonio Maceo, die andere für Máximo Gómez. Zum anderen wollte er»den Krieg mit dem Krieg bekämpfen«. Damit hoffte er, den *Mambises*, wie die Unabhängigkeitskrieger in afrokubanischer Congo-Tradition genannt wurden, die Unterstützung durch die Landbevölkerung entziehen sowie die loyalen Kräfte stärken zu können.

Weyler war von Juni 1896 bis Oktober 1897 Generalkapitän. Er verfügte nominell über fast 240 000 Soldaten, von denen aber nur etwa 50 000 aktiv waren, allerdings oft verstreut in Garnisonen und Wachstationen. Er versuchte mit offenem Terror, harten Militärschlägen sowie Rekonzentrationslagern das Blatt zu wenden. Auf seinen Befehl wurde die westliche Trocha oder Militärlinie *(Linea militar)* von Mariel bis Majana (Nord-Süd) an einer engen Stelle (32 km) der Insel angelegt, um Maceo in Pinar del Río zu isolieren. Weyler befahl auch die berüchtigte *Reconcentración* – militärische Konzentrationslager, in denen die Landbevölkerung im Umkreis von Städten zusammengetrieben wurde. Aber es gelang ihm weder Maceo einzukesseln, noch die etwa 20 000 aktiven Mambises zu vernichten. Weyler hatte mit seiner Politik kurzfristig zwar bessere Erfolge als Martínez Campos, auf die Dauer aber waren die Kontra-effekte, vor allem die Zerstörung der Subsistenzlandwirtschaft und das Massensterben der Landbevölkerung, so groß, dass sie sich gegen ihn wandten.

Auf separatistischer Seite kam es unter diesem Druck zu schweren Konflikten. Der zivile Regierungsrat verzögerte den Nachschub, weil man dem »Neger« Maceo einen endgültigen Sieg nicht gönnte, und diskutierte ein Gesetz über sein Recht zur Ernennung und Absetzung aller Militärs. Gómez protestierte wütend. Maceo, als er von diesen Kontroversen erfuhr, kehrte aus Pinar um. Er und der älteste Sohn von Máximo Gómez fielen am 7. Dezember 1896 in der Nähe von Havanna (Punta Brava) nach dem Übergang über die westliche Trocha. Der Tod des bedeutendsten kubanischen Militärs hatte hohen Symbolwert. Viele glaubten, dass damit der Krieg zu Ende sei. In Spanien war der Jubel unbeschreiblich. Der Separatismus befand sich auf einem Tiefpunkt. Ganze Einheiten traten auf die spanische Seite über. Die Rekrutierungen der Patrioten sanken auf ein extremes Minimum. Mit dem Tod Maceos war einer der »großen Drei« (Antonio Maceo, Máximo Gómez, Calixto García) des Independentismus aus dem Spiel. Maceo hatte zu den für die martianische Ideologie zugänglichen Militärs gehört. Er kannte aber auch Afroamerika; zudem verfügte er über hohe traditionale Legitimität und über ein starkes Charisma in der schwarzen und der farbigen Bevölkerung. Mit der Invasion in den Westen hatte er die nationale Patria-Idee gegen die regionalen Denkweisen Calixto Garcías unterstützt.

Ende 1897 geriet allerdings die intransigente spanische Politik des »bis zum letzten Mann und bis zum letzten Peso« in die Krise, nicht nur weil Ministerpräsident Antonio Cánovas del Castillo (1828–1897) in Spanien von einem italienischen Anarchisten ermordet worden war. Der Erfolg des E.L.C. lag zum großen Teil an der genialen Strategie des Subsistenzkrieges, wie sie von Máximo Gómez mit der *Campaña de las Villas* in Zentralkuba praktiziert wurde. Er konnte sich dabei auf die zweite Reihe erfahrener Feldkommandeure, wie José Miguel Gómez[41], José de Jesús Monteagudo und Gerardo Machado (künftige Präsidenten), sowie kampferfahrene Truppen aus der Region stützen. Die Zentralprovinz wurde zum wichtigsten Schauplatz des Krieges. Mit seinen endlosen Märschen und Gegenmärschen durch Fiebersümpfe und Gebirgszonen sicherte Gómez die Verbindung zwischen den Kriegsschauplätzen im Westen (Pinar del Río), wo nur noch kleine Gruppen von Guerillas operierten, und der Basis der Separatisten im Osten (Oriente), wo Calixto García über mehrere tausend Mann verfügte.[42]

Im September 1897 trat angesichts der Erosion der spanischen Macht im Potrero Yaya (in der Nähe von Guáimaro/Camagüey) die neue Konstituierende Versammlung zusammen, an der aber wegen der Kriegslage nicht alle Delegierten teilnehmen konnten. Im Oktober 1897 wurde die Verfassung von Yaya erlassen. Sie sollte die kubanische Seite auf die Übernahme der Regierung Kubas nach dem Zusammenbruch der spanischen Macht vorbereiten. Die Verfassung proklamierte das »universelle Wahlrecht« (das aktive Wahlrecht für Männer ab 16 Jahren, das passive Wahlrecht für Männer ab 25 Jahren), in der Versammlung war das »Recht, Rechte zu haben« auch als Frauenwahlrecht diskutiert worden. Die Verfassung von Yaya schrieb auch die Freiheit aller (religiösen) Kulte fest. Sie betonte die stärkere Machtstellung des Regierungsrates und die schärfere Kontrolle der Militärs.

In der militärischen Führung (und im Heer selbst) kam es zu rassistischen Konflikten. Die schwarzen und die farbigen Offiziere konnten oft nicht schreiben. Meist ging es unter dem Vorwand »fehlender Kultur« um den Ausschluss dieser »Neger« aus den engeren Führungskreisen (Paradebeispiel: Quintín Bandera).[43] Die Verfassung unterstützte diesen impliziten Rassismus nach Kulturkriterien.

Die Verfassung sah auch die Abschaffung des Postens des Generalissimus vor sowie die Einsetzung aller Generäle, auch der Departements- und Korpschefs, durch die Regierung. Offiziersgrade vom Fähnrich bis zum Generalmajor sollten nur noch durch die zivile Führung verliehen werden dürfen. Fixiert wurden die neuen Beziehungen zwischen zivilem und militärischem Sektor in der »Ley de organización militar y ordenanzas militares«. Bartolomé Masó wurde Präsident. Gómez blieb de facto Oberbefehlshaber.

Ende 1897 musste der liberale spanische Ministerpräsident Práxedes Mateo Sagasta (1827–1903) Kuba ab 1. Januar 1898 den Status der Autonomie zugestehen. Viele emigrierte Autonomisten kehrten aus dem Exil zurück oder gingen aus der Gefängniszelle direkt in den Regierungspalast. Der spanische General Ramón Blanco behielt als vom König eingesetzter Gouverneur die oberste Regierungsgewalt und den Befehl über die Truppen. Trotz Autonomie wurde Kuba in letzter Instanz weiterhin durch einen militärischen Prokonsul regiert. Blanco rief ein Kabinett aus Autonomisten und Reformisten ein. Ein Parlament mit zwei Kammern, dem *Consejo de Administración*, der teils gewählt, teils vom König eingesetzt wurde, und der gewählten *Cámara de Representantes*, wurde gebildet. Kabinett und Inselparlament stellten die autonome Machtspitze Kubas dar. Allerdings demoralisierten diese Reformen die hispano-kubanischen Integristen, die bisher die soziale Basis im Kampf gegen die Separatisten gewesen waren.

Die Kubaner – und zwar weder die Regierung der *República en Armas* oder die Independentisten unter Gómez noch die Auslandskubaner unter Estrada Palma – erkannten die autonome Regierung nicht an. Allgemein verlor sich der Glaube daran, dass Spanien diesen Krieg überhaupt beenden konnte, und Zweifel kamen auf, ob der Wille bestand, Kuba zu halten. Der bis dahin recht stabile Konsens zwischen konservativen Kubanern, hispano-kubanischer Elite und der Masse der Integristen zerbrach.

Der geraubte Krieg: Das Jahr 1898

Das Jahr 1898 begann für die Autonomisten mit einem politischen Erfolg, ohne dass ihre Spitzenpolitiker dafür (militärisch) gekämpft hatten. Die Separatisten und Independentisten konnten auf beachtliche militärische Erfolge, auf eine Pattsituation im Subsistenzkrieg, verweisen. Aber sie waren politisch zerstritten. Die Moral der Truppen war recht gut, obwohl sie oft hungerten. Überläufer wurden als Verräter erschossen. Die Situation wandelte sich entscheidend durch die Kriegserklärung der USA. Die Autonomisten, die in den Wahlen vom März 1898 – die ersten (und letzten) Wahlen unter spanischer Herrschaft auf Kuba, die nach dem »universellen« (männlichen) Wahlrecht abgelaufen waren – gesiegt hatten, verloren auf nationaler Ebene rapide an politischem Kredit. Die Zahlen der Eintritte in das Ejército Libertador schnellten ab Mai 1898 wieder nach oben. Der Versuch, mitten im Krieg ein letztes Reformprojekt, gestützt auf den kubanisch-spanischen Autonomismus, zum Erfolg zu führen, hatte keine Chance. Viele Autonomisten gingen in das Lager des Separatismus über. Auf das schriftliche Angebot des Gouverneurs Blanco vom April 1898, als Söhne der hispanischen Kultur mit einem »Hurra für Spanien, Hurra für Kuba« gegen die nordamerikanischen Eindringlinge vorzugehen, antwortete Máximo Gómez:

»Sie repräsentieren eine alte und diskreditierte Monarchie [...] ich kenne nur eine Rasse, die Menschheit, und für mich existieren nur gute und schlechte Nationen. Spanien hat hier Schlechtes getan [...].«[44] Zumindest moralisch hatten die Separatisten den Krieg gewonnen, als die USA eingriffen. Auch in Bezug auf die USA hatte die Autonomiepolitik von Sagasta keinen Erfolg. Der Krieg war für Kuba und Spanien, je länger er dauerte, ein Ausbluten. Alle humanitären und ideologischen Rechtfertigungen der US-Regierung für den Kriegseintritt kamen post factum. Den USA ging es ganz klar um imperiale Interessen; der Krieg selbst war zunächst weniger erwünscht. Die USA hatten zwar – als Politikvariante seit dem 1. Juni 1896 – eine Kriegsplanung, aber noch im ersten Jahr der Präsidentschaft von William McKinley ging die Regierung davon aus, dass ein Sieg Spaniens, *Home Rule* (Autonomie) und Reformen das Wünschenswerte seien. In der Zeit von Mai bis Herbst 1897 – Regenzeit auf Kuba – waren keine entscheidenden militärischen Operationen der Spanier möglich. In den Verhandlungen wurde klar, dass, wenn bis zum Beginn der nächsten Regenzeit keine militärische Entscheidung gefallen sein sollte, der Präsident handeln musste: Militäreinsatz! Deshalb wurde immer wieder vom »Wetter auf Kuba« gesprochen. Bis dahin allerdings waren McKinley und die Regierung bereit, das Problem trotz wachsenden innenpolitischen Drucks auszusitzen und bis zum letzten Moment auf das Unwahrscheinliche – die freiwillige Gewährung der Autonomie durch Spanien – zu warten. Deshalb brach der Krieg auch nicht nach dem veröffentlichten Schmähbrief des spanischen Botschafters in den USA, Dupuy de Lôme (9. Februar 1898) aus und auch nicht nach der Explosion des Schlachtschiffs Maine (15. Februar 1898; die USA hatten ein Schlachtschiff zum »Besuch« nach Havanna gesandt, das unter ungeklärten Umständen explodierte), sondern zu Beginn der neuen Regenzeit. Erst nachdem Fakten geschaffen waren, gab Präsident McKinley die Parole von der »*Providence of God and in the name of human progress and civilization* [...]« aus, die ihn nachts beim Gebet überkommen haben soll. Allerdings betraf diese klare Interessenpolitik das Führungszentrum. Die US-Gesellschaft, zu der die Soldaten gehörten, besonders aber die Infrastruktur und die Logistik des Landes waren keineswegs auf einen Krieg vorbereitet. Die amerikanische Bevölkerung konnte sich nicht gleich auf den schnellen Wandel von einem Krieg der nationalen Befreiung zu einem überseeischen Interventionskrieg einstellen, der mit militärischer Besetzung fremder Territorien einherging. Eine Intervention europäischer Monarchien – das Deutsche Reich zog zwar die Fäden, wollte aber nicht die Führung übernehmen – zugunsten Spaniens und das Waffenstillstandsangebot an die kubanische Seite scheiterten. Ende April begann die Mobilisierung von US-Truppen sowie Freiwilligenverbänden (darunter farbige Truppen, bei denen die US-Army davon ausging, sie seien gegen Tropenkrankheiten »immun«) und die Blockade kubanischer Küsten. Spanien erklärte den Krieg.

Zunächst waren vonseiten der USA Angriffe auf Havanna geplant, dann aber entschloss sich die militärische Führung, die Bemühungen auf Oriente zu konzentrieren. Am 22. Juni 1898 betraten 6000 Mann unter General William Rufus Shafter kubanischen Boden. Shafter hatte einige Erfahrungen im Indianerkrieg, die ihm in Kuba wenig nützten. Die Regierung der *República en Armas* war von den USA nicht offiziell informiert worden. Sie wurde von den USA nie als Regierung einer Krieg führenden Seite anerkannt. Aber die Mambises, 4000 Mann unter Calixto García, unterstützten die Landung der US-Army durch erhöhte militärische Aktivitäten. Der regionale Militärchef Calixto García hatte sogar auf eine Anfrage von General Miles geantwortet, dass er dessen »Wünsche und Anregungen als Befehle« betrachten wolle. Anfang Juli kam es bei El Caney und den San-Juan-Höhen zu den einzigen größeren Landschlachten, die nicht eben zum Ruhm der US-Truppen beitrugen. 1000 Kubaner kämpften Seite an Seite mit den US-Truppen, die aus afroamerikanischen Truppen und den Rough Riders unter Theodore Roosevelt bestanden. Entschieden wurde der Krieg durch die neuesten Technologien des Seekrieges. Die US-Marine besiegte in der Seeschlacht vor Santiago am 3. Juli die spanische Flotte unter Admiral Pascual Cervera, allerdings mehr durch technische und zahlenmäßige Überlegenheit als durch geschickten Einsatz der Schiffe und Kanonen.

Am 17. Juli 1898 ergaben sich die Spanier in Santiago. Die schnelle Aufgabe der kriegserfahrenen spanischen Truppen ist noch heute ein Rätsel für die spanische Geschichtsschreibung. Damit war der Krieg im Grunde beendet.

Zu einem schweren Zwischenfall kam es bei der Besetzung von Santiago, als General Shafter den Truppen Calixto Garcías nicht erlaubte, in die Stadt einzuziehen. Das Verhältnis zwischen Kubanern und US-Amerikanern begann sich abzukühlen. Am 12. August 1898 wurde ein Präliminarfrieden geschlossen, der den Abzug der Spanier und ihrer Truppen von der Insel regelte. Vom 9. August bis 17. September 1898 wurden 22 864 spanische Soldaten von einer spanischen Transatlantik-Gesellschaft unter spanischer Flagge, bezahlt von den USA, nach Spanien zurückgeführt. Die Invasionstruppen der USA besetzten bis Ende 1898 Zug um Zug die kubanischen Städte. Die kubanischen Einheiten begleiteten sie meist bis zu den Ortseingängen, verblieben dann aber auf amerikanischem Befehl im Busch außerhalb der Städte, in der *Manigua*, wo sich ihre Situation sehr kompliziert gestaltete, denn der Krieg ernährte sie nicht mehr. Inwieweit die kubanischen Truppen wirklich Mitokkupatoren der Städte wurden, wissen wir nicht genau. Das hing sicherlich auch von den konkreten Beziehungen zwischen amerikanischen und kubanischen Offizieren ab. Während meist nur auf den symbolischen Krach beim Einzug in Santiago de Cuba verwiesen wird, als die Truppen von Calixto García nicht mit in die Stadt einziehen durften, hat es in Puerto Príncipe (Camagüey) wohl einen gemeinsamen Einmarsch gegeben, an dem auch die berühmte Rosa Castellanos, genannt *La Bayamesa*, die Mulattin der Hospitäler, teilnahm.

Zwischen Imperien: Okkupation und Modernisierung 1898 bis 1902

Die erste Okkupation durch die USA: Transformation und Transition

Drei chaotische Grundprozesse prägten die Herausbildung der neuen politischen Struktur, die als abhängige oder neokoloniale Republik in die Geschichte eingehen sollte. Erstens der soziale und der wirtschaftliche Wandel (1880–1925), zweitens die politische Transformation (Unabhängigkeitskriege, Autonomismus, Revolution) (1868–1898) und drittens eine paktierte Transition, die wesentliche Elemente der Kolonialgesellschaft in die Republik übernahm. Zugleich wurden neue Technologien, Infrastrukturen und neue Formen der Energiegewinnung durch die USA auf Kuba eingeführt. Transformation und Transition kulminierten unter Kontrolle und Okkupation der neuen Imperialmacht USA (1899–1902). In gewissem Sinne könnte man auch noch die Probezeit der neokolonialen Republik von 1902 bis 1906 und die zweite Okkupation Kubas durch die USA (1906–1909) in diese Transformationsperiode hineinnehmen. Das neue politische System, welches mit der Republik von 1902 ins Leben trat, bestimmte die Geschichte Kubas mit gewissen Modifikationen 1933 bis 1935, 1940 und 1952 bis 1959, und als Tradition auch die Geschichte danach.

In allen drei innerkubanischen Prozessen, im letzten am deutlichsten, wird der Einfluss der im Konkreten ebenfalls recht chaotischen wirtschaftlichen Expansion und des politischen Hegemonialanspruchs der USA als Ordnungsmacht deutlich, wie er unter dem Schlagwort von der Monroe-Doktrin oftmals dargestellt worden ist.

Seit 1880 waren die USA zur wichtigsten wirtschaftlichen Metropole Kubas geworden. Während der Okkupationszeit allein wurden 30 Millionen Dollar in Kuba investiert. Die USA waren der dominierende Markt Kubas und bestimmten die Außenbeziehungen der Insel. Das Reziprozitätsabkommen, dessen Ratifikation durch die USA übrigens an die Annahme einer Sonderklausel in der Verfassung, der *Enmienda Platt* (siehe S. 78ff), durch die Kubaner gekoppelt war, fasste den außenwirtschaftlichen und zollpolitischen Aspekt dieser Tatsache in Vertragsform zusammen. Das hatte im Laufe der nächsten Jahrzehnte ganz konkrete Auswirkungen auf die Wirtschafts- und Infrastrukturen: Bei Letzterem, das heißt vor allem bei Hafenanlagen, Eisenbahn- und Schiffsverbindungen sowie sonstigen Schnittpunkten von Kubas Wirtschaft mit dem Außenhandel, dominierten mehr und mehr die USA. Die zukünftigen Überlandstraßen wurden für US-amerikanische Autos gebaut, die auch Benzin (aus vorwiegend US-amerikanischen Raffinerien) tanken mussten. Wirtschaftliche Basismotive für die Politik der USA können also vorausgesetzt werden. Allerdings, so muss angesichts des immer wieder vorschnell vorgebrachten Imperialismusarguments auch gesagt werden, dominierten US-Firmen nicht, noch nicht, die produktiven Bereiche auf der Insel. Die wichtigsten wirtschaftlichen Sektoren, vor allem die große Zuckerproduktion und andere Sektoren der Landwirtschaft sowie der verarbeitenden Industrie, befanden sich fest in der Hand von kapitalkräftigen hispano-kubanischen Unternehmergruppen, zu denen auch einige nordamerikanisch-karibische Unternehmerfamilien (wie etwa Edwin Atkins, Elias Ponvert) gehörten.

Die Phasen der Transformationsetappe 1895–1898, identisch mit dem Unabhängigkeitskrieg, stellen sich wie folgt dar: Der kubanische Krieg von Februar 1895 bis April 1898 wurde zum Erfolg der kubanischen Seite, die aus eigener Kraft ein altes europäisches Imperium in die schwerste Krise seiner Geschichte stürzte. Die Separatisten des Befreiungsheeres hatten es aber nicht vermocht, die

angestrebte große finale Schlacht, ein »Ayacucho cubano«, herbei-
zuführen. Deswegen kam es zu einer militärischen Pattsituation
mit positivem Vorzeichen für die Kubaner.

Seit Anfang 1898 existierte neben der von 1895 bis 1899 als quasi-
staatliche Struktur bestehenden *República en Armas* der Separatisten eine autonome, von Spanien eingesetzte kubanische
Regierung. Damit war das gerade-noch-spanische und noch-nicht-
kubanische Kuba faktisch bis Anfang 1899 in zwei provisorische
Staatswesen gespalten.

Die USA nutzen diese Pattsituation aus. Von April bis August
1898 fand der Spanisch-Amerikanische Krieg statt, der in gewisser
Weise eine Intervention gegen Spanien zur Rettung der vom Kolonialismus geschaffenen Wirtschaftsstrukturen auf Kuba war, von
denen große Firmen in den USA profitierten.

Am 12. August wurden Waffenstillstand und Präliminarfrieden in
Washington durch den Botschafter Frankreichs im Namen Spaniens unterzeichnet. Kubaner waren nicht anwesend. Am 10. Dezember 1898 wurde der Frieden von Paris zwischen Spanien und
den USA geschlossen, am 6. Februar 1899 von Washington ratifi-
ziert. Weder Kubaner noch Filipinos, die sich zu dieser Zeit unter
Emilio Aguinaldo (1869–1964) erhoben hatten, waren beteiligt. Der
Vertrag von Paris, den die USA Spanien mit 20 Millionen Dollar ver-
süßten, spricht nicht von der Unabhängigkeit Kubas, sondern davon, dass »besagte Insel, wenn sie durch Spanien evakuiert worden
sei, von den Vereinigten Staaten okkupiert werden wird […]«. Allerdings heisst es im Artikel XVI des Vertrages auch, dass die Okkupation limitiert sei. Von »Kubanern« ist keine Rede, nur von »Un-
tertanen« des spanischen Königs, von »Bürgern« (Ciudadanos),
»Einwohnern« sowie »Spaniern«.[45]

Das Jahr 1898 sah die kubanischen Autonomisten mit einem politischen Erfolg, der allerdings die spanische Herrschaft über Kuba
nicht retten konnte, die Independentisten mit militärischen Erfolgen, doch ohne die erstrebte absolute Unabhängigkeit, und die

USA mit einem Sieg-Frieden, der ihre Okkupation Kubas de facto legalisierte. Die Situierung der Regierungsmacht war noch unklar. Es begann eine Etappe der Transition. Die Besatzungsmacht brachte das ins Land, was damals als modern verstanden wurde. »Republik« galt als ein Wert für sich. Einige Aspekte dieser Legitimation mittels einer aus heutiger Sicht vergangenen Moderne sollen näher dargestellt werden. Die Amerikaner legitimierten die Okkupation Kubas nicht nur mit der Einführung der Demokratie, sondern auf lange Sicht auch mit der Einführung besserer Lebens- und Organisationsformen. Kultur, Hygiene- und Sanitätsmaßnahmen, Bildung (vor allem Grundschulbildung), Gesundheitswesen, Architektur, Kanalisationsbau, Wasserleitungs- und Straßenbau (inklusive Brücken) sowie Elektrifizierung und Infrastrukturmodernisierung gehörten zu diesem Konzept imperialer Ordnung der Welt. Eines der wichtigsten und populärsten Argumente war die Verbesserung der Hygiene.

Viele dieser Maßnahmen verbesserten zweifelsohne das Leben auf Kuba. Es handelte sich allerdings meist um eine Beschleunigung der Modernisierung, die schon im Gange war, denn Havanna mit seinen Eisenbahnverbindungen, Gaslaternen, Telegrafen und Telefonen sowie seiner Wasserversorgung war schon vor 1898 die technisch fortschrittlichste Stadt Lateinamerikas. Das Straßennetz verzehnfachte sich von 1898 bis 1908 (von 256 auf 2482 km); 1901 hatte Havanna das modernste automatische Telefonsystem der Welt. In der Hauptstadt wurde ein System elektrischer Straßenbahnen fertig gestellt. Die Ost-West-Linie der Straßenbahn öffnete 1901 den Vedado als neues Stadtviertel und Siedlungsgebiet der Mittelklasse; die Nord-Süd-Verbindung reichte von der Altstadt der Kaufleute bis in die Arbeitervororte Cerro und Jesús del Monte. 1907 folgte die Fertigstellung der Straßenbahn von Santiago de Cuba. Im ganzen Land entstanden Stromleitungen, Straßen, Eisenbahnlinien, Eisfabriken, Versicherungsfirmen, Schulen und Belieferungsnetze. Englischunterricht wurde obligatorisch. Mehrere US-amerikanische Firmen bauten Elektrizitätsfabriken auf Wasserkraftbasis; die Spanish-American Gas Company verteilte Gas für Motoren und Küchen. Die amerikanische Marktkultur hielt Einzug auf Kuba und mischte sich mit der hispano-kubanischen Geschäftskultur. Geldgeber und Gewinner der Modernisierung (von Pleiten abgesehen) waren Amerikaner und einige Hispano-Kubaner, Nutznießer die Masse der Kubanerinnen und Kubaner. Eine neue hybride politische Kultur begann zu wachsen; ihre Basis war eine Alltagskultur, die sehr schnell Elemente des amerikanischen *Way of Life* aufnahm und zu einer Art *Cuban Way of Life* transkulturierte.

Im Zusammenhang mit der neuen Stufe der Modernisierung und Globalisierung zu Beginn des 20. Jahrhunderts allerdings entbehrten einige der Neuerungen beziehungsweise die Art und Weise, wie sie zustande kamen, nicht einer gewissen Komik. Der Kampf gegen das Gelbfieber (Dengue) etwa zeigt an einem konkreten Beispiel den Nutzen und die Überraschungen einer Okkupation tropischer Territorien für die neue imperialistische Macht USA.

Das enge und verbaute Havanna der Altstadt, aber auch andere kubanische Küstenstädte galten Ende des 19. Jahrhunderts als Brutstätte des Gelbfiebers, als »Haupthölle des gelben Teufels«, des *Yellow Jack*, der dominierenden Seuche der Karibik. Als die Amerikaner Havanna besetzt hatten, gingen sie mit wahrer hygienischer Wut gegen Schmutz und Gestank vor, weil sie doch glaubten, diese verursachten das Gelbfieber. Doch nachdem der Dreck beseitigt war, brach wieder eine Epidemie des »Schwarzen Kotzens« aus. Sie forderte viele Tote unter den Ankömmlingen, vor allem unter neu eingewanderten Spaniern und den Amerikanern. Nicht einmal tiptop gewaschene US-Offiziere blieben verschont. Das neue hygienische Havanna litt mehr unter der Seuche als die alte schmutzige Haupthölle. Erst die »Mückentheorie« des Kubaners Carlos J. Finlay (die dieser schon seit 1881 vertreten hatte), der Tod des jungen Entomologen Dr. Jesse Lazear bei einem Selbstversuch und weitere

Versuche erbrachten den Beweis, dass wirklich die weiblichen Mücken Aëdes aegypti die Krankheit übertragen. Durch diese Entdeckung wurde der endgültige Bau des Panamakanals ab 1904 erst möglich, denn zuvor hatte das Denguefieber unzählige Arbeiter dahingerafft. Die Verdienste Finlays wurden jahrzehntelang nicht anerkannt. Man schrieb die Entwicklung der nordamerikanischen Medizin, vor allem dem Leiter der US-amerikanischen Gelbfieberkommission, Major Walter Reed, zu. Das Gelbfiebervirus selbst entdeckten US-Mediziner erst später, was dann vor allem den US-Soldaten im Pazifikkrieg zugute kam.

Die Zerschlagung des Befreiungsheeres
und die »paktierte Transition«

Obwohl Máximo Gómez in seiner »Proclama de Narcisa« vom 29. Dezember 1898 wörtlich schrieb: »Die Transitionsperiode wird enden«, sah die historische Transition ganz anders aus, als es sich der drahtige Generalissimus vorgestellt hatte. So war er es auch, der 1902, am Ende der Transition unter der ersten Okkupation, als die kubanische Flagge des einsamen Sterns statt der US-amerikanischen *Stars and Stripes* über dem Palast der ehemaligen Generalkapitäne in Havanna gehisst wurde, der tiefen Desillusionierung des Ideals vom freien und absolut unabhängigen Kuba Ausdruck gab: »Das ist nicht die Republik, für die wir gekämpft haben, das ist nicht die absolute Unabhängigkeit, die wir erträumt haben[…].«

Die Grundlage der Transition war die militärische, zeitlich zunächst nicht begrenzte Besetzung, die Okkupation des kubanischen Territoriums durch ein 50 000 Mann starkes Heer unter den Generalen John R. Brooke (1. Januar 1899 bis 20. Dezember 1899) und Leonard Wood (20. Dezember 1899 bis 20. März 1902), dem Militärarzt, ehemaligen Gouverneur von Santiago de Cuba und Rough Rider zu Fuß.

Die wichtigste juristische Basis war eine *Joint Resolution* beider Häuser des USA-Kongresses vom 18./20. April 1898. Sie gab Präsident McKinley das Recht, manu militari in den kubanischen Konflikt einzugreifen. Sie enthält zwei fundamentale Festlegungen: »Das Volk Kubas ist und sollte dem Gesetz nach frei sein [...]« und »[...] die Regierung und die Herrschaft der Insel [sind] seinem Volk zu überlassen.« Die konkrete Form der Unabhängigkeit und die Dauer der Besetzung blieben offen. Letzteres war realpolitisch das wichtigste Machtinstrument. Man kann Pérez Jr. zustimmen, dass die militärische Besetzung zunächst ohne »kohärente Politik oder über die Joint Resolution hinaus definierte Ziele« stattfand. Aber gerade deshalb kann auch angenommen werden, dass die Joint Resolution einen Kompromiss darstellte und eher die Realitäten der Okkupation die konkrete Politik beeinflussen würden. In der US-Politik gab es klare Gegentendenzen zur Besetzung. Diese Gegentendenzen wurden durch das *Teller-Amendment* des Kongresses im Moment der Kriegserklärung gegen Spanien und das *Foraker-Gesetz* (für Puerto Rico) zum Ausdruck gebracht. Das Teller-Amendment besagte: »[...] die Vereinigten Staaten verzichten auf jedwede Disposition oder Intention, die Souveränität, Jurisdiktion oder Kontrolle über besagte Insel [Kuba – M.Z.] auszuüben, mit Ausnahme der dortigen Pazifizierung, und bekräftigen ihren Entschluss, die Regierung und die Kontrolle der Insel deren Volk zu überlassen, sobald die Pazifizierung vollendet ist.« Darin drückten sich antiexpansionistische Stimmungen und Attitüden der Demokraten aus. Sie waren der dominierenden Kubapolitik entgegengesetzt und beruhten durchaus auf abweichenden Interessen. Sie konnten sich ebenfalls auf die Joint Resolution berufen. Viele Kubaner schenkten dieser Resolution Vertrauen. Trotz der Joint Resolution, des Teller-Amendments und der relativ vorsichtigen Politik von General Brooke setzten sich in der Okkupationspolitik zunächst Kräfte durch, die mit Teilen der Separatisten, aber vor allem mit Autonomisten und Integristen paktierten, um die Entstehung einer *Cuba libre e independiente*, eines absolut freien und unabhängigen Kuba, wie sie der radikale Flügel der Independentisten angestrebt hatte, zu verhindern. Erst während der frühen Okkupation gingen die imperialistische Denkweise und die überheblichen Zweifel der Besetzer, ob diese Kubaner überhaupt zu einem demokratischen *Self-Government* in der Lage seien, tausendfach verstärkt über die Hearst-Presse und bestimmte Gruppen der Exilkubaner, eine für Kuba fatale Symbiose ein. Diese, sagen wir, imperialistische Denkungsart, deren Appetit beim Essen entstanden war, beeinflusste sowohl die Haltung der Regierung der USA wie auch die populäre Imagination in den USA sehr stark, dafür wie dagegen. Es gab auch Stimmen der Bewunderung für Kuba. Für ein überwiegend aus Farbigen und – wie man heute sagt – *African Americans* bestehendes Freiwilligen-Regiment aus Louisiana schrieb Stella A. E. Bradley folgendes Gedicht:

»Ye scions of a warlike race
Renew the prestige of your sires
And by your valor win the place
Where glory flames with radiant fires,
With those great heroes, brave and pure
Men like Maceo, Toussaint L'Ouverture.«[46]

Die Schreiberin des Gedichtes drückte damit auch Hoffnungen für die nordamerikanischen Schwarzen aus, mit der Teilnahme als Freiwillige am Krieg gegen Spanien mögen sich Chancen für den Kampf gegen das Disfranchisement der African Americans in den USA ergeben. Dort war gerade unter der Maxime »*equal but separate*« mit dem Fall *Plessy vs. Ferguson* die Grundlage für eine 60 Jahre während staatliche Apartheidpolitik gelegt worden, die schließlich de facto zum Entzug des Wahlrechts für Afro-Americans in einigen Staaten der USA führte.

Der Übergang von Brooke zu Wood kam nicht von ungefähr. Brooke war ein Unionsveteran aus Pennsylvania. Er favorisierte die Unabhängigkeit Kubas. Wood dagegen war der Exponent der neuen neokolonialistischen und annexionistischen Richtung in der US-amerikanischen Politik. Wood wurde auch James H. Wilson, dem Militärgouverneur von Matanzas und Santa Clara, vorgezogen, weil er sich 1898/99 klar für die direkte Umwandlung der Okkupation in eine Annexion aussprach. Wilson war zwar auch für Annexion, fürchtete aber eine Fortführung des Kampfes der Kubaner gegen die neue Kolonialmacht. Auf den annektierten Philippinen hatten sich die Independentisten unter Aguinaldo 1898 gegen die USA erhoben. Wilson riet deshalb zur Vorsicht. Seine Auffassung mussten sich später auch Wood und die hinter ihm stehenden Gruppen zu eigen machen. 1899 aber wurde Wood als Gouverneur ausgewählt, weil er für direkte Annexion plädierte. Von entgegengesetzten Positionen machten diese Gruppierungen politischer Akteure Lernprozesse durch, die schließlich in der Formulierung der Beziehungen »spezieller Intimität« (Elihu Root) zwischen Kuba und den USA ihre staatsrechtliche Form fanden.

Der »erstaunlich rationale Charakter des streng interessengeleiteten Entscheidungshandelns der verantwortlichen Politiker Washingtons« (H.-U. Wehler) führte nach den Munizipalwahlen 1900 zum Sinneswandel von der direkten Annexion zur indirekten Dominanz. Die endgültige Entscheidung wurde von einer Gruppe Senatoren unter Leitung des Staatssekretärs für Krieg, Elihu Root, getroffen, der, begleitet von Orville H. Platt, Henry M. Teller und Nelson W. Aldrich, im Frühsommer 1900 Havanna besuchte. Die Annexion blieb allerdings ein politisches Ziel, das auch viele einflussreiche Kubaner vertraten, nach dem Motto: *Annexation by acclamation* – Annexion durch Akklamation, begleitet von einer tief greifenden kulturellen *Americanization*. Legitimation und Rhetorik zog die Okkupation aus zweierlei Diskursen: dem der Demokratisierung und dem der Modernität (»moderne Lebensverhältnisse«). Beide Diskurse waren zentral im ungeschriebenen Kulturprogramm der Okkupation. Die Annexion sollte durch demokratische Wahlen vorbereitet werden. Allerdings sollte – ich greife etwas vor –

die schnelle Amerikanisierung ihr Ziel nicht erreichen. Ein Zitat aus einem Schreiben von Theodore Roosevelt an Henry Cabot Lodge noch vom Juni 1899 mag aber die Zielvorstellung in den einflussreichen Kreisen politischer Akteure belegen:»Wood denkt, dass wir den Kubanern nicht die Unabhängigkeit versprechen oder geben sollten; wir sollten sie gerecht und ausgleichend regieren und ihnen alle möglichen Gelegenheiten für zivilen und militärischen Fortschritt geben, und somit werden sie in zwei oder drei Jahren darauf insistieren, ein Teil von uns zu sein.«[47]

Präsident McKinley selbst hatte in seiner Botschaft an den Kongress, als er die Autorisierung der Intervention erbat, nur von »einer stabilen Regierung, die die Ordnung erhalten könne und die den Frieden und das Leben der Bürger garantiere und die internationalen Verpflichtungen erfülle« gesprochen.

Dass dieses Kriterium der »stabilen Regierung« den wichtigsten Part in der Konstruktion des Abhängigkeitsverhältnisses Kubas zu den USA spielen sollte, zeigt durchgehend die Politik der US-Administration gegenüber den Separatisten und ihren gewählten Autoritäten, dem Regierungsrat und der Asamblea del Cerro (legislative Versammlung), vor allem aber die Nichtanerkennung der Kubaner als Krieg führende Seite. Eine inoffizielle Anerkennung erfolgte nur insoweit, als es, wie im Falle von Calixto García oder Máximo Gómez, der Spaltung des Gegners und der Ausnutzung für eigene Ziele diente.

Eine Volkszählung, veröffentlicht im berühmten Zensus von 1899[48], stellte das erforderliche Fach- und Herrschaftswissen bereit. Im unmittelbaren politischen Sinne waren die USA vor allem an der Zahl der potenziellen Wähler und an deren Rassenangehörigkeit interessiert. Kuba hatte nach diesem Zensus, der nicht ganz korrekt ist, weil viele Kubaner glaubten, er diene der Einführung eines neuen Steuersystems oder der Registrierung für den Aufbau einer neuen Armee, eine Bevölkerung von etwas über 1,5 Millionen Menschen:

Weiße (Männer)	563 113	(Frauen)	489 284	(Total)	1 052 397
Farbige (Männer)	252 092	(Frauen)	268 308	(Total)	520 400
Total	*815 205*		*757 592*		*1 572 797*

Die eigentlichen herrschaftstechnischen Instrumente, die die paktierte Transition unter Kontrolle der US-Militäradministration sicherten, lassen sich in zehn Punkten zusammenfassen.

1. Entwaffnung und Auflösung des Ejército Libertador: Dabei ging es formell um das *Licenciamiento*, die Entlassung, von etwa 40 000 Mann auf der juristischen Grundlage des Vertrages von Paris und der US-Militärverordnung zur »Allgemeinen Entwaffnung« vom 6. Januar 1899 sowie auf der Basis von motu propio (aus eigenem Antrieb) formulierten Positionen wichtiger ziviler Politiker und Militärs der Separatisten, wie Manuel Sanguily, Juan Gualberto Gómez und Calixto García.

2. Auflösung des Partido Revolucionario Cubano durch den Delegierten Tomás Estrada Palma. Der Waffenstillstand und der Frieden von Paris sowie der Abzug der Spanier veranlassten die Emigrierten in den USA – die soziale Hauptbasis des PRC – dazu, anzunehmen, dass die Ziele der von José Martí gegründeten Partei erfüllt seien. Tausende von Expatriierten kehrten schon seit Juli/August 1898 nach Kuba zurück. Viele Basisorganisationen in den USA lösten sich einfach auf, und es ging kein Geld mehr in die Parteikassen ein. Im Dezember 1898 verkündete Estrada Palma die offizielle Auflösung des PRC und rief die patriotischen Juntas dazu auf, auch alle lokalen Organisationen aufzulösen[49]. Damit verschwand das wichtigste Organ unabhängiger kubanischer Meinungsbildung und Organisation.

3. Eliminierung der politischen, institutionellen und militärischen Führung auf kubanischer Seite durch Manipulation der Frage der Auflösung der kubanischen Armee, die für die US-Amerikaner ein möglicher Gegner blieb, solange sie »its organization and its rifles« (Editorial der *New York Times*) behielte.

4. Erhaltung der spanischen Gesetzgebung, die durch Militär-verordnungen und -befehle punktuell ergänzt wurde.

5. Erhaltung und Instrumentierung des spanisch-autonomisti-schen Regierungsapparates in seinen Grundstrukturen. Der US-amerikanischen Militärregierung wurde eine kubanische Zivil-regierung mit beratender Funktion beigeordnet.

6. Die Provinzen blieben unter dem Befehl von US-Generalen. Zu Zivilgouverneuren wurden regional einflussreiche Generale des Befreiungsheeres ernannt.

7. Belassung der lokalen Funktionäre *(Alcaldes)* der spanischen Administration, die diese Posten seit der Autonomiezeit innehat-ten; bei Neuwahl Beeinflussung der Kandidatenaufstellung.

8. Im Verlauf der Okkupationszeit kam es zur Ernennung einer ganzen Reihe von früheren Autonomisten, Reformisten, Annexionis-ten und Integristen in wichtige Regierungsfunktionen. Diese Grup-pen von Akteuren bildeten die Grundlage der paktierten Transition.

9. Instrumentalisierung von Persönlichkeiten des Befreiungs-krieges: General Máximo Gómez war die Autorität des Befreiungs-heeres, die wirklich Anerkennung fand, ansonsten wurden vor al-lem Zivilisten »aus besseren Kreisen« ausgewählt.

10. Das Wahlsystem von 1900[50].

Die US-Okkupationspolitik betrieb mittels dieser Instrumente eine »Pluralisierung« (Jorge I. Domínguez), die die Brüche und Konflikte des separatistischen Lagers ausnutzte. Zu all dem kam ein kräftiger, kulturell anders gearteter, Rassimus. Der Unternehmer und Zu-ckerplantagenbesitzer Edwin Atkins brachte diesen Rassismus vom Beobachtungspunkt seiner Plantage Soledad bei Cienfuegos fol-gendermaßen zum Ausdruck: In der nahen Landstadt Arimao hät-ten »Rebellen unter Negeroffizieren«[51] die Macht übernommen, schrieb er Anfang 1899. Und der Demokrat Atkins setzte noch eines darauf. Über eine Parade der kubanischen Truppen unter Máximo Gómez beim Empfang in Cienfuegos drückte er seine Ängste über *Social equality* aus: »Ein würdiger Offizier wurde mit seiner Negergeliebten im Arm auf der Parade gesehen (so sagen die Jungs), und alles war gemischt.«[52]

Ein Beobachter aus den USA, John E. Lewis von der 10. Kavallerie, Mitglied der Besatzungstruppen, zugleich farbiger Soldat, der unter dem Rassismus im Süden der USA litt, meint andererseits, auf Kuba gäbe es gar keine *Color-line*, keine Farbgrenze:»Gib mir Kuba, eher als irgendeinen Teil des Südens [der USA], in dem ich jemals gewesen bin, und es ist schwierig, einen Staat des Südens zu finden, in dem ich nicht gewesen bin. Hier [in Kuba] ist ein Mann ein Mann, nämlich das, was er wert ist. Der große Kubaner, Gen. Rabbi (ein Neger) [Jesús Rabí], hielt auf seinem Weg von Bayamo [im Osten] nach Havanna, Kuba, an, und es war überraschend, wie die Kubaner herauskamen, um den schwarzen kubanischen General zu ehren. Es war der beste Teil der Kubaner, die kamen. Es gab dort keine Color-line.«[53] Mit Blick auf die kubanischen Schwarzen fügte er hinzu:»Auch wenn diese Leute kein Englisch sprechen, bin ich sicher, dass es Neger [im Sinne von ehrenhaften Menschen, wie Lewis selbst] sind.«[54]

Das Scheitern der kubanischen Staatsvorstellungen

Die separatistische Bewegung wurde deshalb so genannt, weil nicht alle ihrer Anhänger das Ziel der absoluten Unabhängigkeit in republikanischer Form *(Independencia)* verfolgten, sondern eben auch Autonomie oder Trennung, Separation von Spanien und Angliederung, Annexion, an die USA. Der Separatismus hatte drei soziale und ideologische Hauptkomponenten:

Die Independentisten, deren Motto»Kuba absolut frei und unabhängig« lautete. Wichtige Vertreter des Independentismus – allerdings mit unterschiedlichen regionalen Bindungen – waren Martí, Maceo, Gómez, Masó, Calixto García, oft auch als martianische Linke bezeichnet.

Das wichtigste Programm einer egalitären Republik hatte José Martí entwickelt. Der Independentismus hatte eine breite soziale

Basis in den Unter- und Mittelschichten, auch unter Schwarzen und Farbigen, die mit diesem Ziel eine Umverteilung von Ressourcen (Landfrage), die Verbesserung ihrer sozialen Position, eine Zurückdrängung des Rassismus und sozialen Aufstieg verbanden. Insgesamt hätte die Durchsetzung dieses Programmes eine soziale Revolution mit einer radikalen Agrarreform bedeutet. Diese Vorstellung über die zu schaffende Republik, in gewissem Sinne die heroische Illusion des Unabhängigkeitskrieges, war 1898 kurzfristig am deutlichsten gescheitert: Die Befreiungsarmee gewann zwar fast den Krieg, verlor aber die Revolution. Insofern fühlten sich die radikalen Independentisten doppelt desillusioniert.

Die so genannten Annexionisten plädierten für einen freiwilligen Anschluss an die USA, vor allem aus kulturellen Gründen; deshalb bezeichnen sie sich selber auch kaum als Annexionisten. Meist stammten sie aus der Gruppe der freien Berufe oder aus den kreolischen Oberschichten; ihr Hauptrepräsentant war Tomás Estrada Palma. Oft waren sie durch lange Emigration und Erfahrungen in den USA zu Bewunderern der Union geworden. Da die heutige kubanische Perspektive vom Independentismus geprägt ist, wurden und werden sie als Annexionisten abqualifiziert.

Die Autonomisten sprachen sich für lokale Selbstregierung unter einer starken Macht mit weitestgehenden Befugnissen sowie Stärkung der munizipalen und provinziellen Ebenen aus. Im Grunde waren ihre Forderungen die einer nationalen Mittelklasse. Obwohl viele Autonomisten dazu tendierten, Spanien als Schutzmacht aus traditionellen, psychosozialen und emotionalen, aber auch wirtschaftlichen Gründen vorzuziehen, waren auch viele Autonomisten wegen des spanischen Terrors (Weyler) emigriert. Oder sie hatten sich dem Kampf gegen Spanien angeschlossen. Zum Teil gab es sehr enge Beziehungen zwischen Independentismus und Autonomismus, vor allem in den Städten des Interior und auf dem Land. Viele Autonomisten sahen Ende 1897 ihre Ziele als erreicht an, wandten sich aber in der Okkupationszeit, vor allem in Havanna – nachdem sie das wirtschaftliche und politische System der USA besser kennen gelernt hatten –, annexionistischen Positionen zu.

Die politischen Bruchlinien wurden sichtbar im Konflikt um konstitutionelle oder autoritäre Machtausübung, um die Mittel und den Charakter von Politik und um die Kontrolle über die Armee. Diese politischen Bruchlinien werden oftmals als Konflikt zwischen Militärs und Zivilisten beschrieben. Das ist historisch zunächst sehr richtig. Die wichtigsten Independentisten waren Militärs. Im Krieg um die Unabhängigkeit waren die Mambises, die Armee, das wichtigste Instrument, um Spanien die Stirn bieten zu können. Zugleich war das Befreiungsheer die einzige intakte Großstruktur auf separatistischer Seite, die aktiv die Last des Krieges gegen Spanien getragen hatte. Wenn man allerdings die militärische Struktur der Departemente, Divisionen, Brigaden, Kompanien und Bataillone genauer betrachtet, so wurde sie auf lokaler Ebene durch Bauern, städtische Handwerker oder Söhne ehemaliger Sklaven gebildet, die in der Nähe ihres Heimatortes kämpften. Eine Ausnahme bildeten die Invasionstruppen, die sich vor allem aus afrokubanischen Soldaten aus Oriente und Las Villas zusammensetzten. Die Einheiten des E.L.C. wurden durch Unteroffiziere oder Offiziere geführt, die aus lokalen Grundbesitzerkreisen, der Gruppe der altfreien Farbigen oder aus der städtischen Mittelklasse kamen und ihre Familienmitglieder und Anhänger in den Krieg geführt hatten, oder von Offizieren, die sich durch persönliche Tapferkeit einen Namen gemacht hatten, wie die Maceos. An der Spitze der Armeekorps schließlich standen regionale Caudillos, die Ansehen und militärisches Verdienst vereinigen konnten. Sie bildeten unter den nationalen Spitzen der Armeeführung eine zweite Garnitur, waren aber unumschränkte Könige ihres Territoriums. Sie sahen oftmals nur ihre Region. Nur eine kleine Gruppe von martianischen Militärs konnten sich von dieser regionalen Verhaftung lösen, was durch lange Emigration erleichtert wurde. Diese Gruppe war schon seit 1868 an den Kämpfen beteiligt. Sie hatte in der Agrargesellschaft den Boden unter den Füßen verloren. Deshalb waren die hohen Armeeposten auch ihr politisches Instrument und ihre soziale Absicherung. Die Zusammensetzung der Armee war transrassial. Ehemalige Sklaven gab es nur sehr wenige. Viele Soldaten waren junge Schwarze der ersten Nachemanzipationsgeneration, wie Esteban Montejo. Schwarze und Mulatten stiegen in Offiziersränge, auch in hohe Ränge auf, und befehligten Weiße, und umgekehrt. Zur Gruppe der Zivilisten gehörten meist weiße Vertreter freier Berufe: Schriftsteller, Dichter (Martí), Rechtsanwälte, Ärzte, Techniker, Journalisten – kurz: Intellektuelle; selbst die wichtigsten schwarzen Politiker (Juan Gualberto Gómez, Martín Morúa Delgado) kamen aus dieser sozialen Schicht. Wenn sie Independentisten waren, hatten sie oftmals auch einen militärischen Rang, wie Bartolomé Masó oder Manuel Sanguily. Durch den Regierungsrat wurden Männer mit Universitätsabschluss zu Offizieren ernannt, was zu starken Spannungen mit den farbigen Militärs führte, die ihre Ränge im Kampf erworben hatten. Die mehrheitlich urbanen Zivilisten waren geübt in republikanischer und antiimperialistischer Rhetorik; die mehrheitlich bäuerlichen Militärs hatten wirklich gegen das Imperium gekämpft.

Neben den sozialen, ideologischen und politischen Bruchlinien bestanden auch solche sozialpsychologischer Art, die vor allem aus der Sozialisierung in der Politik herrührten. Das zeigte sich am Beispiel des Konfliktes *Pinos viejos* versus *Pinos nuevos*. Als »alte Pinien« hatte Martí nach seinen Auseinandersetzungen mit Gómez und Maceo die populären Militärs von 1868 bis 1878/1880 mit ihrer traditionalen und charismatischen Legitimität bezeichnet. Dahinter verbarg sich eine generationelle Bruchlinie, die die politischen Konflikte verschärfte. »Neue Pinien« waren demnach diejenigen meist zivilen Politiker, die erst nach 1880 in die Separatistenpolitik eingetreten waren, aber auch einige jüngere Militärs, die vor allem in ihren Regionen eine wichtige Rolle spielten, wie José Miguel Gómez oder Gerardo Machado in Las Villas. Sofern sie Zivilisten waren, gingen sie, wie Martí, von der Suprematie der zivilen Führung aus, die zwar im Krieg 1895–1897 zurückgestellt worden war, aber seit 1898 wieder voll und ganz gelten sollte. Diese sichtbaren und oft lautstark ausdiskutierten Bruchlinien verdeckten andere Linien im Separatistenlager, die aus der Nähe ebenfalls sichtbar waren, aber zumindest in offiziellen Verlautbarungen mit Schweigen übergangen wurden, nämlich die Farblinie zwischen »Schwarz« und »Weiß«. Gegenüber den Weißen pflegten Farbige das Wir-Gefühl der *Raza de color*. Umgekehrt gilt, dass alle Weißen, vor allem die Zivilisten, den Farbigen gegenüber Rassismus und damit tiefes Misstrauen, teils auch Verachtung und oft eine hundertjährige Furcht vor einem »neuen Haiti« internalisiert hatten[55]. Der martianische Egalitarismus deckte insofern eher reale Probleme zu. Er war in gewisser Weise »rassenblind« (A. Ferrer). Ein weißer Suprematismus aber hat sich in den Lagern der Manigua allerdings nicht ausbilden können. Im Gegenteil, im Kampf selbst, im Felde sozusagen, wuchsen schwarz-weiße Allianzen des Vertrauens, die eine neue Cubanidad anstrebten und oft durch männliche Kameraderie und die kubanische Mentalität der *Amistad*, der Freundschaft, gekittet wurden. Esteban Montejo spricht immer von »den Kubanern« und »den Negern«. Nur an wenigen Stellen, unter anderem im Bericht über die Schlacht von Mal Tiempo, zählt er sich, einen »Neger«, zu den Kubanern. Gefördert wurden die Bindungen unter den Kubanern aller Hautfarben in den Unterschichten auch durch ein typisches Spiel: den Hahnenkampf, die *Lidia de gallos*. Beim Hahnenkampf gab es keine Trennung zwischen den Rassen, wie es sonst etwa auf öffentlichen Plätzen oder in Tanzsälen üblich war. Brooke wagte es 1900 nicht, das Spiel zu verbieten; er erließ nur einen Befehl gegen den Stierkampf. Erst Wood wagte es, gestützt auf die Ablehnung, die die Feste des Volkes unter Gebildeten fanden, den Militärbefehl 165 zu erlassen, der den Hahnenkampf verbot.

Vertikal durchschnitten wurden die eher allgemeinen Bruchlinien durch die tief verwurzelten Mentalitäten des Regionalen und Lokalen, wo oftmals die allgemeinen Konflikte eine ganz spezielle Form und Gestalt annahmen.

Wir haben es im Separatistenlager also mit vielfältigen Konflikten und Allianzen um die Hegemonie entlang unterschiedlicher Linien zu tun. Die Pluralisierung wurde ebenfalls erleichtert, weil im Separatistenlager 1898 drei Machtzentren existierten, wenn man so will, drei institutionelle Akteure. Nur die jeweils gewählte Vertretung *(Asamblea de Representantes)* konnte legale Legitimität und in gewissem Sinne auch traditionale Legitimität – die zivile Suprematie – als das Erbe Martís beanspruchen.

Der Oberbefehlshaber der Armee, *Generalísimo* Máximo Gómez, genoss breiteste demokratisch-charismatische Legitimität. Er und seine legendenumwobenen Generale sowie die Mambises des E.L.C. waren in den Augen des kubanischen Volkes die wirklichen *Libertadores* (Befreier) Kubas. Die Generale betrieben eine Art Militärpopulismus.

Die Asamblea de Representantes de Santa Cruz del Sur war in den befreiten Gebieten, vor allem aber im Heer selbst gewählt worden. Wie das geschah, nach welchen Regeln die Wahlen abliefen, wissen wir nicht. Die Versammlung konnte sich in Santa Cruz del Sur bilden, weil die Stadt am 10. August 1898 von den Mambises besetzt worden war. Auch die Regierung und der Präsident hatten jetzt einen festen Sitz. In der zweiten Hälfte des Jahres 1898 war Santa Cruz del Sur die Hauptstadt der República en Armas. Laut den Verfassungen der República en Armas übte der Regierungsrat unter Präsident Bartolomé Masó die oberste Gewalt im Krieg aus. Die Asamblea de Representantes, die in Yaya 1897 gewählt worden war, hatte diese Gewalt zwischen dem 12. August 1898 und dem 10. Dezember 1898 inne – in der Übergangssituation des Waffenstillstandes, zunächst noch gemeinsam mit dem Regierungsrat, der sich am 23. Oktober 1898 formell auflöste. Diese Regelung galt bis zur Wahl und Einberufung einer neuen Asamblea Constituyente, die eine neue Verfassung beschließen sollte. Am 24. Oktober 1898 trat in Santa Cruz del Sur eine neue Asamblea de Representantes zusammen. Sie bildete die höchste politische Autorität der provisorischen Republik. Seit Januar 1899 bis zur Selbstauflösung vom 4. April 1899 tagte sie bei Havanna, zunächst in Marianao, und dann in der Calzada del Cerro, deshalb wird sie auch Asamblea del Cerro genannt. Sie konstituierte sich formell aber nicht zur Asamblea Constituyente, das heißt zur Konstituierenden Nationalversammlung, die sie laut der Verfassung von Yaya hätte sein sollen. Das lag vor allem daran, weil auf dieser Asamblea die Bruchlinien des kubanischen Separatimus schnell offen lagen. In der Versammlung selbst brach der Konflikt zwischen Militärs und Zivilisten sowie zwischen den Generationen aus. Dazu kamen Konflikte zwischen der Asamblea und der Armeeführung und, zunächst als Nebenkonflikt, der aber bald entscheidende Bedeutung bekommen sollte, zwischen Separatisten auf der Insel und den Führern der Emigrierten.

Die Führung der Exilkubaner stellte ein drittes Machtzentrum dar. Die Junta de Nueva York, seit 1895 unter der Führung von Tomás Estrada Palma, war zugleich Führung des Partido Revolucionario Cubano. Die Partei war von Tomás Estrada Palma allerdings eher in eine diplomatische Agentur umgewandelt worden, was auch in seinem Titel deutlich wird: »Bevollmächtigter Minister der provisorischen Republik Kuba«, nicht mehr, wie noch Martí, »Delegierter der kubanischen revolutionären Partei«. Sie vertrat über 100 000 emigrierte Kubaner. Dabei ist die soziale Geografie der Emigration zu beachten: Die Masse der emigrierten Hacendados und Mitglieder der alten Elite Kubas war meist in Paris zu finden. Die begüterte Mittelklasse und die freien Berufe hatten Auswanderzentren in Boston, New York und Philadelphia sowie in anderen lateinamerikanischen und karibischen Hauptstädten gebildet. Die proletarische Emigration, zum großen Teil eine Wirtschaftsmigration der Tabakarbeiter, konzentrierte sich in Key West, Tampa und Ocala in Florida. Dort hatte sie die wirkliche Basis des PRC gebildet. Allerdings waren die Basisorganisationen des PRC nach dem Tode Martís durch Gonzalo de Quesada und Estrada Palma umorganisiert worden.

Die Führung der Exilkubaner ging sofort auf die stärkere Seite über. Seit dem Beginn der US-Intervention hatte Estrada Palma ohne Absprache mit dem Regierungsrat die kubanische Armee dem Oberbefehl der US-Amerikaner unterstellt, was zu seiner zeitweiligen Absetzung durch den Vizepräsidenten Domingo Méndez Capote im Mai 1898 führte.

Das war aber nur ein Vorspiel zum Stück »zivile Suprematie«. In den folgenden Wochen wurden alle Armeeeinheiten unter die Kontrolle von zivilen Kommissionären gestellt, die nur Bartolomé Masó als Präsidenten des Regierungsrates verantwortlich waren und einen militärischen Rang entsprechend ihrer Bildung oder ihres akademischen Grades erhielten. Calixto García dagegen erklärte sich für eine enge Zusammenarbeit der Militärs im Felde mit den Amerikanern, weil er als wichtigster regionaler Caudillo im Regierungsrat keine legitime Führung sah. Im August 1898 wurde er als Oberbefehlshaber von Oriente unter dem Vorwurf militärischer Diktatur abgesetzt, eben weil er mit den Amerikanern bei der Einnahme von Santiago de Cuba kooperiert hatte. In der Armee wurde dieses Vorgehen als Vendetta einer Gruppe verantwortungsloser Zivilpolitiker angesehen. Calixto García und Estrada Palma, die sich lange kannten und sich beide der älteren Generation der Pinos viejos zugehörig fühlten, nahmen Verbindung auf.

In den letzten Monaten des Jahres 1898 stand die Asamblea vor drei Problemen. Erstens ihre eigene Legitimierung als höchste Regierungsgewalt in einem Staat, den die Angehörigen der Asamblea nicht zu definieren wagten (einige wollten diese eigenständige Definition möglicherweise auch schon gar nicht mehr). Zu diesem Zweck wurde eine Kommission gegründet. Zweitens die Beziehun-

gen der Asamblea als der höchsten Gewalt auf kubanischer Seite zu
den USA zu regeln. Drittens den Status und das zukünftige Schicksal des Ejército Libertador zu bestimmen. Hier kam es ebenfalls zur
Gründung einer Kommission, die in den USA um eine 60-Millio-
nen-Dollar-Anleihe verhandelte, mit dem Geld sollten die Veteranen abgefunden werden.

Die Frage der obersten Autorität und das Problem Armee waren
unmittelbar miteinander verbunden. Dabei ging es im Zeitraum
seit der Einstellung der Kämpfe im August 1898 zunächst um sehr
praktische Probleme der Versorgung. Laut den Bestimmungen des
Waffenstillstandes blieben die spanischen Einheiten *in* den Städten und die Mambises *außerhalb* oder am Rande der Städte, was
schon seit Santiago de Cuba eine symbolische Negativbelastung
par excellence zwischen Kubanern und Amerikanern bedeutete.
Die Mambises verblieben damit faktisch unter den Versorgungsbe-
dingungen des Krieges, allerdings ohne Krieg, das heisst ohne die
Möglichkeit, sich vom Gegner zu ernähren. Die Versorgungslage
war katastrophal. Viele einfache Mambises waren Bauern oder
stammten aus dem bäuerlichen Milieu der Sozialbanditen. Sie
brachten das Essen durch Mundraub oder Diebstahl zusammen,
was wiederum das Ansehen der Armee verschlechterte. Allerdings
wurde die Furcht vor den Mambises auch übertrieben, um bestimmte Ziele zu erreichen. So schrieb der Gouverneur Fitzhugh
Lee aus Pinar del Río: die Soldaten hätten»ihre Waffen noch, und
sie sind um die Städte und Siedlungen herum massiert, wo sie Unruhe in der öffentlichen Meinung hervorriefen. Es herrscht die
Furcht, dass viele von ihnen, so lange der Arbeit entwöhnt, sich in
Räuber verwandeln würden«.[56]

Die militärische Kontrolle der Städte übernahmen seit dem 1. Januar 1899 die US-amerikanischen Interventionstruppen, die Mambises unterstützten sie bei dieser Kontrolle, allerdings bestenfalls
als geduldete Juniorpartner und ohne Sold.

Den Zivilisten der Generation von Martí und vielen autonomistischen Politikern, den *Pinos nuevos*, war das Ansehen der Militärchefs ein Dorn im Auge. Sie fürchteten die Soldaten und Feldoffiziere als Repräsentanten der unteren, zumal farbigen Volksschichten. Die bildeten eine starke parlamentarische Gruppe in der Asamblea. Sie griffen jede Schwierigkeit der Armee begierig auf und argumentierten mit dem martianischen Ideal der obersten politischen, also zivilen Führung. Ihre Hauptargumente gegen die einfachen Soldaten und farbigen Offiziere waren die der fehlenden Kultur und Bildung. Diese Rhetorik traf sich gut mit den rassistischen Diskursen, die in der ganzen atlantischen Welt immer stärker wucherten. In Realität aber beargwöhnten die Anwälte, Doktoren, Journalisten und Ingenieure der zivilen Führung die Armee als einzige unmittelbare politische Rivalin und als potenzielle Verursacherin sozialer Unruhen oder allgemein als einen Haufen von Sozialbanditen. Dieser Konflikt zwischen den beiden Independentisten-Richtungen des freien Kuba konnte, wie schon seit 1868, nicht gelöst werden. Die Armee selbst hatte ihr Objekt, den Krieg, zwar in gewisser Weise gewonnen, befand sich aber besonders vom November 1898 bis zum März 1899 in der bereits erwähnten verzweifelten Versorgungslage. Die Soldaten hungerten noch mehr als im Krieg. Einige der einfachen Soldaten begannen ihre Waffen zu verkaufen und gingen nach Hause, nicht ohne einen gerechten Lohn für ihre Mühen zu fordern. Die Asamblea griff diese Tendenz zur Selbstauflösung auf und beschloss im November 1898 die Demobilisierung und die Auflösung der Armee.

In dieser Situation sahen sich die mächtigen Militärchefs von zwei Seiten bedroht: einer sich auflösenden Armee, die ihre Hoffnungen auf Versorgung und Bezahlung auf die obersten Militärchefs, aber auch auf die Asamblea richtete, und einer sich mit der Asamblea etablierenden zivilen obersten Gewalt, die sie absetzen beziehungsweise kontrollieren wollte.

Jetzt kam es immer deutlicher zur Annäherung zwischen den führenden Repräsentanten der expatriierten Kubaner in den USA und den Militärs. Der Konflikt zwischen charismatischer Legitimität und legaler Legitimität im Independentenlager brach offen aus. In personalisierter Form war es der Konflikt zwischen Máximo Gómez und Bartolomé Masó.

Diese Verbindung zwischen Militärchefs und Führern der Emigration brachte Letztere in eine strategische Position in der Nachkriegspolitik als Vermittler, Berater und schließlich auch als Kandidaten für die obersten Regierungsämter. Die Beseitigung der Armee und der populären Generale musste für die Asamblea als politische Führung eine Bestätigung ihrer Regierungsautorität sein. Damit hätte sie zugleich den Amerikanern ihre Kontrolle über den bisherigen schärfsten Machtkonkurrenten im kubanischen Lager bewiesen. Zudem musste die Asamblea, wenn sie eine hohe Anleihe für die Abfindung der Armee auszuhandeln imstande war, als Garant dieser und Vertreter der zukünftigen Republik Autorität gewinnen. Als drittes Moment konnte die so gewonnene Achtung der Truppen, das heißt der zukünftigen Veteranen, für ihre Militärchefs in deren politische Aspirationen umgemünzt werden. Konkret bedeutete dies ein Ausspielen der institutionellen zivilen Legitimität der Asamblea del Cerro gegen die symbolisch-charismatische Position eines *Libertador* und Obersten Befehlshabers, Máximo Gómez. Gómez strebte eine praktikable kurzfristige Lösung der Probleme der Soldaten und Offiziere an. Er wollte kompliziertere Fragen später, ohne große Verschuldung Kubas, klären. Die Asamblea wollte dagegen das Problem der Auflösung der Armee langfristig durch eine Anleihe von 60 Millionen Dollar lösen und sogar durch die Verschuldung ihre Legitimität als Regierungsorgan stärken. Die 44 Repräsentanten der Asamblea waren mehrheitlich Zivilisten, wozu einige Mitglieder des ehemaligen Regierungsrates, Calixto García und eine Gruppe von *Pino-nuevo*-Offizieren aus Las Villas kamen.[57] Zugespitzt hieß das, dass in der Sache und in der Öffentlichkeit die oberste Armeeführung und die Erbin des martianischen Prinzips der zivilen Suprematie gegeneinander standen und agierten. Für die nordamerikanischen Okkupanten war es ein Leichtes, das für die eigenen Zwecke auszunutzen. Das Verhalten von Calixto García und Máximo Gómez allerdings zeigt auch, dass es sich nicht nur um eine intrigante Aktivität der Amerikaner handelte, sondern dass die beiden Alten als die prestigereichsten und wichtigsten Militärs sich mit der Verehrung der Kubaner im Rücken den USA als den jeweils besseren Politiker präsentieren wollten und möglicherweise in Absprache handelten. Beide hatten sich gegen Riesenanleihen ausgesprochen. Dieser Konflikt stellt eine der historischen Grunderfahrungen der Kubaner dar, deshalb – und aus historischem Interesse natürlich – habe ich ihn hier so breit dargelegt. Das meinen kubanische Politiker auch heute, wenn sie über den *Mando único*, die einheitliche Führung durch eine Person, sprechen.

Calixto García, den Pérez Jr. als Alliierten Washingtons bezeichnet[58], starb allerdings schon am 11. Dezember 1898 an Lungenentzündung in New York, kurz nach den Verhandlungen um die Armeeanleihe[59]. Es blieb also nur noch der »Alte in Remedios«, Máximo Gómez. Auf Vermittlung von Estrada Palma ging Robert P. Porter als spezieller Repräsentant von Präsident McKinley (»I want you go to Cuba and find Gómez«) nach Kuba, um, wie Estrada Palma es ausdrückte, die USA durch die offiziöse Anerkennung der Stellung von Gómez der Mithilfe des Armeechefs bei der Entwaffnung zu versichern und ein Gegengewicht zur Asamblea zu schaffen. Porter hatte einen Empfehlungsbrief von Estrada Palma bei sich. Er wurde von Gonzalo de Quesada begleitet, dem führenden Mann und Martí-Vertrauten der kubanischen Emigration in Washington. Porter traf im Hauptquartier in Yaguajay (35 km südöstlich von Remedios; heute Provinz Sancti Spíritus) Anfang Februar 1899 mit Gómez zusammen. Es war der erste Kontakt einer offiziellen Person der US-Administration mit dem dominikanischen General in kubanischen Diensten. Damit kam das Treffen der US-amerikanischen Quasi-Anerkennung einer Autorität der Separatisten

gleich oder zumindest sehr nahe. Gómez fühlte sich persönlich ge-
ehrt, sprach aber deutlich die Frage der kubanischen Unabhängigkeit an, ehe er seine Unterstützung zusagte. McKinley hatte – auf
Vorschlag Calixto Garcías – drei Millionen Dollar als Gratifikation
zugesagt. Damit sollten die Armeeangehörigen entschädigt werden, wenn sie ihre Waffen abgegeben hätten. Porter verwies auf die
Joint Resolution und auf die US-amerikanische Selbstverpflich-
tung, in Kuba die Armee zu demobilisieren, den Frieden zu sichern
und eine stabile Regierungsordnung zu begründen – dann würde
die Besetzung beendet. Porter sagte wörtlich:»Ja, ich glaube, die
Kubaner sind fähig, ihr Vaterland zu regieren.«[60]

Die Folge der Porter-Gómez-Vereinbarung von Remedios war
eine schwere Krise in den Machtzentren der Separatistenführung.
Am 24. Februar 1899 hielt Gómez, die bekannteste Autorität der
Separatisten, in Havanna Einzug, vom Volk auf den Straßen enthu-
siatisch begrüßt:»Für die Kubaner war er die Verkörperung des revolutionären Dramas.«[61] Gómez genoss die Popularität eines Bolívar. Dagegen wurde er von einigen Repräsentanten der Asamblea
als»neuer Weyler« beschimpft. Es wurde erwogen, ihn wegen Insu-
bordination gegenüber der zivilen Suprematie zum Tode zu verur-
teilen. Einige Asamblistas meldeten sich freiwillig für das Erschie-
ßungskommando. Die Asamblea del Cerro enthob Gómez am
12. März 1899 wegen seiner Sonderverhandlungen und wegen Insu-
bordination seines Postens als Oberbefehlshaber. In der Begründung für die Amtsenthebung hieß es:»Den General en jefe von seinem Posten abzusetzen, […] weil in der Gegenwart unnötig und
schädigend.«[62] Gómez reagierte mäßigend, konnte aber den Bruch
nur übertünchen, nicht kitten.

Mit der Absetzung wurde Gómez die Legitimität als politischer
Akteur für die oberste Regierungsgewalt entzogen. Dies hinderte
Gómez jedoch nicht, die Fäden im Hintergrund zu ziehen und
wichtige Kommissionen zu leiten oder seine Autorität später für
Estrada Palma in die Waagschale zu werfen. Die Absetzung tat sei-

ner Popularität keinen Abbruch. Im Gegenteil: Tausende von Pro-
testtelegrammen gegen die Asamblea gingen in Havanna ein, Meetings für Gómez wurden abgehalten und einige Asamblistas in effi-
gie verbrannt. Alle Welt erwartete, dass Máximo Gómez der erste
Präsident des freien Kuba sein würde.

Die Asamblea verhandelte mit einem obskuren amerikanischen
Finanzier namens Coen oder Cohen, der einen Kredit von 20 Millionen Dollar anbot, wenn ihm die kubanische Asamblea die Bonus-
scheine zu einem Wert von 62 Prozent verkaufen würde. Er wollte
von den 20 Millionen nur 12,4 Millionen Dollar auszahlen. Die
Anleihe sollte eine Laufzeit von 30 Jahren haben und halbjährlich
5 Prozent Zinsen tragen. Außerdem sollte die US-Administration
dem Deal zustimmen. Als die Sache bekannt wurde, löste sich die
Asamblea im April 1899 auf.

Anfang Mai wurden 34 000 Mann des Ejército Libertador entlas-
sen. Pro Mann und Waffe wurden 75 Dollar ausgezahlt, was eine
Summe von 2 550 000 Millionen Dollar ausmachte. Das Befreiungsheer war aufgelöst, die Waffen wurden eingesammelt.

Um das politische Problem der Armee nicht in ein soziales zu
verwandeln und zugleich eine gewisse Basis für die amerikanischen
Ordnungsvorstellungen zu legen, gab es ein staatliches Beschäfti-
gungsprogramm für die Armeeveteranen. Ein kleiner privilegierter
Teil wurde in die Guardia Rural integriert, die von General Alejandro
Rodríguez unter US-amerikanischer Anleitung befehligt wurde. An-
fänglich zählte diese berittene Landpolizei nur 1250 Mann auf verschiedenen ländlichen Posten. Sie wurde vor allem zum Schutz des
Plantageneigentums eingesetzt. Der größere Teil der ehemaligen
Soldaten bauten, in den Städten Straßen, Docks, Gebäude und Ka-
nalisationen oder führte Malerarbeiten aus. Unteroffiziere und Offiziere wurden auf allen Ebenen des öffentlichen Dienstes, vom Brief-
träger, Polizisten und Schaffner bis zum Lehrer, eingesetzt.

Die meisten einfachen Armeeveteranen aber waren farbige Bauern. Auf dem Land griff dieses Programm nicht oder kaum. Auf die

wenigen Posten der lokalen Guardia-Rural-Detachements kamen meist Weiße mit einer Empfehlung lokaler Großgrundbesitzer. Diese finanzierten oft auch die Guardia. Gerade weil die Guardia Rural und dann später das Ejército Permanente, die republikanische Armee, fast nur Weiße aufnahmen und die Truppen zur Repression gegen die Landbevölkerung sowie ehemalige Kampfgefährten dienten, hat Pérez Jr. sie »koloniale Armeen« genannt[63]. Das gilt erst für die Jahre ab 1908. Zum frühen Zeitpunkt in den Gründungsjahren der Republik aber funktionierten auf lokaler Ebene noch die Allianzen des Krieges.

Auf dem Lande gab es zunächst auch keine finanziellen Hilfen für die einfachen Bauern. Die Veteranen wollten natürlich nach all ihren Mühen nicht wieder als einfache Schnitter arbeiten, sondern strebten danach, ein kleines Stück Land als Eigentum zu erwerben.

Die Frage der Bezahlung, der *Paga*, der Veteranen, die schon 1898/99 Streitpunkt gewesen war, blieb bis 1904 als Dankesschuld des neuen Kuba gegenüber seinen Libertadores offen.[64] Um das Problem im Zusammenhang darzulegen, müssen wir etwas über 1902 hinausgreifen. Nach dem langen Subsistenzkrieg waren die Wirtschaft und vor allem die überlebensnotwendige Landwirtschaft weitgehend zerstört. An unbezahlten Schulden waren an städtischem Eigentum rund 100 Millionen Dollar und an ländlichem Eigentum rund 107 Millionen Dollar aufgelaufen. Für den Wiederaufbau fehlte Kapital. Die fundamentale Bedeutung der Paga als eine Form von Staatsinvestition in die Rekonstruktion der Landwirtschaft der Insel hatte bereits im Februar 1899 Nicanor Crespo, der autonomistische *Alcalde* von Lajas, erkannt: »Die Auszahlung für das kubanische Heer wäre ein mächtiger Anreiz für die Rekonstruktion des Landes, denn, da der größte Teil der kubanischen Soldaten vom Land stammt, kämen sie mit eigenen Mitteln dorthin, um Ochsen und Arbeitsgeräte zu kaufen und ihre Häuser zu errichten [...], die Millionen, die verteilt werden, [würden] im Land bleiben [...].«[65] Über Kapital verfügten in Kuba aber vor allem

Ausländer und Kaufleute, fast alles Spanier, kubanische Hacendados und ehemalige Autonomisten. Außerhalb Kubas erwartete
man vor allem finanzielle Unterstützung durch die Regierung der
USA. Estrada Palma wurde 1902 nicht zuletzt deswegen zum Präsidenten gewählt, weil man von ihm am ehesten erwartete, die drü-
ckenden Finanzprobleme durch Kredite und Auszahlung an die Veteranen lösen zu können. Die Regierung Estrada Palma betrachtete
demzufolge die Frage der Auszahlung der Veteranen und der Beschaffung eines Kredites zu diesem Zweck als erstrangig und be-
mühte sich seit 1902 um einen 35-Millionen-Dollar-Kredit in New
York. Hier ist die Verbindung zwischen der rein finanzieller Natur
erscheinenden Paga und der politischen Geschichte der frühen Republik gegeben. 1902 wurde die »Comisión Revisora de las listas del
Ejército Libertador y Liquidadora de sus Haberes«[66] gegründet, mit
Subkommissionen in allen Provinzen. Unter der Leitung von Máximo Gómez sollte die Kommission Auszahlungssummen nach
Dienstgraden und -zeiten festlegen. Aus der Paga waren die *Haberes* (Guthaben) geworden. Der Euphemismus sollte dilatorisch wirken und den Mambises vorspiegeln, sie hätten das Geld schon sicher.

Die unmittelbare Folge war, dass es zu einer gigantischen *Bola*,
einer Spekulationswelle auf Kuba kam. Auch nachdem im Jahr 1903
der Kredit zum Zwecke der Auszahlung kurz vor dem Abschluss
stand, glaubte, so meint der Kenner Martínez Ortiz, kaum einer an
den Erfolg der Anstrengung. Es begann eine wüste Spekulation mit
Krediten zu weit geringeren Werten als dem Nominalwert der Be-
rechtigungen. Gesellschaften zum Zweck des Aufkaufs der Anrechte wurden gegründet. Die Agenten erschienen in den kleinsten
Ortschaften, um sie zum geringstmöglichen Preis aufzukaufen. In
Oriente kam es zu einem Aufstand von Veteranen. Die Mundpropa-
ganda der Agenten ließ die ehemaligen Mambises oder ihre Erben
in dem Glauben, die Anrechte seien totes Papier. Es wurden, so
stellt Rafael Martínez Ortiz fest, »schnelle und fabulöse Gewinne«

gemacht. Er musste es wissen, denn sein Bruder war am Geschäft beteiligt. Auch wenn die offizielle Presse den Kredit der Ansprüche – und damit der Regierung – durch Erklärungen zu sichern suchte, vertraute kaum jemand dieser Propaganda, und »jedermann gab seinen Kredit für den vierten Teil seines Wertes«.[67] Esteban Montejo standen 982 Pesos Haberes zu; er bekam von den Kreditgebern schließlich nur 430 Pesos.

Keine sechs Monate nach Beginn der Okkupation waren der PRC und die Asamblea sowie die Bastion des Independententums, der Ejército Libertador, aufgelöst. Im besetzten Kuba gab es zwar Libertadores und ehemalige Unabhängigkeitskämpfer aus dem Bauerntum. Auch die transrassiale Klientel, die sich während des Krieges gebildet hatte, blieb intakt. Als politische Bewegung beeinflussten Veteranen bald die Innenpolitik. Aber es gab keinen großen Libertador, keine einflussreiche Person, die willentlich zum Fokus des Widerstandes gegen die USA wurde – eines der großen Rätsel der kubanischen Geschichte! Máximo Gómez, dem diese Rolle eigentlich zukam, wollte offensichtlich nicht noch einmal ins Feld ziehen. Auch das gehört zu den historischen Erinnerungen der Kubaner im 20. Jahrhundert: der fast sofortige Ausverkauf patriotischer Werte.

Pérez Jr. geht davon aus, dass die kubanische Armee mit einer stabilen Führung unter Gómez oder der Asamblea »die Kapazität hatte, der amerikanischen Okkupation militärisch zu begegnen«.[68] Antonio Maceo hätte gekämpft. Nichts von dem geschah, auch wenn einige hohe Militärs ihre Bereitschaft zum Kampf ausdrückten. Stattdessen hatte sich das Ejército Libertador in einen zeitweiligen Mitokkupanten oder zumindest Gehilfen der Besatzungstruppen verwandelt. Allerdings gewannen die Klientelen aus Offizieren und Soldaten durch diese Art »Doppelherrschaft« schnell lokalen und regionalen Einfluss.

Die USA hatten offensichtlich im Volk zunächst einen guten Ruf. Neben der Politik der USA und der Pluralisierung lässt sich dieses

Rätsel sicherlich auch aus der Existenz einer Gruppe einflussreicher Separatisten-Annexionisten erklären, die den Anschluss an die USA für unumgänglich hielt. Tomás Estrada Palma und die Gruppe der Annexionisten repräsentierten eine zwar kleine, aber eben recht einflussreiche soziale Schicht. Der US-amerikanischen Intervention war ein halbes Jahrhundert wachsender Intimität zwischen Kuba und den USA vorausgegangen. Die USA hatten mächtige Verbündete in und außerhalb der Separatisten-Koalition. Zwei Generationen exilierter oder freiwillig in die USA gegangener Kubaner waren dort faktisch erzogen worden. Vor allem viele Ingenieure, Intellektuelle und Ärzte. Viele von ihnen schauten mit Bewunderung auf die USA als Agenten der Modernität, auf die US-amerikanischen Institutionen, auf den wirtschaftlichen Fortschritt und auf die politische Demokratie. All das stellte für sie ein attraktives Modell dar, um dessen Kerninstitutionen sie den zukünftigen Staat auf Kuba zu organisieren gedachten. Ein ganzer Teil aber hielt es sogar für noch besser, wenn Kuba gleich Mitglied der nordamerikanischen Union würde. Literarische Exponenten dieser Richtung wurden Francisco Figueras mit seinem Buch *Cuba y su evolución colonial*[69] und Rafael Martínez Ortiz. *La Estrella solitaria*, der einsame Stern der kubanischen Fahne, war ihnen zu wenig. Viele Kubaner standen auch lange im Banne der Joint Resolution und des Teller-Amendments. Sie unterschieden nicht zwischen offizieller Politik der USA und der relativ starken kubafreundlichen öffentlichen Meinung. Das von den Exilkubanern bis 1898 evozierte Bild der Helden der Revolution, ähnlich denen von 1776, wurde aber bald von dem Pressebild des zerlumpten, diebischen und unfähigen Kubaners überdeckt, als die Zeitungsleute erst einmal der Okkupation folgten. Als die USA-freundliche Haltung der Kubaner sich Ende 1898/Anfang 1899 abgekühlt hatte, waren die Separatisten schon so fragmentiert und pluralisiert, dass kein Anti-USA-Konsens mehr zustande kam. Die tiefsten Gründe – und damit schließt sich der Kreis – waren die alten Bruchlinien des Separatismus. Dazu trug Anfang 1899 eben auch das Verhalten des populärsten Independentisten, Máximo Gómez, bei. Die Unterstützung der Amerikaner durch ihn machte diese Art von Politik eigentlich erst hoffähig. Der Marqués de Santa Lucia dagegen, Salvador Cisneros Betancourt, ein separatistisches Urgestein wie Gómez, unterbreitete der Asamblea del Cerro den Vorschlag, kein Asamblista (und er meinte damit im Grunde auch die 109 überlebenden Generale beziehungsweise das ganze höhere Offizierskorps) solle der Okkupationsregierung dienen dürfen. Cisneros hatte im November 1899, noch in Santa Cruz del Sur, auch vorgeschlagen, das Heer kriegsbereit und unter Waffen zu halten, um die Verhandlungsposition gegenüber den Amerikanern zu stärken.[70]

Gómez selbst schrieb, dass er fürchte, kubanischer Widerstand könne die USA dazu bringen, von der Joint Resolution völlig Abstand zu nehmen. Ob das wirklich nur Taktik und Gespür des alten Guerillero für die militärischen Gegebenheiten war, wie Jorge Ibarra es dargestellt hat, bleibt zu erforschen. Für meine Begriffe war das Gespür von Máximo Gómez für soziale Befindlichkeiten (der Kubaner) hier viel stärker gefragt. Insgesamt fürchteten die Separatisten auch den massiven und medienvervielfältigten Vorwurf, dass die Kubaner zunächst unfähig zur Demokratie und zum *Selfgovernment* seien, so sehr, dass sie nichts taten, ihn zu entkräften. Dabei verloren sie den Glauben an sich selbst. Sie verteidigten nicht einmal die Hauptergebnisse ihres fast vierjährigen Kampfes. Jedenfalls ergibt sich hier ein breites Feld für die Politik- und Mentalitätsgeschichte Kubas.

Mit der Niederlage des Autonomismus 1898, der Auflösung des Partido Revolucionario Cubano und des kubanischen Befreiungsheeres sowie der Selbstauflösung der Asamblea del Cerro und dem Rückzug von Máximo Gómez jedenfalls waren mit dem Ende des 19. Jahrhunderts auch zwei Varianten kubanischer Staatsbildung gescheitert: der autonomistische und der wirklich unabhängige Staat. Aber: Die Veteranen, das heißt die Menschen, die das Befrei-

ungsheer gebildet hatten, sammelten sich in der Veteranenorganisation. Ihre egalitäre Ideologie blieb erhalten. Sie wirkten besonders in den Arbeiterorganisationen in Stadt und Land sowie unter der bäuerlichen Bevölkerung über die Klientelarstrukturen
zwischen ehemaligen Offizieren und Soldaten des Ejército Libertador.

Die Gründung der
abhängigen Republik 1899–1902

Staatsgründung mit Demokratie und ohne Souveränität

Wir rekapitulieren kurz: Der Abschluss des Vertrages von Paris (Dezember 1898)[71] zwischen den USA und Spanien geschah vor dem Hintergrund der Besetzung des Landes durch Truppen der Vereinigten Staaten von Amerika, sekundiert von den Resten des Befreiungsheeres. In der Nacht vom 31. Dezember 1898 auf den 1. Januar 1899 hatten US-amerikanische Truppen und ihre Alliierten endgültig die Städte und größeren Ortschaften Kubas besetzt. Einheiten des kubanischen Befreiungsheeres (Ejército Libertador Cubano, E.L.C.), meist Offiziere, durften die amerikanischen Truppen meist nur bis zu den Ortseingängen begleiten. Die Mehrheit der kubanischen Bevölkerung hat die Amerikaner im Moment der Okkupation der einzelnen Ortschaften enthusiastisch begrüßt. Das kubanische Befreiungsheer, welches die Spanier im Unabhängigkeitskrieg 1895–1898 schon fast besiegt hatte, wurde bald darauf aufgelöst.

Eine der ersten sozialen Maßnahmen der US-Regierung für Kuba bestand im Erlass, dass die Löhne nicht mehr in spanischen oder französischen Münzen, *Alfonsinos* oder *Luises*, ausgezahlt werden sollten. Es kam sofort zu Konflikten wegen der Umrechnung. Bereits am 10. Januar streikten 1899 die Hafenarbeiter in Cárdenas wegen des Umrechnungsverhältnisses und des Unwillens der Arbeitgeber, auch wirklich in der neuen Währung zu zahlen. Der Streik wurde durch einen Kompromiss beendet. Aber es sollte noch bis 1909 dauern, bis alle Arbeiter dem Gesetz nach in Dollar bezahlt wurden; auf dem Lande spielte dabei der alte Mechanismus der Bezahlung in *Vales* und *Fichas* (Ersatzgeld, das nur in der jeweiligen Einrichtung galt) eine wichtige Rolle.

Andere Maßnahmen der Okkupanten, vom deutschen Professor Karl Kaerger 1901 richtig beobachtet, hatten ebenfalls sehr langfristige Auswirkungen. Die US-Amerikaner verkauften ihre Agrarprodukte in Kuba. Bei Weizen, Mehl, Bohnen, Mais und Holz – während der Kolonialzeit hart umkämpfte Märkte – war die Sache klar, die Produkte aus den USA waren konkurrenzlos günstig. Rinder und Rinderfleisch für das Fleisch der Armen, den Tasajo (Dörrfleisch), lieferten Kolumbien und Argentinien günstiger; Bacalao, Stockfisch aus getrocknetem Kabeljau, kam aus Norwegen. Olivenöl hatte Spanien geliefert. Die Amerikaner setzten die Zölle für nordamerikanisches Schweinefett weit herunter. Wer kann wissen, was diese ansonsten kaum beachtete Maßnahme langfristig für Auswirkungen auf die Gesundheit der Kubanerinnen und Kubaner im 20. Jahrhundert hatte? Insgesamt wurden die Lebenshaltungskosten teurer; nicht weil die Waren alle teurer gewesen wären, sondern weil die Besetzung einfach eine bessere Kontrolle etwa der Einfuhren und Zollzahlungen mit sich brachte.[72] Und die Märkte rochen anders, auch weil die Amerikaner neue Reinigungsmittel einführten.

Langfristig beeinflusste die Okkupation auch die allgemeine geistige Kultur, die Sprachausbildung und vor allem die Grundschulbildung. Nationalbibliothek (zunächst im Castillo de la Fuerza) und Nationalarchiv wurden gegründet; erster Direktor des institutionalisierten Gedächtnisses der Nation wurde der Universalgelehrte Vidal Morales y Morales.

Im Sommer 1900 fuhren 1300 kubanische Lehrer, darunter etwa die Hälfte Frauen, nach Harvard, um das Bildungssystem der USA kennen zu lernen. Die kubanischen Lehrerinnen waren vor allem von den Frauenrechten in den USA begeistert.

Ende 1899 ernannte die US-Administration General Leonard Wood, einen der Untergebenen von Gouverneur Brooke, zugleich Erzrivale von Brooke und General Wilson, zum neuen militärischen Gouverneur Kubas. Aus Sicht des neuen Kriegssekretärs in Washington, Elihu Root, war es an der Zeit, auf Kuba robustere Verwaltungsstrukturen zu schaffen. Sie sollten demokratisch sein und deshalb von unten aufgebaut werden. Mit Wahlen für die unterste, kommunale (munizipale) Ebene versprachen die Amerikaner, dem neuen Staat ein festes Fundament zu geben. Die Hauptlegitimation zog die Okkupation aus dem Selbstverständnis, eine Intervention zur Unterstützung der Demokratie und der Modernisierung auf Kuba zu sein. Die Demokratie hielten die Okkupanten für eine Kunst, in der man die Kubaner für ungeübt, aber lernfähig hielt. Zunächst wollte die Okkupationsmacht einen Bevölkerungszensus erheben, um dann die Munizipalwahlen abhalten zu können. Lektion eins für die Kubaner sollte es sein, die Bedeutung der Wahl verantwortungsbewusster Männer in die munizipalen Ämter zu erkennen. Dann sollte – auch durch Wahlen – eine Verfassung gebende Nationalversammlung gebildet werden (deshalb wurden unter der Okkupation auch gleich zwei Mal Munizipalwahlen, im Juni 1900 und im Juni 1901, abgehalten).[73]

Die Jahre 1899 und 1900 waren entscheidende Jahre. Die Asamblea de Santa Cruz del Sur/del Cerro diskutierte die Möglichkeiten einer Staatsbildung durch die Kubaner; das Befreiungsheer stand noch bis April 1899 unter Waffen. Die Soldaten, viele Offiziere und die Masse der Bevölkerung versuchten, die Ziele durchzusetzen, die für sie die wichtigsten der Unabhängigkeitsrevolution gewesen waren. Das war zum Beispiel die Abschaffung des Rassismus und die Verbesserung des Status der vielen farbigen Menschen. Im Jahr 1899 schrieb der für solche Vorgänge sehr aufmerksame Edwin Atkins in Cienfuegos:»[...] Ich bemerke, dass Neger auf die [zentrale] Plaza kommen, was vorher nie erlaubt war.«[74] Es gab starke Pressionen in der Frage der Verfügung über wichtige agrarische Ressourcen.

In den ersten Zeiten der Okkupation durch die USA, Ende 1898 und 1899, muss der Druck des Landproblems so groß gewesen sein, dass Brooke im Juni 1899 einen Militärbefehl (mit Gesetzescharakter) über beweglichen Besitz erließ. Dieser besagte, dass ein »autorisierter Soldat« des Befreiungsheeres sein Pferd unter seinem Namen in das lokale *Registro pecuario* (landwirtschaftliches Besitzregister) einschreiben lassen könne, sofern zwei Männer glaubwürdig mündlich bezeugten (Klientelwesen!), dass das Pferd vor dem Waffenstillstand zwischen Spanien und den USA in Besitz des Soldaten gewesen sei. Der Text des Militärbefehls lautet: »The horses taken by officers or soldiers of the Cuban army during the late war against Spain shall be inscribed in the ›Registro Pecuario‹ as the property of the said officers or soldiers, on their request, provided that they establish, by the testimony of two reputable witnesses, the fact that the said horses were in their possession or in that of the Cuban army on or before the 12th day of August, 1898.« Das war wahrlich ein Bruch der geschriebenen Rechtstitel-Tradition über (bewegliches) Eigentum. Die Landbesitzerelite roch den Gottseibeiuns. Monate später musste Brooke angesichts der Proteste einen Rückzieher machen. Er interpretierte den Militärbefehl nun so, dass er nur im Falle anderer mündlicher Ansprüche Gültigkeit beanspruchen dürfe, nicht aber gegen einen geschriebenen Besitztitel über das jeweilige Tier. Pferde und anderes Großvieh waren gesuchte Besitztümer in der Subsistenzlandwirtschaft. Und der Druck der einfachen Soldaten auf ihre ehemaligen Offiziere in den neuen Verwaltungen und in der Guardia Rural war groß. Die Lokalverwaltung von Cienfuegos, der Hafenstadt der wichtigsten Zuckerregion Kubas zu dieser Zeit, verfügte schnell eine Folgeregelung, die sich nicht mehr nur auf »Pferde«, sondern auf »Tiere« im Allgemeinen bezog.[75] Unbewegliches Eigentum, Immobilien, Landbesitz ist in solche Überlegungen nie einbezogen worden. Aber trotzdem beklagte noch Jahre später der konservative kubanische Politiker Rafael Martínez Ortiz bitter den Militärbefehl von

Gouverneur Brooke: »Es war ein schlechtes Dekret, das einen furchtbaren Präzedenzfall gesetzt hat; Ursache von allgemeiner Unwilligkeit und Misstrauen.« Und, noch wichtiger (so Martínez Ortiz), das Gesetz habe dazu tendiert, die Massen des Volkes »ohne Kultur« *(desprovistas de cultura)* zu einem falschen Verständnis von Moral und Gerechtigkeit zu führen.[76]

»Don't let him vote«: Die Konstruktion des »Kubaners« und das Scheitern der amerikanischen Staatsvorstellungen für Kuba

Die Besatzungsmacht ging zum zügigen Aufbau neuer Machtstrukturen über. Mit der Frage der Zulassung der vielen Spanier, die naturgemäß aus Angst vor kubanischer Vergeltung oder Enteignung für die Kandidaten der Okkupationsmacht votieren würden (oder gleich eine Annexion forderten), betrieb Wood auch eine Ethnisierung der Politik. Die »kubanisierten« Spanier konnten in den allermeisten Fällen wählen, die Masse der Kubaner nicht. Und Wood favorisierte auch den konservativen Italiener namens Sbaretti als Erzbischof der katholischen Kirche Kubas (die damit als Amtskirche de facto ihre unpopuläre Rolle aus spanischer Zeit fortsetzen sollte).

Im April 1900 wurden die Wahlbestimmungen für die unterste staatliche Ebene der Munizipien (Gemeinden) als Militärbefehl Nr. 164 von Gouverneur Leonard Wood erlassen. Die Kriterien für die Wahl der Bürgermeister, Schatzmeister und Richter der Munizipien, die für ein Jahr ihr Amt ausüben sollten, waren folgende: Es mussten in Kuba geborene Männer sein oder Söhne von Kubanern, die im Ausland geboren worden waren, oder Spanier, die auf ihre (spanische) Staatsbürgerschaft nach den Festlegungen des Vertrages von Paris[77] verzichtet hatten. Das waren sehr viele. Alle mussten nachweisen, dass sie das 21. Lebensjahr vollendet hatten und nicht vorbestraft waren. Die Wähler mussten auch nachweisen, dass sie sich mindestens 30 Tage vor der Wahlregistrierung in der Munizipalität, in der sie zu wählen gedachten, als *Residente* (Einwohner) gemeldet hatten. Der Wahlzenzus schrieb folgende Ausschlusskriterien fest: Der Wähler (»Bürger«, *Ciudadano* oder *Citizen* als Terminus findet sich in den Wahlregeln nicht[78]) musste entweder lesen und schreiben können *oder* ein Geld- beziehungsweise Inmobilieneinkommen von mindestens 250 Pesos/Dollar *oder* ehrenhaften Dienst im *Ejército Libertador* vor dem Stichtag 18. Juli 1898 (Einstellung der Kämpfe nach der Kapitulation von Santiago de Cuba) bezeugen können. Gouverneur Leonard Wood zeigte absolut und sehr direkt seinen Enthusiasmus für Wahlbeschränkungen: »Die Person, die bei Erreichen des 21. Lebensjahres weder genug Energie gezeigt hat, 250 Dollar zu akkumulieren, noch lesen und schreiben gelernt hat, noch ihr Land im Stadium des Krieges verteidigt hat, ist ein soziales Element, das nicht würdig ist, für kollektive Zwecke in Rechnung gezogen zu werden. Lasst sie nicht wählen!«[79]

Die *Soldier clause*, sozusagen ein A-priori-Wahlrecht für die Soldaten des ehemaligen Unabhängigkeitsheeres, konnte aber auch er nicht verhindern. Durch die Klausel »kubanischer Vater oder auf Kuba geboren« wurden allerdings alle in Afrika oder China geborenen Menschen sozusagen im Vorhinein von den Wahlurnen fern gehalten. Die weiteren Forderungen für den Wählerstatus waren sehr hoch: männlich, das 21. Lebensjahr musste spätestens am Tag vor der Wahl vollendet sein und entweder Lesen/Schreiben *oder* Eigentum im Wert von 250 Dollar (oder diese in bar) *oder* Veteran des Unabhängigkeitskrieges mit ehrenhafter Entlassung. Wichtig ist, dass eines dieser Kriterien gefordert war, nicht alle drei. Es gibt Gerüchte, dass 250 Dollar *cash* gesammelt wurden, bei der Einschreibung vorgezeigt wurden. Dann gingen sie in der Reihe von Hand zu Hand. Das wäre jedenfalls eine typisch kubanische Lösung, *Invento* genannt.

Von rund 1,6 Millionen Einwohnerinnen und Einwohnern nach dem US-amerikanischen Zensus von 1899 waren 815 207 Männer, davon erfüllten 418 000 (26 Prozent der Bevölkerung) die Grundvoraussetzungen (Nationalität, Alter, Resident, ohne Kriminalstrafen).

200 631, rund ein Achtel, konnten lesen und schreiben. Von 127 298 Schwarzen im Wahlalter konnten 75 Prozent nicht lesen und schreiben und hatten kein Einkommen von 250 Dollar, zudem hatte die afrokubanische Bevölkerungsgruppe im Krieg extrem hohe Verluste gehabt. Es wählten daher nur rund 31 000 Schwarze. Viele von ihnen waren ehemalige Mambises. Auf der ganzen Insel konnten 29 692 farbige männliche Bürger im Alter des vollendeten 21. Lebensjahres lesen und schreiben. Deshalb konnten sie auch wählen. Aber 78 277 farbige kubanische Männer im 21. Lebensjahr konnten nicht lesen und schreiben; weitere 2041 konnten lesen, aber nicht schreiben. Eine überraschend hohe Zahl von 20 943 farbigen Einwohnern der Inseln, konzentriert in den Provinzen Matanzas und Santa Clara – Zentren der Sklaverei bis 1886 –, sind als von »foreign and unknown citizenship« aufgelistet; sicherlich waren sie in China oder Afrika geboren worden. Von allen farbigen Männern über 21 Jahren erfüllten 101 261 die Kriterien von Kultur und Geburtsplatz nicht. Ebenso wie bei dem sich im Süden der USA ausbreitenden Disfranchisement, dem bewussten und gewollten Entzug von Wahlrechten für Farbige und Schwarze, fielen auch viele »Weiße« diesem Unrecht zum Opfer. Da aber von vornherein der Geburtsplatz »Spanien« gegenüber den Geburtsplätzen »China« oder »Afrika« privilegiert wurde und die Kulturtechniken Lesen und Schreiben unter der farbigen weniger als unter der weißen Bevölkerung verbreitet waren, wurden die Gruppen des Farbigen doppelt ausgegrenzt. Wie auch immer die »rassische« oder »ethnische« Zusammensetzung der etwa 28 000 wählenden Veteranen gewesen sein mag, diese relativ kleine Gruppe konnte das Ungleichgewicht zwischen »farbiger« und »weißer« Gruppe der Wähler nicht ausgleichen. Zu guter Letzt muss darauf hingewiesen werden, dass die Wahllisten der ersten demokratischen Wahl auf Kuba merklich dünner waren als die der letzten Wahl unter spanischer Herrschaft (was heute noch in den Archiven und Zeitungen nachgeprüft werden kann). Der Zwang für Spanien, im letzten Jahr

seiner fast vierhundert Jahre dauernden Herrschaft auf Kuba um die Loyalität der Bevölkerung zu kämpfen, hatte zu einer fast totalen Öffnung der Wahllisten für Männer geführt.

Aber trotz all dieser Beschränkungen war die Wählerschaft im Jahr 1900, vor allem in den Munizipalitäten der ehemaligen Sklavenzonen mit vielen Veteranen und wenig spanischer Einwanderung, sehr stark transrassial und robust kubanisch.

Der US-Kriegssekretär Elihu Root zeigte sich zunächst verwundert über die Erfolge dieser implizit rassistischen und ethnischen (sowie offen geschlechtsspezifischen) Wahlkriterien in den Zeiten der Okkupation. Er schrieb an Gouverneur Wood, er sei froh, dass »whites so greatly outnumbered the blacks«[80]. In seiner Gratulation zur erfolgreichen Wahl betonte er das Haiti-Syndrom: »[…] when the history of the new Cuba comes to be written the establishment of popular self-government, based on a limited suffrage, excluding so great a proportion of the elements which have brought ruin to Haiti and Santo Domingo, will be regarded as an event of the first importance.«[81]

Diese Bemerkung hat einen doppelt rassistischen Sinn, historisch und politisch. »Haiti« meint die Revolution auf Saint-Domingue (heute Haiti) mit dem Unterton des Massakers von Schwarzen an Weißen. »Haiti and Santo Domingo«, der Bezug auf die beiden Staaten auf der Insel, die von Kolumbus La Hispaniola genannt worden war, hebt darauf ab, dass 1900 beide Staaten, Haiti und die Dominikanische Republik, von Präsidenten afrikanischer Abstammung regiert wurden.

Insgesamt war das kubanische Wahlvolk auf 105 000 Männer beschränkt worden. In den ersten Testwahlen vom Juni 1900 votierten nur rund 6,7 Prozent der kubanischen Bevölkerung. Darunter befanden sich sehr viele Spanier, die durch einfaches Nichtstun zu Kubanern geworden waren. Sie stimmten oft für eine Wählervereinigung unter dem Namen *Unión Democrática*, die für eine direkte Übernahme der Macht durch die USA eintrat.

Im Grunde schien es somit, als ob die weiße Elite Kubas unter Aufsicht weißer Offiziere der Besatzungsmacht die politischen Institutionen der ersten Republik gegründet hätte. Allerdings war das in der Zeit der ersten Okkupation und in den ersten Jahren der Republik noch nicht entschieden. Es stellte auch ein recht schwieriges Unterfangen dar, nach einem erst kurze Zeit zurückliegenden antikolonialen Krieg, der auf kubanischer Seite von der bedeutendsten transrassialen Armee in der westlichen Hemisphäre geführt worden war. Hätte es damals schon Fernsehen gegeben, Elihu Root wäre über die Gewählten erstaunt gewesen. Ehemalige Soldaten und Offiziere waren in allen Institutionen und Ämtern, in der Polizei, in der Guardia Rural, aber auch in den sich bildenden Parteien zu finden. Die Amerikaner hatten die Rechnung auch ohne die tief verwurzelte Kultur des Klientelismus gemacht. In den Klientelschaften, die eine Art unsichtbares Skelett des noch ungeborenen Staates bildeten, gaben die Veteranen den Ton an. Und die Veteranen hatten im Krieg alles Mögliche lernen können, sicherlich auch viel Schlechtes, aber Rassensegregation im tagtäglichen Leben ganz bestimmt nicht. Die Bürgermeisterämter und die Räte der Munizipien füllten sich mit ehemaligen Separatistenoffizieren. Ihnen kam eine weitere Maßnahme der Amerikaner entgegen, die nach nordamerikanischer Tradition die unterste Ebene der Verwaltung gestrafft hatten und ihr zugleich mehr Rechte, auch mehr finanzielle Rechte, gegeben hatten.

Zudem gab es auf der Insel eine kämpferische urbane Arbeiterbewegung, meist angeführt von farbigen Veteranen oder betont antinationalistischen, antietatistischen und antielitären Anarchisten. Noch 1899 wurde die anarchosyndikalistische *Liga General de Trabajadores de Cuba* gegründet, die die wichtigsten Arbeitskämpfe bis in die Mitte der 20er-Jahre anführen sollte. Es war vor allem die anarchistische Kritik am blutleeren, sprich soziale Belange nicht einbeziehenden, Nationalismus der weißen Eliten, die immer wieder in der Alltagspraxis zu Rassenallianzen der Arbeiterschaft führte. Insofern ist der unter den Arbeitern feststellbare Drang, »Klasse« in den Vordergrund zu stellen, eben kein Reduktionismus oder eine Aufforderung, das »Rassenwissen« *(Racial knowledge)* der Kubaner zu vergessen, sondern die Betonung des Verbindenden und nicht des Trennenden. In strukturell rassistischen Postsklaverei-Gesellschaften kann manchmal schon »Schweigen« über Rassefragen ein Fortschritt sein. Deshalb erfüllten die unter Woods Herrschaft abgehaltenen Wahlen auf Kuba, obwohl sie gewollt und bewusst etwa zwei Drittel der erwachsenen männlichen Bevölkerung ausschlossen, nicht die Hoffnungen der Besatzer. Die Munizipalämter füllten sich mit Männern, die den Amerikanern oft als »unwürdig« galten. Und sie begannen prompt, Propaganda und Petitionen für das allgemeine männliche Wahlrecht zu machen. Darüber hinaus stärkte die Soldier clause, strategisch zunächst als schlauer Trick angelegt, um Protesten zuvorzukommen, den independentistischen Geist der Wählerschaft und unterminierte die philosophischen Argumente für den Kultur- und Eigentumszensus. Auch wenn nur wenige Nichtgebildete und Nichteigentümer in Gestalt der Veteranen auf den Wahllisten zu finden waren, wurden diese oftmals wegen ihrer Fama zu Bürgermeistern und in andere Ämter gewählt. Dort erfüllten sie ihre Aufgaben meist sehr gut. Das zeigte der Mehrheit der Bevölkerung in der tagtäglichen Praxis, dass die amerikanischen Argumente gegen das allgemeine männliche Wahlrecht nur in häßliche Kleider eines antidemokratischen Rassismus gehüllt waren.

Universelles »männliches« Wahlrecht und Platt-Amendment

Aber es gab kein Zurück mehr. Die Teller-Resolution zwang die Vereinigten Staaten, die Souveränität an eine unabhängige kubanische Regierung zu übergeben. Die antiexpansionistischen Demokraten im US-Kongress drängten die Republikaner, dies sehr schnell zu tun. Die Formel irgendeiner »organischen« Beziehung zwischen den USA und der Insel, die nach den Resolutionen des

Kongresses in die kubanische Verfassung Eingang finden solle, schien die Möglichkeit einer zukünftigen Kontrolle zu sichern. Neben den normalen Pressionen des politischen Prozesses war General Wood in großer Eile, seine Arbeit auf Kuba zu beenden. Er litt schon unter Zwangsvorstellungen seines eigenen Ruhmes. Er wollte diesen gern in China vergrößern. Dort gab es sozusagen globale Lorbeeren für Expansionisten bei der Niederschlagung des Boxer-Aufstandes zu erringen. Im Juli 1900 schrieb die Militärregierung neue Wahlen aus. Es sollten die Delegierten der künftigen kubanischen konstitutionellen Versammlung gewählt werden. Damit wurde indirekt auch der Rückzug der amerikanischen Truppen und das Ende der formellen Herrschaft über die Insel angekündet. Der Jubel auf Kuba war groß. Dass eine »weiße« Republik unter US-Dominanz so schnell nicht etabliert werden konnte, zeigt sich am Fortgang des Wahlprozesses. Unter den gleichen Wahlbestimmungen wie bei den Munizipalwahlen kam es in den ersten Novembertagen 1900 auf der Grundlage des Militärbefehls Nr. 301 zu Wahlen der Asamblea Constituyente (Konstituierende Nationalversammlung). Der Militärbefehl berief sich auf die Joint Resolution beider Häuser des US-Kongresses von 1898 und stellte der Versammlung nur eine Aufgabe – eine Verfassung für Kuba anzunehmen sowie »to provide for and agree with the government of the United States upon the relations to exist between that government and the government of Cuba«.[82]

Im November 1900 wählten 131 627 vorwiegend weiße Männer (rund 8,3 Prozent der Gesamtbevölkerung) die 31 Abgeordneten der Konstituierenden Versammlung.

Wood vervielfältigte seine Anstrengungen, die Macht sicher in die Hände »verantwortungsbewusster« Kubaner zu legen, wurde aber wieder enttäuscht. Anstatt, wie Wood es erwartete, »anständige« Männer konservativer Weltanschauung zu wählen, brachten die Wähler eine gemischte Gruppe von Veteranenoffizieren des Rebellenheeres, separatistische Politiker und einige wenige ehemalige Autonomisten in die Konstituierende Nationalversammlung.[83] Als richtig »konservativ« im damaligen europäischen Sinn konnte eigentlich keiner der Abgeordneten gelten. Als die neue National- versammlung Ende November 1900 zusammentrat, entglitt das Problem der Wahlbestimmungen sofort und vollständig der Kon- trolle von Wood und seiner konservativsten Freunde unter den Kubanern. Zwei, nach anderen Zählungen vier, Abgeordnete waren »Farbige«. In der Nationalversammlung brach sofort eine Diskus- sion über die Opfer der untersten Volksgruppen, des meist farbigen *Pueblo*, bei der Befreiung von spanischer Herrschaft aus. Die kurz zuvor gewählten Munizipalräte, Veteranenorganisationen von der ganzen Insel, Presse und Massenversammlungen drängten die Na- tionalversammlung, das positive Recht der »universellen Wahl« (al- ler Männer ab einem festgesetzten Alter, es gab auch Forderungen, die weit darüber hinausgingen) in die Verfassung einzuschreiben. Telegramme und Schreiben aus ganz Kuba überfluteten Havanna. Die Constitutional Convention der USA von 1787 hatte das positive Recht auf Wahl nicht in die Verfassung geschrieben[84], das fünf- zehnte Amendment der heute ältesten demokratischen Verfassung der Welt tut es nicht, und Leonard Wood war strikt dagegen. Er ver- suchte zu retten, was zu retten war. Das Aufgabengebiet der Verfas- sungsväter wurde durch die Eröffnungsrede Leonard Woods stark eingegrenzt. Die Versammlung solle zwar die »Verfassung und die besonderen Beziehungen zu den USA« beschließen, aber, so sagte er, »[…] ihr habt keine Verpflichtung, an der gegenwärtigen Regie- rung der Insel teilzunehmen, und ihr entbehrt der Autorität dafür«.[85] Das kann allerdings auch aus dem US-amerikanischen Verfassungsverständnis interpretiert werden, in dem verfassung- gebende Organe und Parlament/Regierung getrennt sein müssen.

Trotz ihrer fast einstimmigen Ablehnung bestimmter Pläne des Militärgouverneurs setzte sich die Nationalversammlung aus sehr heterogenen politischen Gruppen von Akteuren zusammen. Eine eher gemäßigte Richtung wurde durch Eliseo Giberga, den geistigen Führer der ehemaligen Autonomisten, und seiner Partei, die Unión Democrática (Matanzas), vertreten. Ziemlich radikal dagegen war die Gruppierung des nationalen Blocks, in dem schwarze und weiße Kubaner gemeinsam wirkten, repräsentiert vor allem durch den schwarzen Journalisten Juan Gualberto Gómez (Santiago de Cuba) und den Veteranenoffizier José Braulio Alemán (Santa Clara). Nur Diego Tamayo, der für die Provinz Havanna gewählt worden war, wird als Vertrauter von Leonard Wood bezeichnet. Dazu kam eine starke Politikergruppierung, die vehement regionale Interessen vertrat, ebenfalls auf Basis einer Beteiligung von farbigen Kubanern: die Veteranengenerale José Miguel Gómez, José Jesús Monteagudo, der mulattische Schriftsteller Martín Morúa Delgado und der Veteranenoberst Enrique Villuendas. Sie waren alle für die Provinz Las Villas gewählt worden, nicht zuletzt weil sie dort schon zu Kriegszeiten Allianzen mit den Afrokubanern eingegangen waren und deren Stimmen auf sich hatten vereinigen können.

Die Versammlung nahm am 21. Februar die Verfassung von 1901 an.[86] Vorher allerdings hatte Wood den Abgeordneten das so genannte Platt-Amendment (span. *Enmienda*, Verfassungszusatz) aufgezwungen, unter der Alternative: Annahme oder Fortsetzung der Okkupation. Trotz massiver Proteste und mehrerer Abstimmungen in der Versammlung wurde die *Enmienda Platt* schließlich mit 16 gegen 11 Stimmen angenommen und Teil der Verfassung. Die besonderen Beziehungen zwischen den USA und Kuba waren fixiert. Den Kern bildete das Interventionsrecht der USA. Die wichtigsten Bestimmungen der Enmienda Platt lauten:

»I. Dass die Regierung Kubas niemals mit einer anderen Macht oder ausländischen Mächten einen Vertrag oder eine Abmachung abschließe, die die Unabhängigkeit Kubas herabsetzen oder dazu tendieren könne, sie herabzusetzen, oder in irgendeiner Weise eine Macht oder ausländische Mächte autorisieren oder ihnen erlauben könne, durch Kolonisierung oder für militärische oder navale Zwecke oder auf andere Weise einen Platz oder militärische Kontrolle über irgendeinen Teil besagter Insel zu gewinnen.

II. Dass besagte Regierung keine öffentliche Schuld annehmen oder eingehen wird, für deren Schuldendienst und effektive Amortisation nach der Deckung der laufenden Kosten der Regierung die normalen Einkünfte nicht ausreichen.

III. Dass die Regierung Kubas zustimmt, dass die Vereinigten Staaten das Recht zu intervenieren ausüben können, für die Erhaltung der Unabhängigkeit Kubas [und] für die Erhaltung einer Regierung, die fähig ist, das Leben, das Eigentum und die individuelle Freiheit zu schützen und die Verpflichtungen zu erfüllen, die den Vereinigten Staaten bezüglich Kubas vom Vertrag von Paris auferlegt worden sind und die jetzt von der Regierung Kubas angenommen und erfüllt werden müssen.«[87]

Der Verfassungszusatz galt in dieser Form bis 1934. Strittig blieb zunächst die Frage der Stützpunkte. Das Problem hatte in einer Zeit der Hochseeflotten und des Wettbewerbs um Imperien vor allem für die neuen imperialistischen Mächte Deutsches Reich und USA hohe Sprengkraft. Kuba stellte im imperialen Konzept der USA so etwas wie die Säule am Eingang für den Panamakanal dar. Die Stützpunkte sollten die Kontrolle des Zugangs aus dem atlantischen in den pazifischen Raum und nach China sichern. Zunächst hatten die USA Guantánamo, Nipe, Bahía Honda und Cienfuegos gefordert – für »immer und ewig«. Dann engte sich die Debatte auf die Stützpunkte Guantánamo, Bahía Honda[88] sowie die Isla de Pinos ein. Endgültig völkerrechtlich fixiert wurden die Beziehungen im *Tratado Permanente* vom 22. Mai 1903.[89] Offen blieb bis 1925 die Frage der anderen großen Insel des kubanischen Archipels, der Isla de Pinos. Die kleinere »große« Insel war noch stärker als die Hauptinsel vom Annexionismus – vor allem vom Annexionismus US-amerikanischer Siedler auf der Pinieninsel – bedroht.[90] 1934 wurde die Enmienda Platt, mit Ausnahme des modifizierten Paragrafen VII über den Marinestützpunkt in Guantánamo (neuer Ver-

trag), von Kuba und der Administration Franklin D. Roosevelt auf-
gehoben. Die wirtschaftlichen Beziehungen wurden im »Gegenseitigkeitsvertrag« von 1902 geregelt, der die USA begünstigte, aber
den Absatz der landwirtschaftlichen Produkte Kubas in den Vereinigten Staaten verbesserte.

Die Wahl- und Einwanderungsgesetzgebung, der Landerwerb,
das Eisenbahngesetz sowie andere wichtige Punkte für die weitge-
hende Konservierung alter Strukturen und für eine wirtschaftliche
Expansion vor allem im Interesse von US-Investoren waren noch
1902 durch Militärverordnungen geregelt worden.[91] Ein Gegen-
gesetzvorschlag von Manuel Sanguily, der sich schon gegen das
Platt-Amendment stark gemacht hatte, passierte das Parlament
nicht, obwohl er die Unterstützung des einflussreichen *Círculo de
Hacendados* hatte. Nach diesen Gesetzen der USA wurden Land-
vermesser im Ostteil Kubas zu meistgehassten Gestalten; der US-
Imperialismus in Gestalt der United Fruit Company schuf sich auf
8500 Caballerías eine seiner Landschaften (»Imperium in Grün und
Gold«) auf Basis dieser Gesetzgebung in dem Teil Kubas, den
Kolumbus als das Schönste bezeichnet hatte, was er sich vorstellen
könne.

Bei der Beurteilung der Gesamtsituation Anfang 1902 und besonders der Gründungsverfassung – die bis heute im Tenor meist
negativ ausfällt – sollte eines nicht übersehen werden. Diese Verfassung konstituierte durch das Symbol der *Asamblea Constituyente* (es gab eben weiße *und* – wenn auch wenige – schwarze Ver-
fassungsväter) und durch das von ihr beschlossene universelle
Wahlrecht für Männer theoretisch den kubanischen Bürger, von
dem José Martí gesprochen hatte: Kubaner ist mehr als Schwarzer,
mehr als Weißer.

Nach dem Wahlgesetz der verfassunggebenden Versammlung
vom 30. September 1901 und dem Wahlmodus des Paragrafen 38
der Verfassung von 1901, der eben dieses universelle Wahlrecht aller
männlichen Kubaner ab vollendetem 21. Lebensjahr vorsah (außer

Asylsuchende, geistig Behinderte, Leute ohne Bürgerrechte wegen einer Kriminalsache und im Heer beziehungsweise in der Marine im aktiven Dienst Stehende), wurden im Dezember 1901 die Präsidentschaftswahlen abgehalten. Präsident und Senat durften durch Wahlmänner in einer Wahl zweiten Grades bestimmt werden. Es kam zu massiver Einflussnahme von Leonard Wood zugunsten der »besseren Elemente« *(Better elements)* der kubanischen Bevölkerung, womit er auch tief sitzende Traditionen der spanischen politischen Kultur ansprach. Bis 1922 wird es drei neue Wahlgesetze geben und circa 10 Novellierungen.[92]

Die verfassunggebende Versammlung hatte zunächst angenommen, sie könne in dieser Wahl schon Hoheitsrechte ausüben und den letzten Teil des Transitionsprozesses selbst lenken. Doch sie wurde von Wood eines Besseren belehrt. Die Militärverwaltung ließ sich die Führung nicht aus den Händen nehmen und setzte die Oberste Wahlkommission ein, allerdings auf Vorschlag der Asamblea: Domingo Méndez Capote als Präsident und wichtigster ziviler Politiker, Enrique Villuendas (Sekretär) sowie Diego Tamayo, Alfredo Zayas und Martín Morúa Delgado. Villuendas und Morúa Delgado, ein weißer Kubaner aus der Oberschicht und ein Mulatte, Sohn einer Ex-Sklavin, waren Anhänger von José Miguel Gómez, der sich immer mehr für regionale Interessen stark machte und auf dem Wege war, ein einflussreicher populistischer Politiker zu werden.

Die erste Reihe der Kandidaten für eine Präsidentschaft war tot. Der große Held des Unabhängigkeitskrieges, General Máximo Gómez Báez, wollte sich nicht zur Wahl stellen, obwohl für ihn ein spezieller Passus über die Präsidentschaft formuliert worden war: »Kubaner durch Geburt oder Naturalisierung, in diesem letzteren Fall [muss er] Kuba mit den Waffen in seinen Unabhängigkeitskriegen wenigstens zehn Jahre gedient haben.«[93] Máximo Gómez war gebürtiger Dominikaner, das heißt von der Insel Santo Domingo (heute Dominikanische Republik) stammend.

Männer der zweiten Reihe standen im Wahlkampf gegeneinander. Sie wurden vom Publikum als Plattisten und Antiplattisten auf den Schild gehoben; beides Ex-Präsidenten der República en Armas (Republik in Waffen) zur Zeit der Unabhängigkeitskriege: Tomás Estrada Palma (Präsident 1877/78) und Bartolomé Masó (Präsident 1897/98). Masó versuchte eine breite Mobilisierung von unten und sprach auch die Afrokubaner an. Manuel Sanguily, der andere große Intellektuelle der ehemaligen Separatistenallianz, reagierte hektisch auf diese »Rassenfrage«: »[...] die verschiedenen politischen Elemente, die unsere verstreute oder – nach einem berühmten Wort – ›atomisierte‹ politische Gesellschaft bilden.« Dann sagte er: »In Santiago de Cuba musste eine Wahlversammlung aufgelöst werden, weil die Rassenfrage an die Oberfläche gekommen war, die dort besonders eine schwere und bedrohliche Gefahr ist, bis zu dem Extrem, dass ich sie als die zukünftige Ursache eines möglichen Misserfolgs unseres politischen Ideals ansehe.«[94]

Estrada Palma als Repräsentant der *Better elements* und Exilkubaner setzte sich durch. Die meisten Kubaner hielten wohl seine administrativen Fähigkeiten für besser als die von Masó. Vielleicht vertrauten sie auch auf Martí, der Estrada Palma zu seinem Nachfolger in der Parteiführung bestimmt hatte. Zugleich galt er als Kompromisskandidat, weil er sehr gute Beziehungen zu den USA hatte (und viele glaubten, die USA würden nur so wirklich abziehen). In der kubanischen politischen Kultur wird aber am wichtigsten gewesen sein, dass er die Unterstützung von Máximo Gómez hatte. Masó hatte diese Unterstützung nicht. Wegen der Konflikte zwischen Máximo Gómez, dem ehemaligen Regierungsrat sowie der Asamblea del Cerro – wo Masó als ziviler Intellektueller eine wichtige Rolle gespielt hatte – war die Kandidatur Estrada Palmas von Máximo Gómez, Domingo Méndez Capote, dem ehemaligen Vizepräsidenten von Masó, aber auch von anderen einflussreichen Independentisten wie Manuel Sanguily, Juan Rius Rivera und Emilio Núñez unterstützt worden (Manifest vom 28. September 1901).

Damit war die Wahl Estrada Palmas gesichert. Er war zu diesem
Zeitpunkt noch Bürger der USA. Don Tomás kündigte in einem in-
offiziellen Regierungsprogramm vor allem Bemühungen um ge-
sunde Staatsfinanzen an und wollte sich auch um die *Paga*, die
Ehrenrente der Veteranen, und um den Abschluss eines Handels-
abkommens mit den USA bemühen. Diese Forderungen fanden
sich in den Programmen der meisten Parteien. Die Anhänger von
Masó, der sich schon klar im Nachteil befand, protestierten noch
gegen die Zusammensetzung der Wahlkommissionen[95], denn
einige ihrer Mitglieder hatten sich offen für Estrada Palma erklärt.
Als diese Proteste nichts fruchteten, legte Masó seine Kandidatur
nieder.[96]

Am 31. Dezember 1901 wurden die Wahlen der Mitglieder der Re-
präsentantenkammer, Gouverneure und Provinzräte sowie Wahlmänner für die Präsidentenwahl und die Bestimmung der Senatoren abgehalten. Am 24. Februar 1902 schließlich wählten diese
Wahlmänner den Präsidenten, den Vizepräsidenten und die Senatoren.

Tomás Estrada Palma, der neue Präsident, befand sich bis zum
April 1902 noch in den USA. Er landete symbolisch im Hafen von
Gibara, von dem aus er 1878 in die Verbannung gegangen war. Im
April 1902 erklärte ein Militärbefehl die Konstituierende Versamm-
lung für aufgelöst, zugleich wurde der neue Kongress für den 5. Mai
nach Havanna einberufen.

Am 20. Mai 1902 um 12.00 Uhr mittags erklärte Gouverneur
Wood die Okkupation der USA für beendet und übergab einen
Brief von Präsident Theodore Roosevelt, in dem dieser die Regierungsgewalt an Estrada Palma übertrug. Der neue kubanische Präsident residierte im Palast der spanischen Generalkapitäne. Die kubanische Flagge in Blau-Weiß mit dem einsamen weißen Stern vor
rotem Hintergrund wurde gehisst. Estrada Palma setzte die Verfassung von 1901 in Kraft. Kuba trat als formell unabhängige Republik
ins Leben.

Die Transition war geglückt, aber was war mit der Transformation? Die politischen Formen hatten sich gewandelt, aber diejenigen politischen Akteure, die für die schnelle Realisierung des vom Dichterrevolutionär José Martí geprägten Ideals einer demokratischen Republik »mit allen und für das Wohl aller« gekämpft hatten, sahen sich bitter enttäuscht. Frauenwahlrecht gab es nicht. Die Enttäuschung betraf vor allem die einfachen Soldaten des ehemaligen Unabhängigkeitsheeres. Die *Biografía de un cimarrón* von Miguel Barnet, die Erinnerungen von Esteban Montejo, gibt ein deutliches Zeugnis dieser Enttäuschung. Allerdings eröffnete das »universelle« Wahlrecht die Hoffnung, dass sich die Kubaner aller Klassen, Rassen und Provinzen nun zügig und nach für alle geltenden Regeln zu einer freien Nation formieren würden.

Die Besatzungsmacht zog ab – nach Panamá.

Die erste Republik 1902–1933: Weiße Elitenation im Schatten des Platt-Amendments?

Estradismus und gescheiterte konservative Stabilisierung (1902–1906)

Präsident Tomás Estrada Palma, *Don Tomás*, war ein Kompromisskandidat. Die wichtigsten Generale, vor allem Máximo Gómez, hatten seine Präsidentenkandidatur unterstützt. Er war noch von José Martí zu seinem Nachfolger an der Spitze des Partido Revolucionario Cubano bestimmt worden. Er war auch mit Hilfe der USA etabliert worden.

Seine Regierung deckte, meist folgsam, manchmal auch widerwillig, oft aber auch liebedienerisch, all die tiefen und schmerzhaften Eingriffe, die die USA sich in Kuba erlaubten. Kuba und die Kubaner wurden nach langen Kämpfen entmündigt und um die nationale Selbstbestimmung gebracht, vor allem was die Beziehungen nach außen betraf. In der inneren Politik allerdings war der Einfluss der Amerikaner nach dem Mai 1902 unbedeutend. Der Separatismus und Independentismus hatte, trotz vieler Desillusionierungen, sein größtes Ziel erreicht: Unabhängigkeit und Republik, wenn auch die Unabhängigkeit eben doch nicht vollständig war. Das nationale Selbstbewusstsein der Kubaner nahm großen Aufschwung, obwohl die Selbstbestimmung im Grunde auf die innere Politik beschränkt war. Die ersten drei Jahre regierte Estrada Palma weitgehend im Konsens mit allen politischen Kräften und Strömungen. Die Frage der *Paga*, der Ehrenrente der Veteranen, wurde einer Lösung zugeführt. Der Kongress bestimmte im März

1903 die neuen Feiertage, die immer zugleich kulturelle Symbole einer Gesellschaft sind, welche Traditionen sie als begründend ansieht: *Fiestas nacionales*, Nationalfeste: 24. Februar (1895) und 10. Oktober (1868) als Beginn des jeweiligen Krieges um die Unabhängigkeit; der 20. Mai (1902) als Geburtstag der Republik; *Homenaje nacional*, nationale Ehrung: der 7. Dezember (1896, Todestag von Antonio Maceo) als Tag der Trauer um die Toten des Kampfes um die Unabhängigkeit sowie *Días festivos*, Feiertage: der 25. Dezember (Weihnacht) und der 1. Januar (Neujahr).

Getragen wurde die Regierung Estrada Palma, die aus der ersten Okkupation hervorgegangen war, von einer seltsamen Koalition aus konservativen Gruppen des Separatismus und traditionalen Militärs. Bald dominierten in dieser Koalition die Konservativen, vor allem aus Havanna, die dem zivilen Sektor der *Pinos viejos* angehörten – so genannt nach José Martí, der die Generationen der beiden Unabhängigkeitskriege im 19. Jahrhundert 1868–1878 (1880) und 1895–1898 mit den poetischen Bezeichnungen »neue« und »alte Pinien« *(pinos)* bezeichnete –, sowie ehemalige Autonomisten und Integristen. Sie verhinderten jeden Versuch, die grundlegenden Strukturen, vor allem die des großen Landeigentums, zu verändern. Die Gegenkräfte der jüngeren Militärs aus dem *Interior* (dem Landesinnern, in gewissem Sinne aus der Perspektive Havannas auch pejorativ, als »Provinz« gemeint) fanden sich in den Klientelschaften einflussreicher Generale, vor allem der des Generals José Miguel Gómez aus Las Villas *(Miguelistas)*. Diese konnten auf ihren Status aus den letzten Jahren des Kriegs verweisen und hatten sich zunächst dem Ausbau der Kontrolle über die Zentralprovinz Las Villas gewidmet, wo José Miguel Gómez Gouverneur war. Dabei konnten sie sich auf die schwarz-weißen Allianzen des Krieges stützen. Das gab ihnen unter den Bedingungen des universellen männlichen Wahlrechts potenziell große Macht. Die Führungsspitze um José Miguel, wie ihn seine Freunde nannten, bildete die Regierungsmannschaft des Gouverneurs.

Die machtpolitische Grundstruktur der spanischen Provinzen war auch beibehalten worden; nur wurden 1903 Provinz und Provinzhauptstadt Puerto Príncipe umbenannt. Sie erhielten im Sinne einer konstruierten Tradition indianischen Widerstandes den Namen Camagüey. Oberste und Hauptleute kontrollierten als *Caudillos* oder *Caciques políticos* ihre ehemaligen Soldaten und über sie bestimmte Territorien, entweder indirekt oder direkt, über die neu geschaffene *Guardia Rural*, eine berittene Landpolizei. Die *Miguelistas* gingen aber auch enge Verbindungen zu den Autonomisten des *Interior* und zu den Organisationen der Schwarzen und Farbigen ein. Symbolfigur für diese Allianz wurde Martín Morúa Delgado (1856–1910), ehemaliger Autonomist, Sohn einer schwarzen Sklavin und eines baskischen Bäckers, Autodidakt und berühmter Schriftsteller. Er war erst im Mai 1898 in das E.L.C. eingetreten und wurde deshalb von den alten Kämpfern als Opportunist angesehen. Morúa verfügte über exzellente Verbindungen zu Farbigen und Schwarzen. Er war der einzige Farbige in der Führungsspitze der Gómez-Anhängerschaft, avancierte aber zum Wahlberater von José Miguel, da unter den Bedingungen des universellen Wahlrechts die Stimmen der schwarzen und der farbigen Landbevölkerung einen hohen Prozentsatz ausmachten. Die *Miguelistas* kontrollierten zwei wichtige Organisationen, den Nationalen Veteranenrat (*Consejo Nacional de Veteranos*, später zeitweilig vom deutschstämmigen Oberst des E.L.C. Guillermo Schweyer Hernández geleitet) und den *Partido Republicano Federal de Las Villas*. Sie machten sich stillschweigend den Landhunger der armen, vor allem farbigen Bevölkerung zunutze. Andererseits hatte die Führungsspitze dieser Klientel, aber auch die regionalen und lokalen *Caciques*, schon vor 1902 Verbindungen zu den großen Pflanzern und den Besitzern der *Centrales*, der großen Zuckerfabriken, der Provinz Las Villas aufgenommen, damals das Territorium mit den modernsten Formen der Zuckerproduktion. Die Terry, Castaño, Falla Gutiérrez sowie andere Großkaufleute und Zuckerfabrikbesit-

zer zählten zu den reichsten Männern der Welt. Sie hatten den Offizieren oftmals Geld für den Kauf von Land vorgeschossen oder mit
ihnen günstige Verträge als *Colonos* (Bauern, die Zuckerrohr an-
bauten) abgeschlossen. Das hispano-kubanische Kapital des
Mittelteils der Insel forderte dafür die Vertretung seiner Interessen
durch die Provinzpolitiker. Diese wiederum profilierten sich gegenüber dem konservativen Zentralismus Havannas immer stärker als
Föderalisten, als Vertreter regionaler Interessen, was einerseits den
tief verwurzelten Nativismus der breiten Bevölkerung, nicht nur
der Provinz Las Villas, sondern auch anderer Provinzen, ansprach
und andererseits die Interessen der großen Zuckerunternehmer
der Provinz gegenüber der Konkurrenz in Havanna zum Ausdruck
brachte.

Die Besitzer verlangten vom Gouverneur allerdings auch, ihre
Interessen in der Provinz selbst zu schützen. Als Kuba seine Unabhängigkeit erreicht hatte, eine Zuckerernte von 1 Million Tonnen
erwartet wurde und der Gegenseitigkeitsvertrag mit den USA gute
Geschäfte versprach, war die Provinz Santa Clara mit circa 40 Prozent größter Zuckerproduzent. Die kubanischen Arbeiter erwarte-
ten von der Republik schnelle Verbesserungen der Lebenslage. Als
die Dockarbeiter und Zuckerschnitter in Cienfuegos, Cruces und
Lajas sich Ende 1902 (anlässlich des »Lehrlingsstreiks«, der ausgebrochen war, weil die Tabakfirmen vorwiegend Spanier als Lehr-
linge annahmen, keine »schwarzen« Kubaner) mit den Tabakarbeitern in Havanna solidarisierten, ließ der populistische Gouverneur
schnell (und brutal) die neue kubanische Landpolizei, die Guardia
Rural unter seinem Offizierkameraden und Freund José de Jesús
Monteagudo, gegen die Mitpatrioten in den Docks und Zuckerrohrfeldern vorgehen. Der nationale Streik wurde abgewürgt und
die patriotischen Illusionen der Arbeiterschaft (wenn es diese
überhaupt gegeben hatte, denn die Masse der städtischen Arbeiter
waren Anarchisten)[97] bekamen schnell Risse. Die Konfliktsituation
des Streiks wurde allgemein in Klassenkategorien beschrieben und

in Zeitungen dargestellt – allerdings sprach auch mancher Besitzer in Kenntnis der Tatsache, dass sich unter den Arbeitern übermäßig viele Schwarze und Farbige befanden und unter den Besitzern halt nur Weiße, von Cienfuegos als dem »schwarzen Kontinent«.[98] Und während des Streikes wollte einer der Korrespondenten der anarchistischen Zeitung »Tierra!« gar beide Perspektiven vereinen. Er forderte »die Emanzipation aller Sklaven, die Beseitigung aller Privilegien«.[99]

1905 starb der große Alte des Unabhängigkeitskrieges, Máximo Gómez, und mit ihm verschwand die einzige nationale Identifikations- und Integrationsfigur, die er trotz all seiner widersprüchlichen Haltungen 1898 und danach geblieben und eigentlich erst geworden war. Im gleichen Jahr begann der erste Wahlkampf der neuen Republik. Estrada Palma ließ sich wieder als Kandidat aufstellen. Zur Unterstützung seines Wahlkampfes formierte sich aus kleinen Parteien und Organisationen der *Partido Moderado*. Die Gegenkräfte sammelten sich im *Partido Liberal*, der sich aus dem mittlerweile in *Partido Republicano Federal* umbenannten Wahlverein von José Miguel Gómez sowie den *Nacionales* von Alfredo Zayas und anderen Parteien, Fraktionen und Organisationen bildete. Ein Zwei-Parteien-System formierte sich. Die Liberale Partei galt als »Partei der Neger«. Die Miguelistas glaubten auch noch, Wahlen nur mit den Stimmen der klientelistisch organisierten Landbevölkerung gewinnen zu können. Der alte Caudillo wies die Wahlunterstützung von Arbeitervertretern mit den Worten zurück: »Ich rufe die Arbeiter nicht, noch brauche ich sie.«[100]

Gemeinsam war den weißen Eliten beider politischer Lager, dass sie einerseits *la Independencia*, den Kampf um die Unabhängigkeit, in einen Mythos verwandelten. Andererseits begannen sie ein Konzept der Nation zu praktizieren, welches von der Gleichheit zwischen schwarzen und weißen Kubanern, wie sie Martí formuliert hatte und wie sie im Krieg Alltag gewesen war, immer mehr Abstand nahm. Die Konservativen offener, sie hatten im anti-

kolonialen Kampf auch die Gleichheit nie wirklich akzeptiert, die
Liberalen zunächst noch verdeckt durch ihre radikale Rhetorik.
Beide benutzten Martí als Hauptzeugen für ihre Konzepte. In der
politischen Kultur, im alltäglichen Verhalten der Politiker und in
ihren Reden wirkte sich nun die Unfähigkeit zum friedlichen Kompromiss – was von vielen Zeitgenossen und auch von heutigen Historikern als mentale Grundlage des Sieges gegen die Spanier dargestellt wurde und wird – als fatal aus.

Der »Augustkrieg« und die zweite
Okkupation durch die USA (1906–1909)

Auf beiden Seiten des neuen politischen Systems fanden sich ehemalige Separatisten in Führungspositionen, die das Erbe Martís
und des Befreiungskrieges beanspruchten. Die Liberalen waren
zunächst populärer, vor allem wegen ihrer Verbindungen zu den
schwarzen und farbigen Bevölkerungsteilen. Sie hatten den Ruf,
Herolde der Interessen des *Interior* zu sein, der Provinz, gegen die
Politclique in Havanna. Sie hatten die Rhetorik des Befreiungs-
kriegs beibehalten. Den US-Amerikanern galten sie als Radikale.
Die *Moderados* um Tomás Estrada Palma manipulierten die ersten
Wahlen in der Republik, indem sie ein *Spoils-System* vor der Wahl
praktizierten. Das aus den USA bekannte *Spoils-System* besteht im
Grunde in der Auswechslung des Personals der öffentlichen Ver-
waltung *nach* gewonnener Wahl. Die Anhänger Estrada Palmas
entfernten schon vor der Wahl alle Liberalen aus den öffentlichen
Ämtern. In Cienfuegos ermordeten Moderados den Liberalen Enrique Villuendas. Die Liberalen riefen zum Wahlboykott auf. Als die
Moderados die Wahlen nicht annullieren ließen, mobilisierten die
Liberalen – in der Gewalttradition der Unabhängigkeitskriege –
ihre Anhänger zum bewaffneten Kampf. Auf ihrer Seite standen
sehr viele Afrokubaner. Es kam zur *Guerrita de Agosto* (»August-
kriegchen« 1906), eine Art psychologischer Krieg aus kleinen Über-
fällen, Pferdediebstählen, Zerstörungen von Zuckerrohrfeldern,

Eisenbahnlinien, Brücken und Telefonkabeln. Das war durchaus im Sinn iberischer *Pronunciamientos*: sich öffentlich und, wenn möglich bewaffnet und zu Pferd, für eine bestimmte politische Partei »auszusprechen«. Dabei ist viel Theatralisches; aber die Leidenschaften und die angestauten Konflikte führten in solchen Situationen schnell zu Gewalttätigkeiten. Die Nachrichten über solche Pronunciamientos verunsicherten Regierung und Bevölkerung. Ein größerer Konflikt hätte ausbrechen können. Beide Lager standen in der Tradition der Kriegsführung der *Mambises*. Estrada Palma ließ die Führer der Liberalen verhaften. Er musste aber, da sich die Lage nicht beruhigte, die Verfassung aussetzen. 1906 provozierte er mit seinem Rücktritt die zweite Intervention der Amerikaner. Diese waren eigentlich nicht disponiert für ein solches Unternehmen.

Um es deutlicher auszudrücken, die Gruppe um Estrada zwang die USA, das Platt-Amendment anzuwenden. Aus patriotischer Sicht handelte es sich um *die* politische Ursünde des 20. Jahrhunderts. Plötzlich stand der kubanische Nationalismus, der es eben geschafft hatte, sich aus eigener Kraft von der vierhundertjährigen Kolonialherrschaft des europäischen spanischen Monarchismus zu befreien, im Rufe, unfähig sogar zur Verwaltung nur der eigenen inneren Angelegenheiten zu sein. Die sich eben konstituierende nationale Identität, die durch Gleichheitsbewusstsein aller und den Stolz auf die Eroberung der Unabhängigkeit geprägt war, erlitt einen schweren Schlag. Im Grunde hat dieses psychologisch-mentale Element bis heute die Einschätzung der ersten Republik geprägt. Aber das war der Preis der Intervention. Damit wurde jener fatale politische Mechanismus von Intervention oder direkter Einmischung der Hegemonialmacht in Gang gesetzt, der wie eine *Self-fulfilling prophecy* die Unfähigkeit der Kubaner zur Selbstregierung zum Ausdruck zu bringen schien. Die konservative kubanische Elite der ersten Republik hatte diesen Teufelskreis in Gang gesetzt. Er wurde auch später wiederholt zur Machtsicherung benutzt.

Mit dem Pronunciamiento der Liberalen brach das von den USA etablierte System einer demokratisch verhüllten Herrschaft der konservativsten Kreise des Separatismus erstaunlich schnell zusammen. Zugleich endete die noch recht unschuldige Probephase des kubanischen Nationalismus an der Macht.

Die Liberalen hatten in dem von ihnen so bezeichneten »konstitutionellen Krieg« im August 1906 mit der Aufstellung einer Armee begonnen, die die Verfassung gegen die Verletzungen durch die Konservativen verteidigen sollte. Eine »Armee« gegen die früheren Bundesgenossen und Kriegsgefährten! In die Armee traten viele schwarze und farbige Veteranen ein, die mit den Ergebnissen des Krieges und der Transformation sowie der Politik des Estradismus unzufrieden waren. Die Liberalen verteilten Posten und Ränge. Sie verstärkten, getrieben durch die radikale Anhängerschaft, ihre revolutionäre Rhetorik. Angesichts der potenziellen Bedrohung sah sich Gouverneur Charles Magoon gezwungen, mit den Liberalen zu verhandeln und neue Beschäftigungsprogramme aufzulegen. 1908 wurde eine stehende Armee gegründet. Die Amerikaner suchten nach mexikanischem Vorbild einen kubanischen Porfirio Díaz[101], einen Diktator, der das Land mit harter Hand modernisieren sollte. Ein neues Wahlgesetz wurde ausgehandelt. Somit fanden die ersten funktionierenden Wahlen auf Kuba, sowohl 1900 bis 1902 wie auch 1906 bis 1909, unter Kontrolle der Okkupationsmacht statt. Ideologische Vorbehalte in den USA (und darüber hinaus) über die Demokratiefähigkeiten der Kubaner schienen sich zu bestätigen.

Die Liberalen genossen breite Unterstützung im Volk. Sie hätten die Wahlen 1908 leicht gewinnen müssen. Aber unter ihnen kam es zu Konflikten um die Realisierung ihrer lauthals verkündeten Forderungen. Sie spalteten sich in *Miguelistas* und *Zayistas*. Beide Flügel der Liberalen verfügten über eine Symbolfigur der Afrokubaner; war es Martín Morúa Delgado bei den Miguelistas, so sicherte sich Alfredo Zayas y Alfonso die Mitarbeit des noch prominenteren Juan Gualberto Gómez (1854–1933). Dabei spielten nicht nur soziale, rassische, ethnische oder wirtschaftliche Konflikte eine wichtige Rolle, sondern auch die Spannungen zwischen Zentrum und Provinz.

Aber der verborgene Kern aller Konflikte war die Frage, inwieweit Afrokubanern – und damit vor allem der armen Landbevölkerung – wirklich Aufstieg und Zugang zu Rängen, Status, Bildung und Landbesitz gewährt werden sollte. Es ging also um Grad, Reichweite und Charakter der Demokratie im Lande. Und um den Platz der Afrokubaner in der Nation. Quintín Bandera, der General dreier Kriege, ist das Symbol für eine (ich betone *eine*, es gab auch andere) Variante der Lösung dieses Kernproblems in der frühen Republik: Er wurde gedemütigt, hielt aber am demokratischen Prinzip gleicher Rechte und Pflichten fest und wurde am 22. August 1906 ermordet.

Ein mühsam ausgehandelter Kompromiss zwischen Präsidentschaftskandidat Gómez und Vizepräsidentschaftskandidat Zayas sicherte den Liberalen zwar den Wahlsieg und die Präsidentschaft. Aber die Allianz mit den politisch aktivsten und radikalsten Elementen der Afrokubaner zerbrach, weil auch die rhetorisch radikalen Liberalen den Zugang zum Land nicht radikal veränderten. Rassistische Rhetoriken gewannen an Boden: Die Weißen hätten von den Schwarzen eine »gewisse Dankbarkeit« für ihre Befreiung aus der Sklaverei zu erwarten.[102]

Die Liberalen hatten auch nur eine bestimmte Anzahl von Posten im Staatsdienst zu vergeben. Die besten davon gingen nicht an ihre farbigen Anhänger. Seit 1907 hatte sich eine eigenständige politische Organisation der Afrokubaner zu formieren begonnen, der *Partido Independiente de Color* (PIC); zunächst unter dem Namen *Agrupación de Color*. Zwischen 1904 und 1906 hatten sich auch erste kurzlebige sozialistische Organisationen (*Partido Obrero, Partido Obrero Socialista, Agrupación Socialista Internacional, Club de Trabajadores »Carlos Marx«* und *Partido Socialista de Cuba*; Carlos Baliño und Agustín Martín Veloz) gebildet, vor allem unter den auf Kuba verbliebenen oder wieder eingewanderten Spaniern. Basis für all diese Organisationen war eine städtische, anarchistisch geprägte politische Kultur, die sich prononciert antinational, aber nicht antikubanisch gab. Unter den meist anarchosyndikalistischen Tabak- und Zuckerarbeitern, dem am besten organisierten und größten Sektor der kubanischen Arbeiter, verschwanden die Illusionen über den Charakter der ersten Republik am ehesten. 1902 hatten die Hafen- und Zuckerarbeiter von Cienfuegos, Cruces und Lajas mit Unterstützung der kubanischen Tabakarbeiter von Havanna gestreikt. Die *Tabaqueros* führten die Streikwelle 1906–1909 zur Durchsetzung des Acht-Stunden-Tages an; von Februar bis Juli 1907 dauerte ihr Streik zur Bezahlung in gesetzlicher US-Währung, die *Huelga de la Moneda*. Danach wurde die Gewerkschaft *Federación de Tabaqueros* gegründet. Die Arbeiter suchten Grundlagen für eine überregionale Gewerkschaftsorganisation; auf ihren Meetings ertönte oft der Ruf »Es lebe die Anarchie« oder »Es lebe die soziale Revolution«.[103]

Trotz dieser bewegten politischen Szenerie hatte sich in diesen ersten Jahren des Jahrhunderts unter weiten Teilen der kubanischen Bevölkerung nach den langen Jahren des Krieges offenbar ein Gefühl der Sicherheit und der Hoffnung auf eine bessere Zukunft ausgebreitet. Ein sehr aussagekräftiges demografisches Indiz dafür ist die Tatsache, dass zwischen 1899 und 1907 die auf Kuba geborene Bevölkerung unter 5 Jahren um 162 Prozent anwuchs, von 130 876 auf 342 652 Kinder.[104] Es kam zu einem Geburtenanstieg, der seine demografischen Spuren in der Geschichte des 20. Jahrhunderts hinterlassen sollte. Kuba wurde, auch im Vergleich mit den Ländern des Cono Sur (Argentinien und Uruguay), europäischen Ländern und Japan, zu einem im demografischen Verhalten modernen Land. Der Geburtenanstieg, die tendenziell höhere Lebenserwartung und die abfallende Bruttogeburtenrate hatten Auswirkungen auf alle Bereiche der kubanischen Geschichte, natürlich auch auf die Politik. Eine neue Kultur entstand, in der typischen Mischung zwischen Eigenständigkeit und Austausch. Viele Kubaner, auch eine Reihe von Kubanerinnen, gingen in die USA, arbeiteten in US-Firmen oder schickten ihre Kinder auf protestantische Schulen. Die Sprachschule Berlitz hatte 1905 eine Dependance in Havanna unter dem Motto eröffnet:»Time is money. Learn English and you will earn money. Learn it at the Berlitz School and you will make time«. Die Fähigkeiten im Englischen und die Kenntnis der Möglichkeiten in den USA, vor allem in Bezug auf Bildung und Beruf, eröffneten vielen Frauen den Weg, eigenes Geld zu verdienen; die Berlitz School of Languages verfügte 1907 bereits über Büros in Cienfuegos und Matanzas.

Die politische Bedeutung der zweiten Intervention liegt darin, dass hier eine Reihe von Kompromissen unter den politischen Eliten des Landes ausgehandelt wurde, die im Kern das Funktionieren eines kompetitiven politischen Systems von Wahlen, Regierung und Opposition sicherte. Dieser Kompromiss hielt, trotz erheblicher Belastungen und Änderungen im Detail, bis Anfang der 30er-Jahre. Sicherlich hielt er auch deshalb, weil sich trotz des proklamierten Nullpunktes die strukturellen Bedingungen im Grunde nicht gewandelt hatten. Bis zum Beginn der 50er-Jahre war der sozioökonomische Wandel in der Grundtendenz geprägt von einer immer stärkeren Durchsetzung des Latifundismus und der Zucker-Monoproduktion. Die ausländische Dominanz im Finanzsektor nahm immer mehr zu. Der Ausbau der Transportinfrastrukturen geschah unter Kontrolle meist englischer oder US-amerikanischer Gesellschaften und Banken. Gelegentlich gab es Versuche, begleitet von nationalistischen Diskursen, diesen Tendenzen entgegenzusteuern.

Diese Versuche, vor allem von liberalen Politikern initiiert, waren dann immer geprägt vom Ausbau des staatlichen Sektors und – meist – von mehr Korruption. Trotzdem ist die Absichtserklärung, mehr Nationalismus wagen zu wollen, mit der im Grunde jeder kubanische Politiker in die Wahlen zog, nicht zu unterschätzen, denn das sprach immer breiteste Massen an. Diese *Cubanidad*, dieser

Cubanismo hatte den Kubanern und Kubanerinnen mehr als ein Jahrhundert lang die Nation ersetzt und – um ein Fenster in die Zukunft zu öffnen –: die Ernsthaftigkeit und Zähigkeit genau in dieser Frage sicherte 50 Jahre später den Castristen den Sieg (und in gewissem Sinne auch die Macht – mehr als 40 Jahre lang). 1909 zogen die Amerikaner wieder ab.[105] Erst jetzt begann im Grunde das wirkliche eigenstaatliche Leben Kubas. Edwin F. Atkins, der Zuckermagnat aus Boston und Kuba-Kenner, meint in seinen Memoiren, dass die wirkliche Regierung von Kubanern auf Kuba erst 1909 begann.

Revolutionsgenerale und zivile Doktoren (1909–1925)

Mit José Miguel Gómez kam ein Präsident (1909–1913) aus der Provinz an die Macht, der die Gruppe der jüngeren Offiziere des ehemaligen E.L.C. repräsentierte. Zugleich war er ein Symbol, dass nun einer der eigentlichen *Libertadores* (im Sinne, wirklich ihren »Kopf im Kampf hingehalten« zu haben) das höchste Amt der Republik innehatte. Er verkörperte den Sieg des Föderalismus, das heißt einen Sieg des *Interior* über das Zentrum Havanna, von dem auch die anderen Provinzen profitierten. Zudem war Gómez, bald *el Tiburón*, der Hai, genannt, nicht durch die Okkupanten an die Macht gebracht worden, wie Estrada Palma, sondern in gewissem Sinne gegen den Willen der USA.

Das Symbol der Liberalen war der Hahn auf dem Pflug; sie erhoben den Cubanismo zum Programm. Gómez ließ die populären Grundelemente des Cubanismo, den Hahnenkampf und die Lotterie, wieder zu. Der Präsident stellte den typischen Vertreter des ruralen Kuba dar, mit dem Charisma eines guten *Amigo* sowie dem Geschick eines zwar formal ungebildeten, aber sehr erfolgreichen populistischen Politikers, der mittels seiner Klientel die Lage kontrolliert. In Kuba ist diese Figur als *Liborio* (so etwas wie der »deutsche Michel«, im Gegensatz zu diesem hat der Liborio aber einen sehr praktischen Verstand) in der politischen Karikatur bekannt.

Die uralte orale Volkskultur des Choteo, basierend auf der performativen Kunst der Decimistas und Repentistas – so etwas wie »gesungene« (und karikierte) Politik – rieb sich an allem Feierlichen und Rituellen der öffentlichen Politik. Nicht zuletzt weil er die Regeln, Worte und Gesten des Choteo beherrschte, eroberte José Miguel die Präsidentschaft.

Ein populärer General hatte sich damit zunächst gegen einen Rechtsanwalt, Alfredo Zayas, durchgesetzt. Dieser besetzte den Posten des Vizepräsidenten. Aus der Gruppe der Generale rekrutierten sich in der Folge auch der konservative Präsident Mario García Menocal y Deop (1913–1921) und, über diese engere Periode hinausgehend, Präsident Gerardo Machado y Morales (1925–1933) sowie Präsident Federico Laredo Brú (1936–1940), der allerdings als Rechtsanwalt zum Obersten im E.L.C. befördert worden war und militärische und zivile Reputation vereinigte. Mit Ausnahme von Alfredo Zayas y Alfonso (1921–1925), einem Rechtsanwalt und Historiker, der vom Ruhm seines Bruders, General Juan Bruno Zayas, und seines Vize, General Francisco Carrillo (1851–1926, ehemaliger Adjutant von Máximo Gómez), zehren konnte, waren es ehemalige Offiziere des Separatismus. Alle diese Generale hatten, wiederum mit Ausnahme von Menocal, während des Krieges 1895–1898 auch noch in derselben militärischen Einheit des Ejército Libertador, dem Vierten Korps (Las Villas) gedient.

José Miguel Gómez versuchte, eine national-populistische Politik zu betreiben. Nebst Hahnenkampf und Lotterie ließ er auch die Trommeln der Afrokubaner wieder zu, die von den Amerikanern verboten worden waren. Die »Trommeln« waren das Symbol verschiedener afrokubanischer Kulturen und Religionen. Die neu gegründete Armee brachte Soldaten aus dem Osten für längere Zeit nach Havanna. Um 1910 erreichte mit den Trommeln der populäre Musikstil des *Son* aus Oriente, dem Osten der Insel, Havanna. In der Metropole galt der Son, eine Art kubanischer *Blues*, wie die *Rumba* auch, als Neger- und Unterschichtenmusik, als »Tango«

(was damals noch unzüchtige Bewegung bedeutete)[106]; Oriente
überhaupt galt als »Land der Neger«.

Eine nationale Wirtschaftspolitik wäre nach Lage der Dinge in
der Landwirtschaft nur durch eine konsequente Demokratisierung
des Zugangs zu Landbesitz sowie eine Garantie der neuen Eigen-
tumsrechte möglich gewesen. Darauf beruhten im Kern die Forderungen der wieder erwachten Veteranenbewegung: Entlassung von
Beamten, die schon in der Kolonie angestellt gewesen waren oder
anderweitig mit den Spaniern gemeinsame Sache gemacht hatten,
Aufteilung von Staatsländereien und Verbot des Landeigentums für
Ausländer; Motto *Purificación y Cubanización de la Patria* (Reini-
gung und Kubanisierung des Vaterlandes, was ziemlich chauvinis-
tisch klingt, es aber nur bedingt war). Präsident Gómez hatte Ende
1911, Anfang 1912 erhebliche Schwierigkeiten mit dieser Bewegung;
im Grunde wurde er mit den Geistern nicht fertig, die er gerufen
hatte. Eine starke soziale Spannung herrschte im Lande. Sie verband sich natürlich auch mit der persönlichen Hybris von Politikern. Deshalb war das Hochkochen der Veteranenbewegung kein
Wunder. Dazu kamen Hysterie und massiver »wissenschaftlicher«
Rassismus, die sich gegen ähnliche, allerdings auf die farbige Bevölkerung zugeschnittene Forderungen des Partido Independiente
de Color richteten.[107]

Ansonsten bestand die Möglichkeit, eine nationale Wirtschaftspolitik durch die Vergabe von Aufträgen, etwa im Bauwesen oder bei
öffentlichen Arbeiten, an Kubaner und durch Beschäftigung der
eigenen Anhängerschaft im Staatsapparat wenigstens partiell zu
erreichen, nach dem Motto: Die Politik ist das einzige nationale Geschäft der Kubaner. Die Demokratisierung des Landbesitzes wurde
durch das Bündnis der alten Kolonialeliten mit den neuen politischen Kaziken und die zweite Intervention der Amerikaner verhindert. Aber das reichte noch nicht aus. Besonders in Camagüey und
im Osten fand die Modernisierung der Landwirtschaft auf den großen Besitzungen unter amerikanischer Kontrolle statt. Im sich aus-

breitenden System der *Botellas* und *Chivos* (wörtlich: Flaschen und Böcke), der durch Favoritismus und Nepotismus geschaffenen Ämter und Pöstchen, breiteten sich unterqualifizierte und überbezahlte *Amigos* des jeweiligen Kaziken aus, während für die Arbeitsplätze in der freien Wirtschaft, wenn sie überhaupt an Kubaner vergeben wurden und nicht an Amerikaner oder Spanier gingen, eher das Gegenteil galt: überqualifiziert und unterbezahlt.

Die Ära der Generale und Doktoren begann: »Der General Montalvo hat gesagt‹ […] , ›Der Doktor Alfredo Zayas meint‹ […] , ›Interessante Erklärungen des Generals Asbert‹, ›Die Versammlung, deren Vorsitz der General Pino Guerra hat‹, ›Interview mit dem General und Doktor Freyre de Andrade‹ […]. Es gibt keinen Zweifel. In diesem Land gibt es nicht mehr als zehn oder zwölf Namen, andauernd, unersetzbar. Wenn es nicht der eine ist, muss es der andere sein, und wenn nicht dieser, der andere.« [108] In der Regel stand ein ehemaliger Militär an der Spitze der Machtpyramide, und ein Mann aus der zivilen intellektuellen Elite war Vizepräsident. Der berühmteste zivile Vize war der bedeutendste konservative Philosoph Kubas, Enrique José Varona[109], in der ersten Präsidentschaft Menocal. Die wohl einflussreichste Gruppe von »Doktoren« aber waren Mediziner, die meist zugleich auch den »wissenschaftlichen« Rassismus auf Kuba verbreiteten. Die Doktoren machten den magischen Heilern, den *Curanderos,* vor allem der Volksreligion des *Palo Monte* zwar Konkurrenz (oder ließen sie mit Polizeigewalt und medialer Hexenjagd vertreiben), konnten sie aber nie ganz besiegen.

Die Ära der Vorherrschaft der Separatistengeneräle zeichnete sich durch den Kampf um Positionen im zentralen Staatsapparat sowie auf Provinz- und Munizipalebene aus. In Havanna standen diese Auseinandersetzungen eher im Zeichen des Populismus ziviler Politiker oder sich zivil gebender Militärs. Auf dem Lande dagegen und in den Provinzstädten waren die Protagonisten meist militärisch geprägte Kaziken oder Caudillos, ehemalige Offiziere,

Coroneles (Oberste) oder *Capitanes* und *Comandantes* (Hauptleute und Kommandanten) des ehemaligen E.L.C. oder des konstitutionellen Heeres von 1906. Sie waren nach dem Krieg oft Großgrundbesitzer geworden. Unter den ranghöchsten überlebenden Generälen fanden sich auch einige schwarze Militärs, wie Pedro Díaz, Agustín Cebreco, Jesús Rabí und Quintín Bandera. Mit Ausnahme von Bandera (nicht »Banderas«, wie meist im Volksmund) waren sie konservative oder liberale Provinzpolitiker. Vor allem die liberale Elite verstand es trotzdem, mit ihrer radikalen Rhetorik, der Performance des Choteo und dem Schweigen über Rassenprobleme, die bäuerliche Aufstandsbereitschaft in separatistischer Tradition, wie 1906 (»Guerrita de Agosto«) und 1917 (»La Chambelona«, was zugleich der Titel einer populären Conga ist), im außerinstitutionellen Kampf um die Zentralgewalt zu nutzen.

Entgegen diesem Hang zur Bewahrung der Macht durch Gewalt war es im Grunde aber nur der liberale Präsident José Miguel Gómez, der sowohl unter kontrollierten Wahlbedingungen 1908 an die Macht gekommen war und diese nach einer Amtszeit 1912 nolens volens auch freiwillig wieder abgab. Der Hauptgrund allerdings war, dass verschiedene Fraktionen der Liberalen (Zayistas, Miguelistas, Asbertistas, Anhänger von Pino Guerra, Gerardo Machado oder Carlos Mendieta) sich nicht einigen konnten. Dazu kamen erhebliche Vorwürfe der Korruption. Auch traute José Miguel Gómez dem ehemaligen Separatistenoffizier und jetzigen Konservativen Menocal, mithin eben einem Militär, mehr als dem Intellektuellen Zayas aus der eigenen Partei. General Monteagudo unterstützte die Konservativen ganz offen; die Asbertistas liefen über. Der deutsche kaiserliche Gesandte war insgesamt der Meinung, dass »das Experiment mit der uneingeschränkten Freiheit und Unabhängigkeit Kubas […] sich als verfehlt erwiesen […]« hat. Er traute sich aber nicht, das als eigene Meinung auszusprechen, sondern zitierte »leitende amerikanische Staatsmänner«.[110]
Ein Schatten wird allerdings immer über dieser ersten liberalen

Präsidentschaft bleiben. Sie setzte den vorläufigen Endpunkt in der Einschüchterung der Landbevölkerung in ihrem Bestreben nach Demokratisierung des Landbesitzes und Verteidigung der alten Rechte. Symbolisch fand diese gewaltsame Grenzsetzung in der Provinz Oriente statt. Unter Gómez kam es zum Einsatz brutalster Gewalt gegen den Partido Independiente de Color (PIC). Der PIC als politische Partei von Afroamerikanern war einmalig in der westlichen Hemisphäre. Die schwarzen und mulattischen Offiziere des Befreiungskrieges verstanden es, ein eigenständiges integristisch-nationales Projekt zu formulieren. Allerdings stützten sich die Führer des PIC eher auf die städtische farbige Bevölkerung, weniger auf die schwarze Landbevölkerung.

Zum Konflikt kam es nicht nur wegen der im Lande bestehenden sozialen Spannungen, sondern zunächst vor allem, weil sich afrokubanische Aktivisten seit 1907/08 von den Liberalen abgespalten hatten. Ein geplantes Wahlbündnis zwischen Teilen des PIC und José Miguel Gómez scheiterte. Das Agreement zwischen Gómez und dem schwarzen Offizier des Unabhängigkeitskrieges und später der Guardia Rural, Pedro Ivonet, findet sich in einem Brief des Letzteren an den Präsidenten: »Es hat sich in dieser Provinz eine große Partei von Negern und Mulatten gebildet, die farbige Unabhängige [der PIC – M.Z.] genannt werden, sie ernannten mich zum Präsidenten; ich habe akzeptiert, und ich will Ihnen sagen, dass in dieser Partei Ihre Wiederwahl [zum Präsidenten – M.Z.] begründet ist, diese [Partei] ist aus Konservativen und Liberalen zusammengesetzt und wird ein Kontingent von 7 oder 8 Tausend Männern von Río Jobabo bis Baracoa sein, soweit die Provinz Oriente ist, ich glaube, Sie wissen von all dem, und all diejenigen, die Sie vom Gegenteil dessen, was ich sage, überzeugen wollen, wollen Sie täuschen. Denn die Mehrheit dieser Neger und Mulatten sind [sic] mit Ihnen, und wenn Sie sich davon überzeugen wollen, machen Sie einen kleinen Besuch in Oriente, und Sie werden den Empfang sehen, den Ihnen alle machen, wir wissen, dass Sie der

General Gómez sind, der den Boniato[111] mit uns gegessen hat,
und Sie müssen die Mambises von Oriente nicht fürchten, diese
sind der Gefährte des Präsidenten der Republik von Kuba [...].»[112]

Ein Verfassungszusatz – tragischerweise von Morúa Delgado
entsprechend den Regeln des Mythos der Rassendemokratie eingebracht – verwehrte allerdings noch im gleichen Jahr 1910 jeder »politische[n] Partei oder unabhängige[n] Gruppe, exklusiv gebildet
aus den Individuen einer einzigen Rasse oder Farbe« die Beteiligung an den Wahlen. Die Enmienda nimmt klar auf das Grund-
problem der Integration der Afrokubaner Bezug: »Die Verfassung
[von 1901] [...] bekleidet mit der Kondition von Kubanern die Afrikaner, die auf Kuba Sklaven gewesen sind [...].«[113]

Mit dem Verbot des PIC war das Angebot von Ivonet an José Miguel Gómez hinfällig. 1912 riefen die Führer des PIC deshalb in
Oriente den Aufstand aus, auch um sich den Widerstand der farbigen Landbevölkerung gegen die Expansion des Latifundismus im
Oriente zunutze zu machen. Regierung und regierungstreue Presse
warfen dem PIC »Rassismus« vor, weil die Partei vom Einheitsgebot
Martís abweiche. Die Mehrzahl der Medien schürte eine regel-
rechte Rassenhysterie. Die Gesellschaft war durch alte Ängste sowie Debatten über Rassenanthropologen, Jagd auf schwarze *Brujos*, Hexer, und Kriminalstatistiken (70 Prozent darin waren Farbige
und Chinesen) polarisiert.[114] Bald machten Gerüchte von einem
bevorstehenden Pogrom an Schwarzen und Farbigen *(Matanza cu-
biche)* in und um Santiago die Runde.

Die republikanische Armee, befehligt von General José de Jesús
Monteagudo, marschierte in den selbst erklärten Rassenkrieg an
der Peripherie des jungen Nationalstaates. Staatssekretär (Innenminister) Manuel Sanguily hatte mit den Amerikanern verhandelt,
um zu verhindern, dass diese die Interventionsklausel des Platt-
Amendments in Kraft setzten. Der Konflikt artete in eine Schläch-
terei in der Sierra aus, in der das Rassenkonstrukt *Negro* zum
Zeichen für den auszurottenden Gegner wurde. Eine unbekannte

Zahl von Afrokubanern fiel dem Massaker zum Opfer, auch friedli-
che Bauern.[115] Der Konsul Haitis in Santiago de Cuba protestierte
bei der kubanischen Regierung, dass seine Landsleute, alles Zuckerrohrschnitter und schon mehrere Jahre auf Kuba, vor Zu-
schauern niedergeschossen worden seinen:»[...] auf das ›wer da‹
des Postens [der Guardia Rural] hätten sie geantwortet ›Haitianos‹,
– da hätten die Guardias gesagt: ›Haitianische oder kubanische
Neger, das ist das gleiche.‹« (Negros haitianos ó negros cubanos, es
lo mismo) und sie niedergeschossen.[116] Ivonet und Estenoz wurden ermordet;»auf der Flucht erschossen«, als sie sich schon ergeben hatten.

Auf beiden Seiten standen Offiziere und Soldaten, die noch
14 Jahre zuvor gemeinsam gegen Spanien und für die Republik gekämpft hatten. Die Zeitung *La Correspondencia* meldete voller
Stolz:

»Digno de ascenso [der Beförderung wert].

Der Leutnant Ludgardo de la Torre war es, [...] der Estenoz den
Tod gab [...] er schoss ihm in die Stirn in einem männlichen Einzel-
kampf. [...] Wie wir schon gesagt haben, hat Cienfuegos doppelten
Grund der Befriedigung an dieser Waffentat, denn der Leutnant de
La Torre ist Cienfueguero, Spross einer distinguierten Familie die-
ser Metropole.«[117]

Die gleiche Zeitung lieferte auch die Erklärung des Massakers in
der damals üblichen Fassung des Rassismusproblems, nämlich,
dass jeder Schwarze, der gegen Weiße vorginge, sich des Bruchs des
Einheitsgebotes und der Undankbarkeit schuldig mache:»Infame
Undankbarkeit eines Teils der farbigen Rasse gegen den Weißen,
der sich so dafür aufgeopfert hat, ihm Freiheit zu geben: erst durch
die Abolition der Sklaverei und dann durch seine vollständige
Befreiung.«[118]

Was war geschehen? Wenn es in der Form von Typen darstellt
wird, wie es in der politischen Karikatur üblich ist, war der ehemalige Kriegskamerad und jetzige politische Gegner, als »Neger«

markiert, verhöhnt und schließlich abgeschlachtet worden (normalerweise wird in politischen Systemen, die auf der Kommunika-
tionsform des Choteo beruhen, nur gedroht, nicht aber wirklich
getötet). Dieses Signal löste ein Trauma aus. Danach kam es nicht
mehr zu einer eigenständigen geschlossenen Bewegung oder
nationalen Organisation der Afrokubaner[119]. Sie spielten aber
weiterhin eine wichtige Rolle als kritische Journalisten, Intellektuelle, bei den Liberalen und später bei den Kommunisten beziehungsweise seit 1932/33 als Trotzkisten oder als soziale Basis für
den Aufstieg Batistas. Der Insurrektionismus des Oriente und die
Fama der *Negros montañeses*, der gefürchteten farbigen Gebirgsin-
fanterie, galten als ausgerottet (zumal auch ihr General, Quintín
Bandera, ermordet worden war). Einige Stimmen der publizierten
Meinung hielten diese Fama für politische Hybris der dortigen
»Neger«. Die eigensinnige Bergprovinz war durch die neue Elite der
Republik befriedet worden. Einige der Sieger plädierten dafür, die
Republik nun endgültig als »weiß« und – nach den vorherrschen-
den Rasselehren – als »kaukasisch« zu definieren. [120]

Das konnte auf Kuba aber nicht gelingen, nicht nur weil es
immer noch weniger deutlichen Rassismus im öffentlichen Raum
als in den USA gab, sondern auch weil sich viele farbige und
schwarze Politiker in den großen Parteien betätigten, der PIC bei
der farbigen Landbevölkerung keine tiefe Verankerung hatte und
die Fama der partizipativen und transrassialen Allianzen nicht
auszurotten war. Der wichtigste Grund aber war, dass die Afrokubaner weiterhin volles Wahlrecht hatten. Das Morúa-Gesetz verhinderte nicht nur die Bildung von »schwarzen«, sondern auch
diejenige von exklusiv »weißen« Parteien. Und – nicht alle der Sieger waren »Weiße«.

Vom Oriente waren die Unabhängigkeitsbewegungen ausgegan-
gen, die sich auch gegen das loyalistische Zentrum Havanna gerichtet hatten. Mit der *Guerra de razas* oder *Guerrita de los negros*
(Rassenkrieg oder Negerkriegchen), wie der misslungene Aufstand

bald abfällig genannt wurde, war aber mehr gescheitert als eine Rebellion von farbigen Bergbewohnern und Hinterwäldlern.

Gescheitert war damit vor allem der Versuch, das nationale Projekt der mehrheitlich weißen und konservativen Separatistenelite, die sich seit 1902 an der Macht befand, durch die Beteiligung von Schwarzen und Farbigen auf einen Schlag zu redefinieren und zu demokratisieren. Auf der Gegenseite war ein Modell für offenen Staatsterror geschaffen worden; eine vorher eher diffuse Gewaltkultur war durch den Staat unter Führung der Liberalen sanktioniert worden.

Kein Wunder, dass in den Wahlen von 1912 in Havanna die Konservativen siegten. Die schwarze Bevölkerung Orientes blieb auf Jahre durch Panik, Hysterie und Gewalt traumatisiert. Da ihnen die Republik Kugeln statt Brot gegeben hatte und die Fürsorge verweigerte, suchten die Bergbauern, die armen farbigen Frauen der Vororte und die ehemaligen einfachen Soldaten des Befreiungsheeres Hilfe bei den Göttern. Seit dem 17. Jahrhundert galt die mulattische Muttergottes, die *Caridad del Cobre* im Kupferbergbaugebiet von El Cobre bei Santiago de Cuba, als die Beschützerin der Armen und Unterdrückten. Seit dem Vordringen der Santería in die Hochkultur Kubas wird ihr zugeschrieben, sie verkörpere Ochún, die *Oricha* der Liebe (Frau von Changó und intime Freundin von Elegguá, zwei der Hauptorichas).

Unter der Führung der schwarzen Offiziere Jesús Rabí und Agustín Cebreco – die sich 1912 bewusst gegen den Aufstand ausgesprochen hatten – ritten am 24. September 1915 zweitausend ehemalige Mambises von Santiago nach El Cobre. Schwarze, Weiße und Mulatten, ehemalige Soldaten des Unabhängigkeitsheeres, jetzt Mitglieder bei den Konservativen und den Liberalen sowie Sozialisten und Anarchisten, symbolisierten die Nation. Sie riefen zur Einheit aller Kubaner auf. Sie forderten von Rom, die *Cachita* – einer der Kosenamen der Jungfrau – zur offiziellen Haupttheiligen Kubas zu ernennen. In kürzester Zeit, am 10. Mai 1916, erklärte Papst Bene-

dikt XV. die in der kubanischen Congokultur verwurzelte Mutter-
gottesfigur mulattischen Phänotyps zur Schutzpatronin der Republik Kuba. Die Caridad war damit als transzendentales und trans-
rassiales Symbol der Einheit aller Kubaner bestätigt. Sehr wichtig
war, dass mit ihr die »schwarze« Provinz Oriente in der Geografie
der kubanischen Volksseele wieder den ersten Platz einnahm, weit
vor dem »kalten« Havanna, einen Platz, den ihr das Elitekonzept
der »weißen« Nation eben auf blutige Weise hatte streitig machen
wollen (man vergleiche etwa das Symbol Kubas, eine weiße Frau
mit der blau-weiß-roten Fahne an der Decke im Empfangssaal im
etwa zur gleichen Zeit entstehenden Präsidentenpalast mit der
Jungfrau von Cobre). Die Liebe aller Kubaner war der Jungfrau von
Cobre sicher.

Die In der wirklichen Welt aber regierten andere Gesetze als die der
Liebe. Die »Rassisten« (als solche wurden die Anhänger des PIC in
der veröffentlichten Meinung bezeichnte) wurden nach einem Jahr
begnadigt. Unter ihnen auch Esteban Montejo. Die Liberalén lan-
cierten schnell noch die Amnestie für die Beteiligten an der Guerra
de razas, verbanden damit allerdings die absurde Idee, fast alle
Straftaten und korrupten Handlungen während ihrer Regierungszeit ebenfalls straffrei zu stellen.[121]

Die Konservativen unter Menocal (1913–1921) versuchten mit
Unterstützung der USA ihre Macht zu sichern und zu erweitern,
wann immer sich die Möglichkeit dazu bot. Die ergab sich durch
den Ersten Weltkrieg. Ein weiterer Grund war möglicherweise die
massive spanische Einwanderung während dieser Zeit. Der »wissenschaftliche« Rassismus schlug hohe Wellen. Der Anthropologe
und Mediziner Israel Castellanos erklärte schwarze Kriminelle
auch schon einmal zu »Affen«; er bekämpfte die »schwarze Barbarei« und erklärte aus dem Rhythmus, der Performance und der Kör-
perlichkeit der damals entstehenden »Rumba« (oder »Conga«) die
Inferiorität der Schwarzen.[122] Ein anderer Doktor, der Mediziner
Juan Guiteras, erklärte die »weißen« Campesinos von Camagüey

zum Prototyp des »Kubaners«, weil die Zucker- und Kaffeefelder dort »nicht von Negern überschwemmt worden« seien.[123]

Die USA waren an einer (für sie) sicheren Karibik interessiert. Um sie nach außen abzusichern, bemühten sie eine schon nicht mehr so neue Furchtikone: das Deutsche Reich. Menocal erhielt wegen seines autokratischen Führungsstils die Spitznamen »Kaiser von Kuba« oder »Marius, rex«. Vor allem unter ihm kam es zur Durchsetzung der amerikanischen Dominanz über die kubanische Agrarwirtschaft, allerdings noch mit starker hispano-kubanischer Beteiligung. Der Zucker expandierte nach Osten, wo modernste Zuckercentrales und riesige Latifundien entstanden. Innerhalb von zwei Jahrzehnten explodierte die Zuckerproduktion Camagüeys und des Ostens von faktisch Null auf die Hälfte des kubanischen Jahresausstoßes. Für die Explosivität der Wirtschaftsentwicklung mögen zwei Zahlen sprechen: Die Bevölkerung hatte sich im Oriente von 1900 bis 1910 um 30 Prozent vergrößert, die Zuckerproduktion aber versechsfacht: von 300 000 Tonnen 1900 auf 1 800 000 Tonnen 1910.

Durch diesen Aufschwung beflügelt, brach Menocal die ungeschriebene Absprache mit José Miguel Gómez. Das Festhalten der Konservativen an der Macht und Wahlbetrug bildeten deshalb wichtige Argumente für die Liberalen bei ihren Aufständen. Die Auseinandersetzungen um Löhne und Preise in Jahren extremer Zuckernachfrage bildeten den Hintergrund. Unter der Herrschaft der Konservativen verhärtete sich auch der Ton in Rassenfragen. Normalerweise hielten sich Konservative und Liberale an das ungeschriebene Gesetz egalitärer Rhetorik unter dem Motto »Alle Kubaner sind gleich« und schwiegen über Rassenprobleme, meist mit einem Witzchen auf den Lippen oder einer Geste. Im öffentlichen Sektor und in der praktischen Politik sorgten die Parteioberen dann dafür, dass Schwarze keinen oder nur wenig Einfluss bekamen. Es war peinlicherweise Francisco Carrillo, der ehemalige Adjutant von Máximo Gómez und spätere Vizepräsident von Zayas, der 1915 als

Gouverneur der Provinz Las Villas klar aussprach, dass Kuba eine
»Republik von Weißen, nicht von Schwarzen« sei.[124] Das dachten
viele Weiße aus den Ober- und Mittelschichten. Der Haltung hinter
diesem Denken entsprachen die Zeichen des offiziellen Martí- und
Unabhängigkeitskults sowie die offizielle politische Symbolik. Die
performative Kultur des Choteo bot aber immer Ventile, um Spannungen zwischen offiziellem Schweigen und realem Rassismus ab-
zubauen.

1914 war der kubanische Peso ins Leben gerufen worden, auf
Goldbasis und mit enger Bindung an den amerikanischen Dollar.
Das neue Geld wurde in den USA geprägt.[125] Von etwa 300 Millio-
nen zirkulierenden Geldes auf der Insel waren circa 270 Millionen
US-Dollar. Daneben zirkulierte immer noch spanisches und fran-
zösisches Geld *(Centén, Luis)*.

Der Erste Weltkrieg beschleunigte das Wirtschaftswachstum, das
heißt vor allem den Zuckerboom. Banken schossen wie Pilze aus
dem Boden, von 1915 bis 1920 allein 38 neue Geldinstitute. Es waren
vor allem nordamerikanische, spanische und britisch-kanadische
Gründungen. Aber auch die 1898 als The North American Trust
Company gegründete und 1901 in Banco Nacional de Cuba umbe-
nannte Nationalbank, gab mit vollen Händen Kredite aus. Allerdings, wie in der Kolonialzeit, als *Refacción*, das heißt zu hohen
Zinsen, vor allem an die großen Besitzer. Als Sicherheiten galten
die gut verkaufbare Zuckerernte und Land. Trotz (oder gerade
wegen) des Krieges in Europa kam es in Amerika auch zum ersten
Autoboom. Havanna wurde zur Autostadt, die Decimistas der Kultur des Choteo sangen dazu:»Mamita, yo quiero un Ford« (Mamita,
ich will einen Ford).

Der Kampf zwischen Regierung und Opposition wurde nicht nur
durch den normalen Konflikt zwischen Konservativen und Liberalen um die Verteilung von Posten und Pfründen geprägt. 1915/1917
kam es zu einer neuen Streikwelle der Anarchosyndikalisten. Die
Konflikte entluden sich 1917 in einem Aufstand der Liberalen (»Feb-

ruarrevolution«[126]). Zu dieser Zeit zerbrach auch die unsichere Allianz zwischen den – eher urbanen und zivilen – Zayistas und den – eher ruralen und militärischen – Miguelistas bei den Liberalen endgültig. Organisationen der Frauenbewegung formierten sich, zunächst vor allem unter den städtischen Mittelklassen. Sie waren schon zu Beginn der Präsidentschaft Menocal entstanden, wie der *Partido Sufragista de Cuba* und der *Partido Feminista de Cuba*. Die Frauenbewegung und andere politische Organisationen erkämpften 1917 Scheidungsrecht, *Patria Potestas* über die eigenen Kinder auch im Falle einer Wiederverheiratung und freie Verwaltung des eigenen Vermögens.[127]

Die Niederschlagung der politischen Bewegung der Liberalen, die brutale Beendigung des Aufstandes des Partido Independiente de Color, von Streiks und Forderungen der landhungrigen und mehrheitlich farbigen Landbevölkerung, der Ressourcen-, Nahrungsmittel- und Zuckerkrieg der USA sowie das rücksichtslose Vordringen des Latifundismus unter Führung von nordamerikanischen *Companies* entschieden das Problem der Demokratisierung der ersten Republik – gegen eine Demokratie, die nicht nur auf formale Regeln und Wirtschaftsliberalismus, sondern auch auf soziale und rassische Inhalte auf marktwirtschaftlicher Basis achtet. Um ihr indirektes oder direktes politisches Protektorat und die Nahrungsmittelressourcen, vor allem auch Zucker, zu verteidigen, intervenierten die USA parallel zu ihrem Kriegseintritt gegen Deutschland in Kuba, Haiti, Santo Domingo, Puerto Rico sowie in Mexiko, Nicaragua und den Philippinen.[128]

Aber zweifelsohne bildete die formale Institutionalisierung demokratischer Regeln einen wichtigen Ausgangspunkt. Doktoren, Intellektuelle, wie Fernando Ortiz, predigten Wissen und Bildung für alle. Die nationale Integration sei nur durch Bildung für alle auf der Basis eigenständiger Kultur zu bewerkstelligen, so das Credo von Ortiz. Dazu müsse, so auch Ortiz in seiner Frühzeit, eine vorwiegend »weiße« Immigration ins Land kommen. Die »chinesische« und die »schwarze« Immigration trieben wegen der »primitiven oder barbarischen Psyche« dieser »Rassen« die Kriminalitätsraten hoch. Ortiz schlug unter anderem ein nationales Register der Fingerabdrücke der Immigranten vor.[129]

1919 gründete Alfredo Zayas y Alfonso (1861–1934) den *Partido Popular*. Aus diesem und Teilen der mit Menocal unzufriedenen Konservativen bildete sich die *Liga Nacional*, ein Wahlverein für Zayas. Der hatte sich in der Zwischenzeit mit seiner *Lexicografía antillana*[130] vor allem als Historiker einen Namen gemacht. Auch bei der *Liga* ist die Namenswahl nicht zufällig und bedeutungslos. *Liga Nacional* heißt, dass eine nationale, anti-nordamerikanische, wenn auch populistisch inszenierte, Zielstellung Wählerstimmen eintrug. Bereits um 1920, aber deutlicher noch unter der Präsidentschaft von Zayas (1921–1925), zerfaserte das Zweiparteienschema. Enrique José Varona und andere Intellektuelle zogen in ihren Schriften eine sehr pessimistische Bilanz der ersten zwanzig Jahre Unabhängigkeit und Republik auf Kuba.[131]

1914 waren an den internationalen Zuckermärkten 1,9 Cents für das amerikanische Pfund Zucker gezahlt worden. Der Zuckerpreis stieg und stieg. Ein »Tanz der Millionen« begann.[132] Schließlich explodierten die Preise. Am 19. Mai 1920 war der Scheitelpunkt erreicht: 22,5 Cents pro amerikanisches Pfund Zucker, und dieser Preis wurde als Basis für neue Kredite genommen. Schon im September 1920 fielen die Preise auf 8 Cents und im Dezember auf 3,8 Cents. Die Oktober-Krise 1920 war kurz und bodenlos: ein Zusammenbruch. Der Absturz in die Zuckerkrise 1920, der Ruin hispano-kubanischer Bankiers und des kubanischen Bankensystems sowie vieler Landwirte einerseits und die Durchsetzung der US-amerikanischen Dominanz in der Wirtschaft des Landes andererseits verstärkten den ohnehin schon starken kubanischen Nationalismus. 1921 schloss die emblematische Institution der kubanischen Bourgeoisie und des Nationalstaates, der *Banco Nacional de Cuba*. Erst 1950 wurde wieder eine »Nationalbank« eröffnet. Der Zucker stürzte Kuba in die tiefste Krise seiner Geschichte. Obwohl die Nachteile der monokulturellen Wirtschaft und die Schuldigen an der Krise allen bekannt schienen, änderten sich die grundlegenden Wirtschaftsstrukturen und -weisen – eigentlich bis heute – nicht oder kaum: Der Zucker blieb König, die Wirtschaft grundsätzlich globalisiert und offen für ausländische Anleger. (Nur Letzteres gilt heute nicht.)

Die Krise rief unterschiedliche nationale politische Bewegungen hervor. Der Nationalismus drückte sich entweder im Martianismus, im Rückgriff auf das Gedankengut José Martís, aus, verband sich aber auch schon mit den Ideen der lateinamerikanischen Universitätsreformbewegung sowie dem Marxismus und anderen politischen Strömungen der Zeit, wie dem Panafrikanismus von Marcus Garvey.

Das Auftreten einer neuen politischen, im republikanischen Kuba groß gewordenen Generation verschob die sozialen Grundlagen der Politik, auch weil es nach 1898 auf Kuba einen Geburtenboom gegeben hatte. Die Bevölkerung hatte sich seit dem Zensus von 1899 (rund 1,5 Millionen) fast verdoppelt (rund 2,9 Millionen).[133] Eine neue, allerdings stark in sich differenzierte kubanische Unternehmer- und Arbeiterschaft war entstanden, die durch die Zuckerkrise politisiert worden war. Im Grunde war nach 20 Jahren der soziale Übergang von der »Kolonie zur Republik«, wie es Varona ausgedrückt hatte, geschafft. Aber keiner war mit dieser Republik zufrieden. Reform lag in der Luft. Die grundlegenden Werte der Gesellschaft standen zur Diskussion.

Zayas konnte diese Stimmung zunächst mit seiner nationalen Sammlungsbewegung nutzen. Sein Wahlerfolg als einziger ziviler Präsident der ersten Republik erweckte Hoffnungen. Eine neue urbane politische Kultur entstand. Grundlage war eine neue Medienwelt. 1922 wurde das Radio eröffnet (mit der Nationalhymne und einer Live-Rede von Zayas). Neben Fotografie und Telefon wurde es zu einem wichtigen neuen Medium. Ignacio Piñeiro und sein Septeto Nacional landeten mit *Échale Salsita* einen ihrer ersten großen Hits – ein Son mit Trompete und Tres und eine Vorform des Salsa. Radiostationen schossen wie Pilze aus dem Boden. Einfache Menschen sparten sich das Geld vom Munde ab, um sich einen Radioapparat zu kaufen. 1933 fand sich Kuba mit seinen 62 Radiostationen auf dem 4. Platz in der Welt, knapp hinter der UdSSR mit 68 Stationen. 1958 waren es 160 Radiostationen; auf Kuba gab es über eine Million Radios. Fortsetzungsserien, *Radionovelas*, erfreuten sich höchster Popularität. Die kubanischen Stationen waren auch bald in der Lage, Sendungen direkt aus den USA zu empfangen. Die Seele der neuen Medienkultur, *el alma de La Habana*, aber wurde das Telefon (das 1921 sogar im Danzón »Teléfono a larga distancia« [RCA Victor] verewigt wurde). Der allgegenwärtige Choteo gewann zwei neue Dimensionen: Radio und Telefon.

Zayas enttäuschte aber bald die Hoffnungen, vor allem als er 1923/24 die Bewegung der *Asociación Nacional de Veteranos y Patriotas* durch Staatsterror und Bestechung abwürgen ließ. Die traditionell eher den Liberalen nahe stehende Veteranenorganisation galt generell als Hort der Bürgertugenden und des patriotischen Sentiments. Sie war aber sehr heterogen und zerstritten in der Beurteilung der Politik der USA. Natürlich waren die ehemaligen Soldaten und Offiziere des Unabhängigkeitsheeres auch zerstritten über ihre ehemaligen Generale, die als Politiker den Staat und als Caudillos das Land kontrollierten. Durch Staatsterror, Ausnutzung der Spannungen zwischen »Kubanern« sowie »Ausländern« und Übergriffe privater Sicherheitsdienste war auch der Streik der Zuckerarbeiter niedergeschlagen worden. Unter den *Macheteros*, den Zuckerrohrschnittern, befanden sich viele farbige, einfache Soldaten des ehemaligen Befreiungsheeres. Unter ihnen gab es auch viele farbige Haitianer und Jamaikaner. Jedenfalls predigten die Veteranen gegen die Korruption und gegen Zayas. Sie warnten: Die Republik ist in Gefahr. Die Veteranen stellten die wichtigste

Sammlungsbewegung des neuen, organisierten Nationalismus dar. Bei ihren Vorstellungen handelte es sich im Grunde um ein Nationalisierungsprogramm (der Arbeit, der Infrastruktur, der Regierung, der Verfassung, des Wahlrechts, der Partizipation von Frauen usw.). Verschiedene kleinere Aufstände gegen Zayas scheiterten, wie derjenige unter Federico Laredo Brú in Cienfuegos im April 1924. Die Umwandlung der Veteranenbewegung in eine Partei scheiterte. Es entstanden besonders viele neue politische Organisationen, Parteien und politische Gruppen, die sich zunächst noch die Prominenz der Veteranen zunutze gemacht hatten. Die neuen Organisationen bildeten sich auf politisch-ideologischer Basis, wie der *Partido Socialista Radical* und der *Partido Comunista Cubano*, die Kommunistische Partei (PCC), die Solidaritätsbewegung mit Sandino in Nicaragua und (seit Beginn der 30er-Jahre) trotzkistische Gruppierungen (*Oposición Comunista*, Sandalio Junco) sowie Organisationen (*Partido Bolchevique Leninista*). Der Gewerkschaftsbewegung der Arbeiter gelang die Einigung auf nationaler Ebene. 1925 wurde die *Confederación Nacional de Obreros Cubanos* (CNOC) gegründet. Auch Frauenrechtsorganisationen und Wahlrechtsparteien, wie der *Partido Nacional Feminista*, der *Partido Democrático Sufragista* und der *Partido Popular Sufragista,* sowie verschiedene Frauenklubs und mutualistische Organisationen waren entstanden.

Die neuen Organisationen wurden auch auf der sozialen Ebene geschaffen, aber lokal organisiert, wie Vereine und Verbände unter anarchistischen oder anarchosyndikalistischen Führern, Unternehmerverbände und bäuerliche Gruppen. Auch ethnisch-politische Grundlagen auf Basis der spanischen Vereinskultur lassen sich im Organisationsboom der 20er- und 30er-Jahre finden, bei den »kubanischen« Spaniern sowieso, aber auch bei den Klubs der Chinesen vor allem in Havanna und Zentralkuba (Sagua, Cienfuegos, Cruces). In Cruces, einem Zentrum der frühen ruralen Arbeiterbewegung, gab es sogar eine Gesellschaft mit dem Namen *Sociedad Partido Nacionalista de China Kuo-min-tang* (gegründet 1923).

Die bäuerlichen Organisationen wurden wegen des mörderischen Klientelismus der Großgrundbesitzer auf dem Lande und des Terrors der Guardia Rural erst nach 1933 offiziell gegründet. Die neuen städtischen Organisationen bildeten sich auch auf der Grundlage bestimmter Schichten, wie die *Junta Nacional de Renovación Nacional* unter Fernando Ortiz, der »Protest der Dreizehn«, der *Falange de Acción Cubana* von Martínez Villena oder der *Grupo Minorista* unter Intellektuellen, Literaten und Studenten. Auch die Bewegungen, die sich entlang geschlechtlicher Linien gebildet hatten, wie die Frauenbewegung, entwickelten sich kräftig. All dies in einem Kontext intensiven Austausches zwischen den lateinamerikanischen Ländern, den USA, Europa und Kuba.

Neue Kunstformen schossen wie Pilze aus dem Boden. Die bekannteste farbige Assoziation Kubas, der *Club Atenas*, wurde 1917 gegründet. Die wichtigste Neuerung war der *Negrismo*, mit dem die Avantgarde auf ein internationales Modethema aus Frankreich, aber vor allem auf die kubanische Volkskultur des Oriente und Havannas reagierte. Im kubanisch-hispanistischen Positivismus hatte sich der kulturalistische Historismus eines Fernando Ortiz durchgesetzt. Der Meister hatte sich von seinem frühen Lombrosianismus gelöst: Er sah im weißen und schwarzen Rassismus jetzt die größte Gefahr für den nationalen Zusammenhalt der jungen Republik. »Kultur, nicht Rasse«[134] war sein Leitmotiv geworden.

Eine Art synergischer Verbindung entstand zwischen Avantgarde und Unterschichtenkultur der Schwarzen; die in den ersten Jahren der Republik als barbarisch verfolgte Musik des Son und der Rumba eroberte die Künstlerkneipen, Salons, Klubs und Tanzsäle der Hauptstadt. Sie löste eine künstlerische Revolution aus. In der Poesie begannen die »Trommeln zu dröhnen« (Ortiz). Auf den Straßen Havannas und anderer kubanischer Städte dröhnte vor allem die Musik aus den neuen Radiogeräten. Alejo Carpentier eröffnete seine Laufbahn als Schriftsteller im Negrismo. Das Thema ließ ihn nie wieder los. Es prägte noch sein wichtigstes Werk *El siglo de las luces (Explosion in der Kathedrale)*, auch wenn sich der Meister später von seinem Erstling *Ecue-Yamba-O* distanzierte. Fernando Ortiz vertiefte seine Forschungen zur eigenständigen kubanischen Kultur und zur schwarzen Musik Kubas.

All dies war Teil einer weltweiten Erneuerung nationalistischer Diskurse von den Peripherien einer immer noch von Europa dominierten Welt. Man könnte es auch als eine erste Welle des Postkolonialismus ansehen. Es war die Welt nach dem Ersten Weltkrieg und der Pandemie Spanische Grippe, die *Roaring Twenties*. Die amerikanischen Intellektuellen und die nichteuropäischen Mittelklasseeliten waren entsetzt von der Barbarei des Ersten Weltkrieges in Europa. Zugleich waren sie noch immer fasziniert von den Kulturmetropolen des alten Kontinents Paris, Berlin, Rom, Barcelona, Madrid und London. Sie wollten dort anerkannt werden. So schufen sie einen kulturalistischen Diskurs der erfundenen Authentizität des Ethnischen, Indianischen, des Kreolischen, des Mestizischen oder des Afroamerikanischen (unter anderem des Vodú). Die *Brujería*, die afrikanische Hexerei, noch 10 Jahre vorher schärfster Verfolgung ausgesetzt, wurde zum Modethema (nicht nur weil die USA 1915–1934 Haiti besetzt hielten). Damit beanspruchten die Intellektuellen Lateinamerikas, die Weltzivilisation mit der Disparität, Authentizität und Ehrlichkeit und Hybridität lateinamerikanischer »ursprünglicher« Kulturen wiederzubeleben. All dies hatte einen außerordentlich starken Effekt auf Europa. Die künstlerische Intelligenz wurde zur Avantgarde der nationalistischen Bewegung. Und die Bildungselite Kubas, auch ein Teil der konservativen Elite, wie Enrique José Varona, sprach sich offen gegen den amerikanischen Imperialismus aus.

Das stärkste Ferment der politischen Opposition bildete die Studentenschaft, beeinflusst von der lateinamerikanischen Universitätsreformbewegung. Aus ihr rekrutierten sich, die Epochen über-

schreitend, zwischen 1920 und 1960 die politischen Eliten Kubas.
Die Studenten organisierten sich im *Directorio Estudiantil Universitario*, von dem sich bald ein linker Flügel, der *Ala Izquierda Estudiantil*, abspaltete. Ein wichtiger Teil, vor allem aus dem kleinbürgerlichen Milieu, geriet unter den Einfluss der radikalen und terroristischen Geheimorganisation ABC. Die Übergänge waren fließend, wie etwa die Biografie des Martí-Biografen und Spiritus rector des ABC, Jorge Mañach (1898–1962), oder die Gruppe der Herausgeber der Zeitschrift *Revista de Avance* 1927–1930 (Juan Marinello, Jorge Mañach, Félix Lizaso, Francisco Ichazo) zeigen. Der ABC hatte nur ein Ziel: Machado töten.

Eine Minderheit, zu der aber Protagonisten wie Julio Antonio Mella (1903–1929), der bald nach Mexiko ins Exil gehen musste und dort ermordet wurde, und Rubén Martínez Villena (1899–1934) gehörten, schloss sich der Kommunistischen Partei an. Mella machte den wiederentdeckten Martí zum »Archetyp des Revolutionärs«.[135] Anarchosyndikalisten wie der Schriftsetzer und Gewerkschaftsführer Alfredo López (1894–1926) erlangten durch kluge Einheits- und Allianzpolitik Mitte der 20er-Jahren die Führung in der kubanischen Arbeiterbewegung. Es kam zu einer engen Verbindung zwischen Alfredo López und den Studenten um Julio Antonio Mella. López wurde Mellas Lehrmeister. Der Schriftsetzer gehörte zur Bildungselite der Arbeiterschaft. López unterstützte vehement Mellas Aktivitäten für eine Volksuniversität. Er hatte keine Berührungsängste zur Intelligenz. López war, aus den leidvollen Erfahrungen der bis dahin eher lokalistischen anarchosyndikalistischen Arbeiter- und Gewerkschaftsbewegung, der wichtigste Vertreter von Einheitspositionen nicht nur unter den kubanischen Arbeitern, sondern auch zwischen der sozialen Bewegung der Arbeiter und der eher politisch-kulturellen Opposition der Studenten. López war die Seele der *Confederación Nacional de Obreros Cubanos* (CNOC). Allerdings wurde er bereits 1926 im Kerker von Machadoleuten ermordet; seine sterblichen Reste wurden erst nach dem Sturz des

Diktators 1933 entdeckt. Das zeigt, dass Machado eben die Arbeiter und Gewerkschaftler für die stärkste Bedrohung hielt, weil sie unmittelbar in Wirtschaftsabläufe eingreifen konnten. Aber er fürchtete auch die Studenten, nicht so sehr wegen ihrer Familiennetzwerke und engen Beziehungen zu den Oberschichten, sondern eher weil sie die medienwirksamste Opposition bildeten. Am meisten aber fürchtete er die Allianzen und Solidaritäten, sowohl unter den Arbeitern wie gerade auch diejenige in der frühen PC zwischen Arbeitern und Studenten um Julio Antonio Mella. 1925 setze er Teile der Universitätsreform außer Kraft; sein erstes Opfer war ein Student. Mella kam zwar lebend aus dem Gefängnis, wurde aber in das Exil gedrängt und dort ermordet.

Nach Ausschluss oder Tod der romantischen Gründergeneration kamen durch Fabio Grobart (»Yunger Semjovich« beziehungsweise »Abraham Yunger Simchowitz«, geb. 1905 in Polen), der mit einer relativ großen Gruppe jüdischer politischer Immigranten nach Kuba gekommen war, seit Ende der 20er-Jahre dauerhafte personelle Verbindungen zwischen dem PC Kubas und der Kommunistischen Internationale zustande. Deren Südamerikasekretariat stand noch unter dem Schweizer Jules Humbert-Droz. Fabio Grobart spielte deswegen eine wichtige Rolle im PC, weil mit ihm potenziell eine Art kultureller Vermittler zwischen Russen und Kubanern im Lande war, eine Rolle, die er später auch wirklich spielte.

Die paradigmatische Biografie eines kubanischen Gewerkschaftlers und Arbeiters der ersten Jahrhunderthälfte ist die von Sandalio Junco Camellón (1894–1942). Die »starke Verbindung zwischen Kommunismus und schwarzer Arbeiterorganisation« in seiner Biografie verdeutlicht, dass die ganz frühe kommunistische Bewegung auf Kuba bereit war, sich der schwierigsten und drängendsten Fragen der mehrheitlich schwarzen und farbigen Arbeiterschaft anzunehmen.

Die Biografie Juncos zeigt aber auch, wie fragil diese Verbindung war, wie sehr sie auf persönlichen Beziehungen beruhte und wie schnell die großen Parteien bereit waren, die Probleme der schwarzen und farbigen und meist ländlichen Arbeiterschaft als politische Manövriermasse zu benutzen. Junco, aus Jovellanos (früher Bemba, dem Herz der Plantagensklaverei in der Provinz Matanzas) gebürtig, war Bäcker und anarchosyndikalistischer Gewerkschaftler. Er war mit Julio Antonio Mella befreundet und wurde Mitglied der Kommunisten. Bis zu dessen Tod war er oft im Umkreis Mellas zu finden. 1931 und 1932 stand er in Moskau in enger Verbindung zu Rubén Martínez Villena. Unter dem Einfluss von Andrés (Andreu) Nin wurde er in der Sowjetunion Trotzkist. Hugh Thomas kolportiert die Aussage von Eusebio Mujal, Junco habe Stalin ins Gesicht gesagt, er halte ihn für den »Betrüger der Welt-Arbeiterbewegung«. Daraufhin habe Stalin, der nicht in Rassenprobleme verwickelt werden wollte (und Junco deshalb am Leben ließ), den Kubaner ohne Geld und Papiere nach Hamburg bringen lassen.[136]

1932 nach Kuba zurückgekehrt, gründete Sandalio Junco (zusammen mit Marcos García Villarreal, Pedro Varela, Carlos González Palacios, Charles Simenon, Luís M. Busquet, Roberto Fontanillas, Armando Machado, Mary Low und Juan Breá sowie Carlos Padrón) erst die *Oposición Comunista* im PC und nach dem Ausschluss aus dieser Partei den trotzkistischen *Partido Bolchevique Leninista*. Junco wurde zu einem Führer der Trotzkisten. 1934 trat er in die *Joven Cuba* ein. Zusammen mit Eusebio Mujal brachte er viele Trotzkisten dazu, bei den direkten Aktionen von Joven Cuba mitzukämpfen und die Regierung Grau San Martín/Guiteras zu unterstützen.

Schließlich wurde Junco Hauptfigur in der *Comisión Obrera Nacional* des *Partido Revolucionario Cubano (Auténtico)* von Grau San Martín. Als schwarzer Arbeiterführer hatte er alle wichtigen politischen Bewegungen und Organisationen durchlaufen, die meisten bei ihrer Gründung oder in ihrer radikalsten Phase. Seine Basis war immer die anarchosyndikalistische Gewerkschaftsbewegung geblieben. Aber das war letzten Endes nur die organisatori-

sche Basis – die Grundforderung schwarzer Aktivisten (etwa Ba-
trells) war die Reziprozität der Gleichheit, der Rechte und Pflichten,
das heißt auch volle ethnische Demokratisierung.

Junco starb bei einem Meeting in Sancti Spíritus am 8. Mai 1942
(dem 7. Todestag von Antonio Guiteras) bei einem gewaltsamen
Aufeinandertreffen zwischen Kommunisten und Auténticos. Sein
Leben könnte eine der paradigmatischen Biografien der neuen
Black-Culture-Historiografie abgeben. Der Lebenslauf erfasst wie
ein Prisma die Entwicklungen der Jahre 1920–1940. Als ein solches
»Prisma« widerspricht sein Leben vehement einer Konstruktion
des großen Kulturanthropologen Fernando Ortiz. Ortiz arbeitete in
diesen Jahren an einer Schrift »Die Rassen – eine Täuschung«[137].

Ortiz' guter Wille soll dabei nicht übersehen werden; aber für die
Masse der mehrheitlich schwarzen und farbigen Arbeiterschaft Kubas, vor allem für die Zuckerarbeiterschaft, war die ideologische
Konstruktion »Rasse« ganz gewiß keine Täuschung, sondern das
reale, weil erlebte, Stigma ihrer persönlichen, familiären, sozialen
und wirtschaftlichen Lage. Die Perspektive einer schwarzen Frau
auf die Probleme der kubanischen Arbeiter und der farbigen
Unterschichten zeigen die Memoiren von Reyita (María de los
Reyes Castillo Bueno 1902–1997).[138]

Die Krise der Platt-Republik:
Große Koalition und Diktatur (1925–1933)

Mit einer kubanischen Variante des New Deal kam 1925 Gerardo
Machado Morales (1862–1940) an die Macht. Machado konnte sich
auf die Traditionen des von Zayas verratenen Liberalismus und der
führerlosen Veteranenbewegung stützen. Das Reformklima gab
ihm Rückenwind. So rief er in seiner »Plattform der Regeneration«
zu einem Kreuzzug für die nationale Wiedergeburt auf. Er gewann
mit dem Wahlslogan »Wasser, Schulen und Wege« vor allem die
Stimmen der ländlichen Bevölkerung; das Wahlmotto für die
Mittelklassen stellte Kuba als die »Schweiz der Antillen« dar.

Machado galt zugleich als Präsident der nationalen Bourgeoisie. 1928 ließ er mit breiter Zustimmung der großen Parteien die Verfassung ändern, um seine Stellung unangreifbar zu machen. Eine Zollreform versprach kubanischen Unternehmern – eine Nationale Assoziation kubanischer Industrieller und eine Organisation der Zuckercolonos waren 1923 gegründet worden – vor allem auf industriellem Gebiet sowie in der Diversifikation der Agrarproduktion (Reis, Kaffee, Vieh) gewisse Perspektiven eigenständiger Geschäfte. Auch die Entwicklung des Tourismus fand die Aufmerksamkeit der Wirtschaftspolitiker. Immerhin hat Nicolás Guillén schon in den 30er-Jahren *Sones para turistas* geschrieben.

Im gleichen Jahr 1923 entstand die wohl bekannteste kubanische Melodie, heute als *Guajira Guantanamera* ein Weltevergreen, geschaffen von Joseíto Fernández (mit den Worten von José Martí), einem Musiker aus Havanna. Der Text der Guajira Guantanamera besang zunächst eine abweisende Frau aus Guantánamo. Erst in den 40er-Jahren wurden einige Verse aus Martís *Versos Sencillos* auf die Melodie umgeschrieben.[139]

Unter Machado wurde zunächst durch öffentliche Arbeiten das Problem der Massenarbeitslosigkeit etwas entschärft. Große Bauwerke entstanden in seiner Amtszeit: die Universität mit ihrer berühmten großen Freitreppe, der *Escalinata,* und der Mutterfigur der *Alma Mater*, das Capitol, eine Kopie des Washingtoner Originals, der Paseo del Prado sowie die große Überlandstraße, die *Carretera Central*, die ganz Kuba dem Autoverkehr (und damit dem nordamerikanischen Tourismus) öffnete. Dabei verschuldete sich der Staat weiter, die Steuern stiegen. Korruption griff weiter um sich. Ein schwedischer Reisender, Helmer Key, der 1928 nach Kuba und Guatemala reiste, um »[…] die Kolonisation der Weißen in den Tropen und die Aussichten für sie, nach modernen hygienischen Grundsätzen dort eine gedeihliche Lebensweise zu führen, von verschiedenen Seiten kennen zu lernen«, lobte die »große sanitäre Reformarbeit« der Amerikaner, die United Fruit Company und den

»ordentlichen Präsidenten«. Helmer Key meinte Machado. Er sagte Havanna eine große Zukunft als »Touristenplatz«, mit »Automobilstraßen und Hotels« voraus. Der Schwede wünschte sich aber, die Stadt solle sich doch lieber als ein »wirklicher Kulturvermittler zwischen den amerikanischen Kontinenten im Norden, Süden und Westen« entwickeln.[140] Des Weiteren erzählen die Berichte über die Landung zweier spanischer Piloten in Camagüey am 11. Juni 1933 vom unaufhaltsamen technischen Fortschritt; es war der erste transatlantische Flug Spanien–Kuba ohne Zwischenlandung.

Gegen die organisierte Arbeiterbewegung und vor allem gegen die Anarchosyndikalisten war schon Zayas hart vorgegangen; Machado komplettierte diese staatliche Unterdrückungspolitik der »Peitsche« mit dem Zuckerbrot reformistischer »Staatsgewerkschaften«. In seiner Frühzeit machte Machado Zugeständnisse und bot an, auch Frauen wählen zu lassen. Der Staatsterror und Zugeständnisse führten zur Schwächung der Anarchosyndikalisten und brachten der jungen Kommunistischen Partei die nationale Führung über die Gewerkschaften (allerdings konnten die Anarchisten ihre Führung in Zuckerzentren, etwa in Cruces im Hinterland von Cienfuegos, bewahren).

Seit 1929 kam es unter den verheerenden Auswirkungen der Weltwirtschaftskrise, die besonders den Zuckersektor traf, zum Abrutschen in eine semiparlamentarisch-caudillistische Diktatur, dem *Machadato*. Der Platt-Staat trudelte in die Krise. Machado konnte sich zunächst durch eine Verfassungsänderung, Staatsterror und Notstandsgesetze halten, da sich die kaleidoskopartig aufgesplitterte Opposition nicht einigen konnte. Ein schweres Erdbeben zerstörte im Februar 1932 Teile von Santiago de Cuba. Die Leute nahmen die Katastrophe als schlechtes Omen. Die neuen Organisationen und Bewegungen waren längst von der politischen Opposition beziehungsweise vom Kampf um Partizipation und politische Neugestaltung zum Widerstand übergegangen. Er war nicht mehr vorrangig vom ruralen Insurrektionalismus in bewaffneter, militärischer Gestalt geprägt, obwohl es den auch noch gab, sondern von neuen Politikformen, wie dem Gewerkschaftskampf, dem politischen Generalstreik, der Wahlrechtsbewegung der Frauen, Land- und Zuckerfabrikbesetzungen sowie systematischen Terroraktionen radikalisierter Studenten des ABC (Acción Directa), personifiziert in Angel Álvarez Fernández, genannt Pio. Machado ließ die Universität im Dezember 1930 schließen; erst nach seinem Sturz 1933 wurde sie wieder geöffnet.

Die USA unter Franklin D. Roosevelt sandten einen Vermittler, Botschafter Sumner Welles, nach Kuba. Er sollte zwischen Machado und den traditionellen Parteien vermitteln, um eine Revolution zu verhindern. Terroraktionen und Militärverschwörungen erschütterten das Land. Ein Generalstreik im August 1933 zeigte das Ausmaß der Unzufriedenheit. Die Armee entzog Machado die Unterstützung. Am 12. August 1933 trat Machado zurück und floh in die USA. Orestes Ferrera, Ramiro Guerra y Sánchez und Alberto Lamar Schweyer, alles respektable Historiker, hatten ihm bis zuletzt die Treue gehalten.[141] Eine provisorische Regierung unter dem konservativen Carlos Manuel de Céspedes y Quesada, Sohn des Padre de la Patria von 1868, wurde gebildet. Sie konnte die Situation nicht unter Kontrolle bringen. Die Szenen der Abrechnung mit Machado-Anhängern unmittelbar nach der Flucht des Diktators traumatisieren noch heute die historische Erinnerung der Kubanerinnen und Kubaner.

Mit Machado gingen die Separatistenpräsidenten von der politischen Bühne Kubas ab. Das Dacapo gaben sozusagen Carlos Mendieta und mehr noch Federico Laredo Brú, die vom Ruhm der Aufstandsversuche gegen Zayas und Machado zehrten. Laredo Brú war Vizepräsident; er übernahm das Amt für den gestürzten Miguel Mariano Gómez, Sohn von José Miguel Gómez. Laredo Brú regierte von 1936 bis 1940. Allerdings zog zu dieser Zeit schon ein Militär die Fäden im Hintergrund, der nicht mehr der Generation des Unabhängigkeitskrieges angehörte.

Bei der schweren sozialen Krise, den *Vacas flacas*, wie die periodischen Krisenzeiten auf Kuba genannt werden, hatte die negative Synergie zwischen Bevölkerungsdruck und Wirtschaftsproblemen eine wichtige Rolle gespielt. Nahezu drei Viertel von einer Million junger Kubaner, die nach 1900 geboren worden waren und in den 20er-Jahren selbst Familien gründeten, erschienen auf dem Arbeitsmarkt. Wegen der Krise gab es keine oder nur sehr wenige Anstellungen. Laut dem Zensus von 1931 hatte Kuba 3 962 344 Einwohner. Zwischen 1900 und 1930 waren über eine Million Menschen nach Kuba eingewandert. Knapp zwei Drittel davon waren Spanier aus Galicien und Asturien sowie von den kanarischen Inseln. Viele Menschen waren von anderen Karibik-Inseln gekommen. Aus Haiti rund 250 000 Menschen, meist junge Männer (genannt *Pichones*). Auf Kuba lebten auch Nordamerikaner, Chinesen – sie machten laut Zensus von 1931 etwas unter 10 Prozent der Bevölkerung aus –, auch einige tausend osteuropäische Juden und etliche hundert Deutsche, Polen sowie Syrer, Libanesen, Japaner, Koreaner und einige Dutzend Russen und Schweden. Schätzungen gehen von einer jüdischen Kolonie von 4000 ashkenasischen und sephardischen Juden und für den Zeitraum 1925 bis 1935 nochmals 4000 ashkenasischen Immigranten aus; 1936–1938 seien etwa 5000 Deutsch sprechende Juden dazugekommen. 1935 lebten in Havanna circa 350 »Reichsdeutsche« (mit deutschem Pass) und 600 »Volksdeutsche« (Deutschstämmige mit anderer Staatszugehörigkeit), im Interior 60 Reichsdeutsche und 200 Volksdeutsche. Dazu kamen etwa 1200 Deutsch-Amerikaner, die sich aber nur in den seltensten Fällen dazu bekannten, deutscher Abstammung zu sein.

Den Löwenanteil unter den Nichtspaniern und Nichtantillianern bildeten US-Amerikaner. Die nackten Zahlen sagen nicht viel aus, aber es handelte sich in der Summe der Immigranten um ebenso viele oder noch etwas mehr als die rund eine Million Afrikaner und Afrikanerinnen, die in der gesamten Kolonialgeschichte die Insel als gezwungene Immigranten, sprich Sklaven, lebend erreicht hatten. Ein romantischer, auf dem Prinzip gemeinsamer Abstammung, gemeinsamen »Blutes« oder gemeinsamer Urgeschichte und Kultur basierender Nationenbegriff hatte auf Kuba keinen Sinn. Kein Wunder, dass in dieser Situation ein hypertrophierter Insel-Nationalismus zum Kern der politischen Kultur wurde. Etwa ein Drittel der Bevölkerung war Nachkomme von Afrikanern in zweiter oder dritter Generation, ungefähr ein Drittel eben eingewanderte Spanier. Dazu kamen Kanarier, Haitianer, Jamaikaner, Chinesen oder Menschen aus anderen Weltgegenden. Neue Diskussionen über die Gefahr einer »Afrikanisierung Kubas« brachen aus, vor allem auch unter Historikern, wie Emilio Roig de Leuchsenring und Ramiro Guerra. Laternter Rassismus mischte sich mit der Kritik des Yankee-Imperialismus.[142] Alle Politiker und ihre Anhänger wollten nachweisen, dass sie die besseren »Kubaner« seien; keine politische Bewegung oder Organisation kam ohne Rückgriff auf politisierten Nationalismus, nationalistische Rhetorik und auf das Gedankengut José Martís aus.

Bis 1930 hatten sich auch die Strukturen der Wirtschaft herausgebildet, die das Land bis 1959 und zum Teil bis Ende der 70er-Jahre beziehungsweise sogar bis heute geprägt haben. 1925 waren Zuckerindustrie und Eisenbahnnetz ausgebaut. Es gab 184 Zuckercentrales, die knapp 20 Prozent des Bodens besaßen, aber nur zum Teil bebauten, weil sie Land auf Vorrat kauften. Etwa 80 Prozent des kubanischen Exports hingen am Zucker. 1950 schließlich waren es noch 162 Betriebe, die 50 Prozent des guten, weil flachen, Landes mit Anbindung an Häfen besaßen. Auch davon wurde nur die Hälfte produktiv genutzt. Diese Besitzverhältnisse verknappten das Land und hielten die Bodenpreise hoch (was wiederum die Basis für Kredite bildete), vor allem für kapitalschwächere Kubaner.

108 der 162 Centrales waren zwar in kubanischem Besitz, aber die 44 Giganten unter ihnen gehörten amerikanischen Unternehmern oder Plantagengesellschaften. Letztere produzierten knapp

50 Prozent des Zuckers und befanden sich vor allem in den Provinzen Camagüey und Oriente. United Fruit Company zum Beispiel kontrollierte rund 115 600 Hektar (8500 Caballerías) besten Landes an der Bahía de Nipe in Oriente. Angel Castro, der Vater Fidel Castros, machte Geschäfte mit ihr. In Banes, dem Geburtsort von Batista, und in Mayarí, zusammen 81 000 Einwohner, gab es nur wenige Familien, die nicht bei United Fruit arbeiteten. Sie lebten unter elenden Bedingungen, während die amerikanischen Techniker und Ingenieure in getrennten Mustersiedlungen wohnten. Im Osten gab es viel Land und relativ wenig Bevölkerung. Der Großgrundbesitz war nicht vermessen. Es waren zum Teil noch die alten *Haciendas Comuneras*. Die Bevölkerung war traditionell in der Viehhaltung oder im Transport beschäftigt oder nannte – formell, meist aber informell – kleine Landstücke für die Subsistenz oder zur Versorgung lokaler Märkte ihr Eigen. Unter dem Druck der Plantagenexpansion wurden die Subsistenzbauern weiter in die Berge getrieben. Eine einzigartige agrarische Kultur fiel der Zerstörung anheim. Traditionelle Rechte verfielen; Rechtsunsicherheit und Gewalt breiteten sich aus. Nur ein kleiner Teil der Landbevölkerung konnte als Eigentümer beziehungsweise Pächter von *Colonias* sowie Komplementärwirtschaften (Viehhaltung, Nahrungsmittel) an der Zuckerwirtschaft partizipieren. Aber auch die Zahl der *Colonias* ging zurück, da die Zuckercentrales dazu übergingen, auf eigenem Land Rohr zu kultivieren. Oder es entstanden, wie in Camagüey, nur noch wirklich große Colonias von 200 bis 300 Caballerías (1 Caballería entspricht knapp 14 Hektar). Weil die Latifundien so groß waren, hatte die Masse der Landbevölkerung kein Land oder fristete ihr Dasein als *Precarista*, Ansiedler auf fremdem Land ohne eigene Besitzrechte (allerdings auch nicht steuerpflichtig), die daher auch leicht wieder zu vertreiben waren. Um ihr Land zu schützen, schlossen sich die Precaristas Klientelschaften an und gaben ihre Stimme demjenigen, der ihnen am meisten versprach.

Da in der Zuckerproduktion zwar der Mühlenkomplex und der Transport rasant modernisiert worden waren, aber die Ernte des Rohres immer noch per Hand und Machete geschah, benötigte und reproduzierte der Plantagen-Central-Komplex eine große Anzahl von Saisonarbeitern. Für sie musste eine Grundbedingung gegeben sein, da die Bindung durch Sklaverei weggefallen war: Sie mussten so arm sein und durch ihre Masse derartig in Konkurrenz um Arbeit untereinander stehen, dass sie die schwere Arbeit zu niedrigsten Löhnen annahmen. Um diese Grundbedingung zu sichern, hatten vor allem amerikanische Unternehmen die Bemühungen der Eliten Kubas um eine stärkere »Einweißung« der Bevölkerung durch europäische und kanarische Einwanderung sowie die Militärgesetzgebung des US-Militärgouverneurs Wood von 1902 einfach hinweggefegt. Von 1910 bis 1930 zog sich ein unwürdiges Gezerre um den Status der Arbeitsimmigranten zwischen Regierung, Zuckerunternehmern (auch Colonos) und Gesellschaft hin. Die großen Companies warfen ihr Gewicht oft bei der US-Regierung in die Waagschale; sie brauchten die billigen Arbeitskräfte und ließen, wie die United Fruit, an den kubanischen Zollbehörden vorbei einreisen, über den Company-eigenen Hafen Antilla. Unter Zayas war die Einwanderungsgesetzgebung verschärft worden; auch der Ton in den politischen Debatten verschärfte sich, basierend auf Haitifurcht und Rassismus sowie Unsicherheitsgefühlen, Krankheitsängsten (Syphilis) und Versuchen, unter dem Slogan »[Sklaven-]Handel mit Weißen [Frauen und Kindern]«, die so genannte »Immigrantinnen«-Prostitution einzuschränken.

In dieser Zeit kamen mehrere hunderttausend farbige *Braceros*, Zuckerrohrschnitter, aus Jamaica, Barbados und Haiti nach Kuba. Vor allem in Krisenzeiten hat es immer wieder Versuche gegeben, die Arbeitsimmigranten und -immigrantinnen abzuschieben. Viele Spanierinnen und andere Immigrantinnen wurden, vor allem in Havanna, der Prostitution verdächtigt. Die meist farbigen Zuckerarbeiter aus der Karibik bildeten zusammen mit kubanischen Landarbeitern vor allem im Ostteil der Insel eine hochmobile, mehrheitlich farbige Saisonarbeiterschaft, die vollständig vom Zucker abhing. 1952 war eine knappe halbe Million Männer, etwa die Hälfte der kubanischen Arbeiterschaft, im Zucker beschäftigt. Ein Zehntel davon, fast alles weiße Kubaner oder Kanarier, arbeitete in den Fabriken und hatte relativ erträgliche Lebens- und Wohnbedingungen. Den Rest bildeten – zumindest zur Zeit der *Zafra*, der Zuckerrohrernte – die Feldarbeiter. Diese Landbevölkerung ohne Land konnte wegen der miserablen Bedingungen oft nicht einmal eine Familie unterhalten. Die Zuckerrohrschnitter, vor allem die haitianischen *Pichones*, lebten oft in Elendsvierteln, die in Kuba den Namen *Llega y pon* (»komm und bau«) trugen. Während der *Zafra* konnten sie sich wenigstens anständig ernähren, kleiden und Schulden bezahlen. Der Rest des Jahres, der so genannte *Tiempo muerto*, tote Zeit, bestand aus Einschränkung, verzweifelter Suche nach irgendeiner Arbeit und Not.

Aus Sicht der Unternehmer bedeutete dies eine hochflexible, durch den Zwang der Umstände hoch motivierte und sehr mobile Arbeiterschaft. Die Landarbeiter konnten auf einem bestimmten Niveau einfach alles. Sie nahmen jede Arbeit an. Außerdem waren sie wegen des Fehlens formaler Bildung und der strukturellen Nichtsesshaftigkeit gewerkschaftlich kaum organisierbar. Es ging aber noch weiter: Wegen der fehlenden Bildung erreichten sie die neuen Werte kaum; im Grunde vegetierten sie am Rande der Nation. Gewerkschaftlich organisiert waren vor allem die Fabrikarbeiter und die Arbeiter städtischer Unternehmen. Die Zuckerarbeiter waren allerdings kein Land*proletariat*. Es handelte sich meist um Bauern, die Land bebauten. Sie sicherten damit ihre Subsistenz und die ihrer Familien. Es war aber zu wenig Land. Und ihnen fehlten die Eigentumstitel.

Dieses System stellte sich durch ständige Effizienzsteigerung und durch seine interne Rentabilität allerdings zunehmend selbst in Frage. Durch bessere Technologien und effektivere Organisation verkürzte sich die Zeit der *Zafra* ständig, und der *Tiempo muerto* verlängerte sich. Das verstärkte die Not und den strukturellen Insurrektionalismus oder das soziale Banditentum. Das forderte wiederum den Staat heraus, der meist, wie im *Machadato* oder später unter Batista, mit erhöhter Repression reagierte.

Zudem hing diese wahrscheinlich rentabelste Agrarwirtschaft der Welt von äußeren Bedingungen ab, die sie extrem verletzlich machten: der Ernte selbst. Sehr schlechte Ernten, etwa wegen des Wetters, aber auch sehr gute Ernten, wegen der Überproduktion, stellten sie vor große Probleme. Krisen gab es auch bei niedriger Nachfrage in den Hauptabsatzgebieten als Resultat anderer Krisen oder beim Fall des Zuckerpreises wegen der Konkurrenz des Rübenzuckers beziehungsweise eines Überangebots anderer Rohrzuckerproduzenten. All das glich einer Lotterie. Keine dieser Bedingungen war von Kuba auf Dauer zu beeinflussen; beim Wetter half nur Beten.

Felipe Moya (1892–1957), hat diese Unsicherheit in Gedichtform gefasst (»La Zafra«, 1926):

»¡Ya que vuestra riqueza nos atrae miradas
ambiciosas, que vele tal riqueza por nos!
¡Cañaverales! ¡Lanzas sobre Cuba clavadas:
velad, y en vuestra brisa rogad por ella a Dios!«
(Denn euer Reichtum lässt begehrliche Blicke tanzen
also möge der Reichtum über uns wachen
Zuckerrohrfelder! Über Kuba aufgereckte Lanzen:
Und bewegt im Winde bittet bei Gott für unsere Sachen).[143]

Nach den Maßgaben der im zweiten Drittel des Jahrhunderts vorherrschenden Ideologien schienen Lösungen nur durch periodische Diktaturen beziehungsweise Bonapartismus und Semiparlamentarismus unter Beibehaltung eines formalen demokratischen Rahmens oder durch soziale Revolution, konsequente Nationalisierung und Bruch mit den USA möglich. So hatte, die russische Revolution analysierend, der Historiker Emilio Roig de

Leuchsenring schon 1922 das Problem von »Staat und Revolution« auf Kuba formuliert.

Bis 1925 beliefen sich die amerikanischen Investitionen in Kuba, summiert man die der Jahre seit 1898, auf 1,2 Milliarden Dollar (ohne Staatsanleihen). Das war mehr Kapital, als in Mexiko und Zentralamerika zusammen investiert worden war, fast vier Mal so viel wie in Europa und fünf Mal mehr als in Asien (E. Kopf). Die Amerikaner hatten die Kontrolle über das Herzstück der kubanischen Wirtschaft in einem historischen Moment erlangt, in dem dessen Rentabilität immer wieder an Grenzen stieß. Die Politik versuchte das durch neue Zollbestimmungen, Produktionsquoten und Handelsverträge zu regulieren, was das Dilemma nicht beseitigte. Die Ernte 1932 war ein Tiefpunkt. Eine Expansion der Zuckerwirtschaft war nur noch graduell, in Boomphasen wie 1933 bis 1938 (von 1,9 auf 2,9 Millionen Tonnen) oder in Kriegs- und Nachkriegszeiten, möglich. Die höchste Zuckerrohrernte vor der Gran Zafra von 1970, nämlich 7,3 Millionen Tonnen, wurde zum Beispiel 1952 eingefahren, zur Zeit des Koreakrieges.

Eine einheimische Industrie konnte sich auf Kuba, das zeitweilig bis zu 70 Prozent seiner Importe aus den USA bezog, vor allem in der Zigarren-, Zigaretten- und Rumproduktion, in bescheidenem Maße in der Lebensmittelherstellung und Bierbrauerei sowie im Verpackungs-, Bekleidungs-, Textil-, Möbel- und Chemiesektor sowie einer bescheidenen Schmuckdiamantenherstellung entwickeln. Der Medien- und Dienstleistungssektor war schon früh gut entwickelt. Neuere Forschungen zeigen, dass die industrielle Entwicklung Kubas und die Diversifizierung des Industriesektors unterschätzt worden sind. Das Prunkstück nationalen Unternehmertums war die Rumfirma Bacardí mit dem berühmten Fledermauslogo. Bacardírum schmeckte damals auch noch wie kubanischer Rum. Relativ stark wuchsen, mit Schüben in den zwanziger und dann in den 50er-Jahren, mit dem massiven Ausbau des nordamerikanischen Tourismus, der Bau- und Baumaterialsektor, der

Dienstleistungssektor sowie Handwerk und Gewerbe im urbanen Raum. Der Industriesektor und damit eine nationale Unternehmer- wie Arbeitnehmerschaft waren außerhalb der agrarindustriellen Komplexe der Tabak- und Zuckerproduktion eher schwach, wenn es auch in den 20er-Jahren, nach 1933 und in den 50er-Jahren zu einer Stärkung der Unternehmer- und der Arbeiterschaft kam. Das breitere, aber sehr differenzierte und eher schwach repräsentierte kubanische Bürgertum konzentrierte sich vor allem in Handel und Manufaktur, hier noch eng mit seinen spanischen Wurzeln verbunden, und in der Viehhaltung sowie in freien Berufen, im Bildungs- und Staatssektor. Sarkastisch hat das Jorge Mañach ausgedrückt: Er fühlte sich auf Kuba als bürgerlicher Intellektueller ohne Bürgertum.[144] Und selbst ein konservativer Philosoph, Enrique José Varona, bekannte sich öffentlich als Antiimperialist, da seiner Auffassung nach die Hegemonialmacht die kubanische Bourgeoisie nicht hochkommen ließ.

In einer historischen Makroperspektive wird deutlich, dass Kuba Globalisierung, Multikulturalität, Entnationalisierung, Hybridisierung und Amerikanisierung der Alltagskultur und der Kunst, aber auch den kreativen Umgang mit diesen Phänomenen der »Transkulturation« (wie es Fernando Ortiz genannt hat) im Rahmen einer nicht mehr nur atlantischen, sondern auch pazifischen, Weltwirtschaft zeitiger und intensiver als andere Regionen dieser Welt erfuhr.

Das lässt sich in groben Zügen auch an der Musik- und Tanzkultur demonstrieren, denn der Begleitgesang zur Krise kam von Antonio Machín mit *El Manisero (The Peanut Vendor)*. Der Subtext, den das Wort »*manisero*« in der kubanischen Volkskultur vermittelt, ging in der globalen Hybridisierung allerdings verloren (die meisten denken dabei an einen Maní-Verkäufer, das heißt einen Verkäufer gerösteter Erdnüsse). In der Kongo-Angola-Tradition ist *Mani* ein politischer Titel, der etwa »Herr« bedeutet. Als Manicero galt im 19. und frühen 20. Jahrhundert ein sehr viriler, kämpferischer Mann, der den Tanzkampf des Maní bestritt. Der Song löste weitere Wellen der Begeisterung für kubanische Musik in Mexiko, Kolumbien, Venezuela, den USA und in der westlichen Welt aus. Zu dieser Welt zählte Deutschland damals bekanntlich nicht. Kubanische »authentisch«-erfundene Musiksprache, vor allem Rhythmus, wurde mit nordamerikanischen Arrangements und Orchestrierungen in der Tradition der Militär-, Brass- und Jazzbands (die es auf Kuba mit den Kapellen der Pardo- und Morenoregimenter auch gab) oder den Traditionen des mexikanischen Mariachi (Trompete), des kolumbianischen Vallenato (Akkordeon) und des venezolanischen Joropo (Harfe) verbunden, oft durch Puertorikaner vermittelt; Xavier Cugat, Desi Arnaz mit der *Rumba* in den 30er- und 40er-Jahren sowie Pérez Prado mit dem *Mambo* oder Ernesto Lecuona mit *Siboney* (1932) oder der *Conga* (wie etwa *Tabou*) von den 30er- bis zu den 50er-Jahren erreichten reihenweise Top-Positionen in den Charts. Authentizität gewannen sie vor allem durch die Aufführungen selbst. Damit entstand eigentlich erst das, was heute als traditionelle kubanische Musik bezeichnet wird. Meist, wie Ende der 1990er-Jahre wieder mit dem Buena Vista Social Club, zunächst im Ausland und dann erst auf Kuba (für Touristen). Sozusagen ein Buena Vista-Phänomen. In den 50er-Jahren löste besonders der *Mambo* ein wahres Fieber in den USA aus, was sich wiederum auf die Kreativität der Musikkultur auf Kuba auswirkte. In Kuba entstand mit dem *Cha-Cha-Chá* (das Wort soll das Schleifen der Füße beim charakteristischen Tanzschritt nachbilden), geschaffen durch Enrique Jorrín, das Orchester Aragón und José Fajardo, ein weiterer Stil, der die westliche populäre Musik- und Tanzkultur sehr bereicherte.

Europa jenseits einer schwer zu definierenden Linie der Latinität durfte, nach einigen Anfängen in den 50er-Jahren, den Nachhall des *Mambo*-Fiebers mit dem Film *Dirty Dancing* und Patrick Swayze, schon gemischt mit Salsa- und Panflötenklängen von außerhalb der Kinos, zu Beginn der 90er-Jahre erleben.

Die zweite Republik 1933–1958:
Kuba unter Batista

Gescheiterte Massenrevolution und militärische Stabilisierung
(1933–1940)

Seit Mitte 1930 entwickelte sich eine urbane Revolutionsbewegung, die im August und September 1933 ihren Kulminationspunkt erreichte. In diesem historischen Moment schlossen sich Aktivisten der Studentenbewegung, untere Armeeränge, vor allem Sergeanten, Unteroffiziere, und Reformintellektuelle für kurze Zeit zusammen. Die seit den frühen 20er-Jahren heranwachsende patriotische Bewegung zur nationalen Erneuerung lieferte die Leitideen sowie Rhetoriken in unterschiedlicher Färbung und verband sich mit zeitgenössischen Ideologien und praktischen politischen Strömungen. Die Bewegung ging von Havanna und erstmals nicht von Oriente oder einer anderen Provinz aus. Ihre Hintergründe waren massive Arbeitskämpfe unter kommunistischer oder trotzkistischer Führung in den Städten und – oft – unter anarchistischer Führung auf dem Land. Das Machado-Regime repräsentierte in der Machtspitze und an der Basis der Macht auf dem Lande die Herrschaft der aus den Unabhängigkeitskriegen hervorgegangenen »patriotischen« Generale und Obristen. Nach dem Zusammenbruch des Regimes in Havanna kam es zu einem Machtvakuum vor allem auf dem Lande und zu einer breiten Massenmobilisierung in den Zuckergebieten des »großen« Kuba. Hier hatten sich die Coroneles der Unabhängigkeitskriege zu Großagrariern gewandelt; hier beherrschten die Latifundien und ausländische Central-Besitzer das flache Land. Sie kontrollierten das Land, die wirtschaftliche Macht, die Klientelschaften und Schlägertrupps, die sich nun als »gute Patrioten« delegitimiert sahen. Landarbeiter besetzten Centrales und riefen *Sowjets* aus. Lange unterdrückte Gewalt und Rachegefühle machten sich als Terror und Lynchjustiz Luft. Landlose Bauern unter Führung von Anarchisten okkupierten Ländereien oder verteidigten sie vor dem Zugriff der Plantagengesellschaften. Die eigentliche Massenrevolution hat auf Kuba 1933–1935 stattgefunden. Eine kurzfristige Regierung der alten Elite unter dem Sohn von Carlos Manuel de Céspedes, Carlos Miguel de Céspedes, wurde durch die Massenmobilisierung hinweggefegt.

Nach dem Sturz der oligarchischen Regierung Céspedes formierte sich eine Pentarchie, in der sich bald der Nationalreformer Ramón Grau San Martín (1887–1969) durchsetzte. Er übernahm das Präsidentenamt. Grau war Medizinprofessor der Universität Havanna, mithin ein Doktor. Auch Militärs nahmen an der Revolution teil, allerdings noch keine Generäle, sondern Unteroffiziere der *Unión Militar Revolucionaria*. Innenminister wurde der Martianer – er versuchte das Martí-Programm einer Republik »für alle und mit allen« umzusetzen – Antonio Guiteras Holmes (1906–1935).

Fulgencio Batista y Zaldívar (1901–1973), vom Zuckerrohrschnitter, Gelegenheitsarbeiter, Sergeanten und Telegrafen-Schnellschreiber (Taquigraf) zum Obersten und Chef des Generalstabes aufgestiegen, übernahm die Rolle des starken Mannes im Hintergrund. »Vom Schicksal ausgewählt« war sein Motto für die Rolle, die er in der kubanischen Geschichte spielen wollte. Er paktierte zunächst mit der Grau-Regierung. Dann schlug er einen Aufstand des alten Mambí-Offizierskorps nieder. Batista ließ die Offiziere im kurz zuvor eröffneten Hotel Nacional einfach zusammenschießen. Wenig später wurde die alte Armee aufgelöst und ein »konstitutionelles Heer« in der Tradition von 1906 geschaffen. Damit schuf Batista einen Aufstiegskanal für vor allem farbige Unterschichten. Er stand in Verbindung mit dem Botschafter der USA, Jefferson Caffery, und begann Heer, *Guardia Rural* und paramilitärische Terrorgruppen gegen Landarbeiter und bald auch gegen städtische Streikbewegungen einzusetzen. Grau unternahm kaum etwas dagegen, um die traditionellen Käfte im Lande zu beruhigen. Rituale symbolisieren politische Grundhaltungen; Performanz verschafft ihnen Authentizität. Grau verweigerte beim Präsidentenschwur der Verfassung von 1901 die Anerkennung. Er schwor nicht auf die Verfassung mit dem Platt-Amendment. Im Gegenzug erkannten die USA seine Regierung nicht an.

Die Regierung Grau San Martín war aus unterschiedlichsten Anti-Machado-Kräften zusammengesetzt. Sie zerbrach am Widerstand der USA und an der Ablehnung der kubanischen Oberschichten. Sie zerbrach auch an der Konkurrenz der Militärs und an der Unkontrollierbarkeit der sozialen Bewegungen (aber auch deren Unfähigkeit, sich national zu organisieren), obwohl die Regierung eine wahre Flut von Dekreten zur Regelung sozialer, wirtschaftlicher und politischer Probleme (unter anderem auch ein Sozialversicherungssystem und das Frauenwahlrecht[145]) erließ. In der neuen Regierung entstanden schnell innere Widersprüche. Unter dem Druck der Massenbewegung wurden die exponiertesten Mitglieder der alten politischen Elite aus dem öffentlichen Sektor entfernt und zum Teil bestraft, der Acht-Stunden-Tag dekretiert, ein Arbeitsministerium geschaffen und Mindestlöhne im Zucker eingeführt.[146] Mit dem Nebeneffekt, die Arbeiterbewegung zu spalten, wurde im November 1933 ein »Gesetz zur Nationalisierung der Arbeit« erlassen, nach dem 50 Prozent der Beschäftigten einer Firma Kubaner sein mussten.[147] Das dazugehörige Gesetz über die Ausweisung (»Repatriierung«) arbeitsloser Ausländer gehört nicht zu den Ruhmesblättern kubanischer Legislation.

Wäre das Heer wirklich auf der Seite der Regierung gewesen, oder hätte ein Mann wie Guiteras militärische und zivile Führung vereinigen können, hätte die Revolution von 1959 schon 1933 beginnen können. Aber das sind »Was-wäre-wenn-Thesen«, die sich kein Historiker leisten kann. Sie spielten aber zweifelsohne als »historische Erfahrungen« eine Rolle für nachfolgende Generationen und Politiker.

Die Massenbewegungen, Besetzungen und Streiks in Stadt und Land ließen die Regierung nicht zur Ruhe kommen. Die Kommunisten waren unfähig zur Führung des Prozesses. Sie nahmen zur Regierung Grau eine ultralinke Position ein; die Anarchosyndikalisten verweigerten eine Zusammenarbeit. Sie lehnten eine Organisation auf nationaler Ebene und »den Staat« überhaupt ab. Die Studentenbewegung entzog Grau bald die Unterstützung. Die Trotzkisten um Sandalio Junco unterstützten Grau oder Guiteras. Diese Konstellation ermöglichte es Batista und der bewaffneten Gewalt, Zünglein an der Waage zu spielen und den Bruch mit der Hegemonialmacht zu verhindern.

Máximo Gómez vor allem, aber auch Antonio Maceo, hatte sich dem nahe liegenden bonapartistischen Caudillismo verweigert; Batista nutzte die Pattsituation der gesellschaftlichen Kräfte. Im Januar 1934 zwangen Batista, die Interventionsdrohung der USA, Kommunisten und Massenbewegungen Grau zum Rücktritt. Die stärkste unter diesen Kräften war das Militär, geführt von einem listigen Populisten. Die nachrevolutionäre Diktatur war da. Es war keine reine charismatische Diktatur, sondern eher eine populistische und bonapartistisch-schlitzohrige Herrschaft. Kuba hat eine bonapartistische Tradition.

Um die nachfolgende antirevolutionäre »Regierung des nationalen Wiederaufbaus« von Mendieta zu stützen, gewährten die USA die offizielle Aufhebung des Platt-Amendments, flankiert allerdings von einer für Kuba negativen Quotenfixierung des Zuckerexports nach dem *Jones-Costigan-Act* und einem zweiten Reziprozitätsvertrag, der Zucker und andere landwirtschaftliche Produkte bevorteilte, aber nicht günstig für die notwendige Diversifizierung war. Grau gründete zwar 1934 in Anlehnung an den Namen der Partei Martís den sozialdemokratischen *Partido Revolucionario Cu-*

bano (Auténtico)[148], aber die Initiative lag längst bei Batista und der Armee sowie bei der von der Diktatur gestützten »Regierungen der Ordnung« (Carlos Hevia, Manuel Márquez Sterling, schließlich Carlos Mendieta). Batista und Mendieta mussten den Acht-Stunden-Tag und das Streikrecht sowie andere Gesetze der Grau-Regierung zwar formal anerkennen, bedienten sich in der Realpolitik aber vor allem der Peitsche, um die Revolution abzuwürgen. Der Generalstreik von 200 000 Arbeitern unter Führung der Gewerkschaft *Confederación Nacional Obrera de Cuba* wurde gewaltsam beendet. Die Regierung erließ bald ein Ausnahmegesetz nach dem anderen. Schnellgerichte wurden eingeführt.[149] Ein Gesetz verkündete eine Übergangsverfassung, die *Ley Constitucional de la República de Cuba* (3. Februar 1934), die das Frauenwahlrecht positiv festschrieb, aber das Gleiche für die Sondergerichtsbarkeit der Militärs tat.[150] Bereits 1935 wurde die modifizierte Verfassung von 1901 wieder gültig.

Guiteras versuchte mit seiner Organisation *Joven Cuba* den militärischen Kampf in Oriente zu organisieren. Er übernahm die Symbolfarben der Anarchosyndikalisten Rot/Schwarz (zugleich die Farben Haitis und Eleguás). Die kommunistische Linke lehnte dies als Abenteurertum ab. Die Linke spaltete sich unter dem Druck der Niederlage weiter auf. Ein trotzkistischer *Partido Bolchevique Leninista Cubano* (PBLC, Kubanische bolschewikisch-leninistische Partei) entstand.[151] Auch der Versuch der rassistischen Rechten (Teile des ABC), nach dem Vorbild Mussolinis und Hitlers einen »Marsch auf Havanna« zu organisieren[152], scheiterte. Viele Führer des ABC fanden danach Unterschlupf in den bürgerlichen Parteien, vor allem bei den Auténticos, und machten oft im Staatsapparat Karriere. 1935 wurden Streik und Massenmobilisierung durch Einsatz von Armee und Polizei beendet. Den blutigen Schlusspunkt bildete die Ermordung von Guiteras und seiner Mitkämpfer (unter anderem der Venezolaner Carlos Aponte) im Mai 1935 bei Matanzas.

Kuba durchlebte eine Periode der Repression, des Terrorismus und verschärften Rassismus (unter anderem den Versuch, eine offen suprematistische Organisation, den Ku-Klux-Klan Kubano – KKKK – nach US-amerikanischem Vorbild zu etablieren), der paktierten Transition und der vom Militär abgesicherten Restabilisierung des semiparlamentarischen Systems[153]; frei nach dem Heine-Wort: »Eine Revolution ist ein Unglück, aber eine verunglückte Revolution ist ein noch größeres Unglück.« Batista zog die Fäden. Er stützte sich zur Eindämmung der breiten, aber schlecht organisierten sozialen Bewegungen auf die Armee und paramilitärische Gruppen sowie auf die fortgesetzte Interventionsdrohung der USA.[154] Daraus erklärt sich die Instabilität der Regierungen Carlos Hevia (16.–17. Januar 1934), Carlos Mendieta Montefúr (1934/35), José A. Barnet (1935/36), Miguel Mariano Gómez Arias (Mai–Dezember 1936). Einzig die Präsidentschaft von Federico Laredo Brú (1936–1940) währte fast die volle Amtsdauer. Von all diesen Marionetten-Präsidenten war nur der Sohn von José Miguel Gómez, Miguel Mariano, gewählt worden. Als er Eigeninitiative gegenüber dem Militär erkennen ließ, wurde er gestürzt.[155] Alle anderen Regierungswechsel wurden von der Armee – und damit von Batista – inszeniert. Der General stand gegen den Doktor: Batista gegen Grau.

Eine Expertenkommission aus den USA, an der sich auch die Kubakenner Raymond Leslie Buell und Leland Jenks beteiligten, kam nach dem Studium der sozialen Unzufriedenheit und der Massenmobilisierung unter Führung der Gewerkschaft und der Kommunistischen Partei zu folgenden Einsichten, die fast als Zukunftsprognosen gedeutet werden können: »Da der Fall gegeben ist, dass die Insel von den Vereinigten Staaten als ihrem Hauptmarkt abhängt, ist der Triumph des Kommunismus in Kuba schwer vorstellbar, während die Vereinigten Staaten ihr kapitalistisches System beibehalten.«[156] Ein »kommunistisches Kuba« wurde zwar verneint, aber die Denkoption war da! Auch die Blockade beschäftigte die Experten schon: »Im Falle einer möglichen wirtschaftlichen Blockade des Auslandes könnte sich die innere Wirtschaft Kubas stärken [...] die Stimulierung des Handels mit der Sowjetunion würde den Austausch von Zucker gegen Weizen, Petroleum, Maschinerie und andere Produkte erlauben.«[157]

Erst 1939 wurden demokratische Wahlen nach einem neuen Wahlgesetz[158] abgehalten. Mit Unterstützung der Kommunisten – die damit endgültig zu einer Gewerkschaftspartei wurden – und der Regierung wurde der neue Gewerkschaftsdachverband *Confederación de Trabajadores de Cuba* (CTC) gegründet. Alle politischen Parteien konnten legal wirken, unter anderem auch ein kurzlebiger *Partido Nazi Cubano*. Obwohl sich Batista, wie der deutsche Botschafter in Havanna richtig beobachtete, auf innenpolitischem Parkett nach links bewegte, boten die Beziehungen zu Großbritannien, zu Italien, aber auch und vor allem zum faschistischen Deutschland (Handelsvertragsverhandlungen) günstige Möglichkeiten, die Spielräume gegenüber den USA zu erweitern und die wirtschaftliche Diversifizierung voranzutreiben.[159]

Die Masse der Kubaner hegte während des spanischen Bürgerkrieges tiefe Sympathien für die Republikaner.[160] Die Anti-Hitler-Koalition war im Entstehen. Batista hielt sich mit feinem Gespür an die demokratischen Regeln. Ein ehrgeiziges, auf die Armee gestütztes Erziehungsprogramm[161] in den *Institutos cívico-militares* für 100 000 arme Bauern, die *Escuela montuna*, Bergschule, sowie Sozialinstitutionen auf dem Lande, Tuberkulosebekämpfungsprogramme, Alters- und Kinderheime, fanden breite Unterstützung der ländlichen Bevölkerung. All dies fasste Batista im so genannten *Plan trienal* (Dreijahresplan) zusammen. Er setzte in nationaler Rhetorik auf Sozialpartnerschaft zwischen Kapital und Arbeit. Er betrieb eine Art rassischen Populismus durch Förderung afrokubanischer *Cabildos*, Religionen und Klubs.[162] Batista veranlasste auch die Verteilung von Staatsländereien und ließ den Zuckerexport mäßig besteuern.[163] Der Kern seiner Maßnahmen war die *Ley de Coor-*

144 Die zweite Republik 1933–1958

dinación Azucarera (Gesetz zur Zuckerkoordination)[164], die bescheidene tarifliche und soziale Standards sicherte, aber eine längerfristige Modernisierung behinderte. Batista schuf einen spezifischen neokolonialen Staatskapitalismus (der zusammen mit der iberischen Staatstradition der Bürokratisierung und Monopolvergabe eindeutig in die Traditionslinie des heutigen »sozialistischen« Staatskapitalismus gehört).[165]

Vor allem die tariflichen und sozialen Standards gaben 1938 den Anlass zum Versuch der kubanischen Plantagenelite und von Teilen der Armeeführung, sich des nützlichen Emporkömmlings zu entledigen. Aber Batista konnte sich der Soldaten sicher sein, obwohl er, um Staatspräsident werden zu können, von seinem Posten als Oberbefehlshaber der Armee hatte zurücktreten müssen. Seine Popularität wuchs. Er bildete eine Parteienallianz, eine »kleine Volksfront«, die *Coalición Socialista Popular*, aus Liberalen, Nationalisten, Populares, Realistas, Menocalistas, *Conjunto Nacional Democrático* (CND) und *Unión Revolucionaria Comunista*. Deren Hauptgegner war die zivile bürgerliche Reformalternative unter Grau aus vor allem PRC und ABC sowie *Acción Republicana* und *Partido Agrario Nacional*. Die Batista-Allianz reichte von den Kommunisten[166] des *Partido Unión Revolucionaria Comunista* (PURC), gebildet aus dem *Partido Comunista* von Blas Roca (Francisco Wilfredo Calderio, 1908–1988) und der *Unión Revolucionaria Cubana* von Juan Marinello (1898–1977), bis zum *Partido Demócrata Republicano* des ehemaligen »Kaisers« Mario Menocal. [167] In Santiago feierten die Menschen in diesem Kriegsjahr keinen richtigen Karneval; aber die *Unión*, wie die Batista-Allianz genannt wurde, ließ wenigstens neue Arbeitskleidung und Wahlplakate (sowie Geld für Rum) ausgeben, sodass die etwas eigentümliche Veranstaltung als *Carnaval de la Unión* in die Tradition der Stadt einging.[168]

Für die kulturelle Identität der Kubaner sind die Jahre 1929 und 1938 wichtig. 1938 entstand das neben Victor Manuel Garcías (1897–1969) *Gitana tropical* (1929) wohl kubanischste Gemälde der

Kunstgeschichte: *El rapto de las mulatas* (Der Raub der Mulattinnen) von Carlos Enríquez (1900–1957). Enríquez gab damit, wenige Jahre vor dem Einsetzen der Bilderflut in Fotografie, Printmedien und Fernsehen, zwei originellen kubanischen Mythen höchst expressive künstlerische Form: dem rebellischen Machismus der Guajiros und dem sexuellen Mythos der Mulattin.[169]

Die Einbeziehung der national organisierten Arbeiterbewegung und der organisierten Linken gab Batista breite Wirkungsmöglichkeiten und stärkte den habituellen Antikommunismus der Grau-Anhänger.[170] Zunächst kam es zur Erarbeitung und Verabschiedung einer neuen Verfassung (1940)[171] nach dem Vorbild Weimars und der spanischen Verfassung von 1931, in der viele die Erfüllung der Forderungen der 20er-Jahre und die Einlösung der Demokratisierungsversprechungen von 1933 sahen. Fernando Ortiz, der schon mit seinen Arbeiten über die Sklaven Furore gemacht hatte, legte weitere Grundlagen für die modernen Kulturwissenschaften, indem er den Begriff Transkulturation prägte.[172] Zugleich förderte er den Mythos des Zucker- und Tabak-Kubas.[173] Mittlerweile ist das Ortiz'sche »Afro«-Konzept, damals (und heute) von schwarzen Intellektuellen eher abgelehnt, weil ihrer Meinung nach schon der Begriff »Kubaner« an sich eine starke »afrikanische« Komponente enthalte[174], eine glückliche Verbindung mit dem braudelianischen Meeresflächen- und Küstenstrukturalismus eingegangen und ist zu einem sozialgeschichtlichen und kulturhistorischen Allerweltsbegriff geworden.[175]

Mit Batista erlangt der Populismus neue Dimensionen. Das mag an der politischen Geografie, nämlich an der sozioregionalen Basis der Spitzenpolitiker Kubas, verdeutlicht werden. Die Führung der Separatisten 1868 bis 1898 hatte ihre Basis in Oriente und Camagüey gehabt; zwischen 1902 und 1933 kamen die Präsidenten – allesamt weiße Kreolen – aus regionalen Eliten verschiedener Provinzen, beziehungsweise sie hatten sich durch den Militärdienst in den Kreis der politischen Eliten aufgeschwungen, so Estrada Palma aus Oriente, José Miguel Gómez und Gerardo Machado aus Las Villas; Mario Menocal und Alfredo Zayas stammten aus Havanna. Ab 1933 kamen alle Präsidenten außer Carlos Mendieta und Federico Laredo Brú (beide Las Villas) aus Havanna. Aber der einflussreichste Politiker der zweiten Republik, Fulgencio Batista, war bei seiner Mutter in bescheidensten Verhältnissen in Banes im »schwarzen« Oriente aufgewachsen. Die Legitimität (und den zweiten Nachnamen) hatte er sich durch einen Meineid seiner Zeugen vor einem Standesbeamten erkauft. Außerdem war er Nachkomme von Mulatten und Indios, eventuell auch von Chinesen, ein Typ, der in Kuba *Chino*, Chinese, genannt wird. Batista wurde in seiner Jugend auch *El mulato lindo*, der hübsche Mulatte, oder *Venus* genannt.[176] Batista war nicht sehr gebildet, sprach aber die Sprache des Volkes. Er kannte die Gestik kubanischer Gesprächsperformanz. Er verstand es, Menschen zu gewinnen.[177] All dies trug zu seiner Popularität bei den breiten Unterschichten bei. Das wiederum zwang fast alle politischen Kräfte, in den Konsens einzustimmen. Nachdem Batista allerdings an der Macht war, fand – fast alchimistisch – eine typische Transsubstantiation seiner »Rasse« statt: er wurde vom *Mulato/Chino* zu *El Indio*, dem Indianer.[178]

Seit Mitte der 30er-Jahre entwickelte sich die Bevölkerung Kubas auf eigener demografischer Basis (wozu nicht zuletzt das Gesetz zur Nationalisierung der Arbeit beigetragen hatte); das Land war kein eigentliches Einwanderungsland mehr. Etwa zwei Drittel dieser Kubanerinnen und Kubaner, vor allem aus den Unterschichten, sahen sich in irgendeiner Weise als »Neger« – auch wenn die meisten versuchten, kulturell ihr »Weißsein« zu demonstrieren. Das hatte tiefe Auswirkungen auf das Wahlverhalten.

Es war ein wichtiges nationales Symbol des Aufstiegs der farbigen Unterschichten, dass in der Krisenzeit seit 1933 mit Batista erstmals ein »Neger« aus Oriente die politische Führung und dann 1940 auch die Präsidentschaft übernahm. Besondere Auswirkungen hatte der Aufstieg der afrokubanischen Unterschichten zunächst vor allem auf die politische Rolle und die soziale Zusammensetzung des Heeres, der Polizei und anderer bewaffneter Kräfte mit staatlicher Hoheitsgewalt, wie der *Guardia Rural*.[179] Mit dem Aufstieg Batistas vollzog sich eine stillschweigende Aufweichung der Ethnisierung der Politik, wie sie die konservativen (auch wenn sie Liberale hießen) »weißen« Eliten 1902 bis 1933 betrieben hatten. So unvollkommen diese neue Politik auch gewesen sein mag, sie hatte tief greifende Folgen. Batista war wirklich, wie Robert Whitney herausgearbeitet hat, der »Architekt des kubanischen Staates«.[180] José Tabares del Real verbleibt dagegen eher im Gefängnis des Strukturalismus, wenn er Batista nur als einen Akteur des »kubanischen Staatskapitalismus«[181] sieht, obwohl es diesen Staatskapitalismus natürlich gegeben hat und er die Zeit Batistas in der Essenz vielleicht am deutlichsten mit dem heutigen »sozialistischen« Staatskapitalismus verbindet.

Der »lateinamerikanische Honigmond« auf Kuba (1940–1944)

Das Wort vom »lateinamerikanischen Honigmond« stammt von André Gunder Frank.[182] Es bezieht sich auf die Tatsache, dass Lateinamerika und Kuba durch die Verwicklung der großen Mächte in Krise und Krieg eine Zeit des Wirtschaftsaufschwunges erlebten. Allerdings gab es auch eine Reihe von Schwierigkeiten, die den »Honigmond« verdunkelten.

Nach Inkraftsetzung der demokratischsten Verfassung, die Kuba bis dahin hatte, erlebte die Insel in der Zeit vom Zweiten Weltkrieg bis zu den Anfängen des Kalten Krieges[183] relativ stabile demokratisch-populistische Regierungen, nämlich die interventionistisch-militärische Batistas (1940–1944) und anschließend die interventionistisch-zivile der *Auténticos* unter Ramón Grau San Martín (1944–1948) sowie Carlos Prío Socarrás (1948–1952). Die neue Verfassung verfügte die Rassengleichheit, das Frauenwahlrecht, das Recht auf Arbeit sowie die Aufhebung der rechtlichen Diskriminierung illegitimer Kinder (die jetzt die zwei Nachnamen etwa der

Mutter annehmen durften) und insgesamt eine sehr progressive
Arbeitsgesetzgebung sowie eine Begrenzung des Latifundiums.[184]
Die Kubaner gaben ihr allerdings schon bald den Spitznamen »die
Jungfräuliche«, weil viele Artikel durch Ausführungsbestimmungen
umgesetzt werden sollten, was aber nicht geschah.[185] Das betraf
vor allem die Arbeitsgesetzgebung, die wirkliche Rassengleichheit
und die Lebensumstände der armen Bauernschaft, speziell die
Kreditvergabe auf dem Lande sowie die Begrenzung des Latifundiums. Ganz im Gegensatz zum hehren Text führten Zuckerkonjunk-
tur und Ausweitung der Viehwirtschaft unter Bedingungen der verstärkten Nachfrage nach Zucker und Fleisch in Kriegszeiten zu
Benachteiligung und Vertreibungen kleiner Bauern ohne formale
Besitzrechte, *Precaristas*, von Staatsland und von den Grenzen der
Grundbesitzungen. 1943 hatte Kuba knapp 4,8 Millionen Einwohner.

In der Regierung Batista gab es, gefördert durch die Anti-Hitler-
Koalition und das Volksfrontkonzept der Kommunistischen Internationale, zwei Minister der PURC, Juan Marinello und Carlos Rafael Rodríguez, vor allem deshalb, weil einerseits die Auténticos
keinerlei Allianzen mit den Kommunisten eingehen wollten.[186] Andererseits war Batista bestrebt, sich den Einfluss der Kommunisten
auf die Gewerkschaften und auf die farbige Arbeiterschaft zunutze
zu machen. Die PURC wechselte nach der Auflösung der Kommunistischen Internationale ihren Namen und nannte sich ab 1944
Partido Socialista Popular (PSP). Der PSP galt wegen seiner funda-
mentalen antirassistischen Rhetorik als (fast) »schwarze« Partei.[187]
Diese pragmatische Bündnispolitik der Kommunisten sollte sich
später als Grundfehler erweisen.

Der japanische Angriff auf Pearl Harbour und die von Hitler persönlich verkündete Kriegserklärung an die Vereinigten Staaten
zwangen auch Kuba, dem Deutschen Reich den Krieg zu erklären.
Kuba trat an der Seite der Anti-Hitler-Koalition in den Zweiten
Weltkrieg ein. Noch 1941 kabelte der deutsche Geschäftsträger aus

Havanna: »Staatspräsident Batista war immer USA Regierung totalitärer Neigungen verdächtig. Hinzu kommt seine aus der Revolution stammende Feindschaft mit Sumner Welles. Bei Bekanntwerden Panamavorgänge größte Bestürzung bei kubanischer Regierung angeblich auch scharfer amerikanischer Druck, dem nach langem Zögern am Jahrestage Staatspräsident nachgab und mit seiner Erklärung strikte Neutralität aufgab. [...] Gleichwohl bleibt Havanna voll von Gerüchten, dass Spannung Entfernung Batistas verlange, die so weit geht, dass *englische* Kreise behaupten nötigenfalls werde man vor seiner Ermordung Ende dieses Monats nicht zurückschrecken. Welles würde dann nach Havanna kommen und ›Ordnung schaffen‹. Demgegenüber festzustellen, dass Batista nach wie vor Wehrmacht fest in der Hand hat [...].« [188]

1942 kam es zur Aufnahme diplomatischer Beziehungen mit der UdSSR.[189] Zeitweilig griff eine Kriegspanik um sich, vor allem wegen der deutschen U-Boote, die Schiffe in der Karibik angriffen, einige versenkten und damit den Zuckerexport gefährdeten und die nordamerikanische Handelsflotte beunruhigten. Literarisch verewigt worden sind jene Zeiten in Hemingways Roman *Inseln im Strom*.[190] Damit trug auch Hemingway bei zur Fama Kubas (und seines Rums). Der Dichter Félix Pita Rodríguez schrieb in seinem Gedicht »Romance de América la bien guardada«:

»Por los caminos de Europa

Sucios de sangre y odio«

(Auf den Wegen Europas

schmutzig von Blut und Hass [...])[191]

Wirklich in Krise geriet die kubanische Wirtschaft zunächst durch den Wegfall der europäischen Märkte und den Niedergang des nordamerikanischen Tourismus während des Krieges. Allerdings glichen die Tabak- und Zuckerlieferungen in die USA und an die Westalliierten das Gröbste aus. Und eine der Symbolfiguren der Anti-Hitler-Koalition, Winston Churchill, rauchte sozusagen immer – wahrscheinlich sogar im Bett – Havannazigarren. Das beflügelte den Luxuskonsum; der Mythos will, dass Churchill allein 300 000 Zigarren der Luxusmarke »H. Upmann«[192] geraucht hat. Heute gilt der dicke Nichtsportler mit der Havanna den Freunden der Zigarrenkultur als Ikone.

Die zivilen Auténticos und ihre Parteienallianz konnten sich bei den Wahlen 1944 gegen den unfähigen Kandidaten der Batista-Koalition, Carlos Saladrigas, durchsetzen. Die Auténticos machten sich die Unzufriedenheit über die Wirtschaftskrise einerseits und die Konflikte auf dem Lande anderseits zunutze. Batista hatte ein direktes, geheimes und obligatorisches Wahlrecht eingeführt. Auch davon profitierten die Anti-Batista-Kräfte. Sie siegten mit antikommunistischer Propaganda, dem Mythos Grau San Martíns, Kritik der Bürger am Militarismus und den Stimmen der Landbevölkerung. Batista ging ins »Exil« nach Daytona Beach. Er nahm seinen treuen Polizeichef Mariano Faget mit.

Der »Honeymoon Lateinamerikas« auf Kuba findet seinen ästhetisch-visuellen Ausdruck in den kubistischen Formen der Frauenbilder und stillen, besonnten Landschaften (wie *Río San Juan, Matanzas* circa 1943) des Malers Víctor Manuel, im Expressionismus sowie in der kreolischen Wiedererfindung altflämischer Formen und Farben eines Jorge Arche (1905–1956) oder Antonio Gattorno (1904–1980), aber auch im modernisierten Kostumbrismus eines Eduardo Abela. Sie scheinen nicht so recht zu diesen aus heutiger Sicht recht unruhigen Zeiten zu passen. Der Betrachter ist eher geneigt, den futuristischen Muralismus eines Mario Pogolotti (1902–1988) mit seinen Klassenkampfbildern, beeinflusst von Diego Ribera (wie *Paisaje cubano*, 1933), oder den dynamischen Romantizismus von Carlos Enríquez (wie *El Combate*, 1941) für den genuinen künstlerischen Ausdruck dieser Epoche zu halten. Diese Unterschiede der Perspektiven, vor allem aber die Vielfalt der ästhetischen Sichtweisen, zeigen aber eben, dass jede Epoche eine Vielfalt von Entwicklungsmöglichkeiten beinhaltet. Seit 1927 existierte auf Kuba die ästhetische Moderne in der Malerei.[193]

Die Vielfalt dieser Moderne ist auf der Insel nie zugunsten eines einzigen »Realismus« (den es auch gegeben hat) oder eines künstlichen Gegensatzes Akademie-Sezession aufgegeben worden. Große Künstler Kubas, wie Carlos Enríquez, der Surrealist Wilfredo Lam (Wilfredo Oscar de la Concepción Lam y Castilla, 1902–1982) oder der Schöpfer eines modernisierten tropischen Farbbarocks, René Portocarrero (1912–1985), haben nicht oder nur kurz an der Akademie studiert, weil sie sich im akademischen Ambiente nicht wohl fühlten. Trotzdem spielt die Akademie San Alejandro in den Biografien fast aller kubanischer Maler und Bildhauer eine eminente Rolle, auch in den Biografien von Avantgardisten, wie Víctor Manuel, Roberto Diago, Amelia Peláez, Eberto Escobedo, Carmelo González, Flora Fong, Roberto Fabelo oder Angel Ramírez. In der Akademie haben, zu unterschiedlichen Zeiten, auch Cirilo Villaverde, José Martí, Carlos Baliño, Pablo de la Torriente Brau, Eduardo Chibás oder Camilo Cienfuegos ästhetische Ausbildung erhalten. Einer der Hauptwege der praktischen Ästhetik, die Malerei, neben Poesie und Musik wohl der wichtigste Weg zum Wahren, Guten und Schönen, war auf Kuba immer der Weg der Vielfalt. Das gilt auch für Literatur und Kritik – die Zeitschrift *Orígenes* unter José Lezama Lima (1944–1956), das Avantgardeblatt Kubas, ist noch heute Zeugnis dafür.

Ein demokratisches Interregnum der Doktoren (1944–1952)

Mit dem Wahlsieg der Auténticos war eine Chance für Reformen unter Führung von zivilen Politikern gegeben. Mit Grau San Martín kam für die Kubanerinnen und Kubaner zehn Jahre nach 1933 so etwas wie der Patriarch der verratenen Revolution an die Macht. Vizepräsident wurde der konservative Raúl de Cárdenas. Die Auténticos beriefen sich, gestützt auf das nationale Bürgertum und die urbanen Schichten, auf die Nation und auf die unerfüllte Revolution von 1933 sowie auf José Martí. Eine Kommission der PSP (Blas Roca, Juan Marinello, César Villar, Salvador García Agüero und José

Luciano Franco) versicherte den neu gewählten Präsidenten der Zusammenarbeit, die die Auténticos aber nicht wollten. Die Auténticos an der Macht führten in gewisser Weise das Reformprogramm Batistas weiter, allerdings ohne sich auf eine »kleine Volksfront« mit den Kommunisten zu stützen. Sie betrieben unter dem Slogan »Kuba den Kubanern« eine nationalistische Politik. Eine breite Demokratisierungshoffnung in der Bevölkerung trug die Auténticos. Die USA hielten sich unter dem Slogan von der »Reife der kubanischen Demokratie« von allzu deutlicher Einmischung fern. Während des Zweiten Weltkrieges gab es auf Kuba etwa 3000 bis 3500 deutsche, meist jüdische Emigranten; da Kuba ein wichtiges Tor zur Einreise in die USA war, hielten sich zeitweilig etwa 15 000 Flüchtlinge auf der Insel auf (die meisten längere Zeit in Flüchtlingslagern).

Im Schatten der Zuckerquote und der Kriegskonjunktur hatte sich seit den unruhigen 30er-Jahren ein kubanisches Unternehmertum entwickelt, das den Zuckersektor zu 70 Prozent dominierte. Die Kriegsnachfrage stärkte die Zuckerwirtschaft. Auch die kubanische Zigarren- und Zigarettenproduktion, wie die der Firma Partagás, erweiterte sich. In den Radioprogrammen der vielen kleinen und großen Stationen – Kuba war eines der Pionierländer der populären Radiokultur mit regionalen und lokalen Sendestationen – eroberte sich die bäuerliche Gesangskultur, der *Punto guajiro cubano* (mit Alltagsthemen im Stegreifstil), zusammen mit der Werbung für kubanische Produkte, über das neue Medium ein begeistertes Massenpublikum.[194]

In der Tendenz lief diese nationale Rhetorik jedoch, wie schon bei José Miguel Gómez und Alfredo Zayas, auf eine Art Wirtschaftspolitik hinaus, die in Zeiten guter Konjunktur die Illusion der Kubanisierung förderte und zu einem weiteren Anstieg des Pfründenwesens im Staatsapparat und in der Korruption führte. Wegen dieser allgegenwärtigen Korruption, wegen der Unsicherheit und wegen der sich ausbreitenden Gewalt sowie der Inkonsequenz der

Parteiführer in entscheidenden Fragen entfremdeten sich viele Anhänger der Führung der Auténticos. Der demokratische Konsens wurde schnell untergraben.

Als ihre breite soziale Basis sahen die Auténticos die gleichen städtischen Klassen an wie die Kommunisten. Deshalb auch die scharfe Konkurrenz, die erst nach dem Beginn des Kalten Krieges 1947 voll zum Durchbruch kam. Anlass war vor allem der Versuch, die Führung der Kommunisten über die Gewerkschaften, speziell über die Großgewerkschaft *Confederación de Trabajadores de Cuba*, durch die *Comisión Obrera Auténtica* – ein verlängerter Arm des Arbeitsministeriums unter dem ehemaligen Kommunisten (und ehemaligen Trotzkisten) Eusebio Mujal – zu brechen. Als dies zunächst misslang, gingen die Auténticos zum Staatsterror über. Das brachte, zusammen mit antikommunistischem Druck aus den USA, den Erfolg. Dabei bediente sich die Führung der Auténticos der Mitglieder der zu Beginn der 30er-Jahre entstandenen radikalen Organisationen, deren Gewaltausübung jegliche ideologische Bindung verloren hatte. Sie waren zu Politmafias (vulgo *Gangsterismo* beziehungsweise *Bonchismo*, von *Bonche*, Krawall) verkommen. Konzentriert in Havanna, gab es fast ein Dutzend dieser Organisationen, die starken Einfluss auf die Studentenschaft ausübten und sich oft aus dieser rekrutierten. Von außen breitete sich die Mafia schon seit den 20er-Jahren aus den USA über Kuba aus, vor allem im Hotelgewerbe, in der Prostitution und im Glücksspielsektor.

Grau machte gegen Wahlunterstützung und Hilfe der Politgangster Fabio Ruiz von der *Acción Revolucionaria Guiteras* (ARG), Nachfolgeorganisation der *Joven Cuba* von Guiteras, zum Polizeichef von Havanna. Mario Salabarrías vom *Movimiento Socialista Revolucionario* (MSR), dem auch Rolando Masferrer, Boris Goldenberg, Faure Chaumont, Manolo Castro angehörten, wurde zum Chef der Geheimpolizei. Emilio Tró von der *Unión Insurreccional Revolucionaria* (UIR) ernannte Grau zum Polizeichef in Havannas modernistischem Villenviertel Marianao.

Auch so kann Korruption aussehen. Rekrutiert wurden *Single young men*, die Akteure von Gewaltkulturen, vornehmlich aus der Studentenschaft. Das Geld kam oft von der Regierung. Auch unter den Doktoren war Gewalt Bestandteil der Regierungspolitik; die Grundlagen waren schon in der ersten Regierung Batista gelegt worden. Viele Menschen starben unter ungeklärten Umständen. Der Kommunist Lázaro Peña (1911–1974) wurde massiv bedroht und der schwarze Führer der Zuckergewerkschaft, Jesús Menéndez (1911–1948), in Manzanillo hinterrücks erschossen. Der Führer der Seeleutegewerkschaft, Aracelio Iglesias Díaz (1902–1948), fiel einem Mordkomplott zum Opfer. Der PSP wurde verfolgt. Seine Mitglieder wurden aus den Führungspositionen der Gewerkschaften, vor allem der CTC, verdrängt. Dort hatten sie von 1939 bis 1947 sehr erfolgreich Politik gemacht, vor allem im Kampf um höhere Löhne und gegen den Rassismus. Gewalt und mafiose Politik zerfrassen die nationale Bürgergesellschaft von innen. Trotz andauernder nationalistischer Rhetorik, eine Agrarreform zugunsten der Campesinos durchzuführen, kam es immer wieder zu gewaltsamen Zusammenstößen zwischen Landvermessern der großen Latifundisten und Companies sowie Campesinos. *Desalojo*, Vertreibung vom Land, das sie bebauten, aber für das sie keine Eigentumstitel hatten, war der Schrecken der Campesinos und ihrer Familien. 10 Tage nach der Präsidentschaftsübernahme durch Prío wurde Sabino Pupo, der Führer der Asociación Campesina von Santa Lucía, durch gekaufte Mörder der Manatí Sugar Co. getötet.

Im internationalen Rahmen wurde Kuba in Form der so genannten»Havanna-Charta« unter den Auténticos nicht gerade Vorreiter, aber wichtiger Beteiligter der global-westlichen Wirtschaftsliberalisierung. Die Havanna-Charta war Teil einer besonders von den USA ausgehenden Strategie zur Neuordnung der internationalen Beziehungen nach dem Zweiten Weltkrieg, vor allem im Bereich der Wirtschaftsbeziehungen. Erster Ansatz hierzu war die Bretton-Woods-Konferenz im Jahre 1944, auf der sowohl der Internationale

Währungsfonds als auch die Weltbank (damalige Bezeichnung: International Bank of Reconstruction) ins Leben gerufen wurden. Es folgten die Panamerikanische Konferenz (Conferencia de Chapultepec) mit dem »Plan Clayton«, der eine Wirtschafts-Charta für die lateinamerikanischen Länder schaffen sollte. Auf der Havanna-Konferenz, bei der von November 1947 bis März 1948 Vertreter von 56 Staaten im Capitol zusammentrafen, sollte der dritte Pfeiler der neuen Weltwirtschaftsordnung, die handelspolitische Komponente, errichtet werden. Das gelang zunächst auch mit der Anfang 1948 von den Regierungsvertretern firmierten Havanna-Charta. Kernpunkt der Charta war unter anderem der weit reichende Abbau von Zollschranken und Handelshemmnissen. Daneben enthält die Charta erste, sehr bescheidene Selbstverpflichtungen zur Einhaltung von Sozialstandards.[195]

Die US-Regierung hatte zwar ihrerseits dem Vertrag zugestimmt, der US-Kongress lehnte jedoch schon bald eine Ratifizierung mit dem Hinweis ab, dass durch diese völkerrechtlichen Bestimmungen die gesetzgeberische Souveränität des Kongresses eingeschränkt würde. Neben verfassungsrechtlichen Bedenken kam hier jedoch auch die Haltung des protektionistischen Lagers in den USA zum Ausdruck. Die Havanna-Charta war damit zwar gescheitert, zentrale Komponenten des Textes wurden jedoch im GATT-Vertrag (General Agreement on Tariffs and Trade) aufgegriffen. Im Unterschied zur Havanna-Charta hat dieser Vertrag, der Anfang 1948 in Kraft trat, jedoch nicht den Status eines völkerrechtlichen Vertrags. Er wurde nun von den USA mitgetragen. Neben den USA war Kuba eines der 23 Gründungsmitglieder des GATT.

Der Kalte Krieg wirkte nicht nur hinderlich auf den Flug dieser Schwalbe der dritten Globalisierung. Auch die kubanische Innenpolitik änderte sich. Unter den Auténticos kam es zur Spaltung. Aus dem PRC (A) ging, wegen der Nichtverwirklichung der nationalen Ziele, 1947 der *Partido del Pueblo Cubano (PPC, Ortodoxo)* unter dem brillanten Antikommunisten, das heißt Gegner des kubani-

schen PSP, Eduardo Chibás (1907–1951) hervor. Chibás war einer der
Studentenführer von 1933, ein begnadeter Redner. Er profilierte
sich vor allem als Stimme des städtischen Bürgertums und der Jugend. Chibás griff in einer wöchentlichen Radiosendung die Regie-
rungskorruption an. Ein Massenpublikum dankte es ihm mit treuer
Anhängerschaft. Einer seiner begeisterten Anhänger und Mitglied
der Orthodoxen Partei seit 1947 war ein junger Mann namens Fidel
Castro Ruz. Die *Ortodoxos* profilierten sich gegen *Auténticos*, Batista und PSP.

In den Wahlen 1948 siegte jedoch noch einmal der Kandidat der
Auténticos, Carlos Prío Socarrás. Batista trat wieder in Erscheinung. Er wurde in Las Villas zum Senator gewählt und pflegte seine
Beziehungen zur Armee. Mit Prío diskreditierten sich die Auténticos an der Macht endgültig. Seine Regierung bestand aus Vertretern der Generation von 1933; der Premier war ehemaliger Führer
des ABC. Der Staatsapparat wurde weiter aufgebläht, Korruption
und Spekulation waren allgegenwärtig. Die Kultur der Gewalt zer-
fraß das demokratische Gemeinwesen. Die zivile Reformalternative scheiterte schon vor dem Putsch Batistas, hatte aber als Versuch eigene historische Qualität. Portell-Vila ist aus der Rück-Sicht
jedenfalls der Meinung, dass die Kubaner von 1944 bis 1952 das
demokratischste Regime Lateinamerikas ihr Eigen nennen konnten. Korruption, Kokain, Prostitution und Gewalt gehörten von
Anfang bis Ende dazu.

1951 beging Chibás vor laufenden Mikrofonen einen Selbstmord-
versuch aus Protest gegen die Korruption. Kurze Zeit darauf starb
er. Die Ortodoxos hatten einen Märtyrer. Vielen galt Chibás auch
als Verrückter. Das änderte aber nichts an der Tatsache, dass sich
im Wahlkampf 1951/52 ein Sieg der Ortodoxos, unterstützt vom PSP,
über die Wahlkampfvereine der Auténticos und Batistas abzeichnete. Bei den Ortodoxos hatten sich viele Bekannte von Julio Antonio Mella und auch viele der Revolutionäre von 1933 gesammelt.
Ein neuer Reformschub schien möglich, zumal auch ein wirt-

schaftlicher Wandel, weg von der Monoproduktion und der Abhängigkeit des Zuckers, im Bereich des Möglichen lag.

Diktatur und Guerillakrieg 1952–1958: Der zweite Batistato
Getragen von einer breiten Anti-Prío-Stimmung und gestützt auf eine Verschwörung von Armeeoffizieren, griff Batista im März 1952 zum letzten Mittel, um sich als Retter Kubas zu präsentieren und – den Sieg einer Reformpartei zu verhindern. Präventiv richtete sich der Putsch auch gegen die Möglichkeit von Antikorruptionsaufständen oder Racheakten gegen den Prío-Clan. In gewisser Weise rettete der Putsch Prío, dessen Clique keine legale Untersuchung ihrer Machenschaften ungeschoren überstanden hätte.

Offiziere übernahmen das Armeehauptquartier Camp Columbia und die Telefonzentrale des Landes. Unter dem Vorwand, Prío selbst plane einen Staatsstreich, um seine Regierungszeit zu verlängern (und so Korruptionsuntersuchungen durch die nächste Regierung zu verhindern), ließ Batista am 10. März 1952 den Präsidentenpalast besetzen. Der General trieb die Doktoren aus dem Regierungspalast. Batista ahmte Bonaparte nach. Prío ging nach Miami. Wegen des Putsches konnte er sich eine Opferrolle zulegen und spielte bald eine wichtige Rolle in der bürgerlichen Opposition gegen Batista.

Das Volk von Havanna rief dem gestürzten Präsidenten »Prío raus« nach. Es kam kaum zu Widerstand. Es gab kurzfristige Streiks (etwa bei Sagua la Grande). Studenten der *Federación Estudiantil Universitaria* (FEU) baten Prío zwar um Waffen, wurden aber so lange hingehalten, bis der gestürzte Präsident und seine raffgierigen Brüder verschwunden waren. Aber der Vorgang an sich, der Putsch, war ungeheuerlich. Batista baute auf seinen Ruf sowie auf das Unbehagen an Politgangstertum und Korruption. Er setzte auch auf die faktische Kraft der Rekordzuckerernte von 1952 (Koreakrieg). Batista versprach allen alles: »Das Volk und ich sind die Diktatoren.« Marta Fernández de Batista führte sich auf wie Evita

Perón, war aber nicht so erfolgreich. Im Mai 1952, aus Anlass des
50. Jahrestages ließ der Diktator die große Reiseprozession der Virgen del Cobre durch ganz Kuba zu. Die Virgen besuchte praktisch
jede Ortschaft der Insel; den Abschluss der Veranstaltung bildete
eine große Messe in Havanna. Die USA anerkannten das Batista-Regime sehr schnell. Die Verfassung wurde außer Kraft gesetzt. Der neue Machthaber versprach
ein neues Grundgesetz, das den »demokratischen und progressiven Inhalt« der Verfassung von 1940 bewahren sollte. Auch Martí-
Kult und Nationalismus wurden bedient: Als gemeinsames Symbol
beider ließ Batista die gigantische Martí-Statue und den Turm auf
der heutigen Plaza de la Revolución errichten. Der Komplex sollte
1953, zum 100. Jahrestag der Geburt José Martís, eingeweiht werden. Da aber der Bau pompös und teuer war und Korruption allgegenwärtig, kam der Diktator nicht mehr dazu.

Es kam zunächst zu einer politischen Pattsituation, denn keine
der großen politischen Parteien oder Organisationen tat etwas gegen den Usurpator. Die Gewerkschaften stellten sich mehrheitlich
hinter Batista; der Auténtico-Gewerkschaftsboss Eusebio Mujal gar
biederte sich an. Die Auténticos waren diskreditiert, die Ortodoxos
desorientiert und führerlos (auch weil es zu viele Prätendenten
gab: Emilio Ochoa, der Journalist Luis Conte Agüero, der Philosoph
Roberto Agramonte (1904–1995), der Historiker Herminio Portell-
Vilá und andere). Die Parteien konnten dem Diktator nichts ent-
gegensetzen; viele afrokubanische Organisationen und Persönlichkeiten unterstützten ihn.

Die Kommunisten des PSP protestierten zwar. Aber sie fühlten
sich durch den Terror teils handlungsunfähig, teils wegen früherer
Zusammenarbeit mit Batista unentschlossen. Batista trompetete
das Horn des Antikommunismus. Aber die Führer des PSP, Juan
Marinello, Lázaro Peña, Blas Roca, Aníbal Escalante und Joaquín
Ordoqui, gingen zunächst ziemlich unbehelligt ihren Tätigkeiten
nach; die Zeitung *Noticias de Hoy* erschien regelmäßig (bis 1953).

Die Maschinerie lief einfach weiter. Was allgemein den Regierungen angelastet wurde – Korruption, Nepotismus, Günstlingswirtschaft, Patronagewesen, Nichtbeachtung von Gesetzen, Jagd nach Geld, Sex und Gewalt, Luxuskonsum und Sinekuren –, hatte die politische Kultur des Landes zutiefst zerfressen. Im urbanen Kuba, vor allem in Havanna, war eine der materialistischsten Gesellschaften der Welt entstanden; eine Mischung zwischen den Segnungen der amerikanischen Moderne, mafiösen Strukturen und spanisch-katholischer Elitementalität.

Die Stadt Havanna – vor allem auf der Strecke Calle 23 oder Línea durch die unter Batista mit Mafiageldern gebauten Tunnel über die Quinta Avenida, vom Nuevo Vedado bis nach Miramar, Marianao und Siboney – wurde ein Bilderbuch der amerikanisch-kubanischen Architektur der ersten 60 Jahre des 20. Jahrhunderts. Heute ist die Stadt ein Museum der klassischen Moderne. Auch heute als »authentisch kubanisch« geltende Architektur, wie etwa das »koloniale« Hotel Nacional, ist das hybride Ergebnis der Wiedererfindung eines »mediterranen« Stils in den Südstaaten der USA, vor allem in Miami, Florida.[196]

Das urbane Kuba war auch als Konsumgesellschaft und in der Anwendung neuer Technologien eine der modernsten Gesellschaften Lateinamerikas. Das lässt sich mit einigen wenigen Zahlen am Beispiel der Ausbreitung des Films, des Telefons oder des neuen Mediums Fernsehen und des Autos zeigen. 1955 hatte Kuba 550 Lichtspieltheater mit 370 500 Plätzen in allen Städten der Insel. Dazu kamen etwa 200 kleinere Unternehmen, die mit 16-mm-Equipments während der Ernte in improvisierten Sälen oder Klubs Filme vorführten. 1955 wurde das erste Autokino mit 800 Plätzen eingerichtet. Filme aus den USA überschwemmten den nationalen Markt schon seit dem Ersten Weltkrieg. Mexikanische oder gar europäische Produktionen hatten es schwer. 1957 kam ein Fernseher auf 25 Einwohner; bei Telefonen betrug die entsprechende Quote 1/38 und bei Autos 1/40 – Kuba belegte auf diesen Gebieten erste Plätze in Lateinamerika. Die Liste ließe sich fortsetzen. In einigen Stadtvierteln Havannas glaubt man sich noch heute, auch und vor allem wegen der Interieurs der Häuser, aber auch wegen ihrer Architektur (die durch die 40 Jahre Sozialismus sozusagen konserviert worden sind), in der Kulisse eines frühen Doris-Day-Films. Das Einkommen pro Kopf (374 Dollar) war nach dem Ölboom-Land Venezuela (857 Dollar) das höchste in Lateinamerika. Ende der 40er-Jahre besaß Kuba nach Argentinien die höchsten Devisenreserven Lateinamerikas. Havanna galt als eine der teuersten Städte der Welt. Die Stadt hatte 1954 weltweit die meisten Cadillacs pro Kopf. Die zu dieser Zeit weltgrößte Coca-Cola-Fabrik stand auf Kuba. Die kubanischen Mittel- und Oberklassen konsumierten nach US-Mustern; oftmals auch gleich in den USA, bevorzugt in Miami, wohin seit 1927 eine Fluglinie der *Pan American* führte. Nur war das kubanische Pro-Kopf-Einkommen zwar doppelt so hoch wie im lateinamerikanischen Durchschnitt, aber fünfmal niedriger als das der USA (2000 Dollar). Das konnte auf die Dauer nicht gut gehen. Diese urbane Gesellschaft existierte auf Kosten von Ressourcen, die sie zwar manchmal bedauerte, aber kaum beachtete oder gar kannte – die Zuckerrohrschnitter des »großen« Kuba und die »kleinen« Kuba der ruralen Subsistenzbauernschaft, der Landarbeiter und der Arbeitslosen, die nur saisonal überhaupt in die Geldwirtschaft einbezogen waren. Vor der extremen Armut der Landbevölkerung im Prozess der Modernisierung hatte schon Nelson Lowry mit seiner »ruralen Soziologie« von 1945/46 gewarnt. Das Hauptproblem des ländlichen Kuba waren das extrem niedrige Einkommen der Landbevölkerung, die Härte der klientelistischen Strukturen und die schlechte Infrastruktur. Allein 575000 Männer waren (zeitweilig) bezahlte Landarbeiter, etwa die Hälfte davon Zuckerrohrschnitter, die nur während der Ernte wirklich Arbeit fanden. Von rund 3,8 Millionen Arbeitern und Arbeiterinnen (bei einer Gesamtbevölkerung von 5,8 Millionen 1953) über 14 Jahren fanden 49 Prozent nur 10 oder weniger Wochen Arbeit im Jahr, davon 82 Prozent Frauen.

Unter Batista zehrte die Wirtschaft zunächst von der konjunkturellen Kubanisierung, aber es kam auch zu Krisen. Der Koreakrieg brachte einen Boom und eine Rekordzuckerernte. 1955/56 kam es zum Einbruch der Zuckerproduktion; zur Ernte im Dezember 1955 streikten die Zuckerrohrschnitter, unterstützt vor allem durch Studenten. 1957 bescherten Suezkrise und schlechte Rübenzuckerernten in Europa nochmals ein sehr gutes Jahr. 1958 geriet das Land in eine tiefe soziale, politische und mentale Krise. Die Zuckerproduktion war in der offenen Exportwirtschaft endgültig an ihre Grenzen gestoßen. Das Auf und Ab der Zuckerkrisen verstärkte die politische Unrast und das allgemeine Gefühl der Unsicherheit.

Insgesamt gesehen stand Kuba in den 50er-Jahren vor der Chance einer wirtschaftlichen Transformation, die das Land vom klassischen Binom Dependenz–Monokultur hätte wegführen können. Zucker war zwar noch das Hauptprodukt, von dem vieles abhing, aber er hatte keine Zukunft. Eine kubanisierte und diversifizierte Wirtschaft war entstanden. Investitionen gingen schon massiv in den Tourismus (Motto:»Die zweite Zafra Kubas«; 1957 rund 380 000 Touristen, vor allem US-Amerikaner) und in die einheimische Industrie[197]; im weiteren in neue Formen der Viehzucht und Genussmittelproduktion sowie Gemüse- und Früchteanbau für den schnell expandierenden Food-Markt in den USA. Die notwendige Industrialisierung (und Mechanisierung der Landwirtschaft) allerdings wurde durch die langfristigen Folgen des Reziprozitätsabkommens von 1934, die hohen Arbeitskosten sowie die Bestimmungen zur Sicherheit der Arbeitsplätze für diejenigen, die Arbeit hatten, behindert. Demografisch gesehen, in den wichtigsten Verhaltensweisen und Konsumtionsgewohnheiten (nicht so sehr in den Werten), war das urbane Kuba schon 1953 Teil der westlichen Moderne (bei der UFA gab es den Film *Habanera*, mit Zarah Leaner, in dem allerdings die Akteure wie als Deutsche verkleidete

Spanier aussehen). In der alten Bundesrepublik des Wirtschafts-
wunders wurde Batista-Kuba zum Teil der populären Schlagermu-
sik: 1955 lud Caterina Valente zur »Fiesta Cubana« ein, 1957 sang
Jimmy Makulis eine Seemannsschmalzette »Auf Cuba sind die
Mädchen braun«, im gleichen Jahr zogen Margot Eskens und Sylvio
Francesco mit »Wenn du wieder mal auf Cuba bist« (eine Calypsoa-
daption) nach. Den Gipfel der Sozialkritik im Gewand einer wieder
erstandenen Habanera, sozusagen als Kommentar zum Guerillakrieg, lieferte souverän Caterina Valente 1958 mit ihrem »Spiel noch
einmal für mich, Habañero«.

Der zweite *Batistato* war eine Diktatur mit einem zu alten Diktator und einer vorherrschenden alten Wirtschaftselite sowie einem
zerfallenden, korrupten Parteiensystem, die die Probleme einer
sich modernisierenden Gesellschaft nicht zu lösen vermochten.
Der Batistato war von Anfang an wenig legitimiert und zeigte sich
bald repressiv und extrem korrupt. Batista regierte mit schwarzen
Kassen aus Lottomillionen und schmutzigem Mafiageld. Die US-
amerikanische Mafia unterwanderte das Land immer weiter. Havanna lief Las Vegas den Rang ab. Investoren und Bauleute plan-
ten, die Altstadt abzureißen und Wolkenkratzer an ihre Stelle zu
setzen. Die »Schwalbe« dieser Modernisierung im Kern des historischen Havanna ist noch heute in Gestalt des hässlichen Büro-
gebäudes hinter dem Palast der Generalkapitäne, neben dem
Hotel Ambos Mundos, zu besichtigen. Für den internationalen
Luxustourismus wurde im Westen Havannas der Komplex des Hotel Montecarlo mit Mafiamillionen und der Unterstützung von
Frank Sinatra, Meyer Lansky sowie vielen anderen errichtet, die
weltweit erste Marina (heute: Marina Hemingway). Zum Zentrum
der Mafiaaktivitäten in Havanna wurde das schöne Hotel Riviera
direkt am Malecón.

Trotz demonstrativen rassischen Populismus seitens des Diktators war Kuba, mit Ausnahme der bewaffneten Kräfte und der Gewerkschaften, auf dem besten Wege, in eine informelle Zwei-Klas-

sen- oder besser Zwei-Rassen-Gesellschaft abzugleiten.[198] Terror, Unsicherheit und allgegenwärtige Korruption verschärften das Krisengefühl noch mehr. Dazu kam der demografische Druck geburtenstarker Jahrgänge auf Wirtschaft und Sozialsysteme. Vor allem hatte das Batista-Regime die Reformfähigkeit verloren, die man dem ersten Batistato 1939–1944 nicht absprechen kann. Und es war keine Partei mehr da, gegen die Batista sich profilieren konnte, wie in den 30er-Jahren die sozialdemokratischen Auténticos.

Aber das war noch nicht alles. Die Kubaner mussten gegen Ende der 50er-Jahre begreifen, wie Pérez Jr. schreibt, dass »Cuban« einfach als der exotische, tropische Andere des Nordamerikaners definiert wurde. Das, was in hehren Worten, Symbolen und Hymnen als »kubanische Nation« gefeiert wurde, existierte nur noch als Hülle: »Kuba war ein Land zum Verkauf, die Parodie eines Landes.«[199]

Der Erfolg der Castro-Revolution basierte sicherlich auch auf der wirtschaftlichen Krise, dem Zerfall des traditionellen Parteiensystems und auf vielem anderen. Letztendlich aber erklärt sich ihr Erfolg daraus, dass sich irgendwann 1958 bei nahezu allen Kubanern ein Gefühl eingestellt hatte, ein erneuerter Nationalismus werde ihnen eine bessere Zukunft bringen. Dabei spielte auch die tiefe historische Sensibilität der Kubanerinnen und Kubaner, ihren jungen »verspäteten« Nationalstaat (1902–1958; 56 Jahre!) gegen die drohende Auflösung festigen zu müssen. Eine mehr oder weniger liberale Demokratie hat auf Kuba im Grunde nur zwischen 1939 und 1952 existiert. Castro symbolisierte für die Kubaner ab etwa Mitte 1958 Erhalt und Erneuerung der Nation. Insofern war die kubanische Revolution der postkoloniale Aufstand einer verspäteten Nation gegen die Frühformen der dritten Globalisierung, die sich mit Folgen der Industrialisierung und Spätfolgen des Kolonialismus sowie der Sklaverei mischten. Unterschwellig stand von Anfang an auch die symbolische Dimension – David gegen Goliath – im Zentrum der Auseinandersetzung: Kuba war seit jeher der Repräsentant der »kleinen« gegen die »großen« Nationen.

Aus heutiger Sicht entbehrt es nicht einer gewissen Komik, dass sich in eben diesen Jahren im Volksmund das Lied *Guajira Guantanamera* zu einem Symbol für Tragisches entwickelte. Das Lied wurde im Radio als Erkennungsmelodie bei einer populären Sendung über tragische Unfälle, Morde und Unglücke gespielt. Immer wenn jemandem etwas Schreckliches passierte, sagten die Leute: »Le cantaron la Guantanamera« (man hat ihm die Guantanamera gesungen). Aber vielleicht ist es auch als Symbol zu sehen, dass das tragische Lied der Batista-Zeit zur internationalen Erkennungsmelodie für ein neues Kuba, das Kuba nach 1959, werden sollte.

Am meisten fürchtete sich Batista vor der Studentenschaft, von der viele Idealisten waren, aber auch auf Posten unter einer Ortodoxo-Regierung gehofft hatten. Gestützt auf die Autonomie der Universität (seit 1933) spielten die Studenten dann mit der Federación Estudiantil Universitaria und ihrer geheimen Führung, dem *Directorio Revolucionario Estudiantil* unter José Antonio Echevarría, eine wichtige Rolle im aktiven Kampf gegen Batista. Die Jugend misstraute den etablierten Parteien. Diese Situation nutzte der junge Rechtsanwalt Fidel Castro, um eine Revolution im Geiste Martís zu initiieren. Er hatte das richtige Alter. Fidel Castro war der Repräsentant der Generation von 1953.

Diktatur und Guerillakrieg 1953–1958:
Direkte Aktion, Guerillakrieg und Revolution

Fidel Castro ist zum Zeitpunkt des *Golpe*, des Putsches von Batista, fünfundzwanzig Jahre alt. Wie fast alle radikalen Nationalisten ist Fidel Castro »Kubaner« erst der zweiten Generation. Sein Vater Angel Castro Argiz war Einwanderer aus Galicien. Er hatte zunächst im Unabhängigkeitskrieg auf spanischer Seite gekämpft und die Insel mit den geschlagenen spanischen Truppen verlassen müssen. 1905 war er wieder nach Kuba eingewandert. Er hatte es in Birán/Oriente (in der Nähe der Bahía de Nipe) durch Geschäfte mit der United Fruit Company zum Großgrundbesitzer und Lokalkaziken gebracht. Viele seiner Arbeiter waren Haitianer, die Ärmsten der Armen. Fidel litt stark darunter, dass er im August 1927 außerehelich geboren worden war. Zwar wird der 13. August 1926 gefeiert, aber Castro sen. hat die Papiere später fälschen lassen, damit Fidel ein Jahr älter erschien – eine auf Kuba recht übliche Praxis. Seine Mutter Lina Ruz González, eine Anhängerin der Regla Conga, einer der kubanischen Volksreligionen, arbeitete zum Zeitpunkt seiner Geburt noch als Dienstmädchen im Hause Castro. Castro sen. legalisierte das Verhältnis schließlich, das heißt, er heiratete Fidels Mutter; Fidels jüngerer Bruder Raúl kam dann schon als legitimes Kind zur Welt.

Castro jun. vereinigte enorme Willensstärke – eine Erbschaft seines Vaters, die der Sohn allerdings mehr und mehr gegen seinen Erzeuger richtete – und die für Kuba klassische Bildung der reichen Oberschichten.[200] Er hatte Schulen der Jesuiten, unter anderem den berühmten Colegio de Belén, durchlaufen und in Havanna Rechtswissenschaften studiert. Dort war er mit allen Erscheinungsformen des Studentenlebens in Berührung gekommen, auch dem *Gangsterismo*, der zum Teil bewaffneten Auseinandersetzung zwischen Studentengruppen (oder »Gangs«) um die Kontrolle der Universität.

Fidel Castro fühlte sich aber auch mehr und mehr vom moralischen Rigorismus Chibás' angezogen. Die Disziplin, aber eher noch die Fantasielosigkeit der Kommunisten stieß ihn ab; seine Disziplinlehrer waren Jesuiten. 1948 reiste er durch Lateinamerika und traf mit Studenten anderer Länder zusammen, die sich wie er nicht nur einer nationalen, sondern als Erbe Simón Bolívars auch einer lateinamerikanischen Identität verpflichtet fühlten. In Bogotá lernte er den sendungsbewussten Jorge Eliécier Gaitán (geboren 1903, ermordet am 9. April 1948) und dessen *Liberale Partei* kennen. Er wurde Augenzeuge der chaotischen Volkserhebung nach Gaitáns Ermordung, des *Bogotazo*. Nach Kuba zurückgekehrt, heiratete er Mirta Díaz-Balart. Deren Bruder, ein Kommilitone Castros, wurde unter Batista Unterstaatssekretär im Innenministerium.

Castro dagegen entwickelte sich, auch wegen der durch den Putsch Batistas gescheiterten Politikerkarriere in der Orthodoxen Partei, zum Rigoristen und Nationalisten im Geiste Martís und Chibás', ausgestattet mit Charisma, rhetorischer Brillanz und Autorität, die einen großen politischen Anführer auszeichnen. Theoretiker war er nie, eher ein Anhänger direkter politischer Aktionen. Castro nahm die überdrehte Rhetorik des kubanischen Nationalismus beim Wort. Er war zu dieser Zeit weder Kommunist noch Marxist, lehnte aber den geifernden Antikommunismus der rassistischen McCarthy-Ära ab. Selbst Ché Guevara hielt ihn noch im Dezember 1957 für einen »authentischen Führer der Linksbourgeoisie«.[201] Fidel kannte marxistische Schriften.[202] Er war vertraut mit Mentalität und Sprache der Kubaner, sowohl mit der der ärmsten Guajiros in seinem Heimatort Birán und auf der Finca seines Vaters wie mit der der Oberschichten. Er kannte auch das Geltungsbedürfnis und die Verschlagenheit Batistas. Alle Biografien, die Castro schon zu dieser Zeit ideologisch festlegen, übersehen, dass er immer ein zur direkten Aktion neigender Politiker war, der ideologisch Martí anhing. Er war Sohn eines armen galicischen *Campesino* und einer *Cocinera*, einer Köchin vom Lande; sein Vater hatte es von bitterster Armut zum Gutsbesitzer gebracht. Es gab in dieser Familie noch keine irgendwie geartete aristokratische Tradition. Fidel Castro war regelrecht wild auf dem Lande aufgewachsen und hatte die natürliche Klugheit und die Überlebensfähigkeiten der Guajiros mit der Muttermilch eingesogen. Ein kubanischer Guajiro glaubt an naturgewachsene Ehre, er hat ein tiefes Gefühl für *dignidad*, Würde. Ein Guajiro kann in seinem Lebensumfeld einfach alles – und was er nicht kann, lernt er. Das ist Teil seiner Ehre. Zum Ehrbegriff unter Guajiros gehört es auch, den anderen und seine Ehre als gleich anzuerkennen – ein tiefstverwurzelter

Egalitarismus. Die Jesuiten hatten das eventuell erkannt und Castro »nur« Disziplin und Methode gegeben, sein Wertegerüst war schon fest begründet.

Castro war und ist ein Genie, eben *El caballo*, wie Kubaner sagen, im Ausloten, Erkennen und Dominieren konkreter politischer Situationen. Außerdem führt Fidel Castro die Tradition des kubanischen politischen Pragmatismus fort. Die Magie Fidel Castros besteht – seit diesen frühen 50er-Jahren – in direkter Aktion, Mut, charismatischer Performanz und Rhetorik. Das sind auch seine Grenzen.

Mit Abel und Haydée Santamaría und seinem jüngeren Bruder Raúl begann Castro im Umfeld der Ortodoxos eine Anti-Batista-Gruppe um sich zu sammeln. Unter Führung des willensstarken Castro, der bisher noch keine Führungspositionen hatte erringen können, radikalisierte sich die Gruppe. Die jungen Menschen empfanden sich im Jahr des hundertsten Geburtstages von José Martí als Erben seines Märtyrertums. Angesichts der Passivität der etablierten Parteien sahen sie sich zunehmend auch als Aktivisten des kubanischen Volkes gegen die Diktatur. Castro klagte Batista des Verfassungsbruchs an. Damit legalisierte und legitimierte er das Recht auf Revolution. Er zeigte zugleich, dass der Kampf innerhalb des parlamentarischen Systems – das wieder in Kraft zu setzen Batista versprochen hatte – sinnlos war, weil es vom Diktator manipuliert wurde.

Das war durchaus die stille Meinung der Masse des Bürgertums und der Intelligenz. Aber die Gruppe um Castro orientierte sich zunächst auf den bewaffneten, außerinstitutionellen Kampf der direkten Aktion in der urbanen Tradition von Antonio Guiteras. Sie stützten sich auf Erfahrungen aus der kubanischen Geschichte. Ein Symbol sollte gesetzt werden. Zu diesem Symbol ist die Moncada-Kaserne geworden, das damals zweitwichtigste Militärzentrum des Landes. Die geläufige deutsche Übersetzung des Begriffs *Cuartel* als »Kaserne« spiegelt nicht wider, dass es sich im Grunde um Militärfestungen zur Kontrolle von Städten handelte. Der Überfall auf Kasernen in Santiago de Cuba und Bayamo sollte, wie 1895, eine Volksrevolution in Oriente auslösen. Andere Kräfte, Gewerkschaften, Studenten, städtische Bevölkerung und bäuerliche Aktivisten, sollten ermuntert werden, in den Kampf einzutreten. Allerdings war die historische Parallele ziemlich an den Haaren herbeigezogen; denn 1895 hatten Krieg und Revolution eindeutig ihren Ausgangspunkt auf dem Lande genommen. Konkret war geplant, nach der Einnahme der militärischen Einrichtungen, der Polizeistationen und des Senders *Cadena Oriental* die Bevölkerung Santiagos zu bewaffnen. Die Stadt Santiago, in historischer Tradition »Cuba«, würde sich in ein befreites Territorium verwandeln, so der Plan. Er zog unausgesprochen auch den tief verwurzelten kubanischen Lokalismus in das Kalkül. Dieses »freie Territorium« würde dann nach dem im *Manifiesto del Moncada* niedergelegten demokratischen Programm umgestaltet werden. Das zeigt, dass sich die *Moncadistas*, wie sie später genannt wurden, durchaus der Bedeutung des Oriente in der kubanischen Geschichte bewusst waren. Und sie wussten auch um die Bedeutung der damals modernsten Massenmedien. Weitere Motive waren der Wille des jungen und gut aussehenden Fidel Castro, auf der nationalen Bühne eine Hauptrolle zu spielen, und das bereits erwähnte sendungsbewusste Märtyrertum. In Kenntnis der Mentalität des Batista-Regimes sollte es zu einer Visualisierung seiner repressiven Seiten kommen. Damit hofften die Moncadistas Batista die Legitimität zu entziehen. Vor allem Letzteres gelang, weil das Regime eine Strategie des Terrors verfolgte. Verleumdungen und Totschweigen nützten nicht, denn die Anti-Batista-Propaganda verselbständigte sich in ihrer wirksamen Mund-zu-Mund-Variante.

Der Überfall am 26. Juli 1953 auf die Moncada-Kaserne scheiterte. Einer der unmittelbaren Hauptgründe war die fehlende Koordination. Vielleicht hätten die Aufständischen ein Wort beherzigen sollen, das dem berühmtesten General des Unabhängigkeitskrieges, Máximo Gómez, zugeschrieben wird:»Die Kubaner kommen entweder überhaupt nicht an oder schießen übers Ziel hinaus« *(o no llegan o se pasan).* Gerüchte besagen, dass kurz zuvor die Waffenkammer, das erste Angriffsziel der Angreifer, verlegt worden war. 8 der rund 160 Teilnehmer fielen beim Überfall, und 61 wurden danach bestialisch ermordet. Bei der Armee gab es 19 Tote, darunter 3 Offiziere.

Doch das Symbol war gesetzt. Die Regeln der korrupten Politik waren bewusst durchbrochen und damit entlarvt worden: für das Publikum waren die jungen Leute bereit, für ein ethisch begründetes politisches Ideal in den Tod zu gehen. Der romantisch-patriotische Todes-, Selbstmord- und Opferkult, nach Cabrera Infante die ultimative Ideologie der Kubaner, fand eine Personifikation. Fidel Castro wurde mit einem Schlag bekannt. Diese Popularität wurde während der Haft vor allem durch Luis Conte Agüero (Ortodoxos) und Carlos Franqui (Kommunisten), zwei befreundete Journalisten, aufrechterhalten.

Das Batista-Regime reagierte keineswegs monolithisch. Batista hielt Castro und seine Anhänger zunächst für weniger gefährlich als andere Gegner. Die Angreifer wurden nicht alle getötet. Die Kirche und vor allem Castros Taufpater (Pérez Serantes) schützte Überlebende; Castros Schwager war hoher Beamter, der Taufpater mittlerweile Erzbischof von Santiago.

Infolge der Klage Castros musste ein Gerichtsverfahren durchgeführt werden. Castro verteidigte sich selbst, wies jede fremde Autorenschaft sowie die unterstellte Beeinflussung durch Prío zurück. Er äußerte in seiner Rede vor Gericht weitere programmatische Gedanken und schloss seine Verteidigung mit den berühmten Worten:»Condenadme, no importa; la historia me absolverá« (Verurteilt mich, es macht nichts; die Geschichte wird mich freisprechen). Castro und 27 seiner Gefährten wurden zu langjährigen Freiheitsstrafen auf der Isla de Pinos verurteilt. Sie nutzten die erzwungene Ruhe zur weiteren Ausarbeitung ihrer Strategie.

Batista vermutete die Kommunisten als Drahtzieher des Aufstands und nutzte die Gelegenheit, sich in den Zeiten des Kalten Krieges von jedem Verdacht des Paktierens mit den Kommunisten des PSP zu befreien. Er ließ die Partei verbieten. Der Diktator wollte seine Herrschaft durch Wahlen legitimieren. Diese gewann er 1954 dank Manipulation mit 1262587 Stimmen von 1451763 abgegebenen Stimmen (bei 2768186 Wahlberechtigten). Zum Wahlritual gehörte traditionellerweise eine Amnestie. Die Anhänger Castros nutzten diese Tradition, um seiner Person breitere Publizität zu verschaffen und die Freilassung der Moncadistas zu erreichen. Dabei taten sich besonders die Mütter der Gefangenen hervor. Castro rekonstruierte seine Verteidigungsrede. Aus dem Gefängnis geschmuggelt, wurde sie unter dem Titel *La historia me absolverá* gedruckt. Als Zielvorstellungen schrieb das Programm demokratische, soziale und nationale Maßnahmen fest, vor allem eine Agrarreform und eine begrenzte Nationalisierung ausländischer Firmen.[203] Erreicht werden sollten diese Ziele durch Kampf gegen Batista und die Wiedereinsetzung der Verfassung von 1940.

Im Mai 1955 wurden die Moncadistas nach 20 Monaten Haft freigelassen. Konkreter Anlass war der Muttertag. Die Moncadistas gingen bald darauf ins Exil, auch weil eine kurze Phase des gewaltfreien Kampfes um Neuwahlen gescheitert war. Vor ihrer Abreise nach Mexiko, dem traditionellen Exilland der Linken in jenen Jahren, sammelten sie informell alle Personen um sich, die dem Moncada-Programm zustimmten. In Mexiko wurde dann der *Movimiento 26 de Julio*, kurz M-26-7, offiziell gegründet. Das Symbol waren die Farben Rot-Schwarz, die Farben der Anarchosyndikalisten. In der Volksreligion bedeuten diese Farben Leben und Tod; in der Santería sind es die Farben Elegguás, der »die Wege öffnet«. Sie bilden auch die Fahne Haitis. All diese Zitate hatten hohe Symbolkraft. Militärisches Training in der Tradition des spanischen Bürgerkrieges verband sich mit Vorbereitung und Koordination des

Aufstandes. Anhänger auf Kuba, wie Frank País in Santiago, bereiteten einen Aufstand vor, und es kam zu Absprachen mit konkurrierenden Oppositionsgruppen, vor allem mit dem Directorio Revolucionario Estudiantil. Der argentinische Arzt Ernesto Guevara de la Serna, bald »*El Ché*« genannt, und andere Gegner jeglicher Unterdrückung stießen zum M-26-7.[204] Bereits hier zeigte sich die universelle Potenz der Bewegung, die »heroische Illusion«, die jeder wirklichen Revolution innewohnt (und erst nach Ende der Revolution als »Illusion« erkennbar wird). Guevara ordnete sich Castro bedingungslos unter. Er brachte aber selbst starke utopische und theoretische Elemente – Texte und Beispiele – in die eher auf direkte Aktion orientierte Bewegung ein. Ohne diese Komponente wäre der M-26-7 möglicherweise eine Gruppe unter vielen geblieben. Eine Propagandareise Castros sicherte die moralische und finanzielle Unterstützung von Teilen des kubanischen Exils in den USA.

Am 25. November 1956 startete die Expedition der Jacht »Granma«, um in Kuba den Guerillakrieg auszulösen. Die Expedition war überstürzt und wie immer ohne wirkliche Planung (mit einer solchen aber hätte das ganze Unternehmen wohl überhaupt nicht stattgefunden). Die Zeit drängte. Die mit Frank País abgesprochene Koordination der Landung mit dem Aufstand in Santiago misslang. Die »Granma« verfuhr sich und musste an unbekannter Küste (Las Coloradas) landen, einem Mangrovensumpf bei Los Cayuelos in Oriente, südlich von Niquero. Bei Alegría de Pío wurde sie wenig später von Armee und Marinefliegern überrascht. 15 der 82 Mann konnten sich retten und erreichten die Gebirgswälder der Sierra Maestra. Castro war bis zu diesem Zeitpunkt in all seinen Unternehmungen gescheitert. Erst als er und der Rest seiner Getreuen in der Sierra Maestra ihr »kleines« Kuba fanden, bekamen seine Pläne eine reale Basis, ohne dass die Städter den Kampf in der Sierra wirklich so geplant hätten, wie er historische Realität geworden ist.

Zu Beginn des Jahres 1957 ging es zunächst um das nackte Überleben. Die Guerilleros konnten zunächst nur durch eine Allianz mit einem der Bergbanditen überleben. Batistas Aufmerksamkeit galt der urbanen Opposition und dem Ausland. Erste erfolgreiche Militäraktionen und das wachsende Vertrauen der Gebirgsbauern ermöglichten es, nach einer »nomadischen Phase« (Ernesto Ché Guevara), feste Basen zu errichten. Die *Barbudos*, wie sie wegen ihrer langen Haare und der Barttracht bald genannt wurden, setzten ihre Rechtsvorstellungen durch. Sie verteidigten die Zivilisten gegen den Terror der bewaffneten Kräfte Batistas und der Lokalkaziken. Das klingt einfacher, als es in Wirklichkeit war. Kein Mensch unter den Mitgliedern des M-26-7, auch nicht Castro oder Guevara hätten jemals daran gedacht, in der Sierra Maestra kämpfen zu müssen. Ché Guevara überführte die realen Mühen des Guerillakampfes über sein Tagebuch in den anderen Aggregatzustand der geschriebenen Texte. Diese wandelten sich dann in einer Art modernen Transsubstantiation in den Köpfen und Reden seiner Anhänger in heilige Texte und Theorien der 68er-Bewegung in Europa und USA (und nach ihrer frühen Publikation »überschrieb« oder »übertönte« dieses Narrativ in gewisser Weise die Bedeutung der städtischen Opposition des Llano – obwohl oder vielleicht gerade weil Ché Guevara die Geschichte Kubas nicht sehr gut kannte).[205]

Die Realität war völlig untheoretisch. Die zivile Bergbevölkerung hatte traditionell mit Fremden wenig zu schaffen. Sie geriet zwischen die Fronten und musste sich für eine Seite entscheiden. Bei der Entscheidung für die Fidelistas spielte allerdings die Mentalität der *Cubanía* und die Fähigkeit besonders Fidel Castros, ihre egalitären Seiten in direktem Kontakt anzusprechen, eine wichtige Rolle. Verrat blieb nicht aus. Aber in der Sierra, was sowohl Wald wie auch Gebirge bedeuten kann, hatte die Macht der Regierungen nie weit gereicht. Und ein vager Plan für die Gestaltung eines »befreiten Territoriums« lag vor. In der Sierra Maestra existierte eine Tradition des sozialen Banditentums und der gewaltsamen Verteidigung des nach legalistischen Vorstellungen »illegal«, durch Kleinbauern, *Precaristas* und *Guajiros*, besetzten Bodens. Mehr als ein halbes Jahrhundert nationalistischer Rhetorik der *Redención*, der Erlösung von allem Übel, hatte Martí zu einer Erlöserfigur und die USA zum Hort alles Bösen gemacht. Wer dieses Potenzial zu nutzen verstand – auch Batista hatte darin Übung –, konnte Unterstützung erwarten. Dieses Moment einer *Serrano*-Basis der kubanischen Revolution ist noch kaum wirklich untersucht (obwohl es der Rhapsodien viele gibt). Von den Männern um Castro theoretisch kaum reflektiert, aber von den im Oriente aufgewachsenen Castros (und vielen anderen) sozusagen mit der Muttermilch eingesogen, machten die Guerilleros sich diese soziale Basis unter den Bewohnern der Sierra, den Serranos, in der Praxis zunutze. Bald umgab sie eine Fama des Sozialrebellentums. In ganz Lateinamerika gibt es solche *Sierras*. Das sind fern vom politischen Schwerpunkt, vom Zentrum des Landes, gar von der mondänen Hauptstadt, gelegene Regionen mit schwierigen geografischen Bedingungen. Sie sind bewohnt von einer archaischen und marginalisierten Bauernschaft, Schmugglern und geflohenen Verbrechern sowie Rebellen. Alan Knight hat eine solche *Serrano*-Bewegung am Beispiel der mexikanischen Revolution von 1910 untersucht. Im Venezuela Simón Bolívars etwa waren es weniger die Serranos der Anden, als die *Llaneros* der Oriniko-Ebenen.

Diese Basis passt so recht nicht zu den damals avantgardistischen politischen Diskursen der jungen Männer aus den Städten und zur universellen Befreiungsrhetorik der 50er-Jahre. Sie passt auch nicht so recht zur heroischen historischen Erzählung des Kampfes in der Sierra. Das anarchische, antizentralistische Ambiente bereitete denn auch den Guerilleros zunächst große Schwierigkeiten bei der Durchsetzung ihrer militärischen und sozialen Disziplin; gerade der Ché und Raúl Castro sind dafür bekannt geworden, dass sie Verräter, Kriminelle, Rauschgifthändler, Diebe, Delinquenten und Deserteure erbarmungslos erschießen ließen. Allerdings wurden Gefangene immer gut behandelt.

Die Guerilleros mussten unter den Bauern der Sierra leben. Und Serrano-Kulturen – wie auch andere Flucht- und Widerstandskulturen – haben ein großes Beharrungs- und Zerstörungspotenzial. Sie stellen sozusagen das Chaos jeder gegebenen Ordnung dar. Auf der Insel bilden die Serranos den Kern eines der vielen »kleinen« Kubas. Als solche sind sie sozusagen qua definitionem gegen jede Zentralregierung. Insgesamt schlug für die Guerilla positiv zu Buche, dass sie den *Precaristas* der Sierra die Besitztitel über das okkupierte Land garantierte. Vieh, vor allem Rinder, der großen Besitzer wurde »befreit« und an arme Bauern verteilt. Damit, aber auch mit Gesundheitsversorgung und Alphabetisierung, band die Guerilla die Masse der armen Gebirgsbewohner an ihre Bewegung. Die Agrarreform zielte, durchaus nach martianischen Vorstellungen, zunächst darauf ab, staatseigenes Land und Ländereien Batistas an bedürftige Bauern zu verteilen und allen Bauern den Besitz von weniger als fünf Caballerías (67 Hektar) Land zu garantieren. Die Gesetze zur Kodifizierung der Landreformen im *Territorio libre* wurden vom ehemaligen Auténtico und Juristen Humberto Sorí-Marín entworfen. Sorí-Marín wurde später Landwirtschaftsminister; er ist 1961 »wegen konterrevolutionärer Aktivitäten« erschossen worden. Die Reform wurde später als »Gesetz Nr. 1 der Sierra Maestra« legalisiert.

Das Batista-Regime verfolgte zwei Strategien. Eine war das Totschweigen und die Isolierung, die andere massiver Terror und Militäraktionen. Der Terror richtete sich allerdings zunächst gegen diejenigen, die Batista für seine Hauptgegner hielt: städtische Opposition, Llano und Militäropposition. Batista verband diese Strategien mit dem Versuch, die oppositionellen Bewegungen gegeneinander auszuspielen. Die Isolierung gegenüber der Sierra wurde durch einen US-amerikanischen Journalisten, Herbert Matthews, aufgebrochen, der sich im Februar 1957 mit Castro traf. Das Interview erschien wenige Tage später auf der ersten Seite der *New York Times*.

Ab Mitte 1958 setzte sich die Guerillabewegung unter dem militärischen Kommando Fidel Castros, nach dem Ort ihres Kampfes die *Sierra* genannt, gegenüber dem *Directorio Nacional* des M-26-7 der Städte und des flachen Landes außerhalb der Sierra Maestra, dem so genannten *Llano* (Ebene), durch.[206] Andere politische Kräfte, die bürgerliche Opposition unter dem Ex-Präsidenten Prío und breitere Kreise, die die korrupte Batista-Diktatur innerhalb und außerhalb des Landes bekämpften, der Directorio Revolucionario Estudiantil und der PSC, die kommunistische Partei Kubas, versuchten zunächst, die Guerilla entweder für ihre Ziele zu instrumentalisieren, oder richteten nach einigem Zögern ihre Strategie zumindest partiell auf den militärischen Kampf aus.

So hatten der Führer des Directorio Estudiantil, José Antonio Echeverría, Spitzname *Manzanita*, Äpfelchen, und Castro zwar in Mexiko einen Pakt geschlossen, aber sie waren weiterhin Gegner und Konkurrenten. Echeverría hatte den Posten des Studentenführers erreicht, den Fidel Castro während seines Studiums vergebens angestrebt hatte. Auch Echeverría kannte die Wirkung todesmutiger Attacken auf die kubanische öffentliche Meinung und das Politbarometer. Das Verhältnis zwischen M-26-7 und Directorio begann sich erst zu ändern, nachdem Echeverría und seine Anhänger sowie Auténticos in einem tollkühnen Angriff auf den Präsidentenpalast und die Sendestation von »Radio Reloj« in Havanna im März 1957 den Tod gefunden hatten. Auch in den Städten wurde der bewaffnete Kampf gegen Batista geführt. Verschiedenste Oppositionsgruppen existierten. Und die durch den Kampf und den direkten Terror der Batista-Leute gefährdeten Untergrundkämpfer der Städte des Llano organisierten die Unterstützung für die Sierra. Sie kämpften aber auch für eigene Ziele. Bis zum April 1958 stellte der urbane Widerstand des Llano die wichtigere Opposition gegen Batista dar.

Nach einem schlecht vorbereiteten und unkoordinierten und deshalb kläglich gescheiterten Generalstreik im April 1958, der vom

Llano organisiert worden war, mussten der zivile und meist anti-kommunistische Flügel des M-26-7 sowie die meisten oppositionellen Gruppierungen auf Kuba den Oberbefehl der *Sierra*, und damit Castros, de facto anerkennen. Es bestand aber immer die Gefahr eines Putsches der Armee mit Unterstützung der USA oder die Möglichkeit, dass sich eine andere bewaffnete Oppostionsgruppe durchsetzte, wie etwa die im Escambray-Gebirge. Ein solcher Putsch hätte Batista beseitigt, aber ansonsten möglicherweise alles beim Alten gelassen. Castro musste taktische Bündnisse eingehen, zumal die anderen Gruppen besser organisiert waren und traditionell stärkeren Einfluss auf breitere Bevölkerungssegmente, Parteien, Gewerkschaften und im Ausland hatten.

Trotz einiger Teilerfolge erwies sich die Batistaarmee unfähig, die Guerilla zu zerschlagen. Das lag nicht zuletzt daran, dass es in der Armee nach dem Putsch zu starken Spannungen gekommen war. Batista ließ seine Bluthunde von der Leine. Die sonst eher auf Sektoren, das Land und Einzelattentate beschränkte Gewaltkultur Kubas wurde für die ganze Bevölkerung sichtbar. Im Revolutionskrieg selbst gab es relativ wenig Tote – etwa 2000. Mit dem ubiquitären Terror versuchte Batista, Stärke vor allem in den Städten zu demonstrieren. Es gab viele Tote und Verschwundene. Aber im Grunde kompensierte der Diktator damit die Misserfolge und eine Krise der Armee. Er wurde selbst für die USA untragbar. Außenministerium und CIA suchten zeitweilig Kontakt zu Castro, konnten ihn aber schwer einschätzen. Sie fürchteten kommunistische Infiltration in den Reihen seiner Kämpfer. Das Verteidigungsministerium und die US-Militärmission dagegen setzten weiterhin auf Batista. Sie hofften, Zeit zu gewinnen. Batista wurde zur Abhaltung von Wahlen 1958 ermutigt. Insgesamt hoffte man auf einen günstigen Wirtschaftstrend, der sich paradoxerweise Mitte 1958 auf Kuba eingestellt hatte, und auf eine Demokratisierung durch Wahlbeteiligung der berechenbaren traditionellen politischen Parteien. Noch Anfang 1958 gingen die meisten Beobachter der kubanischen Szenerie von einer zwar insgesamt ziemlich instabilen Lage – woran man seit 1933 einigermaßen gewöhnt war – aus, aber nicht von einem schnellen Erfolg der Castristas.

Die Fähigkeit der *Sierra*, im Gebirge ein befreites Territorium mit eigenen sozialen Infrastrukturen, dem Sender *Radio Rebelde* sowie Ansätzen einer Agrarreform zu organisieren, aber auch aktiv gegen das Militär vorzugehen, verschaffte den *Fidelistas* viel Sympathie und neue Anhänger. Unter ihnen befanden sich, protegiert von den Marxisten in der Führungsgruppe der Guerilla, vor allem Ché Guevara und Raúl Castro (sowie dem späteren Innenminister Kubas, Ramiro Valdés), auch zunehmend Mitglieder des guerillafreundlichen Flügels des PSP, wie Carlos Rafael Rodríguez, oder liberale Batista-Gegner, wie der spätere Präsident Urrutia. Auch ein CIA-Informant befand sich dort, wohl unter den Leuten des Ché.[207] Für eine frühe Annäherung zwischen M-26-7, Gewerkschaften und PSP an der Basis stand vor allem Frank País. Frank País hatte in Santiago Netzwerke zwischen *Comités Obreros y de Defensa* (Arbeiter- und Verteidigungskomitees) und mit dem Directorio Revolucionario Estudiantil sowie anderen Organisationen gegründet. Im Grunde wurde die Sierra, vor allem im Laufe des Jahres 1958, seit dem gescheiterten Generalstreik, ein Führungszentrum der unterschiedlichen Oppositionen, ohne sich räumlich in ihre Widersprüche zu verwickeln. Fidel Castro dürfte schon zu dieser Zeit den Wert einer solchen symbolischen und realen Situation, die symbolische Gleichheit in der nationalen Opposition und das im wahren Sinne räumliche »Schweben« über den unterschiedlichen Oppostionskräften kennen gelernt haben.

Eine Militärverschwörung unter Oberst Ramón Barquín im April 1956, ein Aufstand in Santiago de Cuba im November 1956 und ein Militäraufstand im September 1957 waren gescheitert. Der Aufstand 1957 war eine landesweit geplante Aktion der Marine. Aber nur in Cienfuegos erhoben sich Marineoffiziere und -soldaten sowie zivile Batista-Gegner. Batista sah sich seit dem Putsch auch zunehmender Opposition der Armee, vor allem jüngerer, gut ausgebildeter Offiziere aus den Mittelklassen, gegenüber, die den ehemaligen Sergeanten verachteten. Diese Opposition stand mehrheitlich in Verbindung mit Justo Carillo, einem ehemaligen Minister Príos, aber auch mit Luis Conte Agüero und Felipe Pazos.

Castro setzte sich ab Mitte 1958 als alleiniger oberster Befehlshaber – *Comandante en jefe* – der Opposition durch (nicht *General en jefe!*). Allerdings präsentierte er sich bis 1961 als ein patriotischer, das heißt nichtkommunistischer Anführer. Die Guerillaarmee ging zur landesweiten Offensive über. Ché Guevara und Camilo Cienfuegos aus der Führungsgruppe der Guerillaarmee wurden von Castro zu den ersten *Comandantes* ernannt. Sie sowie Raúl Castro und Juan Almeida erhielten den Befehl über eigene Kolonnen. Die »Invasion« des Territoriums durch leicht bewaffnete, aber hoch mobile Guerilleros außerhalb der Sierra Maestra begann. Wieder einmal eroberten Kämpfer aus einem der »kleinen« Kubas per Invasion die Insel. Viele Städte waren durch die Aktionen von Organisationen des Llano quasi bereits in der Hand der Opposition, sodass sich die lokalen Militärs zur Übergabe oft relativ leicht »überzeugen« ließen.

Batista und seine Camarilla in Politik und Militär antworteten mit Terror. Der nahm selbst für das gewaltgewöhnte Lateinamerika ungeahnte Ausmaße an. Als Polizisten, Geheimdienstleute und Militärs in den Städten einmal freie Bahn hatten, wuchs der Terror Batista über den Kopf. Eine große Offensive der mit Panzern und Flugzeugen ausgerüsteten Armee gegen die *Sierra* Mitte 1958 scheiterte nach Anfangserfolgen kläglich, auch wegen der Widersprüche im Establishment und in der Armeeführung. Die Soldaten waren nicht bereit, ihr Leben zu opfern. Ein Waffenembargo der USA zeigte Batista und der Welt, dass die Hegemonialmacht nicht mehr auf den Diktator setzte.

Die Medien und dann eine Reihe von Memoiren konstruierten Batista vollends zum Prototyp des blutrünstigen und tumben

Diktators. Das war er nicht. Nur funktionierten die traditionellen Unterdrückungsmechanismen nicht mehr. Batista war zu sehr an sie gewöhnt, während die Barbudos selbst in den USA Sympathie und Interesse genossen. Sie galten den Medien als jung, verrückt, todesmutig, unkonventionell, ideologisch ungebunden und ungeheuer romantisch; über sie lief ein Film mit dem Titel *The Story of Cuba's Jungle Fighters.* Wie Hugh Thomas schreibt, habe Castro für Eisenhowers prüdes und präpotentes Amerika das dargestellt, was Lawrence von Arabien für das England des Ersten Weltkrieges gewesen war.

Im Escambray, dem zweitgrößten Gebirge der Insel, hatte sich eine so genannte »Zweite Nationale Front« unter Gutiérrez Menoyo gebildet. Eine maßlose Übertreibung, denn es handelte sich um eine Splitterung des Directorio Revolucionario Estudiantil, die eher dem Politgangstermilieu zuzurechnen war. Auch PSP und M-26-7 hatten bewaffnete Gruppen in die Berge geschickt. Als Ché Guevara und Camilo Cienfuegos mit ihren Kolonnen (Nr. 8 »Ciro Redondo« und Nr. 2 »Antonio Maceo«) im Escambray eintrafen, waren diese Gruppen untereinander so zerstritten, dass die Gefahr eines militärischen Konfliktes unter ihnen akut geworden war. Einige verhielten sich wie Banditen. Die Comandantes Ché und Camilo übernahmen die Führung über den M-26-7 in der Provinz Las Villas und gingen de facto ein Abkommen mit der Kolonne »Máximo Gómez« des PSP und einer Splittergruppe des *Directorio Revolucionario* unter Faure Chaumont ein, was eine gewisse Einheit im Kampf gegen die Batista-Armee sicherte. Aus Venezuela und Costa Rica kamen Waffenlieferungen.

Die Guerilleros eroberten nach und nach die Garnisonen der Armee in der Provinz, mit Ausnahme der Städte Santa Clara, Cienfuegos, Trinidad und Yaguajay. Camilo Cienfuegos mit seinen Leuten und 42 Garand-Gewehren konnte sich die Unterstützung der Zuckerarbeiter von Yaguajay sichern. Der ehemalige Schneiderlehrling aus Havanna war der Ausbund eines kubanischen *Jodedor,*

kaltblütig, immer einen Witz auf den Lippen, sozusagen der perso-
nifizierte Choteo. Es kam zu Verbrüderungen mit den Soldaten der
Armee und Absprachen mit einzelnen Offizieren. Städte wie Sagua,
Remedios, Caibarién, Yaguajay und Sancti Spíritus fielen den Revo-
lutionstruppen in die Hände oder wurden vom städtischen Widerstand übernommen. Ende 1958 hielt die Armee an der Grenze zu
Westkuba nur noch das Verwaltungszentrum Santa Clara, die viert-
größte Stadt Kubas. Sie hatte strategische, kriegsentscheidende Bedeutung. Die Kontrolle über Santa Clara sicherte die Verbindung
zwischen West- und Ostkuba und bildete den Ausgangspunkt für
den Angriff auf Havanna. Im Oriente hatten Raúl und Fidel fast alle
Städte eingenommen. Sie belagerten Santiago de Cuba. Jetzt war es
wichtig, den bevorstehenden Sieg nicht durch einen Putsch der Armee zu verlieren, zumal sich in der US-Administration mittlerweile
die Einschätzung durchgesetzt hatte, dass die Castro-Leute doch
zu unberechenbar seien. Batista hatte in den Wahlen im November
1958, bei der nur 30 Prozent der Berechtigten gewählt hatten,
immerhin seinen Nachfolger Andrés Rivero Agüero durchgebracht.
Aber auch die Batista-Gruppe war den USA zu unsicher. In Washington setzte man auf die Militärs, nachdem der Versuch der so
genannten »legalen Opposition« mit einer »Partei des freien Volkes« unter Carlos Márquez-Sterling, den Sieg zu erringen und
einen politischen Ausweg aus der Krise zu suchen, gescheitert war.

Vom 29. bis zum 31. Dezember 1958 fand die Schlacht um Santa
Clara statt. Die Garnison bestand aus 3500 Mann. Ché Guevara, der
sich wenige Tage zuvor den Ellenbogen gebrochen hatte und mit
geschientem rechtem Arm auftrat, befehligte etwa 340 Mann. Die
Armee verfügte über Panzer, Flugzeuge und einen Panzerzug. Guevara hatte den strategischen Capiro-Hügel eingenommen. *El Va-
querito*, einer seiner Unterführer, eroberte den Bahnhof. Die Gleise
wurden mit Hilfe eines Bulldozers unterbrochen. Als die Soldaten
sich nach massiven Angriffen der Guerilleros und der zivilen
Untergrundkämpfer der Stadt in den Panzergug zurückzogen und

aus der Kampfzone flüchten wollten, entgleisten die ersten drei Wagen. Molotow-Cocktails zwangen die Besatzung zur Aufgabe. Den Rebellen fiel der gesamte Panzerzug mit seinen 22 Wagen, Maschinengewehren und Unmengen von Munition in die Hände. [208] Der Ché und seine Guerilleros hatten in der einzigen Schlacht des Guerillakrieges gesiegt. Der Kampf war noch nicht zu Ende, aber mit dem Panzerzug fiel symbolisch auch Batista. In Camp Columbia, dem militärischen Hauptquartier, kam es zur Panik. Und: der Ché und »sein« Guerillakrieg hatten sich in das Gedächtnis Kubas eingebrannt (und überdeckten lange Jahre des Kampfes und der Niederlagen, vor allem auch in den Städten).

Batista erklärte während der Silvesterfeier 1958 seinen Rücktritt. Er floh mit seiner Familie, vierzig seiner treuesten Anhänger und Koffern voller Geld in die Dominikanische Republik. Dazu muss man sich am ehesten die Musik und die Stimme von Nat »King« Cole vorstellen (aber möglichst nicht gerade mit »Vaya con Díos«!), der eben zu dieser Zeit einen seiner großen Auftritte im Cabaret Tropicana von Havanna hatte. Auch der Film »Havana« mit Robert Redford erfasst die Situation aus einer bestimmten Perspektive recht gut. Die überstürzte Flucht Batistas kam für die meisten Kubaner überraschend.

Batista hatte die Befehlsgewalt über die Armee an General Cantillo übergeben, der Castro die Bildung einer Militärjunta vorschlug. Fidel lehnte ab. Er gab die Parole *Revolución sí, golpe militar, no!* (Revolution ja, Militärputsch nein) aus und rief die Bevölkerung zum Generalstreik auf. Santiago ergab sich. Ché und Camilo erhielten Befehl, nach Havanna vorzurücken und Camp Columbia sowie die Cabaña-Festung zu übernehmen.

Am 2. Januar 1959 hielt Castro einen triumphalen Einzug in Santiago: »Dieses Mal ist es eine wirkliche Revolution«, rief er der versammelten Menge zu. Er hat Recht behalten. Castro erklärte die Stadt zur provisorischen Hauptstadt des Landes. Er proklamierte Manuel Urrutia zum Präsidenten. Am selben Tag übernahm Ca-

milo Cienfuegos Camp Columbia bei Havanna. Er setzte die wichtigsten Generäle gefangen.[209] Die Guerilleros hatten gesiegt. Fidel
Castro zog in einem tagelangen Triumphzug, auf vielen Umwegen,
von Santiago nach Havanna. Die *Trovas*, Liedromanzen des Alltäglichen, von Carlos Puebla erfassten die Stimmung des Volkes. Sie
verdrängten die Salonmusik der berühmten »Lecuona-Cuban-
Boys« aus den Bars und Cafés. Der Kneipenmusikant Carlos Puebla
wurde zum Sänger der Revolution.

Aber was war erreicht? Die Diktatur war geschlagen und ihre
Instrumente, Armee und Polizei kompromittiert. Aber die Gesellschaft, die sie hervorgebracht hatte, existierte weiter.[210]

Der Wirtschaft ging es relativ gut. Die Masse der bäuerlichen
Bevölkerung hatte kein formelles, rechtlich gesichertes Landeigentum. Ein Programm für die Veränderung dieser Gesellschaft existierte nur in Umrissen. Aber es gab Erfahrungen aus der *Sierra* und
das allgemeine Ziel einer gerechten Gesellschaft vor dem Hintergrund eines von den USA enttäuschten historischen Nationalismus. Viele nahmen an, die Guerillaführer würden die Macht
übernehmen und das Spiel nach den Regeln der neokolonialen
Republik ginge weiter. Die Gesellschaftsseiten der Presse, besonders der *Bohemia*, füllten sich mit Bildern und Lobeshymnen
auf die tapferen Barbudos; alle wollten jetzt gegen Batista gewesen
sein. Es galt als chic, einen Barbudo zu heiraten. Die wenigsten
Beobachter dachten Anfang 1959 an eine wirklich tief greifende
Veränderung.

Castro hatte aus der kubanischen Geschichte gelernt. Es war
ihm gelungen, den *Mando único* (einheitlicher Oberbefehl über
militärische wie zivile Kräfte) zu erlangen, ein altes Problem der
Unabhängigkeitskriege in einer Kultur, in der jeder das Wort führen
will. Diese Position war allerdings alles andere als gesichert. Der M-
26-7 war in gewissem Sinne eine anarchistisch-egalitäre Bewegung
ohne bürokratische Strukturen, aber die Führung über alle anderen
politischen Bewegungen konnte letztlich nur durch militärische

Erfolge legitimiert werden. Symbol waren – und sind – die Uniform, die militärischen Ränge und der Bart der *Sierra*-Leute.

Castro hatte allerdings zunächst eine Gruppe von jungen Arbeitern und zivilen Intellektuellen um sich gesammelt. Die hatte sich in Mexiko und endgültig in der *Sierra* in eine militärische Führungsgruppe gewandelt. Er beanspruchte somit nicht nur die martianische Tradition des urbanen Volkstribunen, sondern auch die populäre martialische Tradition eines Antonio Maceo oder Máximo Gómez. Völlig unklar ist bis heute – obwohl die Geschichte von den weißen Tauben immer wieder erzählt wurde – die Rolle der kubanischen Volksreligionen im Prozess der Revolution. Auf jeden Fall hatte sich Fidel Castro durch den Erfolg gegen eine korrupte und terroristische Diktatur auf historisch legitime Weise den militärischen Oberbefehl gesichert. Das unterscheidet ihn von den Diktatoren, mit denen er von seinen Feinden gerne in einen Topf geworfen wird. Castro ist nie ein Pinochet oder ein Franco gewesen oder geworden (auch wenn viele Bereiche der kubanischen Geschichte der letzten 40 Jahre noch keiner Forschung zugänglich sind).

Im Prozess des bewaffneten Kampfes, in der ersten Etappe der kubanischen Revolution, war eine festgefügte Gruppe von *Fidelistas* oder *Castristas* entstanden, die ihm, von Ausnahmen abgesehen, bis heute die Treue gehalten hat. Diese Führungsgruppe hatte sich der historischen Grundstruktur des Gegensatzes zwischen Oriente und dem anderen Kuba bedient und, gestützt vor allem auf die ärmste Bauernschaft Orientes und breite Netze des Untergrundkampfes in den Städten, per Invasion die Gebiete Camagüey und Sancti Spíritus überrannt. In offenem Kampf hatten sie Santa Clara, die strategische Verbindung zwischen Ost- und Westkuba, erobert. Die schnelle Einnahme Santiagos (Oriente) und Havannas, des traditionellen Occidente, und die Verhinderung der Machtübernahme einer Militärjunta unter General Eulógio A. Cantillo oder Oberst Ramón Barquín, dem Führer des Putschversuches von

1956, war durch den vom Llano, von den Gewerkschaften und anderen Organisationen geführten Generalstreik ermöglicht worden. Für viele Kubanerinnen und Kubaner schienen sich die Prophezeiungen des radikalen Nationalismus zu verwirklichen.

Die Guerilleros um Fidel Castro waren dabei, mit Havanna eine übergroße Stadt mit einer privilegierten Bevölkerung in einer kleinen, durch Latifundismus und Kleinbauerntum geprägten Nation zu erobern. Das, was Castro als jungem Politiker nicht gelungen war, war ihm als Militär und Rebellenführer, gestützt auf die Basis in den Bergen Orientes, gelungen: Havanna erwartete ihn.

Dritte Republik und permanente Revolution 1959–1990: Kuba und Fidel Castro

El reino de la ambigüedad:
Die unbekannten Jahre des Anfangs (1959–1960)

Die Reportage eines chilenischen Journalisten, der vom 5. Januar bis Ende Januar 1959 Augenzeuge des Beginns der neuen Phase der Revolution wurde, beginnt mit den Worten:»Die Ersten [Januare] des Jahres sind schrecklich für alle Journalisten der ganzen Welt: übernächtigt, die Informationsquellen tröpfeln nur, die Redaktionen sind unterbesetzt. Der erste Januar 1959 begann so, bis um Mittag herum die Telegrafen ihre Aufmerksamkeits-Glöckchen erklingen ließen und die ersten ›Dringend‹ aus Havanna ankamen [...]. Am Nachmittag des 1. Januar 1959 verstand keiner in den Redaktionen der Zeitungen, was in Kuba ablief. Der in *El Debate* von Santiago de Chile installierte Telegraf der UPI ging ununterbrochen. Ich sah meterweise Papier mit den konfusen und gegensätzlichen Meldungen während des ganzen Nachmittags und am Morgen des nächsten Tages. Am 2. Januar wusste man, dass Fidel Castro mit seinen Truppen auf Havanna vorstieß. Warum? War Batista nicht zurückgetreten? War die Regierung nicht in revolutionärer Hand? Was wollte der Revolutionsführer? Warum gab es zwei provisorische Präsidenten in einem Land?«[211] Am 5. Januar 1959 kam der chilenische Journalist in Havanna an; seine Reportage (ein Buch von mehreren hundert Seiten), die am 12. Februar in der ersten Auflage in Santiago de Chile erschien, musste schon am 28. Februar 1959 neu aufgelegt werden.

In der Bundesrepublik Deutschland titelte der *Spiegel* im Februar 1959 »Mit zwölf Pistolen an die Macht«, nachdem sich das Blatt
schon 1958 sehr positiv mit Castro und der »Rebellion der Aufstän-
digen« auseinander gesetzt hatte; der *Stern* brachte Bilder von Erschießungen.[212]

Die Revolution, die zur Wasserscheide in der Entwicklung Ame-
rikas und in gewissem Sinne des Westens werden sollte, hatte – zunächst militärisch – gesiegt. »Die Revolution«, wie es noch heute
mit Bezug auf den Gesamtprozess (und das kubanische Staatswesen) seit dem von Fidel Castro geführten Moncada-Überfall 1953
heißt, hatte allerdings gerade erst begonnen. Sie ist ohne den martianischen – von Martí ausgehenden –, ohne den populär-anarchis-
tischen Grundansatz nicht verständlich. Dieser Ansatz ist nicht
ökonomisch oder politisch, sondern ethisch; in der europäischen
Politikwissenschaft würde er populistisch heißen, aber nicht den
Kern treffen. Der Kern dieser Revolution war und ist Egalitarismus,
populärer Nationalismus und in gewissem Sinne anarchistischer
Unabhängigkeitswille. Das sind die Werte, die Fidel Castro selbst
bis heute vertritt, wie man auch immer seine Herrschaft charakte-
risieren mag. »Populist« im Sinne von »jemandem nach dem Maul
reden« ist er also nie gewesen, obwohl er die Performanzen des
Charismas natürlich im Schlafe beherrscht. Und – bei Castro kommen nachgerade jesuitische Disziplin und Paternalismus hinzu.

»Revolution« wurde seit 1959 und wird auch heute noch verstanden als andauernder Prozess der mobilisierenden Umgestaltung.
Er sollte bei den einzelnen Menschen beginnen und bis zum Staat,
zur Wirtschaft sowie zu den internationalen Beziehungen, ja sogar
der ganzen Welt, reichen. Dieser Prozess sollte vor allem Unabhängigkeit, Gerechtigkeit und Würde für die kubanische Nation
sichern. Als deren Träger verstand Castro »das Volk«, *el pueblo*, das
heißt vor allem die kleinen Bauern, die Landarbeiter und die städtische Arbeiterschaft sowie Mittelschichten und Intelligenz, soweit
diese bereit waren, diesen Prozess mitzugestalten. Die Lektüre von

»La historia me absolverá« zeigt, dass Castro eine recht klare soziologische und quantitative Vorstellung vom Inhalt dieses Begriffes »Volk« hatte. In diesem Sinne handelt es sich um eine Variante der Vollendung des Moderne-Projektes der radikalen Aufklärung; allerdings zu Beginn ohne die Führung einer Kaderpartei (quasi »ohne Bolschewismus«).

Fidel Castro und seine Gruppe – und das war schon an den wichtigsten Maßnahmen in der *Sierra* deutlich geworden – verstanden als Kern des Volkes und der Nation die arme Landbevölkerung; die Armen, *los pobres de la tierra*, nicht nur die Arbeiter oder das »Proletariat« (aber die auch). Schon Martí hatte unter Revolution die absolute nationale, vor allem eigenstaatliche, Unabhängigkeit verstanden und unter Gerechtigkeit ein radikales Maß an sozialer Gleichheit für eine Gesellschaft freier Bauern, Arbeiter und Handwerker.

Im heutigen wissenschaftlichen Gebrauch gibt es eindeutig eine Trennung zwischen »Revolution« im engeren Sinne, als Machtumbruch oder *Transición*, der für Kuba bei den meisten Autoren zwischen 1953/56 und 1959 oder 1961 gesehen wird, und einem eher langfristigen Verständnis der wirtschaftlichen, sozialen, politischen und kulturellen Umwälzung sowie der internationalen Wirkungen und Reaktionen, als *Transformación*. Letzteres Verständnis prägt die Arbeit von Marifeli Pérez-Stable. Pérez-Stable war es auch, die in einem Essay in den 90er-Jahren geschrieben hat – Bezug nehmend auf das alte Problem, dass über den Beginn einer Revolution meist Übereinstimmung herrscht, aber kaum jemand sagen kann, wann sie denn endet oder geendet hat –, dass, wenn es ein »Ende« der Revolution auf Kuba gäbe, dieses dann wohl um 1970 angesiedelt werden müsse. Um 1970 wurde das radikale Experiment abgebrochen, die kubanische Revolution nicht länger als Vorstufe der Revolutionierung Lateinamerikas und der Welt, sozusagen als revolutionäre Globalisierung, verstanden. Kuba musste Kurs auf die Institutionalisierung nehmen. Eine immer stärker bürokratisierte

Einheitspartei breitete sich aus, nur unterbrochen von den oft
recht anarchistisch anmutenden Willensumbrüchen des Comandante en jefe. Am Beginn des dritten Jahrtausends jedenfalls ist das
Wort »Revolution« noch in der Propaganda und auf Plakaten zu finden, meist als Synonym für die Entwicklung Kubas seit 1959, aber es
hat als Triebkraft der Gesellschaft in der weiteren Transformation
keine Relevanz mehr, es sei denn als »Konterrevolution«, als fester
Bestandteil der offiziellen politischen Rhetorik oder als konservativer Diskursblock für junge Kubaner, mit dem sie zu den periodischen Kampagnen motiviert werden sollen. Als Ereignis und
kulturelle Erinnerung hat die »kubanische Revolution« selbstverständlich – auch wenn seit 2002 die Stille um Kuba zunimmt
(manchmal unterbrochen von recht hysterischen Kampagnen) –
viele unterschiedliche Bedeutungen, für Kubaner und für nicht auf
Kuba Geborene unterschiedlichen Alters, Geschlechtes, unterschiedlicher Klassen und Völker. Diese Bedeutungen sind keineswegs fest und fixiert. Sie sind flexibel und ändern sich wie die Geschichte selbst.

Viele Probleme haben die Geschichte Kubas seit 1959 geprägt.
Ich will die Aufmerksamkeit vor allem auf drei Grundprobleme
richten: erstens die politische Herrschaft im Innern, speziell die
Spannung zwischen Charisma, Massenmobilisierung und Institutionalisierung; zweitens die Beziehungen Kubas zu den Großmäch-
ten und Blöcken, vor allem zu den USA, zur Sowjetunion sowie
zum sozialistischen Lager, zur Bewegung der Nichtpaktgebundenen und zur Europäischen Union, und drittens die Suche nach
effektiven Wirtschaftsformen.

Die durch den Sieg über die »Tyrannei« legitimierte »Revolution«
und ihr Comandante en jefe setzten zunächst bei den besten Traditionen der zweiten Republik an. Sogar loyale Militärs, wie Ramón
Barquín, wurden zunächst eingebunden oder ließen sich einbin-
den. Die Castro-Leute betonten die Einheit der Opposition gegen
Batista. Zivile Oppositionspolitiker nahmen die höchsten Regie-

rungsposten ein. José Miro Cardona (1902–1974), Sohn des Adjutanten von Maceo, José Miró y Argenter, ein Auténtico, wurde Premierminister; Roberto Agramonte, ein Ortodoxo, Außenminister. Die Wirtschaft florierte; allerdings drohte das Gespenst der Arbeitslosigkeit. Castro war zunächst nur Oberkommandierender der bewaffneten Kräfte und Chef des M-26-7. Zweiter Mann der Rangliste war Ernesto Ché Guevara, zuständig für Sicherheitsfragen. Der Ché reiste allerdings von Juni bis September 1959 nach Fernost und Nordafrika. Dritter Mann und im Grunde Armeechef wurde Camilo Cienfuegos. Camilo verschwand am 28. Oktober 1959 bei einem ungeklärten Flugzeugabsturz. Alle drei, Fidel Castro, Ché Guevara und Camilo Cienfuegos (und einige mehr, wie etwa Huber Matos), waren Comandantes. Raúl Castro blieb erst einmal im Hintergrund, wurde aber nach dem Tod von Cienfuegos zum Minister der bewaffneten Kräfte ernannt. Der Kern des M-26-7 wurde von den Fidelistas gebildet; im Movimiento zeichneten sich neben diesem Kern bald zwei Flügel ab: Die ehemalige Sierra war meist eher PSP-freundlich und der ehemalige Llano teils eher antikommunistisch, teils anarchistisch.

Die neue Regierung löste den Kongress und alle darin vertretenen Parteien auf. Nur noch der M-26-7, der Directorio Estudiantil Revolucionario und der Partido Socialista Popular waren zugelassen. Im Februar 1959 wurde die Verfassung reformiert.[213] Sie konzentrierte die Macht bei der Exekutive und beseitigte die Autonomie der kommunalen Ebene. Damit war das formale politische System der zweiten Republik zerschlagen. Auf lange Sicht sehr negativ war die Beseitigung der unabhängigen Justiz, nicht so sehr in Bezug auf einzelne Richter oder Anwälte (die werden in allen Gesellschaften durch Ideologien, Presse und Massenstimmungen beeinflusst), sondern vor allem wegen der Konzentration der letztendlichen Entscheidung bei der Exekutive, das heißt – Fidel Castro.

Öffentliche, summarische Gerichtsverfahren gegen *Batistianos*, Folterknechte und Anhänger Batistas gaben dem Volkszorn ein –

von der revolutionären Gewalt über so genannte Volksgerichte kontrolliertes – Ventil. Der Castro-Gruppe erlaubten sie, den Mando único ihres Chefs vor dem »Volk« zu visualisieren und damit besser zu legitimieren. Die Prozesse erlaubten auch die Neuordnung der bewaffneten Kräfte. Zugleich führten die circa 550 Erschießungen, *Paredón* genannt, zu internationalen Protesten und zu einer ersten massiven Auswanderungswelle. Diese Gewalt war Teil der kubanischen Gewalttradition und -kultur. Diese Kultur offener, aber zumeist sektoraler Gewalt hatte die Entwicklung seit 1930 geprägt. Sie gehörte in gewisser Weise zum Ritual des Umsturzes. Die Grenzen zwischen Gewalt »von oben« und der Gewalt »von unten« hatten sich immer mehr verwischt. Eine Entideologisierung von Gewaltanwendungen war die Folge. Die Gewalt gegen die Batistianos galt zunächst als legitime Vergeltung. Erst nachdem sich Castro massiv in den Prozess gegen Piloten der Luftwaffe Batistas im März 1959 eingemischt hatte, wurden die Eingriffe klar als »revolutionäre Gewalt« und in Ansätzen als »Terror« identifiziert.[214]

Castro und sein Stab zogen, wie noch in der Sierra, durch Kuba. Fidel war überall und nirgends. Er redete stundenlang, manchmal tagelang. Wenn er in Havanna war, residierten die Kommandanten in den Luxussuiten des Habana-Hilton, heute *Habana libre* (und mittlerweile von einer spanischen Kette geführt), oder im Präsidentenpalast. Celia Sánchez bemutterte den Revolutionsführer. Teresa Casuso kämpfte eine Weile um diesen Platz. Celia führte für Fidel Castro die Kriegskasse; allerdings hatten die Revolutionsführer freien Zugriff auf Autos, Häuser und die Symbole des luxuriösen Lebensstils, zumal viele Villen der geflohenen Batista-Anhänger leer standen. Die Beteiligung von zwei Frauen an den Kämpfen in der Sierra kann nicht darüber hinwegtäuschen, dass es sich um eine Bewegung von Männern und Waffennarren handelte; die Revolutionsführer benahmen sich auch nach den Codes einer Macho-Gesellschaft (und reden unter sich auch heute noch so, wie die Sprache von Norberto Fuentes – die eben eine Sprache nach diesen Codes ist – erkennen lässt). Die traditionelle Macho-Kultur Kubas wurde durch die Revolution bestätigt. Erst seit 1967/70 wurde der Machismo durch das massive Eindringen von Frauen in alle Sphären der Politik, Wirtschaft und Gesellschaft partiell zurückgedrängt, aber zugleich auf subtile Weise bestärkt.

Wie alle Anführer von Revolutionen musste Castro erkennen, dass der militärische Sieg Ausgangspunkt neuer Probleme ist. Castro war zwar ein charismatischer Anführer, aber konzeptionell und wirtschaftlich völlig unerfahren. Kaum eine der großen Erwartungen war schnell zu erfüllen. Aktionismus ersetzte wirkliche Aktivitäten zur Demokratisierung der Gesellschaft. Die innere Gruppe um Castro kam zur Erkenntnis, dass ihre radikalen martianischen Ziele unter einer parlamentarischen Demokratie, den traditionellen Außenbeziehungen und unter den existierenden Wirtschaftsformen nicht zu verwirklichen seien. Im Februar 1959 trat Castro nach einer Massenakklamation als Premierminister in die Regierung Urrutia ein; Miro Cardona trat zurück, ihm folgte bald Agramonte. Castro erließ das erste Agrarreformgesetz. Es beschränkte den Grundbesitz auf 400 Hektar (wie es die Verfassung von 1940 gefordert hatte). Das war eine relativ moderate und vernünftige Maßnahme. Castro tat das auch, um die ungeregelten Landbesetzungen durch Bauern ohne Eigentum unter Kontrolle zu bekommen. Schon seit Ende 1958/Anfang 1959 hatte es »Anwendungen«, *Intervenciones*, des Agrargesetzes der Sierra Maestra gegeben. Sie wurden immer gewaltsamer und drohten der Kontrolle zu entgleiten. Castro hatte sich für die Reformvariante von Ché Guevara und anderen Radikalen – die wiederum die Erfahrungen vor allem aus dem Spanien der Republik und des Bürgerkrieges sowie Guatemalas unter Arbenz einbrachten – und gegen die Reformvariante von Humberto Sori-Marín entschieden. Diese *Intervenciones*, der Eingriff in die Landbesitzverhältnisse auf dem Lande, zog rasch massive Konflikte nach sich. Interventionen, im Sinne von staatlichen Eingriffen in Arbeits- und Tarifkonflikte, hatten eine legale Tradition, die in den staatlichen Regulierungen der Arbeitsbeziehungen seit 1933 zu suchen ist; hier handelte es sich aber um eindeutige Veränderungen der ruralen Besitzverhältnisse in einer Latifundien- und Herrenwirtschaft, wie sie die Bauern mit ihren kleinen Landbesetzungen und die Anarchosyndikalisten schon 1933–1935 betrieben hatten.

Die Repräsentanten der ländlichen Mittelschichten und des zivilen Widerstandes, die bisher die Regierung gebildet hatten, waren gegen das *Sierra*-Gesetz und gegen die Agrarreform. Die Regierung der USA war sowieso dagegen, aus Prinzip und weil die Enteignungen besonders die großen nordamerikanischen Zuckergesellschaften trafen und den kleinbäuerlichen Sektor stärkten. Die Haltung des offiziellen Washington war noch unentschlossen, wie sich beim Besuch Castros in den USA und beim Zusammentreffen mit Vizepräsident Richard Nixon im April 1959 zeigte. Im Juni 1959 flüchtete Luis José Díaz Lanz, Kommandeur der kubanischen Luftwaffe. Urrutia und die Regierung traten zurück. Am 26. Juli 1959 erklärte Castro, dass er bereit sei, auch in die neue Regierung einzutreten. Cardona bot sich als Präsident an. Auf Entscheidung Castros wurde der bisherige Justizminister Osvaldo Dorticós, ein loyaler Liberaler, der früher mit dem Marxismus kokettiert hatte und aus einer der alten Familien von Cienfuegos stammte, zum Präsidenten ernannt. Radikale Vertreter der Guerilla übernahmen die Regierungsämter. All die alten *Chivatos, Caballos* und *Botellas* (Bezeichnungen für unterschiedliche Formen der Korruption) wurden abgeschafft, der Staatsapparat enorm verschlankt und zugleich militarisiert. Das senkte die institutionellen Kosten, gleichzeitig ging auch Fachwissen verloren. Der Ché, Ernesto Guevara, wurde Industrieminister und bald auch Chef der Nationalbank. Der *Gobierno Revolucionario Cubano* (kubanische revolutionäre Regierung) entstand. Es kam zu einer politischen Konfrontation vor dem Hintergrund einer tief greifenden Reform und einer ökonomischen Krise. Die nächste große Auswanderungswelle setzte ein. Die kubanische urbane

Mittelklasse, Hauptträgerin des traditionellen Nationalismus, wurde zerrissen. Für die ersten Wellen der Emigration, vor allem Oberschichten und Mittelklassen (aber bei weitem nicht nur!), bürgerte sich schnell – kräftig lanciert durch die politische Führung – der Begriff *Gusanos*, Würmer, ein. Zwei große Auswanderungswellen, 1980 die der so genannten *Marielitos* (nach dem Hafen Mariel bei Havanna) und 1994 die der *Balseros* (nach *Balsa*, einem selbst gebauten Wasserfahrzeug), und mehrere kleine sollten folgen.

Anticastristische Kräfte, auch ehemalige Kommandeure von Guerillas, wie Eloy Gutiérrez Menoyo im Escambray-Gebirge, begannen den bewaffneten Kampf gegen die Castristen; Comandante Huber Matos in Camagüey wurde unter dem Vorwurf, Gleiches zu planen, von Fidel Castro im Oktober 1959 persönlich inhaftiert. Wenige Tage später verschwand Camilo Cienfuegos, der Matos in Camagüey ersetzen sollte.[215] Es kam zu »Säuberungen« in der Revolutionsarmee. Ehemalige Mitstreiter der Castro-Gruppe oder Mitglieder des nichtcastristischen Widerstandes gegen Batista, die unzufrieden mit der Radikalisierung waren, bildeten die dritte dieser frühen Auswanderungswellen oder verschwanden für lange Zeit in kubanischen Gefängnissen[216], wenn sie nicht erschossen wurden. 1960 setzte sich nach massiven internationalen Protesten eine Linie durch, die Castro mit dem Satz »die Privilegien, nicht die Privilegierten werden füsiliert«[217] umschrieb. Die Gewaltanwendung gegen die Träger der Diktatur ging relativ nahtlos in Gewalt gegen äußere Feinde und Oppositionelle im Innern über. Im März prägte Castro dann die martialische Losung *Patria o muerte, venceremos* (»Vaterland oder Tod, wir werden siegen«), die zu diesem Zeitpunkt die unbedingte Entschlossenheit ausdrücken sollte, das neu gewonnene Vaterland um jeden Preis zu verteidigen.

Der M-26-7 war zahlenmäßig klein. Er stellte keine politische Partei mit einheitlicher Ideologie dar. In der Krise profilierten sich unterschiedliche ideologische Richtungen. Die Castristen brauchten aber eine Massenbasis. Es boten sich entweder die Gewerkschaften oder die Kommunisten des PSP an. Beide verfügten über gute Organisationsstrukturen und waren in der Arbeiterschaft verwurzelt, auch auf dem Lande. In den Gewerkschaftswahlen Mitte 1959 hatten sich noch einmal die antikommunistischen, anarchosyndikalistischen Kräfte durchgesetzt. Die Gewerkschaftsbosse, die mehrheitlich Teil des Batista-Systems gewesen waren, konnten den Sieg aber nicht verankern, weil die Castristen die bewaffneten Kräfte kontrollierten. Auch verkannten die traditionellen Gewerkschaftsführer die Ziele der anarchosyndikalistischen Arbeiter, die keinesfalls anticastristisch waren. Die Gewerkschaften forderten als Gegenleistung ihrer Unterstützung eine arbeiterorientierte Tarifpolitik, wodurch die kubanischen mittelständischen Unternehmer, die Hauptbasis der Regierung Urrutia, in Schwierigkeiten gerieten.

Im März 1959 ließ die Regierung die Mieten halbieren. Die Telefongesellschaften wurden verstaatlicht. Die Kaufkraft stieg bei sinkender Produktion enorm an, was die wirtschaftliche Krise verschärfte. Arbeitslosigkeit griff um sich. Armee und öffentlicher Dienst waren abgebaut beziehungsweise verkleinert worden. Die bisherige Kundschaft der Hotels, der Spielkasinos und Prostituierten blieb aus. Die Begeisterung des Mittelstandes für die Revolution flaute immer mehr ab, auch weil die neuen Machthaber keine kohärente Wirtschaftspolitik betrieben und viele Betriebe für Staatsunternehmen beschlagnahmt wurden.

Die Möglichkeiten zur Lösung bestanden in einem Spar- und Konsolidierungskurs innerhalb des traditionellen Systems im Bündnis mit der nationalen Bourgeoisie, den *Clases económicas*. Dieser Pfad war im Grunde seit 1940 bekannt. Der andere Entwicklungspfad, dessen Beginn erkennbar war, lag in einer radikalen Massenmobilisierung des ganzen Volkes und Umverteilung zugunsten der Unterschichten, der *Clases populares*[218], im Bündnis mit den eher reformistischen, aber straff organisierten Kommunisten des PSP. Die Castristen wählten à la longue den zweiten Weg, um ihre Macht zu konsolidieren. Mit einem entscheidenden Unterschied: Die Führungsgruppe, vor allem Castro und Ché mit ihrem eher anarchistischen Charisma-Appeal, entsprach in keiner Weise kommunistischen oder sozialdemokratischen Kader-Bürokraten. Das brachte ihnen einen nahezu unglaublichen Massenenthusiasmus einerseits und erbitterte Feindschaft inner- und außerhalb Kubas andererseits ein.

In diesem Zusammenhang wird meist nur das Verhältnis zu den USA analysiert. Ich will das im Wesentlichen im vorliegenden Text auch tun. Aber neben den USA war Spanien immer ein wichtiges europäisches Bezugsland für Kuba, ebenso wie seine karibischen Nachbarinseln. Das bis zum Sieg 1959 recht gute Verhältnis mit Franco-Spanien verschlechterte sich zeitweilig ganz erheblich. Eine Interventionsdrohung seitens der Dominikanischen Republik, damals vom batistaähnlichen Trujillo beherrscht, lag in der Luft.

Die Gruppe um Fidel Castro, Ché und Raúl Castro stand dabei natürlich auch im Bann der kubanischen Geschichte. Denn sie wussten, wie 1878, 1898 und 1933/34 die Revolutionen durch das Zerbrechen der jeweiligen Koalitionen abgewürgt worden und wie 1948 und 1952 Reformvarianten zum Scheitern gebracht worden waren.

Aus den Gewerkschaftswahlen Ende 1959 gingen jedenfalls Castro und die Castristen und die von ihnen geförderten Kommunisten als Sieger hervor. Oder die Sieger wandelten sich zu Castristen. Dadurch erlangte die Regierung Einfluss auf die städtischen Betriebe. Welche Rolle die Arbeiter selbst dabei spielten und wie weit es Bestrebungen zur Selbstverwaltung gab, wissen wir nicht.

Die Autonomie der Universität wurde beseitigt; Studentenmilizen entstanden. Um das Nachrichtenmonopol von Agenturen wie UPI und AP zu brechen, wurden die kubanische Presseagentur *Prensa latina* und neue Zeitungen sowie Medien gegründet.[219] Die bald sehr prestigereiche *Casa de las Américas* sollte den Amerikavisionen eines Bolívar und eines Martí eine (literarische und kulturpolitische) Heimat geben.

Der ehemalige Modefotograf Alberto Díaz Gutiérrez, Künstlername Korda (1928–2001), machte mit seinen Bildern Ikonen aus den Führern der Barbudos, besonders mit dem berühmten Bild des Einzugs der Revolutionsführer in Havanna (Camilo Cienfuegos und Fidel Castro, das Bild des Hubert Matos wurde aus dem Pantheon der Revolution entfernt[220]) und dem noch berühmteren Porträt des Ché Guevara vom 5. März 1960, das einen Siegeszug allerdings erst mit dem Tod Guevaras antreten konnte. Seitdem existiert die Ikone »Ché«.

Das »Jahr der Agrarreform« brach an. Die Auseinandersetzung verlagerte sich seit Beginn 1960 auf das Land, allerdings schon mit dem Vorteil für die Regierung, Einfluss auf die anarchosyndikalistische Arbeiterschaft zu haben. Das Agrarreforminstitut (Instituto Nacional de Reforma Agraria, INRA), bereits im Mai 1959 gegründet, wurde zu einer Art Nebenregierung (Leitung Antonio Núñez Jiménez). Das in der ersten Agrarreform enteignete Land wurde in Genossenschaften und Staatsgüter umgewandelt oder an Bauern verteilt. Das INRA besaß das Monopol über die Kreditvergabe, wodurch die alte Abhängigkeit von privaten Kreditgebern und Banken abgelöst wurde – von einem Staatsmonopol. Die Konflikte um die Reformen verschärften sich zu einem Fast-Bürgerkrieg. Der CIA forcierte den Spionagekrieg; im März 1960 explodierte das französische Schiff »La Coubre« im Hafen von Havanna. Es hatte Waffen aus Belgien geladen. Die »Erfahrung Guatemala« spielte auf beiden Seiten, sowohl für die Kubaner wie auch für die Amerikaner, eine große Rolle. Die CIA hatte in Guatemala eine Intervention gegen die halbherzigen Reformen des Präsidenten Jacobo Arbenz organisiert, der in einer Landreform nur herrenlosen und unbebauten Boden hatte verteilen lassen. Jetzt machten die Kubaner wirklich Ernst mit einem Angriff auf die Institution Landeigentum.

Die großen Viehzüchter Camagüeys und der Region um Bayamo gingen zum »Krieg des Marktes« über und unterstützten die bewaffneten anticastristischen Gruppen im Escambray. Sie konnten dabei von Fehlern der »Zweiten Nationalen Front« und der Agrarreform gegenüber der Landbevölkerung profitieren. Dazu kam der präpotente Konfrontationskurs der USA gegen die Castristen und dieser gegen die USA.

Den Ausweg bot 1960 ein Handels- und Kreditabkommen mit der UdSSR, danach auch Abkommen mit Polen, der DDR, der ČSSR und China. Die Verstaatlichung von Betrieben wurde vorangetrieben. Als sich US-amerikanische Ölgesellschaften weigerten, sowjetisches Erdöl zu verarbeiten, verschärfte sich die Konfrontation weiter.

Kuba hoffte, sich damit aus der totalen Abhängigkeit von den USA lösen zu können; für die USA wurde der Konflikt in ihrem Hinterhof damit auf die internationale Ebene des Kalten Krieges gehoben. Im Grunde stellte er die Heimatfront dieses Krieges dar. In hysterischer Überreaktion reduzierte die Regierung Eisenhower erst die Zuckerquote und schaffte sie dann ganz ab. Ein Exportstopp, Vorläufer des Embargos, folgte. Schließlich wurde das Embargo verhängt. Diese Blockade wurde zwar vielfach frakturiert und unterlaufen, existiert aber bis heute (2004).[221]

Die Regierung Castro antwortete mit der Konfiszierung des Besitzes der Zuckergesellschaften sowie der Verstaatlichung aller Banken und Betriebe mit mehr als 25 Beschäftigten. Der *Diario de la Marina*, mit 128 Jahren Existenz auf Kuba die älteste Tageszeitung, stellte im Mai 1960 sein Erscheinen ein. Das Privateigentum an Produktionsmitteln, vulgo Kapitalismus, noch nicht die Marktwirtschaft an sich, wurde innerhalb weniger Monate weitgehend abgeschafft. Die industrielle Ökonomie des Landes und die große Infrastruktur wurden in alter iberischer Tradition vom Staat kontrolliert, der je länger, desto mehr wirtschaftliche und soziale Funktionen an sich zog. Interpretiert wurde der Vorgang als reine Lehre des Kommunismus. Die Klassenstruktur der alten Republik brach zusammen. Teile der verbliebenen kubanischen Mittelklasse – die sich nicht mehr als solche definierte – wurden in den neuen Institutionen und im Bildungswesen zu Trägern des Castroismus, des neuen Nationalismus. Dabei ist ein Aspekt traditioneller Familienpolitik nicht zu übersehen: Ein Familienmitglied blieb auf Kuba, um das Haus oder andere Arten von Besitz zu halten.

Der Fisch ist rot – Schweinebucht, heroische Illusion und Sozialismus 1961

Die Dynamik der Synergieeffekte war enorm. Das Gros der kubanischen Bourgeoisie, Teile der Mittelklassen, das Bildungsbürgertum, die freien Berufe (mit Ausnahme vor allem von Medizinern) und die Großgrundbesitzer wanderten aus. Sie konstituierten sich in den USA neu. Der CIA begann mit der Planung von Mordanschlägen gegen Castro und der Ausbildung kubanischer Flüchtlinge. Eisenhower befahl Vorbereitungen zur Invasion. Kuba kaufte Waffen. Die Castro-Gruppe setzte immer deutlicher radikal-nationalistische und bald auch kommunistische Diskurse ein. Ziel war die realpolitische Annäherung an die andere Supermacht, nicht die Unterwerfung.

Anfang 1961 brachen die USA die Beziehungen zu Kuba ab. Der eben ins Weiße Haus eingezogene Präsident Kennedy befahl die Invasion Kubas, ohne aber die letzte Konsequenz des direkten Eingriffs von US-Bodentruppen zu wagen. Allerdings bombardierten US-Flugzeuge vor der Invasion kubanische Flughäfen.

Die kubanische Führungsgruppe, das Rebellenheer und die Milizen reagierten unter der von Fidel Castro eben ausgegebenen Losung »Patria o muerte, venceremos« geschlossen und kraftvoll. Der erwartete Volksaufstand blieb aus. Innerhalb von 72 Stunden war am 19. April 1961 die Invasion an Playa Larga und Playa Girón in der Schweinebucht, dem alten Einfallstor der Sklavenschmuggler, zerschlagen. Vor allem die Milizen zahlten den Sieg mit hohen Opfern. Castros Popularität wuchs ins Gigantische. Die neuen Behörden verhafteten landesweit 100 000 Oppositionelle. Katholische Priester wurden ausgewiesen und alle Schulen nationalisiert.

Fidel Castro hatte bereits am 16. April 1961 den »sozialistischen und marxistisch-leninistischen Charakter« der kubanischen Revolution deklariert. Die UdSSR war im Zugzwang. Kuba nannte sich nun »erstes sozialistisches Territorium der westlichen Hemisphäre«. Wahlen wurden unter dem Slogan »Nicht alle vier Jahre, sondern jeden Tag entscheiden sich die Kubaner für die Revolution« ausgesetzt. Der »Hinterhof« wurde zur »roten Insel«, zum »Fanal Kuba«, zur »Republik der Leidenschaft«. Der Mythos Revolution bekam eine Heimat.[222] In nahezu jeder Publikation etwa in den USA über Kuba ist das Wort Revolution seither im Titel zu finden.

Dieser Mythos und die Fama Castros sowie bald auch Guevaras wurden seit 1961 ein wichtiger Faktor der internationalen Politik, sowohl zwischen West und Ost wie zwischen Nord und Süd und speziell zwischen Lateinamerika, der Karibik und den USA. Damit nahm Kuba wieder eine strategische Position im atlantisch-karibischen Schnittpunkt der Blöcke ein, wie Imperien zur Zeit des Kalten Krieges genannt wurden. Der innere Kern des Mythos Revolution in Kuba für Kubaner ist der Mythos des Rebellenheeres.[223]

1960 hatte Kuba begonnen, die nationale Befreiungsbewegung Algeriens mit Waffen, Versorgungsgütern und Medizinstudenten zu unterstützen.[224] Daraus entwickelte sich ein besonderer Internationalismus. Er hatte drei Hauptkomponenten – ein militärisches Programm, das bis 1991 andauerte, ein geheimdienstliches und ein ziviles Programm, in dessen Verlauf kubanische Ärzte, Techniker, später auch Sportler in 25 Länder der Dritten Welt gesandt wurden. Der zivile Teil dauert immer noch an. So wurden beispielsweise nach dem Hurrikan Mitch, der im Oktober 1998 Zentralamerika heimsuchte, kubanische Ärzte in die Gegend entsandt. Der geheimdienstliche Teil hat Kuba in der Diktion der Bush-Jr.-Administration den Ruf eines »Schurkenstaates« eingebracht; das offizielle Kuba hält dagegen die CIA für eine terroristische Organisation.

Konsolidierung, radikale Experimente und Revolutionsromantik:
Die rote Insel (1962–1967)

Nach Playa Girón gab es im Innern kaum noch militärischen Widerstand. Der Widerstand gegen den Castroismus kam von außen oder war in den Gefängnissen unter Kontrolle der bewaffneten Kräfte. Dafür aber gab es Sabotage, Infiltrationen von Exilkubanern an den Küsten, Terrorakte und Attentate. Im Escambray hielten sich bis 1966 bewaffnete anticastristische Kräfte. Die Gruppe um Fidel Castro hatte ihre Stellung weitgehend gefestigt. Castro hatte nun wirklich den Mando único. Die wichtigste soziale Folge war ein neuer Heirats- und Babyboom. Die Mehrheit der Kubanerinnen und Kubaner fühlte sich sicher und zukunftsfroh auf Kuba. Das hatte, zusammen mit den langfristigen Folgen des Baby-Booms von 1899 bis 1904, tiefe Auswirkungen auf die Fertilitätsraten. Sie erhöhten sich von den schon hohen Raten eines noch agrarisch geprägten Landes 1958 (27 Geburten pro 1000 Einwohner) auf 37 Geburten pro 1000 Einwohner. Die Revolution und ihre Führung genossen soziales Vertrauen. Carlos Puebla sang »Y el pueblo después de un año repite: gracias Fidel« (und das Volk wiederholt nach einem Jahr: danke Fidel).

Das Vertrauen war zum Teil den völlig unwirtschaftlichen Verteilungsmaßnahmen der ersten Zeit geschuldet, neben den Mieten und Löhnen etwa beim Fleischkonsum – was den kubanischen Rinderbestand um zwei Millionen Stück, von 6,5 auf 4,5 Millionen, verringert hatte, oder bei Reisverteilungen, der Reisanbau wurde aufgrund massiver chinesischer Lieferungen (die allerdings bereits 1966 fast schlagartig eingestellt wurden) um 90 Prozent verringert. Vor allem aber lag es daran, dass sich die Masse der Bevölkerung sicher fühlte und auf eine bessere Zukunft hoffte. Utopien schienen sich zu verwirklichen: Ricardo Porras revolutionierte die Architekturformen mit seiner Escuela de Arte Plástica im mondänen Marianao – und Schulen und Universitäten standen allen offen. Neubauviertel, wie »José Martí« in Santiago und »Alamar« bei Havanna, entstanden; neue Straßen erschlossen bisher marginale Gebiete wie Baracoa oder die Ciénaga de Zapata. Die Castro-Gruppe, in stetem Dialog mit der Bevölkerung, fühlte sich politisch legitimiert. Daraus und aus den inneren sowie äußeren Konflikten zog die kubanische Führung den Schluss, dass die Revolution, nun in sozialistischer Gestalt, permanent weiter zu treiben sei. Wenn möglich über die Grenzen des Landes hinaus, vor allem in Lateinamerika und in der Dritten Welt, gegen den Imperialismus unter Führung der USA, wie Castro es drastisch in der zweiten Erklärung von Havanna ausdrückte (Januar 1962). Havanna wurde zwischen 1960 und 1968 zur Hauptstadt der Weltrevolution. Kuba wurde zum bevorzugten Reiseziel für die westliche linke Intelligenz. Jean-Paul Sartre, der die Insel 1960 zusammen mit Simone de Beauvoir besucht hatte, nannte die kubanische Revolution »die einzige Hoffnung«.[225]

Das Sendungsbewusstsein der Kubaner war gigantisch. Ihr Revolutionskonzept bedeutete keine blinde Übernahme eines europäischen oder sowjetischen Modells. Es stellte ein aktivistisches universales Projekt des gewaltsamen Kampfes des »Dorfes« gegen die »Stadt«, das heißt der Dritten gegen die Erste Welt dar, ein Prozess, in dem sich zugleich die Menschen und die vorgefundenen sozialen und wirtschaftlichen Verhältnisse ändern sollten. Es begrenzte sich nicht, wie in der Doktrin der Kommunisten, auf die Arbeiter, sondern richtete sich, nach dem Ansatz von José Martí, an die Armen und Kolonialisierten der Welt. All dem lag letztlich die Annahme zugrunde, dass die kubanische Revolution, originärer als die Umwälzungen in Osteuropa und Asien, das Urmuster der sozialen Revolution an sich sei.

Wichtigster Theoretiker (nicht Historiker) der Utopie einer Weltrevolution nach kubanischem Muster war Ernesto Ché Guevara. Im Innern bedeutete »Revolution« zunächst Sicherung der Unabhängigkeit, Verbesserung der Lebensbedingungen und ständigen Wandel durch Lernen mit dem Ziel der Schaffung eines »neuen Menschen«, das heißt, einen äußerst kreativen Prozess, vor allem im

Bereich der Bildung, in den Beziehungen zwischen Land und Stadt, in der Sozialpolitik, in Kultur und Kunst. Revolution bedeutete aber auch ständige Gewalt gegen die Opposition. Allerdings war diese Gewalt weniger sichtbar und auf einem niedrigeren Niveau als zur Zeit Batistas. Es kam auch zu ersten Maßregeln gegenüber der kritischen Intelligenz und Künstlern, die zur Schließung der wichtigsten Kulturzeitung des Landes, *Lunes de Revolución* (eigentlich die Kulturbeilage der Zeitung *Revolución*), und zu Castros Diktum:»In der Revolution alles, gegen die Revolution nichts« führten.[226]

Eine Alphabetisierungskampagne ohne sektorale Altersbegrenzung erfasste das ganze Land. Sie wurde für viele junge Menschen, vor allem auch für junge Frauen aus den städtischen Mittelklassen, zur humanistischen Grunderfahrung ihres Lebens. Sie entdeckten erstmalig ihr eigenes Land, die ruralen, »kleinen« Kubas. Von der Revolution sollte eine neue Zeitrechnung ausgehen, deshalb bekam seit 1960 jedes Jahr einen Namen. 1961 wurde zum »Jahr der Erziehung«. Für die armen Bauern und die Landbevölkerung waren die jungen Lehrerinnen und ihre Anstrengungen um die Bildung das Zeichen dafür, dass »die Revolution« bereit war, sie als zivilisierte Menschen in die neue Gesellschaft aufzunehmen. Der kubanische Nationalismus wurde damit von einem ethnischen oder politischen Eliteprojekt mit seinen kalten weißen Martí-Büsten, Ritualen, Elitediskursen und steinernen Lokalheiligen zu einer kulturellen Massenveranstaltung der Bildung für alle, eben der kubanischen Nation auf Kuba. Die Universitäten in Havanna, Santa Clara und Santiago öffneten sich den Unterschichten mit der Universitätsreform von 1962. Die Universitäten verloren aber auch ihre traditionellen Freiheiten; die privaten und konfessionellen Bildungseinrichtungen wurden geschlossen. Neue universitäre Zentren und ein neues Sekundarschulwesen wurden aus dem Boden gestampft. Auf Bitten von Ché Guevara überquerte die DDR-Erfahrung der Arbeiter- und Bauernfakultäten (ABF) den Atlantik (auf der Flugroute Berlin/Ost–Prag–Shannon–Gender–Havanna). Das

Bildungsniveau wurde schrittweise erhöht, bis es zwischen 1970 und 1990 das breiteste und beste Lateinamerikas war.

Allerdings war schon vor der Invasion die Notwendigkeit immer deutlicher geworden, dem Prozess, der seine Kraft bisher vor allem aus Begeisterung, Euphorie und Charisma gezogen hatte, eine institutionelle Basis zu geben, die neben Movimiento 26-7, Heer und Polizei die neue politische Kultur stützen, die neuen Werte verankern und zugleich verteidigen sollte. Die ersten Institutionen des neuen Systems waren Milizen aus Gewerkschaftlern und Studenten, die die Verteidigung mit der Alphabetisierung kombinierten. 1960 wurde die *Federación de Mujeres Cubanas* (FMC, Föderation kubanischer Frauen) gegründet. Sie stand unter der Führung von Vilma Espín und Haydée Santamaría, den Heroinen der Revolution. Die Frauen der Führung und unter Führung dieser Institution, oft aus der Mittelklasse, spielten eine äußerst aktive Rolle bei der Durchsetzung des Castroismus sowie einer neuen Sozial-, Familien- und Sexualpolitik. Allerdings spielten sie diese Rolle nach dem Werteverständnis der Mittelklassen, also eher im Hintergrund. Unterschätzt werden sollten die Frauen trotzdem nicht; Castro hat nie gegen sie regiert.

Als Instrument im Kampf gegen Feinde des sozialistischen Kuba wurden im gleichen Jahr die *Comités de Defensa de la Revolución* (CDR, Komitees zur Verteidigung der Revolution) gegründet, eine Wach- und Kontrollinstitution auf Nachbarschaftsbasis. Schließlich schlossen sich die Jugend des M-26-7, des Directorio Estudiantil und des PSP zur *Asociación de Juventud Revolucionaria* (AJR, Assoziation der revolutionären Jugend) und später zur *Unión de Jóvenes Cubanos* (UJC, Verband junger Kubaner) zusammen. Die Pionierorganisation entstand; Künstler und Schriftsteller organisierten sich in der *Unión de Escritores y Artistas de Cuba* (UNEAC, Kubanischer Schriftsteller- und Künstlerverband) und die Kleinbauern in der *Asociación Nacional de Agricultores Pequeños* (ANAP, Nationale Assoziation kleiner Landwirte).

Die Besonderheit des kubanischen Weges bestand darin, dass all dies nicht unter Führung einer Partei geschah, sondern durch einen *Máximo líder* und eine Führungsgruppe geschaffen wurde, die in dauerndem Austausch mit dem Volk stand. Damit vermochte sie eine erhebliche Massenbasis wirkungsvoll in Szene zu setzen. Durch ständiges Reisen und Reden auf Massenversammlungen stand Fidel Castro im fortgesetzten Disput mit dieser Basis. Er war immer im Bilde. Durch diesen Austausch fühlten sich viele Kubaner als Schöpfer des Neuen. Eine politische Kultur der direkten Demokratie, im Sinne der erfahr- und erlebbaren Beteiligung jedes Einzelnen an politischen Prozessen, und des Egalitarismus breitete sich aus. Je mehr sie sich durchsetzte, erzeugte diese politische Kultur allerdings auch Konformismus, Militanz gegen Andersdenkende und zentralistische Strukturen mit dem entsprechenden Kult. Allerdings war die Euphorie in den ersten Jahren ungebrochen, die übergroße Mehrheit der Kubaner und mit ihnen fast die gesamte Linke hingen in den 60er-Jahren der heroischen Illusion an, nicht nur Kuba, sondern die Welt verändern zu können. Der Mythos Kuba strahlte weltweit; seit 1960 war es ein *Muss* für Linke, wenigstens einmal in Havanna gewesen zu sein.

Noch fehlte eine institutionelle zivile Führungsinstanz für die Massenorganisationen. Die Armee konnte diese Rolle nicht übernehmen. 1961 wurden die *Organizaciones Revolucionarias Integradas* (ORI, Integrierte revolutionäre Organisationen) gegründet, der institutionelle Kern des seit 1962 entstehenden *Partido Unido de la Revolución Socialista* (PURS, Vereinte Partei der sozialistischen Revolution). Sekretär der ORI wurde Aníbal Escalante, ein Vertreter des PSP; insgesamt überwogen in der kollektiven Führung jedoch Fidelistas des M-26-7. Sie sahen mit Misstrauen auf die stalinistische Kaderpolitik Escalantes. Die Menschen, die in Massen in die Organisationen drängten, waren nicht prokommunistisch oder prosozialistisch; sie folgten ihrem Idol Fidel: »Si Fidel es comunista, que me pongan en la lista« (Wenn Fidel Kommunist ist, möge man mich auch in die Liste einschreiben). Castro zwang Escalante mit dem Hinweis »auch Kommunisten machen Fehler« zum Rücktritt. Er entmachtete damit die alten Kader des PSP. Castro beließ allerdings Blas Roca, den historischen Führer der Kommunisten seit 1934, auf Ehrenämtern und Carlos Rafael Rodríguez in Machtpositionen. Fabio Grobart wurde der Mann für die ideologische Arbeit. Lázaro Peña blieb Chef der Gewerkschaft. Zum Organisationssekretär der Partei ernannte Castro Armando Hart Dávalos, ehemals überzeugter Katholik. Das war auch als Symbol dafür gemeint, dass sich der sowjetische Stil in Staatsaufbau, Partei und Institutionalisierung nicht durchsetzen würde. Kuba ging den Weg der Massenmobilisierung, was die Bürokratisierung zwar nicht verhinderte, aber erheblich verzögerte. Der Begriff von der »permanenten Revolution« versuchte zumindest in Rhetorik und Ritual, das Lebendige, Unvollkommene und Kreative eines Umbruchs festzuhalten, dessen globale Zukunft in einer Revolution des weltweiten Südens gegen den reichen atlantischen Norden liegen sollte. Aus kubanischer Perspektive sollte der Osten dabei die Schutzmacht spielen. Die kubanische Revolution war in dieser Perspektive nur ein erster Schritt. So wurde es auch von den Gegnern Kubas, vor allem in den USA, gesehen.

Den auf Druck der USA erfolgten Ausschluss Kubas aus der OEA (*Organización de Estados Americanos*; Organisation amerikanischer Staaten – OAS) in Punta del Este im Januar 1962 – wegen des passiven Protestes von Chile, Argentinien, Mexiko und Brasilien sowieso recht lau –, kommentierte Carlos Puebla, der Sänger der Revolution, in einem seiner Songs: »Con OEA o sin OEA, ya ganamos la pelea« (Mit OAS oder ohne OAS, wir haben den Kampf schon gewonnen). Es klang ein wenig wie das Pfeifen im Walde. Die Realität der politischen Kultur des radikalen kubanischen Nationalismus war durch den personalistischen Machtstil Castros geprägt, der auf seiner integrativen Rolle und der ihm eigenen charismatischen Autorität beruhte. Für die meisten Kubaner war und ist er immer Fidel, worin sich deutlich ein affektiver Paternalismus ausdrückt.

Im Oktober 1962 kam es zur Raketenkrise. Die UdSSR hatte in Übereinstimmung mit der kubanischen Führung atomare Mittelstreckenraketen, Marschflugkörper und atomare taktische Gefechtsfeldwaffen auf Kuba stationiert. Als die Waffen entdeckt wurden, blockierte die US-Flotte Kuba. Kennedy stellte ein Ultimatum. Die Blockade widersprach dem Völkerrecht. Auf Kuba befanden sich mehr als 40 000 Mann sowjetischer Truppen; sowjetische Atom-U-Boote kreuzten im Atlantik, nahe der amerikanischen Küste. Ein Angriff der USA, wie ihn Militärs befürworteten, hätte der sowjetische General Plijev mit dem Einsatz der taktischen Atomwaffen beantworten müssen. Die Welt war am Rande eines Atomkrieges; die kubanische Führung, vor allem die Castros und Guevara, drängte die sowjetische Führung zum Einsatz der Atomraketen. Doch die Großmächte verständigten sich – nach einer gespenstischen Abfolge von Pannen, Irrtümern und Fehleinschätzungen – dank der Nachgiebigkeit Chruschtschows und der Besonnenheit John F. Kennedys sowie seiner engsten Berater, vor allem Robert Kennedys.[227] Die Verständigung der Großmächte geschah über den Kopf der kubanischen Führung hinweg. Diese hatte die geostrategische Bedeutung ihrer Insel überschätzt. Kuba hatte mit der Zustimmung zur Stationierung der Raketen die Brücken zu den USA und damit im Grunde zur westlichen Welt abgebrochen. Einer der klaren Fälle des Missverhältnisses zwischen realer und angenommener »Größe« Kubas; ein klarer Hinweis auch darauf, wie imperiale Eliten immer reagiert haben, wenn die lokale Elite Havannas sie zu offensichtlich und in der Form zu direkt für ihre Ziele einzuspannen versuchte. Die Rhetorik von Fidel Castro und Ché Guevara war sehr radikal. In einer »privaten« Rede vor Universitätsstudenten warf Castro Chruschtschow vor, keine *Cojones* zu haben, ein Kubanismus, der einen unmännlichen Feigling bezeichnet. Die Studenten sangen: »Nikita, mariquita, lo que se da no se quita« –

sinngemäß: »geschenkt ist geschenkt, wieder holen ist gestohlen« (wobei *mariquita* den Angesprochenen zudem noch als »kleinen Schwulen« etikettiert).[228]

Musik hält die Stimmung einer Zeit im Gedächtnis. Zu den Reden über die politischen Ereignisse von 1962 spielte das Radio, über leicht plärrende oder scheppernde Lautsprecher, meist die *Marcha del 26 de julio* und dann Benny Moré, *Me voy pa'l pueblo*, gefolgt von der Aufführung eines Konzerts der Orquesta Aragón. Reden über Atomkrieg im Rhythmus von Danzón und Son!

Kuba setzte den Aufbau wirtschaftlicher Beziehungen zur UdSSR und zum sozialistischen Lager fort. Das kleine karibische Land verfolgte aber dezidiert einen eigenen politischen Kurs. Dieser bestand unter anderem darin, zwischen der UdSSR und China zu vermitteln beziehungsweise beide sozialistischen Großmächte gegeneinander auszuspielen. Das brachte Castro und Ché Guevara zeitweilig den Ruf ein, Maoisten zu sein. In Wirklichkeit aber verfolgten die Kubaner eben die eigene weltweite Strategie. Der atlantisch-karibische Raum war ihnen längst zu klein. Fidel Castro und Ché Guevara stellten dabei so etwas wie den zwiegesichtigen Mars dar: Fidel war gemäßigter, staatsmännisch und eingebunden in die Verantwortung für Kuba, Ché der radikale Internationalist und ungebundene utopische Revolutionär. Im Hintergrund wirkte Raúl Castro; hier passt vielleicht sogar die Metapher von der »grauen Eminenz«.

Kernpunkte der internationalen Strategie waren die Revolutionierung Lateinamerikas und Afrikas sowie die Sammlung der blockfreien Staaten der ehemaligen Kolonialgebiete Afrikas und Asiens auf der Achse Kuba–Algerien (mit Seitenast im Kongo, wo Guevara auf Laurent Kabila traf)–Vietnam–Indonesien. Eine Politik, die staatliche Außenpolitik, den Guerillakampf und die Unterstützung nichtstaatlicher Bewegungen im atlantischen, asiatischen und pazifischen Raum kombinieren musste, war nicht einfach zu bewerkstelligen.[229] Nach dem endgültigen Bruch zwischen China und der UdSSR sowie der Phase der Unsicherheit nach der Absetzung Chruschtschows kam es zur Gründung der Trikontinentale. Sie sollte den Kampf der nationalen Befreiungsbewegungen Asiens, Afrikas und Lateinamerikas gegen den Imperialismus bündeln und führen (Erste Trikontinentale Konferenz, Januar 1966; Organisation Lateinamerikanischer Solidarität).

Einen besonderen Stellenwert für Kuba hatte der Versuch, in Lateinamerika revolutionäre Bewegungen zu unterstützen, Guerilla-Kader auszubilden und auf eine Befreiung des Kontinents von US-amerikanischer Vorherrschaft hinzuwirken. Es war eine der Ideen Simón Bolívars gewesen, das ehemalige Hispanoamerika zum »Herzen der Welt« zu machen. Der Versuch, die »Anden in die Sierra Lateinamerikas« zu verwandeln, gipfelte und scheiterte im Versuch des Ché, in Bolivien seine Theorien zu verwirklichen (denn dort hatte er keinen Llano). Der globale Versuch, die westliche Hemisphäre durch die Revolutionierung Afrikas aus dem Einflussbereich der USA zu reißen, war eigentlich schon 1965 (Algerien) gescheitert. Die USA intervenierten in der Dominikanischen Republik, um Grenzen in unmittelbarer Nachbarschaft aufzurichten. Das kubanische Konzept der Weltrevolution musste mit dem Tod von Ché Guevara abgebrochen werden.

Die Revolutionsromantik Kubas richtete sich aber auch gegen die kommunistischen Parteien des Ostblocks und speziell gegen Moskau. Castro nahm sich das Recht heraus, Havanna zum Führungszentrum der Weltrevolution zu deklarieren. Um ein Bild zu benutzen: Der alte große Bär schaute zunächst erstaunt, dann mehr und mehr unwirsch, auf den kleinen grünen Kaiman in der Karibik, der mit dem Schwanz schlug und wie ein alter Löwe brüllte.

Das größte interne Problem war die Wirtschaft und besonders die Arbeitsproduktivität. Eine Stabilisierung gelang nicht. Das Wirtschaftsmodell der kubanischen Führung, die sich selbst zur Führung einer sozialistischen Revolution erklärt hatte, war keineswegs sozialistisch im Sinne des sowjetischen Systems, sondern verband sich zunächst mit den zentralen Werten der Massenmobilisierung – die Regierung hatte eine Neuverteilung der Mittel und Erhöhung der Realeinkommen des Volkes garantiert, dafür sollte jeder freiwillig sein Bestes für die Allgemeinheit geben, Vorbild sein, sich ständig weiterbilden und aktiv für politische Geschlossenheit wirken. Eine *Libreta* (Heftchen) für rationierte Waren des täglichen Bedarfs wurde am 12. März 1962 eingeführt. Zeitweilig dachte man sogar an die Abschaffung des Geldes. Bald aber ging man dazu über, die Arbeiter durch materielle Anreize zur Erhöhung ihrer Qualifikation zu motivieren, um so die Effizienz zu verbessern. All dieses sollte jedoch im Rahmen einer zentralisierten Wirtschaft stattfinden, deren Fernziel eine Steigerung des Konsums von auf Kuba produzierten Gütern war, das heißt Importsubstitution durch Aufbau einer eigenen industriellen Basis.

Das ist, trotz vieler Experimente, niemals gelungen, nicht nur wegen des US-Embargos, sondern auch weil die Sowjetunion weder bereit noch in der Lage war, Kuba wirkliche ökonomische Unabhängigkeit zu gewähren. 1967/68 drohte sie sogar, den Ölhahn ganz zuzudrehen. Damit zeigten die Sowjets den Kubanern, dass auch im Kommunismus der Schwanz nicht mit dem Hund wackeln konnte. Das Land kam nicht vom Tropf der sowjetischen Unterstützung und der anderen sozialistischen Länder weg. Die Kubaner gewöhnten sich mit der Zeit sogar an die Subsidien, was die ökonomische Effizienz nicht förderte. In diesem Sinne hat es zwar viele Experimente, aber nie eine wirklich sozialistische Ökonomie auf Kuba gegeben.

Besonders problematisch waren Dienstleistungs- und Agrarbereich. Kuba hatte bis 1960 einen hoch entwickelten Dienstleistungssektor. Der verfiel mehr und mehr. Einmal, weil keiner mehr einen anderen bedienen wollte. Das entsprach nicht mehr der »revolutionären« Mentalität. Dazu kam die Bildungsoffensive. Wenn der Druck des Kapitalverhältnisses durch die Motivation eines staatlich abgesicherten Bildungswillens ersetzt wird, werden potenziell alle zu »Akademikern«. Aber keiner oder keine will mehr fegen oder einem anderen Menschen das Essen vorsetzen. Das ist eines der Hauptprobleme Kubas geblieben und musste à la longue zur Doppelbelastung vor allem der Frauen führen.

Der Agrarsektor war einerseits ein Problem, weil die Kleinbauern von den höheren Einkommen und der gesteigerten Nachfrage profitierten. Andererseits, weil die neuen Bildungs- und Beschäftigungsmöglichkeiten sowie die höheren Löhne in den Städten und in den großen Staatsgütern dem Zucker die notwendigen »ungebildeten« Saisonarbeiter entzogen. Der Gigantismus entfremdete die Landarbeiter auf den Staatsgütern vom bäuerlichen Wirtschaften. Der Staat konnte auf die Dauer weder die Versorgung mit preisgünstigen Landwirtschaftsgütern garantieren noch das Problem der Arbeitskräfte oder die Transportfrage lösen.

Die Landwirtschaft und besonders der Zuckersektor gerieten in eine Krise, und das zu einer Zeit, da die Erlöse aus den Zuckerexporten dringend nötig waren, um Kapital für die angestrebte Industrialisierung bereitzustellen. Auf Druckmaßnahmen des Staates reagierten sowohl Kleinbauern wie auch die verbliebene kleine und mittlere Agrarbourgeoisie mit Panikreaktionen und Produktionsverweigerung beziehungsweise Aufbau von informellen Verkaufsnetzen, Klientelstrukturen und offenem Widerstand. Das führte nochmals zum Aufschwung der bewaffneten anticastristischen Aktivitäten auf dem Lande, in bestimmten Regionen, vor allem im Umfeld des und im Escambray-Gebirge.

Die Regierung reagierte einerseits mit dem Versuch, das Embargo zu unterlaufen (Geschäft mit Leyland Motors, Großbritannien; Kompensationsverträge mit der Schweiz und Frankreich), andererseits mit einer »zweiten Agrarreform«. Die Reform enteignete 1963 alle Besitze mit mehr als fünf Caballerías (67 Hektar; etwa 10 000 Besitzer). Eine verheerende Entscheidung, die nur aus der Bedrohung einerseits und dem revolutionären Übermut andererseits erklärbar ist. Die Bauernschaft außerhalb des Latifundiums wurde vernichtet oder zog sich auf familiäre Kleinfelder zurück. Eine wirkliche Agrarreform fand nicht statt. Zurück blieben im Grunde ein sozialistisches »großes« Kuba mit riesigen Staatsbetrieben, etwa 15 bis 20 Prozent Kleinbauern und ein interstitiäres Übergangsfeld zwischen Landarbeitern und kleinen Bauern. Im Grunde ein sozialistischer, staatlicher Latifundismus. Die »kleinen« Kubas existieren seitdem wie eh und je in der Geschichte der Insel in Bedrängnis und (politischer) Stimmlosigkeit; folkloristische Fernsehsendungen (wie *Palmas y Cañas*) vermitteln allerdings einen ganz anderen Eindruck. Die Bauern wurden gedrängt, sich zu Kooperativen zusammenzuschließen. Die großen Ländereien kamen in den Besitz des Staates. Der verheerende *Ciclón* (Hurrikan) Flora im Herbst 1963 verschärfte die Probleme; die Taíno-Göttin Huracán schien ihre Hand wieder im Spiel zu haben (über tausend Tote), zumindest in Form des ruralen Glaubens, den niemand für Kuba unterschätzen sollte; Castro selber hat das nie getan. Die Regierung entschloss sich, die Zivilverteidigung auszubauen.

1963 begann auch eine militärische Offensive unter dem Namen *Lucha Contra Bandidos* (LCB, Kampf gegen Banditen), verbunden mit Umsiedlungen von Bevölkerungsteilen des Escambray-Gebirges und des Hinterlandes von Cienfuegos im Dreieck zwischen Lajas, Cartagena und Aguada de Pasajeros). Im Westen der Provinz Pinar del Río wurden neue Siedlungen, wie Sandino, für die Umgesiedelten gebaut. Auch in Matanzas, Pinar del Río und im Osten gab es anticastristische Aktionen. Im Gegensatz zu Norberto Fuentes, der früher die äußeren Ursachen der bäuerlichen konterrevolutionären Aktivitäten hervorhoben hat, betonen neuere Forschungen, dass es sich bei den Gegnern keineswegs nur um bäuerliche Bevölkerung des Escambray-Gebirges gehandelt hat, die vor allem wegen der Praxis der Agrarreform und wegen des immer deutlicheren marxistischen Kurses gegen die Regierungstruppen kämpften. Führer des Aufstandes waren auch kleine *Colonos* aus dem *Llano*, dem flachen Hinterland von Cienfuegos, wie zum Beispiel Luis Molina, ein Apotheker aus Cartagena, zugleich kleiner Landbesitzer, eben *Colono*. Er führte eine Gruppe von Kleinbauern aus dem Raum Cartagena–Congojas an, die miteinander verwandt und verschwägert waren. Die Agrarreform hatte ihre Rechtstitel auf Land gesichert. Aber als die Regierung den Central Parque Alto wegen Ineffizienz schließen ließ, verloren sie ihre Erwerbsarbeit. Denn sie hatten als Colonos Zuckerrohr an dieses Central geliefert. Molina fiel 1963 in einer Gruppe von wahrscheinlich 8 Mann nach einem ungefähr einstündigen Feuergefecht, bei dem sich keiner der Gruppe ergeben hatte. Das mag als Symbol für die Härte des Konfliktes gelten.[230]

Der Konflikt führte zur Ausweitung des obligatorischen Militärdienstes (und zur Ausweitung der Kampfzone nach Lateinamerika und Afrika für den Stammkader trainierter Guerillakämpfer). 1964 war die kubanische Armee rund 200 000 Mann stark.[231] Diese Schritte entzogen zwar der anticastristischen Guerilla die soziale Basis. Sie förderten aber kaum eine Planwirtschaft auf dem Lande, denn im Grunde stärkten sie einerseits den extensiven Latifundismus im Sinne eines Staatsmonopols und andererseits vorindustrielle Agrarstrukturen. Diese entziehen sich immer und überall der Planung großen Stils. Denn die Bauern, die die Barbudos bis 1959 ja wirklich in Massen unterstützten, hatten das nicht getan, um irgendwelche Theorien an sich ausprobieren zu lassen, sondern um ihre Rechte auf Land zu sichern und ihre Produkte zu verkaufen. Darin dürfte einer der wesentlichen Trugschlüsse von Intellektuellen und Arbeitern liegen, die Bauern »befreien«.

Daraufhin betonte die kubanische Führung die Notwendigkeit, die politische Integration zu verstärken, was wiederum zu größeren Anstrengungen auf dem Bildungs- und Ideologiesektor führte. Dort lehrten Männer, aber vor allem Frauen, aus den Mittelklassen. Der Ideologie haben allerdings die pragmatischen Kubaner kaum je große Aufmerksamkeit geschenkt. Wichtiger war – nach den Regeln des Choteo – immer das Wort des Comandante en jefe oder ein guter Witz. Allerdings zeigte sich im Bereich der Bildung und Erziehung auch, dass die alten, sozusagen häuslich-privaten, sozialen Werte der kubanischen Ober- und Mittelklassen, wie Rassismus (»Bring mir keinen Neger nachhause!«), Machismus, ein an der Marienverehrung angelehnter Mutter- und Familienkult, Schweigen über Sexualität (was nicht fehlende Sexualität bedeutet – ganz im Gegenteil) und Ablehnung gleichgeschlechtlicher Liebe durch die neue Ideologie zwar zurückgedrängt werden konnten, aber mit den Werten der Frauen und Männer aus den Mittelklassen auch bewahrt und tradiert wurden.

1965 nannte sich der PURS in Kommunistische Partei Kubas (PCC) um. Gegner dieser neuen Strategie, aber zunehmend auch Homosexuelle und Künstler, wurden in Arbeitslagern, den so genannten Militärischen Einheiten zur Unterstützung der Produktion (*Unidades Militares de Apoyo a la Producción*; UMAP), zu »nützlicher Arbeit« gezwungen. Das »Militärische« dieses Namens verweist darauf, dass hier unter Bezugnahme auf militärische Bedrohungen die Rechte der Bürger außer Kraft gesetzt und durch keine Justiz verteidigt wurden.

Die kleine, halblegale trotzkistische Partei, über die Ché Guevara seine Hand gehalten hatte, wurde aufgelöst. Im Oktober 1965 wurde aus den Zeitungen *Revolución* (Organ der M-26-7, Carlos Franqui) und *Hoy* (die Zeitung des PSP) die Zeitung *Granma* gegründet, das sicherlich langweiligste Sprachrohr des Fidelismus.

Mit den USA kam es zu einem »Memorandum of Understanding« (6. November 1965). Es erlaubte jährlich bis zu 4000 Kubanerinnen und Kubanern (vor allem zur Familienzusammenführung), in die USA zu fliegen (so genannte *Freedom Flights*, bis 1973). 1966 erließen die USA dann den *Cuban Adjustment Act* (2. November 1966), faktisch ein Irredenta-Gesetz, das es Kubanern erlaubt, ungehindert in die USA zu immigrieren, und diese also gegenüber anderen Lateinamerikanern privilegierte.[232]

Zwei Wirtschaftsmodelle wurden vor diesem Hintergrund in Kuba diskutiert. Ernesto Guevara präferierte eine Planwirtschaft mit zentraler Finanzierung der Betriebe aus dem Staatshaushalt und moralischen Anreizen für die Arbeiterschaft. Carlos Rafael Rodríguez und eine Gruppe von Ökonomen vertraten dagegen die These von der wirtschaftlichen Rechnungsführung der einzelnen Betriebe nach sowjetischem Muster (!), die mit den Kriterien Effizienz, Wirtschaftlichkeit und Lohngestaltung nach Leistung funktionieren sollte. Die Masse der kubanischen Intellektuellen und Führungskader war gegen diese Sowjetisierung, weil sie meinten, dass eine sozialistische Modernisierung im Westen, in Kuba, auf anderen Grundlagen beruhen müsse.[233]

Die Institutionalisierung entsprach nicht dem Naturell des ewigen Guerillo. 1965 zog sich Ché Guevara von all seinen Ämtern zurück und verließ Kuba; zunächst ging er in den Kongo. Andererseits griff Castros Rhetorik 1966 Guevaras Vorstellungen von Wirtschaftsentwicklung und zum Internationalismus auf. Eine Phase des extremen ökonomischen Voluntarismus setzte ein, die bis 1970 andauerte und durch den Tod des legendären Ché Guevara nur bestärkt wurde.

Der kubanische Voluntarismus hatte mehrere Quellen. Einmal Castros Führungsstil, der Charisma und den kubanischen Stil eines *Jodedor* mit Patriarchalismus und eiserner, bei den Jesuiten trainierter Disziplin verband. Dazu kamen jahrzehntelange Martí-Sakralisierung, nationalistische Erlösungsrhetorik und die Offenheit der kubanischen Mittelklassen für den Mythos der *Armas y Letras* (1966 publizierte Lezama Lima seinen Roman *Paradiso*). Zweitens das Menschenbild der kubanischen Revolution, das die Schaffung eines »neuen Menschen« durch den Akt der Revolution und den Prozess der permanenten Selbstüberwindung vorsah; eine mythische Mischung aus revolutionärer Schöpfung und Askese. Castro war deshalb bereit, gigantische Ressourcen aus Kuba für den weltweiten revolutionären Kampf abzuziehen. Dazu kam die Mentalität der immer noch sehr jungen Führung. Sie lässt sich in der Maxime »das Unmögliche ist das Realistische« zusammenfassen. Zur Mobilisierung mochte das genügen. Aber Wissenschaft und Wirtschaft bedurften anderer Qualitäten, wie die fehlgeschlagenen Versuche zur »revolutionären« Zucht eines neuen Rindertyps schmerzlich zeigten. Die Kreuzung einheimischer Zebus mit 15 000 über die Sowjetunion importierten Holsteinrindern sollte den neuen Milchkuhprototyp »F–1« kreieren, der hohe Milch- und Fleischerträge abwirft und tropentauglich ist. Castro versuchte, die politische Mobilisierung gegen die Ergebnisse der Wissenschaftler auszuspielen. Der Fehlschlag belastet Viehhaltung, Milchproduktion und Fleischversorgung bis heute.

Um die Mitte der 60er-Jahre wurde immer deutlicher, dass die Ziele der heroisch-euphorischen Phase der Revolution nirgends so erreicht worden waren, wie sie in vielen Projekten und Reden skizziert worden waren. Vor allem nicht so schnell. In dieser Zeit verlor die Insel Kuba auch ihre traditionelle strategische Position im Atlantik. Die Interkontinentalraketen der Großmächte konnten das Territorium des jeweils anderen ohne Zwischenstation erreichen. Transatlantische Flugreisen wurden billiger als Schiffsreisen. Die traditionelle atlantische und globalstrategische Rolle des Hafens Havanna fiel damit weg.

Das Ende der Weltrevolution und der »große Sprung« auf Kuba (1967–1970)

Angesichts der alltäglichen Mangelwirtschaft, der gigantischen Fehler aus Mangel an Professionalität, des revolutionären Chaos aus enthusiastischer Überreaktion, der Konsumgüterrationierung bei Egalisierung der Verteilungsstrukturen und der zunehmenden Bürokratisierung sowie der Herausbildung einer klientelistischen Funktionärselite war die Masseneuphorie der ersten heroischen Jahre verflogen. Das drückte sich im Alltag im Stagnieren der Heirats- und Geburtenrate sowie im Ansteigen der Scheidungsraten aus.

Der lebendige Austausch der frühen 60er-Jahre verfestigte sich zu inszenierten politischen Ritualen. Neue Gefängnisse entstanden (und füllten sich). Auch die revolutionäre Außenpolitik war angesichts der Staatsstreiche in Algerien und Indonesien sowie des Vietnamkrieges, vor allem aber wegen des Todes von Ernesto Ché Guevara (und Tamara Bunke) 1967 in Bolivien, gescheitert. Aber »die Revolution« besaß jetzt eine Ikone von globaler Geltung. Ché Guevara wurde zum Symbol des ewigen Revolutionärs gegen den US-Imperialismus, wie der Vietnamkrieg zum antiimperialistischen Krieg par excellence wurde. Das Todesjahr Guevaras trug auf Kuba folgerichtig den Namen »Jahr des heroischen Vietnam«.

Mit dem Tode des kubanischen Argentiniers war die durch Kuba vorangetriebene Weltrevolution des Westens eigentlich zu Ende – die Ideologie der Weltrevolution verlagerte sich in einer Art medialer Transsubstantiation nach Westeuropa und Nordamerika. Zunächst machte die kubanische Führung noch einen großen Versuch, ein breites Bündnis mit der westlichen linken Intelligenz zu schmieden oder deren wichtigste Vertreter wenigstens für ihre Vorstellungen zu gewinnen. Im Januar 1968 hatte die kubanische Regierung einen Kulturkongress in Havanna (Congreso Cultural de La Habana) zum Thema »Kolonialismus und Neokolonialismus in der kulturellen Entwicklung der Völker« ausgerichtet. Es nahmen etwa 500 Intellektuelle aus mehr als 60 Staaten teil. Die Liste der Teilnehmer mit einer Vielzahl bekannter europäischer Namen liest sich wie ein Who's Who der Linken und Linksliberalen: Kostas Axelos, Maurice Blanchot, Isaak Deutscher, Hans Magnus Enzensberger, Marguerite Duras, Giulio Einaudi, Giangiacomo Feltrinelli, Max-Paul Fouchet, André Gunder Frank, André Gorz, Robert Gallimard, Daniel Guérin, Eric Hobsbawm, Kewes Karol, Michel Leiris, Ralph Miliband, Luigi Nono, Rossana Rossanda, Jorge Semprún, Jean-Pierre Vigier und Arnold Wesker. Kurz vor Beginn des Kongresses hatten Ernst Fischer, Jean-Paul Sartre und Bertrand Russel aus gesundheitlichen Gründen ihre Teilnehme abgesagt. Aus Lateinamerika kamen unter anderen Mario Benedetti, Aimé Césaire, René Depestre, Julio Cortázar, Wifredo Lam und Roberto Matta. In der Abschlussrede des Kongresses am 12. Januar 1968 betonte Fidel Castro vor den Delegierten die Bedeutung und das Verständnis der Intellektuellen zur Lösung der gesellschaftlichen Widersprüche in den reichen wie in den so genannten »unterentwickelten« Staaten der Welt. Das beispielhafte Engagement Ché Guevaras hätte – so Fidel Castro – die größte Wirkung auf die Intellektuellen ausgeübt. Angesichts der im dogmatischen Denken verhafteten kommunistischen Parteien würde der Kampf gegen den Imperialismus und die kulturelle Einflussnahme der Vereinigten Staaten hauptsächlich von den Intellektuellen getragen.[234]

In der Innenpolitik Kubas begann das internationale Jahr 1968 mit zunehmenden Versorgungsmängeln, Unzufriedenheit, Gefangenenstreiks, steigenden Kriminalitätsraten und Arbeitsverweigerung in den Städten. Im Rahmen der guevaristischen Wirtschaftskonzeption löste Castro die so genannte »revolutionäre Offensive« aus.[235] Im Grunde handelte es sich um einen Wiederbelebungsversuch der Revolution in der Art eines »großen Sprungs«, nun aber auf Kuba konzentriert, mit einer Mobilisierung für wirtschaftliche Ziele, der einherging mit der Sakralisierung der Figur des Ché. Es kam zunächst fast zum Bruch mit der Sowjetunion. Kuba betrieb eine vorsichtige Annäherung an Westeuropa, vor allem an Frankreich. Im August 1968 begrüßte Castro dann einerseits den sowjetischen Einmarsch in der ČSSR. Andererseits kam es zur exemplarischen Verurteilung einer innerparteilichen Gruppierung, der so genannten »Mikrofraktion« aus Altkommunisten, zur Disziplinierung von Künstlern und Intellektuellen sowie zum politischen Machtzuwachs von Innenministerium und Militär. Die Offensive beseitigte das Privateigentum bis auf wenige Reste. Restaurants, Bars und der Kleinhandel wurden verstaatlicht. Der zweite, im Grunde unverzeihliche Fehler gegen die kleine Marktwirtschaft brachte das Land wirklich an den Rand des Ruins. Kuba als eine

Insel mit guter Dienstleistung ist seitdem Geschichte. Überreste des Privatsektors überlebten nur im Taxigewerbe, bei einigen älteren Medizinern und auf dem Lande.

Es kam zur strikten Rationierung von Lebensmitteln, Konsumgütern und Benzin, was Castro mit scharfen Kritiken an der UdSSR (und anderen Ostblockländern) verband. Für Pesos gab es praktisch nichts mehr zu kaufen, was zu schweren Versorgungsengpässen, zu Produkt-gegen-Produkt-Austausch und Geldhortung führte. Die Abschaffung des Geldes schien wirklich bevorzustehen. Telefon, Eintrittspreise und Bücher waren kostenlos, die Preise für öffentliche Verkehrsmittel wurden auf ein symbolisches Minimum gesenkt. Einheitseinkommen ersetzten die unterschiedlichen Löhne in den Wirtschaftszweigen. Auf der Isla de Pinos, 1966 in *Isla de la Juventud* (Insel der Jugend) umbenannt, fand ein Großversuch statt, den internationalen Kommunismus zu praktizieren. Zugleich wurden 1971 Internats-Landschulen eingeführt. Allerdings fehlte die Demokratisierung, zum Beispiel durch kostenlose Sexualerziehung; die Jungmädchen-Schwangerschaften schnellten in die Höhe. In einer Massenmobilisierung sondergleichen, vor allem von Schülern, sollte Kuba zum wichtigsten Zitrusfruchtexporteur der Welt werden. Alle Kubaner mussten einen Arbeitsplatz nachweisen; wer keinen hatte, wurde von der Polizei auf das Land transportiert und dort zur Arbeit gezwungen beziehungsweise in die berüchtigten UMAP verbracht. Das verband sich mit einer verstärkten Kampagne gegen »arbeitsscheue« Künstler und Schwule. Langhaarige Jugendliche in Jeans wurden verhaftet.

Wären nicht Künstler wie Silvio Rodríguez oder Pablo Milanés gewesen, die sich trotz dieser Unterdrückung mit ihrer *Nueva trova* durchsetzten, wäre Kuba sogar von neuen Entwicklungen in der Musik abgekoppelt worden. In der traditionellen Musik war und ist Kuba wie eh und je Weltmacht an musikalischer Kreativität. Dafür stehen bis heute *Mujer perjura* von Barbarito Diez, der Stimme des *Danzón*, die Klassiker von Rita Montaner, der *Son de la Loma* oder die *Lágrimas negras* von Miguel Matamoros, die Romanzen von María Teresa Vera Vera (1917–1965), der »Mutter der Trova«, oder etwa ihr *Veinte años*. Diese Titel werden heute wieder von Omara Portuondo und Ibrahim Ferrer interpretiert. Dazu kommen die Traditionen der großen Orchester der 30er- bis 50er-Jahre, Celia González, Rubén González, Compay Segundo und Elíades Ochoa sowie viele, viele andere, heute auch der kubanische Jazz, Gerardo Alfonso oder die Orishas.

Fidel Castro sagte, wie schon Ché Guevara Anfang der 60er-Jahre, ein Ende der traditionellen Universität voraus. Der »neue Mensch« sollte Ingenieur, Agronom, Mediziner oder Nahrungsmittelspezialist sein. Die liberalen Geistes-, Sozial- oder Rechtswissenschaften, Geschichte und Literatur – Stärken des Bürgertums der ersten beiden Republiken – betrachtete er als weniger nützlich.

Das Scheitern der Revolutionsvorstellungen, aber auch der Industrialisierungsversuche und der Agrarreformen zwang Kuba schon seit längerem, der Landwirtschaft und ihrem Hauptprodukt, dem Zucker, wieder stärkere Aufmerksamkeit zuzuwenden. Zunächst kam es zu Kampagnen – wie bei übertriebener Ruralisierung, Rinderzucht und Zitrusfrüchten –, die fast jedem Volkswirtschaftler die Tränen in die Augen trieben. Aber der Höhepunkt war noch nicht erreicht.

Zum Hauptziel der revolutionären Offensive wurde eine Zehn-Millionen-Tonnen-Zucker-Ernte für 1970 deklariert, die so genannte *Gran zafra*. Damit sollten, staatlich geplant, gelenkt und geführt, alle wirtschaftlichen und politischen Probleme gelöst, in intensivierter Massenmobilisierung Kader erzogen und zugleich die Überlegenheit des kubanischen Systems vor aller Welt demonstriert werden. Der »große Sprung« auf Kubanisch. Auf die »zehn Millionen« wurden Mittel, Menschen und Ressourcen konzentriert. Die übrige Wirtschaft und die Versorgung fielen weiter in Chaos und Missorganisation, übertüncht durch ideologische Parolen oder politischen Druck.

Das große Ziel wurde nicht erreicht. Aber es gab dennoch Erfolge, die erklären können, warum es in der durch den Misserfolg ausgelösten Krise nicht zu massiven politischen Aktionen gegen das System oder Castro selbst kam. Die Kampagne hatte durchaus Integrationsfunktion, denn es war in der Tat eine gigantische Ernte von knapp 8,5 Millionen Tonnen eingebracht worden. Die Massenorganisationen konnten ihre Mitgliederzahlen stark erhöhen. Erstmals waren die Landbevölkerung und vor allem auch die Frauen in eine nationale Aufgabe eingebunden worden. Auf dem Lande wurden zudem im Zuge der Mobilisierung Schulen und ärztliche Konsultorien geschaffen. Die zehn Millionen Tonnen waren aber eben durch Unzulänglichkeiten des veralteten Industrieapparates, Verwaltungsschlamperei sowie logistische Schwierigkeiten in Organisation und Transport nicht erreicht worden. Das gab Castro die Möglichkeit, die Bürokratisierung und mangelnde Effizienz zu kritisieren.

Mit dem Scheitern des voluntaristischen Experiments wurde allerdings deutlich, dass die politische Mobilisierung einen institutionellen Wandel nach sich ziehen musste. Das Land bedurfte einer anderen Wirtschaftspolitik. Eine erneute Annäherung an die Sowjetunion erwies sich als notwendig. Kuba konnte allein nicht überleben. Die Castro-Gruppe hatte das revolutionäre Potenzial der westlichen Hemisphäre überschätzt. Kuba war fast der Weltrevolution geopfert worden. Den demografischen Schlussstrich unter das Kuba der zweiten Republik, der Revolution und der Jahre des Aufbruchs der jungen dritten Republik setzte der Zensus von 1970.[236]

Der Preis der Annäherung an die UdSSR waren vor allem technologischer Rückschritt und Schweigen zwischen der sich institutionalisierenden Revolution und den Intellektuellen. Es kam zur Sowjetisierung und Vereinheitlichung des Bildungssystems nach den Leitlinien des katechisierten Marxismus-Leninismus. Als Erstes mussten die originären Intellektuellen, meist Ché-Anhänger, die sich mit westlichem Marxismus und der ganzen Breite des kulturellen Erbes befasst hatten, die Folgen dieses Politikwechsels erleiden. Die einflussreiche Zeitschrift *Pensamiento Crítico* wurde 1971 eingestellt, die Philosophische Fakultät der Universität Havanna faktisch geschlossen. Eine wahrscheinlich einmalige Debattenkultur des westlichen Marxismus verlosch nicht, aber die Stimmen in Kuba verstummten. Intellektuelle Melancholie breitete sich aus. Nicht so sehr in Malerei, Musik, Plastik und Poesie, aber in der Philosophie (die Sprache philosophischer Universitäts-Lehrtexte ist noch heute unerträglich) und partiell in der Literatur. Die heroische Phase der Revolution war zu Ende. Aber nicht die Transformation. Die eigentliche Verankerung des Castroismus in der Geschichte Kubas geschah zwischen 1970 und 1990. Die radikale kommunistische Rhetorik diente der Verankerung des Nationalismus.

Sowjetische Berater, Produkte und Erzeugnisse aus den anderen sozialistischen Ländern strömten nach Kuba. Die zum Teil grottenschlechten Produkte ersetzten die amerikanischen Konsumgüter wie Kühlgeräte, Fernseher und andere Gebrauchsgegenstände. Ladas und Moskwitschs verdrängten Buicks und Cadillacs aus dem Straßenbild. Neubaublocks im Einheitsstil froren die experimentelle Bauweise der 60er-Jahre ein. Das Heer, die am stärksten konsolidierte Institution Kubas, begann sich zu professionalisieren. Es wurde nach sowjetischem Muster ausgerüstet, uniformiert und strukturiert.

In seinen Reden nach 1970 übte Castro Kritik am Voluntarismus, ohne allerdings die Heldenfigur des »Ché« anzutasten. In der Geschichtsdarstellung wurden die Unabhängigkeitskriege des 19. Jahrhunderts und der Guerillakrieg unter dem Motto »100 Jahre Revolution« zu nationalen Meistererzählungen stilisiert. Die Revolution bekam eine lange Geschichte. Die Afrokubaner erhielten mit *Cimarrón* von Miguel Barnet neben dem Leiden an den Strukturen der Massensklaverei, wie sie Manuel Moreno Fraginals meisterlich analysiert hatte, auch eine revolutionäre Vergangenheit.

Die Zukunft war eigentlich unklar, sollte aber in einem Sozialismus nach osteuropäischem Vorbild liegen. Oft wurde Bulgarien als Vorbild genannt. Der von der marxistisch-leninistischen Theorie beschworene und in vielen offiziellen Dokumenten der kommunistischen Parteien des Ostens festgeschriebene »Übergang zum Kommunismus« war in diesem Zusammenhang so etwas wie eine bürokratisierte Prophezeiung.

Zur Lösung der politischen Probleme der damaligen Gegenwart versprach Castro Dezentralisierung. Kuba nahm Kurs auf die Institutionalisierung.

Institutionalisierung, »graues Jahrzehnt« und »gute 80er-Jahre« (1970–1990)

Folgt man der Darstellung von Literaten und Künstlern, von denen sich viele heute im Ausland befinden, oder der intellektuellen Elite der 60er-Jahre, begannen in den Siebzigern die grauen Jahre der Revolution. Es waren Jahre der Ebene, wie schon Bertolt Brecht versucht hatte, sich den bürokratisch-zentralistischen Sozialismus zu erklären. Die Ebenen stellen sich zwangsläufig ein, wenn aus einem Prozess des massenbegeisternden Umbruchs ein funktionierendes System mit eigener wirtschaftlicher Basis werden soll. Diese eigenständige wirtschaftliche Basis kann aber in einem bürokratischen System, das Initiative hemmt, gerade weil es sie immer von oben zu organisieren trachtet, nicht entstehen. Der Begriff *Quinquenio gris,* »graues Jahrfünft«, von Ambrosio Fornet geprägt, bezieht sich auf die Unterdrückung kultureller Freiheiten (1971–1975: Padilla-Affäre[237] u.a.). Mittlerweile gilt das ganze Jahrzehnt zwischen 1970 und 1980 als trist, grau und langweilig, als *Década gris.* Dies vor allem in Bezug auf die Vorstellung von dem, was eine »schöne Revolution« ausmacht: ein Umbruch, der die Unterstützung von Dichtern, Denkern und Kreativen genießt. In der Erinnerung vieler Kubaner, die die Krisen der 90er-Jahre durchleben mussten, handelt es sich um ruhige, aber sichere Jahre, und, allerdings vor allem im nachfolgenden Dezennium bis 1989, auch um so etwas wie »goldene Jahre«.

Natürlich kann ein bürokratisiertes und zentralisiertes System unter bestimmten Voraussetzungen eine Reihe von Schwierigkeiten auch recht gut überwinden, wie zum Beispiel in der Breitenbildung, dem Gesundheitssystem oder der Vermeidung von Hunger. Im ersten Teil der engeren realsozialistischen Etappe, von 1970 bis 1980, hatte Kuba Fragen zu lösen, die sich aus den revolutionären Veränderungen der heroischen Phase ergaben. Diese Probleme zeigen sich deutlich unter der Lupe der Demografie. Die Scheidungsraten erreichten Rekordmarken. Heiraten kam aus der Mode. Immer weniger Kinder wurden geboren (allerdings immer noch genügend, um die Wohnungsnot in den Neunzigern zu verschärfen). Eine Ausnahme bildete die hohe Ziffer der Teenagerschwangerschaften. Die Behandlung dieses Problems hing direkt mit der schleppenden Einführung einer revolutionären Sexualerziehung zusammen; hier hielten sich die traditionellen Werte, die die »Ehre der Frau« und die »Macht des Mannes« umranken, wohl am längsten, auch und vor allem in ihrer Negierung (besonders in den Landschulen und auf der Isla de la Juventud).

Eine neue Generation von kurz vor der Revolution und vor allem von im Baby-Boom der frühen 60er-Jahre geborenen Männern und Frauen prägte mehr und mehr das soziale Gesicht des Landes. Unbestreitbare Ergebnisse der Transformation, die seit Mitte der 70er-Jahre deutlich wurden, waren ein exzellentes Gesundheits- und Bildungswesen, eine neue Rolle der Frauen, der Familie und der Jugend sowie einer trotz oder gerade wegen der bürokratischen Behinderungen anhaltenden kulturellen Kreativität, vor allem in Musik, Sport und bildenden Künsten.

Von 1959 bis Mitte der 80er-Jahre wurde der Haushalt für das Bildungswesen um das 21fache erhöht. Kuba wurde zu einer pädagogischen Großmacht, deren Fama für lateinamerikanische oder afrikanische Länder noch heute existiert. Konzentriert zeigte sich das in der Entwicklung der Isla de la Juventud zum größten multinationalen Schulzentrum der Welt seit den 70er-Jahren. Auf der Insel erhielten vor allem Jugendliche aus afrikanischen Staaten eine Ausbildung.

Demografische Grunddaten, wie Analphabetismusrate, durchschnittliche Kinderzahl, Lebenserwartung und Säuglingssterblichkeit, glichen denen eines Landes der Ersten Welt. 1999 betrug die durchschnittliche Lebenserwartung in Havanna 75,5 Jahre, eine der höchsten aller lateinamerikanischen Städte.[238] Die sozialen Werte allerdings, vor allem in Bezug auf das Verhältnis von Männern und Frauen sowie in Bezug auf moderne Sexualität, blieben zurück. Besonders wichtig für ein »Drittweltland« – das Kuba in Wirklichkeit niemals gewesen ist – war, dass es keinen Hunger und keine Armut mehr gab, Gesundheit und Bildung dagegen für alle. Trotz aller Unvollkommenheiten wurde Kuba, besonders für Gesellschaften des Südens und Afrikas, zum Modell. 1970 hatte Kuba 8,5 und 1984 zehn Millionen Einwohner, das heißt, die Bevölkerung hatte sich seit 1943 mehr als verdoppelt, trotz des Exodus von circa einer Million Kubanerinnen und Kubanern von der Insel zwischen 1959 und 1980. Im Zensus von 1981 wurden von der Bevölkerung auf der Insel 66 Prozent als »Weiße«, 12 Prozent als »Schwarze« und 21,9 Prozent als »Mulatten« sowie 0,1 Prozent als Chinesen erfasst. Allerdings wurde den Befragten überlassen, welche Hautfarbe sie nennen wollten, womit die Einweißungsmentalität fröhliche Urständ feierte. Realistischerweise sollte man von etwa 60 bis 70 Prozent Nachkommen von Menschen aus Afrika ausgehen.[239]

Die größten Veränderungen fanden auf dem Lande statt. Wasser- und Stromversorgung erreichten 1980 75 Prozent der Wohnungen. Wasserstaubecken entstanden; ein geschlossenes und relativ dichtes Straßennetz war gebaut worden. Es stellte eine bis dahin unbekannte Verbindung zwischen Stadt und Land her. Die Revolution betrieb Infrastrukturpolitik großen Stils. Das Benzin dazu kam aus der Sowjetunion. Auf dem Land ersetzten feste Häuser die traditionellen *Bohíos*, traditionelle Hütten, die fast völlig aus von der Königspalme gewonnenem Material gebaut waren. Söhne und Töchter von armen Bauern oder Kleinbürgern wurden zu Ärzten, Ingenieuren, Künstlern, Sportlern, Wissenschaftlern oder hohen Militärs. Kuba konnte ihre Ausbildung seit Beginn der 70er-Jahre selbst gewährleisten, deshalb wurde in dieser Zeit das breit angelegte Studienprogramm von Kubanern in den sozialistischen Ländern modifiziert.

Es begann ein Programm zur Ausbildung von Fach- und Industriearbeitern, vor allem in Ungarn, der DDR und der ČSSR, flankiert vom Austausch zwischen Hochschulen, Massenorganisationen, Parteien, Armeen und Ministerien. Auch die Beziehungen mit den Regierungen Lateinamerikas entspannten sich. Kuba und speziell Castro nahmen starken Anteil am sozialistischen Experiment in Chile unter Salvador Allende. Er hielt sich im November/Dezember 1971 fast einen Monat in Chile auf. »Chile« war die letzte große Hoffnung der auf ganz Lateinamerika orientierten Internationalisten. Der Pinochet-Putsch im September 1973 begrub diese Hoffung. Am besten ausgedrückt hat den Schock der Linken wohl Gabriel García Márquez: Der Militärputsch in Chile sei »ein Drama, das uns allen widerfahren ist und das für immer in unserem Leben bleiben wird«.[240] Seit dieser Zeit war Kuba wirklich allein in Lateinamerika, es wurde wieder eine »Insel«; die politische Führung hätte sich jetzt eigentlich auf das Problem der Selbstversorgung durch die »kleinen« Kubas (nicht auf das »große« Kuba, wie mit der Zafra 1970) konzentrieren müssen. Aber es kam anders.

Nach einer langen Rundreise Fidel Castros durch Guinea, Algerien, Bulgarien, Rumänien, Polen, die DDR, die ČSSR und die UdSSR schlossen 1972 Castro und Breschnew in Moskau Abkommen über Schuldenerlass, wirtschaftliche Zusammenarbeit und technologische Unterstützung. Kuba wurde neben Vietnam als einziges Land der Dritten Welt in den Rat für Gegenseitige Wirtschaftshilfe (RGW, Came oder Comecon) aufgenommen. Kuba und Castro wurden berechenbarer. Für Freund und Feind. Moskau ließ sich die rote Insel einiges kosten. Mancher sprach auch vom »unsinkbaren Flugzeugträger« der Sowjets im Atlantik. Kuba seinerseits übte Solidarität mit anderen Ländern des »Südens«.

Kern der Institutionalisierung waren die Umgestaltung der Exekutive und der Ausbau des politisch-militärischen Apparates, nicht nur in militärischer oder geheimdienstlicher, das heißt engerer professioneller Hinsicht, sondern auch in politischer und verwaltungstechnischer Hinsicht. Die übergroße Mehrheit der Armeeangehörigen war (und ist) Parteimitglied, die Führung hatten und haben Fidel Castro als Oberbefehlshaber und sein Bruder Raúl als Verteidigungsminister. Eine Gruppe von *Sierra*kämpfern besetzte die wichtigsten Posten. Die Armee hatte sich in der revolutionären Offensive als Gegengewicht zur ineffizienten Verwaltung erwiesen. Zudem verfügten Armee und bewaffnete Kräfte über einen hohen Status, basierend auf dem Nimbus des siegreichen Guerillaheeres, dem Mythos der internationalen Aktivitäten sowie der Verteidigung des Landes gegen fortgesetzte Angriffe, Terrorakte und Störaktionen vonseiten der USA und der Exilkubaner. Im Grunde verkörpern Raúl Castro und die bewaffneten Kräfte die bonapartistische Seite des charismatischen Castroismus.

Die Übergangsverfassung von 1959 hatte Exekutive und Legislative beim Ministerrat konzentriert; die wichtigsten Ämter waren durch Castro und die *Fidelistas* ausgeübt worden. Die Regierungsmitglieder wurden von Castro nach Integrität und Loyalität eingesetzt beziehungsweise abgesetzt. Der persönliche Machtstil Castros führte zu einer hohen Fluktuation in den Kollateralämtern. Die eigentliche graue Eminenz in der langfristigen Auswahl von Kadern und in der stabilen Besetzung wichtiger Posten war und ist Raúl Castro. Die *Raúlistas*, die natürlich zugleich *Fidelistas* sind, bildeten bald eine klar erkennbare Gruppe auf vielen wichtigen Posten.

1972 wurden die Ministerien und die Armee reorganisiert (die Ränge wurden den sozialistischen Staaten angeglichen; der höchste Rang wurde nun General und nicht mehr nur Comandante) und 1974 eine Verwaltungsreform durchgeführt. Mit dem Ziel, die regionalen Unterschiede zu beseitigen, wurde das Land in vierzehn Provinzen und ein Sondermunizipium (Isla de la Juventud) gegliedert; zwei der alten sechs Provinzen, Las Villas und Oriente, wurden faktisch aufgeteilt. Erstaunlicherweise waren es gerade die Provinzen, die die wichtigste Rolle für die Bildung der Nation gespielt hatten. Aber die Bildung der neuen administrativen Einheiten entspricht, wie alle regionalen Prozesse, nicht nur einer zentralen politischen Entscheidung, sondern spiegelt auch die seit jeher starke lokale Verankerung wider. Aber auch das komplizierte Verhältnis von staatlicher Planung und realer Mobilität der Menschen zwischen ruralem und urbanem Bereich spielte dabei eine Rolle. Im Grunde bestand das Hauptproblem darin, dass sehr viele Kubanerinnen und Kubaner, trotz der staatlichen Entwicklungspolitik für den ruralen Bereich – eben weil durch die egalitäre Politik das Ernährungsproblem für sie weitgehend gelöst war – nicht mehr auf dem Land, sondern in der Stadt und möglichst in Havanna leben wollten.

Neben den bewaffneten Kräften stellten die Gewerkschaften von 1966 bis 1973 den wichtigsten Stabilitätsfaktor dar. Sie bildeten die wichtigste Institution bei Bewältigung der Krise um 1970. Ihr Spielraum gegenüber Partei und Staat war beachtlich groß. Sie setzten eine Arbeitsgesetzgebung durch, die seinerzeit einmalig in der Welt war, vor allem indem sie die Wiedereinführung von Löhnen nach Leistung, materielle Anreize und nahezu absolute Sicherheit der Arbeitsplätze durchsetzte. Damit trugen die Gewerkschaften wesentlich dazu bei, die Unzufriedenheit unter breiten Teilen der Bevölkerung aufzufangen, die sich vor allem in katastrophaler Arbeitsmoral ausgedrückt hatte.

Ab 1974 wurde nach einer Experimentalphase in der Provinz Matanzas landesweit begonnen, das Institutionensystem des *Poder Popular*, der Volksmacht, formell dezentral und von unten, aber in Wirklichkeit von der Einheitspartei von oben gelenkt, aufzubauen. Eine neue Verfassung wurde ausgearbeitet. Parallel dazu gab sich der PCC ein schärferes Profil. Zu seinem oft verschobenen 1. Kongress lud der PCC 1975 alle, die im Kommunismus sowjetischer Prägung Rang und Namen hatten, nach Havanna. Das war keine Formalität. 1975 hatte der Kommunismus seinen letzten großen Sieg in Vietnam errungen; 1975 war auch das Jahr der KSZE-Konferenz in Helsinki. Alle Partei- und Regierungschefs des Ostblocks kamen nach 1975 nach Havanna, um den »verlorenen Sohn« wieder in die Familie aufzunehmen. Ein spätes architektonisches Symbol der Sowjetisierung wurde der festungsartige Turm der Botschaft der UdSSR im Stadtteil Miramar.

Der Parteikongress bestätigte die neue Verfassung, wählte Castro zum Ersten Sekretär und legte die Eckpunkte der Institutionalisierung fest. In ihren Kernpunkten sah die Verfassung eine gelenkte Partizipation durch gewählte Munizipal- und Provinzialräte vor sowie eine indirekt gewählte gesetzgebende Nationalversammlung, die den Staatsrat aus ihren Reihen bestimmte. Der Präsident des Staatsrates sollte zugleich als Präsident der Republik und Regierungschef fungieren.

Nach dem Parteikongress wurde die Verfassung nochmals den Massenorganisationen vorgelegt, die eine Reihe von Änderungsvorschlägen einbrachten. 1976 trat die sozialistische Verfassung Kubas nach einem Volksreferendum in Kraft. Die Wahlen zur *Asamblea Nacional del Poder Popular* setzten dem Instititutionalisierungprozess ein vorläufiges Ende. Mit der Wahl zum Präsidenten des Staatsrates bestätigte die Institutionalisierung der Macht Fidel Castros. Er vereinigte alle wichtigen Funktionen in seiner Person, wenn man so will, den absoluten und nunmehr auch institutionalisierten Mando único, der zudem noch durch die nationale Meistererzählung legitimiert wurde.

Ein neues, recht drakonisches Strafgesetzbuch war 1979 »Frucht und Symptom der Konsolidierung und Institutionalisierung der kubanischen Revolution«.[241] Es war vor allem ein repressives Gesetzeswerk, mit breit gefassten Artikeln gegen »gesellschaftswidriges Verhalten« oder »Vagabundentum«, Definition des »antisozialen Individuums« und der »Republikflucht« oder der Kriminalisierung privatwirtschaftlicher Tätigkeit.

Parallel zur kontrollierten politischen Dezentralisierung wurde die Wirtschaft partiell dezentralisiert. Diejenigen Betriebe und Werkstätten, die für Gemeinden und Provinzen arbeiteten, wurden der Zentralverwaltung entzogen. Kuba musste sein Wirtschaftsmodell dem des Ostblocks angleichen; Kostenrechnung und Lohnanreize wurden eingeführt. Es kam zu einer grundlegenden Umorganisation der Wirtschaft, allerdings verbunden mit dem Versuch, vor allem an der Basis und in den Massenorganisationen Mitbestimmung als Korrektiv gegen wachsende Bürokratisierung einzusetzen.

Die festen Zuckerpreise und der Austausch nach Rechenrubel sowie die konstanten Erdöl- und Materiallieferungen führten nach den Mangelzeiten der 60er-Jahre zu relativer Stabilität und zu bescheidenem Wohlstand für alle. Die internationale Konjunktur 1973 bis 1982 wirkte sich positiv aus. 1971 wurden in bestimmten Grenzen Marktmechanismen für Konsumgüter zugelassen sowie – ebenfalls in klaren und rigiden Grenzen – der Kauf und Verkauf von Häusern und Wohnungen gestattet. Mikrobrigaden, freiwillige Arbeitsgruppen, die sich selbst organisierten, und Baukooperativen führten zu einer Erhöhung des Bauaufkommens. In einigen Städten entstanden Neubaugebiete aus *Bloques*, den Einheitsneubauten des Realsozialismus; sehr gesucht, aber grundhässlich, mit Tendenz zur Verslumung. Auf diesem Sektor, vor allem auf dem des Wohnungsbaus, war ein neuer, sozusagen sozialistischer, Typ sozialer Krise entstanden. Das Bevölkerungswachstum, vor allem die demografische Revolution Anfang der 60er-Jahre, und die längere Lebenszeit[242] der kubanischen Bevölkerung zeitigten nun auch nicht ganz erwartete Folgen. Die neue Generation suchte Wohnungen und fand keine. In den Generationen dagegen, die die

Revolution mitgemacht hatten, konnte es passieren, dass sich mehrere Wohnungen im Besitz einer Familie befanden, wenn frühere Besitzer (Eltern, nächste Verwandte) gestorben waren. So brachte die einzige revolutionäre Massnahme in Bezug auf den individuellen Besitz der Kubanerinnen und Kubaner, das sichere Recht auf Eigentum an der eigenen Wohnung oder am eigenen Haus, mit der Zeit ziemliche Verwerfungen und soziale Ungerechtigkeiten hervor. Ende der siebziger/Anfang der 80er-Jahre fehlten auf Kuba über eine Million Wohnungseinheiten, vor allem im urbanen Bereich und ganz speziell in Havanna. Die Bevölkerung Havannas aber stieg und stieg: auch durch massive illegale Migration aus dem Osten der Insel. In Havanna werden diese Migranten *Palestinos* genannt.

1980 wurden Bauernmärkte eingeführt. Agrargüter, Lebensmittel und Handwerksprodukte konnten zu höheren Preisen gekauft werden. Kooperativen der kleinen Landbesitzer schossen wie Pilze aus dem Boden. Der Staat hatte zwar theoretisch und politisch alles an sich gezogen, aber er konnte weder das Effizienzproblem in den großen Staatsbetrieben noch das Transport- oder Marktproblem lösen. Die kommerziellen Mikrobeziehungen zwischen Stadt und Land waren während der revolutionären Offensive empfindlich gestört worden. Die alten »neuen« Märkte boten eine willkommene Abwechslung zum Einerlei der Libreta. In der Tendenz musste sich hier entscheiden, ob es Kuba gelingen würde, die Subsistenz seiner Bevölkerung aus eigener Nahrungsmittelproduktion weitgehend zu sichern. Es bildete sich allerdings auch schnell eine illegale Händlerschicht, welche die Preise zu diktieren begann. Das gab dem zentralistischen Staat einen willkommenen Anlass, gegen Privatinitiative zu argumentieren.

Auch die Umstellung auf das niedrigere technologische Niveau des Ostblocks brachte Probleme. Die sowjetischen Berater und Techniker hießen im Volksmund bald allgemein und recht abschätzig *Bolos*, etwa »dicke Kugeln«. Viele technische Güter funktionierten nicht mehr; Autos und Maschinen amerikanischer Produktion mussten hingegen stillgelegt werden. Kuba begann, sowjetisches Erdöl zu reexportieren, um technologisch höherwertige westliche Investitionsgüter einzuführen. Argentinien unter Perón und westliche Banken gewährten Kredite.

Die Entspannungspolitik unter Gerald Ford und Jimmy Carter wirkte sich wirtschaftlich günstig aus. Ein kleiner Austausch mit den USA kam in Gang; auch semidiplomatische Beziehungen wurden wieder aufgenommen. Beide Länder öffneten »Interessenvertretungen« in der Hauptstadt des jeweils anderen Landes. Viele lateinamerikanische Länder, darunter auch die »karibische Brudernation« Venezuela (mit dem die Verstimmungen wegen der kubanischen Unterstützung des bewaffneten Kampfes besonders tief reichten), erneuerten ihre diplomatischen Beziehungen zu Kuba. Zwischen 1975 und 1980 gelang es, den Produktionskomplex des Zuckers, der weitgehend auf dem Stand von 1929 verblieben war, partiell zu modernisieren und zugleich die Wirtschaft zu diversifizieren.[243]

1979 hatten die *Sandinistas* in Nicaragua gegen einen Diktator gesiegt (Anastasio Somoza), der Batista ähnelte. In vielerlei Hinsicht erschien dieser Sieg wie ein verspäteter Erfolg der Revolutionsexportpolitik Kubas (auch für El Salvador wurde mit einem Sieg der Frente Nacional »Farabundo Martí« gerechnet). In Peru und Panamá waren linke Militärs an der Macht. Der Falkland/Malwinenkrieg 1982 brachte eine weitere Annäherung zwischen Kuba und Argentinien. Auf Grenada siegte eine linke Bewegung unter Maurice Bishop in den Wahlen 1980. Auch die Regierung Jamaikas hatte die Beziehungen zu Kuba ausgebaut.

Die wichtigste Bindung aber blieb die an das sozialistische Lager unter Führung der UdSSR. Kuba wurde zum karibischen Urlaubsparadies für Funktionäre der Ostblockländer. Aber es war mehr, mit Berlin (Ost) etwa hatte Kuba, den Beziehungen zu Moskau nachgeordnet, die engsten Beziehungen im Ostblock. Fidel Castro selbst bezeichnete es als das Ziel Kubas, einmal so etwas wie ein karibisches Bulgarien zu werden, was auch immer man darunter verstehen soll. Durch den regen Austausch lernten Menschen aus der Sowjetunion, der Tschechoslowakei oder aus der DDR auf Kuba, vor allem in Havanna, die westliche Moderne kennen. Die Verbindungen intensivierten sich seit Beginn der 80er-Jahre noch mehr, vor allem auch, weil die USA unter Ronald Reagan, mit Verweis auf die kubanische Beteiligung im Krieg zwischen Äthiopien und Somalia, den Druck auf Kuba verstärkten.

Kuba betrieb trotz der Sowjetisierung, oder gerade deswegen, weiterhin eine eigene Außenpolitik. Diese Politik und ihr Umfeld, der Internationalismus, dienten Castro oftmals als Ausgleich für die schleppende Lösung der Probleme im Inland. Außerdem bot die internationale Bühne für seine Persönlichkeit den richtigen Rahmen; Kuba war für einen Führer seiner politischen Statur und Gedankenwelt eigentlich zu klein. Der Putsch in Chile hatte in gewissem Sinne auch für die Bemühungen Kubas um revolutionäre Bewegungen in ganz Südamerika einen Endpunkt bedeutet. Die neu gewonnenen diplomatischen Spielräume waren Castro sehr wichtig. Sie kamen, etwa in den Weltfestspielen der Jugend und Studenten im Juli 1978 in Havanna, auch der kubanischen Jugend zugute. Allerdings kam die kubanische Führung schnell wieder zur Überzeugung, dass Kuba seine strategische Rolle eines Vorpostens des sozialistischen Lagers in der westlichen Hemisphäre auf die Dauer nur unter den Bedingungen der Konfrontation der Blöcke wahren konnte; die Entspannungspolitik hatte dem Land politisch keine oder zu wenig Vorteile gebracht, und die Öffnungen brachten – nach der Meinung Castros – die »Einheit« des Volkes in Gefahr. Die Auswanderungswelle von Mariel nach der Besetzung der peruanischen Botschaft trug 1980 nicht zuletzt dazu bei, dass Jimmy Carter die Wahlen gegen Reagan verlor.

Kuba hatte Ende 1975 Verhandlungen mit Vertretern der USA scheitern lassen (wobei Castros Bedenken gegen eine wirkliche

Öffnung und der radikale Diskurs von Ronald Reagan schon eine wichtige Rolle spielten). Jetzt rief wieder Afrika. Castro erklärte Kuba zu einem afro-lateinischen Land. In diesem Geist und unter Mobilisierung der Sympathie, die viele farbige Kubaner für den Kontinent ihrer Vorfahren hegten, leistete Kuba linken Regierungen in Afrika Militärhilfe und Unterstützung, wie schon, wenn auch in weit geringerem Umfang, in den 60er-Jahren in Algerien, Kongo (Brazzaville), Somalia und Tansania oder in arabischen Staaten. 1974 war in Portugal die Nelkenrevolution ausgebrochen. Das portugiesische Kolonialreich löste sich auf. Angola wurde selbständig, fand allerdings keine Ruhe. Zwischen den Befreiungsbewegungen kam es zum Bürgerkrieg. Der marxistische MPLA (Volksbewegung für die Befreiung Angolas) stützte sich auf die eher mulattischen Küstenstadtbevölkerungen und war noch von den Portugiesen etabliert worden. Auf der anderen Seite standen der nationalistische FNLA (Nationale Front für die Befreiung Angolas) sowie die UNITA (Nationale Union für die Totale Unabhängigkeit Angolas) unter Jonas Savimbi, die sich auf Völker des Innern stützten, die jahrhundertelang als Sklaven verkauft worden waren. Irgendwie wurden die marxistischen Kräfte mit Geldern der großen US-amerikanischen Erdölfirmen finanziert, während vor allem die UNITA mit Geld und Waffen von der US-Regierung unterstützt wurde. Auf Initiative des angolanischen Präsidenten Agostinho Neto und Castros – allerdings lange vorbereitet durch die Politik des Internationalismus, unter anderem auch durch Ché Guevara – gingen kubanische Truppen nach Angola, bis 1989 insgesamt etwa 300 000 Mann. Der Kern der Truppen wurde durch Afrokubaner gebildet. Die kubanischen Einheiten konnten die Gegner des MPLA zurückdrängen, Angolas marxistische Regierung notdürftig stabilisieren und die Unabhängigkeit Namibias sichern helfen. Der Sieg in der Schlacht von Cuito Cuanavale zwang Südafrika, Verhandlungen zuzustimmen, die 1988 zu einem Abkommen zwischen den USA, Kuba und Angola führten, das den Abzug der kubanischen Truppen regelte. 1000 bis 2000 Kubaner fielen oder starben nach offiziellen Angaben in Afrika. [244] Mittlerweile hat sich der Nachfolger von Neto, Dos Santos, fast vollständig den Amerikanern ausgeliefert. Jonas Savimbi wurde im Februar 2002 im Busch erschossen.

Die kubanischen *Internacionalistas* wirkten nicht nur in Angola, sondern auch in Äthiopien, Somalia und Mozambique sowie seit 1979 in Nicaragua und in vielen anderen Ländern. In Kuba genossen sie offiziell Heldenstatus. Das Prestige Kubas in der Dritten Welt wuchs. Gleichzeitig sind die Toten des Angola-Krieges und anderer internationalistischer Einsätze aber auch ein nationales Trauma. [245] 1978/79 griffen kubanische Truppen (etwa 15 000 Mann) auf Bitten der Sowjetunion auch in den Konflikt zwischen Somalia und Äthiopien ein. Es kam erstmals der Stolz der siegreichen Militärmacht unter Kubanern auf; er nährt noch heute die Fama der kubanischen Armee. Allerdings sind Angola-Einsatz und die anderen »internationalistischen Missionen« unter Kubanern bis heute unverarbeitet und hart umstritten: Heldentum einerseits, Legendenzerstörung andererseits, vermittelt eventuell durch die Oralität derer, die Angola erlebt (und überlebt) haben, aber keine Helden spielen wollen. [246]

Die Blockfreien, die wegen der Annäherung Kubas an die Sowjetunion (vor allem wegen des Äthiopien-Engagements) auch schon einmal über den Ausschluss Kubas nachgedacht hatten, honorierten das langfristige Angola-Engagement mit der Wahl Havannas als Ort für ihr Gipfeltreffen 1979; Castro wurde für den Zeitraum 1979 bis 1983 zum Vorsitzenden der blockfreien Länder gewählt. Der *Máximo líder* war so etwas wie ein Führer der Dritten Welt.

Die intensiven außenpolitischen Engagements konnten aber nicht durch adäquate Wirtschaftserfolge abgesichert werden; die außenpolitischen Anspannungen trugen im Gegenteil zur Verschärfung wirtschaftlicher Probleme im Inland bei, und diese führten zu Spannungen unter der Bevölkerung. Die soziale Krise weitete sich zu einer politischen Krise neuen Typs, die sich am deutlichsten in der Besetzung der peruanischen Botschaft im April 1980 durch mehr als zehntausend auswanderungswillige Kubaner äußerte. Die kubanische Regierung gestattete daraufhin die Anlandung von Booten aus den USA, das heißt vor allem aus Miami, im Hafen von Mariel. In kürzester Zeit emigrierten 100 000 meist jüngere Menschen aus dem städtischen Milieu, die im revolutionären Kuba erzogen worden waren, darunter viele Schwarze. 1981 fielen die internationalen Zuckerpreise ähnlich drastisch wie 1920. Kuba hatte 1983 Schulden von 2,8 Milliarden Dollar. Das Land, obwohl Mitglied im RGW, war 1986 de facto zahlungsunfähig. Gleichzeitig breitete sich eine Dengueepidemie aus. Die Sowjetunion leistete in den 80er-Jahren zwar Wirtschaftshilfe in Höhe von jährlich rund 2 Milliarden Dollar. Dazu kamen etwa 13 Millionen Tonnen Erdöl. Dank dieser enormen Hilfe war Kuba nicht eben bankrott, aber mehr denn je abhängig von der UdSSR und in der westlichen Hemisphäre sehr isoliert. Die Reagan-Administration ließ 1983 mit der Invasion in Grenada erkennen, dass sie nicht bereit war, kubafreundliche Regierungen in der Karibik zu tolerieren.

Die Krise zwang zu neuen Wegen in der Wirtschaft. Das Land lebte über seine Verhältnisse, denn trotz der politischen und wirtschaftlichen Schwierigkeiten waren durch die staatliche Verteilungspolitik alle Lebensnotwendigkeiten gesichert. Es gab aber alarmierende negative Erscheinungen. Das ehrgeizige Bildungsprogramm wurde sehr formal gehandhabt. Die Ausbildung in den universitätsvorbereitenden Schulen etwa, *Preuniversitarios*, bestand nach dem guevaristischen Ideal in der Verbindung von Lernen und Arbeit in Internatsschulen auf dem Lande.

Die angestrebte hoch qualifizierte Bildung scheiterte allerdings oft am Lehrermangel; ältere Schüler mussten einspringen. Kumpanei, Respektlosigkeit und mangelnde Disziplin waren eine unerwünschte Folge, durch die Militarisierung des Schulalltags nur notdürftig verdeckt. Neben den technischen Problemen der Versorgung kam es unter den der Kontrolle durch die Familien entzogenen Schülern zum rapiden Verfall der »traditionellen Werte« – so zumindest die Klagen der Eltern und Großeltern, während die Jugendlichen trotz vieler Einschränkungen das ländliche Schulleben durchaus als Befreiung aus der auf Kuba traditionell (und wieder wegen der Wohnungsnot) starken Herrschaft der Alten in der Familie empfanden. Das hoch gesteckte Ziel, höchstmögliche Bildung für alle zu garantieren, führte manchmal auch dazu, die Maßstäbe herabzusetzen. Mangelnde Sexualerziehung und Verhütung führten zu gigantischen Zahlen von Teenagerschwangerschaften und Aborten. Unter den Familien der Städte entstand so etwas wie eine Minirevolution gegen die Landschulen.

Im Land der Oberschulbildung für alle gab es kaum noch Reinigungskräfte. Eine informelle Diktatur der Oberkellner, Handwerker und Taxichauffeure entstand. Korruption griff um sich, vor allem in der Verwaltung, aber auch im Bildungswesen. Eine Schattenwirtschaft mit entwendeten Gütern entwickelte sich. Mit den Lieferungen der anderen sozialistischen Länder breitete sich eine Nehmermentalität aus. Die Kostenkontrolle wurde unwirksam, weil die Betriebsleitungen die Planvorgaben manipulierten beziehungsweise nur das produzierten, was mit höchstem Gewinn abzusetzen war. Die Kooperativen auf dem Land und die Zwischenhändler machten hohe Gewinne, während die Staatsgüter immer weniger effizient wirtschafteten. Ausnahmen bildeten die vom Militär kontrollierten Unternehmen.

Es kam zu illegalen Landbesetzungen. Viele Familien aus den Städten zogen aufs Land, um dort unter diffusen Eigentums- und Einkommensverhältnissen zu arbeiten, meist als *Parceleros*. Diese neuen Stadt-Land-Beziehungen waren von Anfang an außerordentlich vielfältig und ziemlich diffus. Ein Muster zeichnet sich in folgendem Beispiel aus Santa Clara, Zentralkuba, ab. Ein spezialisierter Krankenpfleger, gut ausgebildet, sorgsam und professionell, lernt während seiner Arbeit im Krankenhaus einen älteren

Mann kennen. Er pflegt ihn hingebungsvoll. Der Alte vom Lande hat bei Vueltas, einem Ort in etwa 50 Kilometern Entfernung von Santa Clara, ein Stück Land als Erbschaft von etwa einer Caballería (13,4 Hektar) Größe. Selber hat er keine Kinder und kann das Land nicht mehr allein bebauen. Er bietet dem Pfleger die Teilhabe an. Der akzeptiert 1989 nach einigem Zögern. Seine Familie hungert, der Lohn reicht nicht mehr aus. Er will viele Entscheidungen über die knappen Ressourcen im Krankenhaus nicht mehr mittragen. Einerseits wird er Mitglied einer protestantischen Religionsgemeinschaft, andererseits arbeitet er auf dem Land. Der Vertrag zwischen beiden Parteien besteht in einer mündlichen Absprache über die gleichberechtigte Teilung der Ernten (ein Teil des Bodens muss für den Tabakanbau reserviert werden, die Ernten werden dann an den Staat zu Festpreisen geliefert). Die Arbeit macht der ehemalige Pfleger de facto allein. Benzin, Maschinen, Werkzeug oder Saatgut gibt es offiziell nicht. Für alles Schriftliche und die Bürokratie existiert der neue Bauer als Landbesitzer nicht. Er fährt fast jeden Tag die 50 Kilometer von Santa Clara nach Vueltas und zurück – auf Lastwagen, wie Vieh.

Das ist ein repräsentatives Beispiel für diese Art »Landbesitzer«. Die Gruppe kann allerdings nicht besonders groß sein. Die Mehrheit der »neuen« Bauern unter juristisch – besser gesagt, geschriebenen – ungeklärten Verhältnissen, eine alte Tradition des kubanischen Landes, dürfte allerdings aus Familienmitgliedern von Bauern bestehen, die seit Beginn der dritten Republik oder früher auf dem Lande lebten. Andererseits wandern junge Menschen, deren Eltern reine Landarbeiter ohne eigenes Land waren und die vor 1990 einen Beruf auf dem Lande hätten erlernen können, in Scharen vom Land ab.

Die Regierung befürchtete, dass zwischen den Schwarzhändlern in den Städten und den erfolgreichen Bauern eine Verbindung entstehen könnte, die, je länger sie existierte, jegliche Kontrolle unmöglich machen musste.

Das waren die Voraussetzungen für einen radikalen Kurswechsel, der 1986 eingeleitet wurde.[247] Unter dem Eindruck der sowjetischen Perestroika, die er als Rückkehr zum Kapitalismus interpretierte, übte Castro massive Kritik am Wirtschaftsmodell der 70er-Jahre, das er als »Kapitalismus spielen« bezeichnete. Er hatte insofern Recht, als der reale Sozialismus, wie er eben Ende der 80er-Jahre existierte, was Freiraum für den Individualismus, Hierarchisierung über den Markt und wirtschaftliche Effizienz betrifft, nicht mit dem marktwirtschaftlich und sozial orientierten Kapitalismus konkurrieren konnte, wie offensichtlich andere Gorbatschow-Kritiker im sozialistischen Lager (etwa Erich Honecker in der DDR) wirklich glaubten.

Castro rief zu einer *Rectificación* (Berichtigung) von Fehlern auf. Zwar kritisierte er auch den »paternalistischen Staat«, im Grunde aber begann mit dieser Rede der im damaligen sozialistischen Lager einzigartige Fall »antimarktwirtschaftlicher Reformen« (Mesa-Lago) seinen Lauf zu nehmen.[248] Sie dauern bis heute an, obwohl zwischenzeitlich den Marktkräften mehr Spielraum eingeräumt werden musste.

Unter Rückgriff auf den Mythos Ché Guevara[249] wurde wiederum versucht, Partei und Regierung eine Avantgardefunktion in der Massenmobilisierung zu sichern. Das bewährte Modell funktionierte allerdings nur noch bedingt. Der voluntaristische Aktionismus konnte die Wirtschaftsmängel nicht beheben. Viele Kubaner setzten große Hoffnungen in die Reformen Gorbatschows. Die Spannungen in der Gesellschaft nahmen zu. Ausweis dafür war die umfassende Novellierung des Strafgesetzbuches.[250]

Die Spannungen zeigten sich vermittelt auch an der Behandlung des *Problema negro*, des »schwarzen Problems« oder des »Problems der Schwarzen«. Pedro Serviat, ein altes Mitglied der Kommunistischen Partei und Kämpfer gegen die Rassendiskriminierung, erklärte rückwirkend und »wissenschaftlich« die offizielle Politik seit Beginn der 60er-Jahre: das »schwarze Problem« sei auf

Kuba mit der Revolution gelöst.[251] Andere Autoren begannen die Rassenprobleme des 20. Jahrhunderts (bis 1959) oder Phänomene der Volksreligiosität im heutigen Kuba aufzuarbeiten. Sie zeigten damit, dass viele Fragen des Rassismus, vor allem diejenigen struktureller Art und die der Trennung zwischen öffentlichem und privatem Raum mit der Krise wieder virulent wurden oder nicht gelöst worden waren. In der Sinnkrise der Ideologie breitete sich die Volksreligiosität aus.[252]

All diese Problemgeflechte unterhalb der Oberfläche der politischen Geschichte sind sehr wenig untersucht. Noch weniger untersucht ist der Zusammenhang zu den langen Linien der Geografie und der Umweltgeschichte. So gab es beispielsweise zwischen 1981 und 1987, verschärfend zu den sichtbaren ökonomischen und politischen Problemen, eine lang anhaltende Dürre. 1985 verwüstete der Zyklon – oder muss es »die Zyklonin« heißen? – »Kate« die Nordküste und die Hinterländer zwischen Caibarién und Havanna, als wolle Huracán für die kommenden Jahre noch schlechtere Zeiten ankündigen.[253]

1988 kritisierte Castro öffentlich die Vorgänge in der Sowjetunion und hob die Besonderheiten des Sozialismus auf Kuba hervor. Sie bestünden vor allem darin, dass kubanischer Sozialismus und nationale Unabhängigkeit untrennbar miteinander verbunden seien. Im Gegensatz zu den Ostblockländern sei der Sozialismus auf Kuba nicht im Gefolge sowjetischer Panzer zur Macht gelangt. Er verwies damit auf den patriotischen Kern der kubanischen Geschichte des 20. Jahrhunderts.

Unter den veränderten Bedingungen kam es zu einer Reform der in den 70er-Jahren begonnenen Reformen. Ein Befehl Castros beendete abrupt die vorsichtigen Ansätze einer Marktwirtschaft: Die *Mercados Libres Campesinos* (freie Bauernmärkte)[254] mussten schließen. Ein Grundfehler, denn die Überlebenskraft und Kreativität der karibischen Bauerngesellschaften beruht im Wesentlichen auf der Vitalität ihrer Märkte. Damit war die Hungerkrise der frühen Neunziger vorprogrammiert. Dann wurde, wie schon in den 70er-Jahren, die Kontrolle über die bewaffneten Kräfte verstärkt und zugleich die Militarisierung der Gesellschaft vorangetrieben.[255]

Seit 1988 kehrten die Soldaten aus Afrika zurück, die dort militärisch überaus erfolgreich gewesen waren. Dabei waren zweifelsohne auch Beschaffungsmodelle, Korpsgeist und Beziehungen entstanden, die sich erstmals der direkten Führung und Kontrolle des engeren Machtzirkels um die Brüder Castro entzogen. Die Streitkräfte wurden reduziert, viele Angola-Kämpfer unter Vorzugsbedingungen wieder in das normale Leben eingegliedert. Heer und andere bewaffnete Kräfte wurden noch stärker professionalisiert. Sie übernahmen in größerem Umfang Aufgaben in Wirtschaft und Verwaltung sowie in der allgemeinen Kontrolle der Gesellschaft.[256] Der Angola-General Rafael del Pino hatte sich im Mai 1987 nach Miami abgesetzt. Er bot im Interview andere Lesarten des Angola-Einsatzes an: die Wiedergutmachung der Waffenhilfe der UdSSR für Kuba (Stellvertreterkrieg), die Beschäftigung von jungen Männern, die »Rolle Angolas als Abschiebebahnhof für ungeliebte höhere Militärs«.[257] Auch wenn das die Aussagen eines Überläufers sind, ist doch Letzterem eine Bedeutung bei den nachfolgenden Konflikten zwischen Castro-Führung und höherem Militärestablishment zuzumessen.

Beim Rückzug der kubanischen Angola-Truppen kam es, im Zusammenhang mit der schwierigen politischen und wirtschaftlichen Situation sowie den Anschuldigungen der USA, Kuba decke den internationalen Rauschgifthandel, zu schweren Auseinandersetzungen innerhalb der politischen Führung des Landes. Der Oberbefehlshaber der kubanischen Truppen in Angola, ein Veteran der Sierra, General Arnaldo Ochoa Sánchez (nach kubanischer Nomenklatur übrigens »Mulato«, Mulatte), und mehrere seiner wichtigsten Mitarbeiter sowie hohe Funktionäre des Innenministeriums – allesamt Mitglieder des inneren Machtzirkels – wurden angeklagt, in Afrika illegalen Handel organisiert und Beziehungen zur kolumbianischen Kokain-Mafia um Pablo Escobar unterhalten zu haben.

Im Volksmund hieß es allerdings, dass Ochoa Anhänger der Perestroika Gorbatschows sei. [258] Unter der Jugend hatte er sehr viele Anhänger; aber nicht nur das – er hatte sie vor allem auch im Militär. Und Washington oder Miami dachten nicht an die Variante einer neuen Südpolitik (analog etwa zur neuen Ostpolitik des Wandels durch Annäherung). Castro seinerseits kannte natürlich auch die Historie der Revolution in Bolivien sowie die Geschichte von Paz Estensoro und General René Barrientos und vieles andere mehr, wie Guatemala oder Grenada. Ochoa, dessen Namen manchmal noch nach seinem Tod in Kreide an die Wände gekritzelt (als »8A«) in der Öffentlichkeit zu sehen war, stellte keine sehr gegenwärtige, wohl aber eine potenzielle Bedrohung für den gern verborgenen Caudillismus/Bonapartismus Fidel Castros dar. Bonapartist ist Castro nicht ganz in dem Sinne des historischen Bonapartismus (Marx hat das Modell bekanntlich an Napoleon III. entwickelt), aber doch im Sinne der Funktion seines Bruders als militärisches Zünglein an der Waage zwischen den verschiedenen Gruppen (Militärs, Funktionäre, Intellektuelle, Politiker, Parteichefs), Klassen, Regionen sowie anderen Persönlichkeiten. Dabei stützt sich Fidel Castro auf die bewaffneten Kräfte und vor allem die Armee. Er tut das aber gerne in Arbeitsteilung mit seinem jüngeren Bruder. Der muss die klassischen Caudillo-Funktionen in diesem Herrschaftssystem erfüllen: Auswahl der Kader und Unterhaltung der Beziehungen der *Amistad*, Freundschaft, gemeinsames Saufen sowie Pflege der so wichtigen Relationen des Gebens und Nehmens mit hohen Armeeoffizieren, die ihre eigenen Gebiete und Territorien beherrschen. Wahrscheinlich bedrohten Ochoas in Angola gewachsene Caudillo-Beziehungen zu einer neuen Generation kampferfahrener Frontoffiziere sowie zu einem Teil des Sicherheitsapparates genau diese Scharnierstelle zwischen patriarchali-

schem Charisma (Fidel Castro) und nepotistischem Caudillismus (Raúl Castro) des revolutionären Autokratismus im Herrschaftssystem der dritten Republik.

In einem öffentlichen Schauprozess, der größte Aufmerksamkeit vor allem in der kubanischen Öffentlichkeit fand, erkannte Ochoa in einem emotionsgeladenen Plädoyer seine Schuld an. Er kooperierte, um das Schlimmste zu verhindern. Aber er und drei seiner engsten Mitarbeiter – ruhmbedeckte Offiziere, die unter anderem Allende bis zuletzt verteidigt und den Bunker Somozas bei der Eroberung Managuas durch die Sandinisten gestürmt haben sollen – wurden erschossen, der Innenminister José Abrantes und eine Reihe von Sicherheitsoffizieren zu hohen Freiheitsstrafen verurteilt.

Die Biografien der Brüder de la Guardia zeigen in diesem Zusammenhang ein Kernproblem revolutionärer Gewalt. Beide gehörten zu den Elitetruppen, die »die Revolution« nach Lateinamerika tragen sollten. Für diese Truppen mussten nach 1967/1970 neue Aufgabengebiete gesucht werden; sie blieben aber die »schnelle Eingreiftruppe« der Castros – im Grunde moderne Condottiere der Weltrevolution, die nur eigenen »Heldenmut« und persönliche Abhängigkeit vom obersten Caudillo anerkennen; Moral sowie Regeln sind für sie Machwerk des »imperialistischen« Gegners (was auf dieser Ebene durchaus überlebenswichtig ist). [259]

Zweifelsohne handelte es sich bei dem Prozess gegen Ochoa auch um eine Demonstration der Stärke der Regierung bei der Verfolgung der Korruption. Aber die Korruption ist auch im System des unter sozialistischen Formeln verdeckten caudillistischen Klientelismus angelegt; dabei spielt keine oder kaum eine Rolle, welcher Rhetorik sich der Caudillismus bedient. Ochoa und Tony de la Guardia hatten unter anderem Zugriff auf den Elfenbeinschmuggel und die Beschaffung von Devisen. De la Guardia kontrollierte die Abteilung MC – für *Moneda convertible* – des Innenministeriums, eine Spezialabteilung zunächst zur Infiltration von Guerillas in Lateinamerika, dann zur Umgehung der US-Blockade. Der Schmuggel musste konvertible Währungen und westliche Industriegüter beschaffen oder Beschaffungsprobleme des Afrika-Heeres mildern. Hier boten sich das Geld, die Verbindungen und die verdeckten Kommerzialisierungsnetze der Escobar-Leute an, zumal diese sowieso über die Karibik in die USA reichten. Der Klientelismus funktioniert so, dass der oberste Caudillo immer weiß, was seine Untercaudillos tun, aber er bindet sie mit dem Augenzudrücken in sein System ein (»macht sie mitschuldig«). Nur in Krisensituationen wird aus ihren Gesetzlosigkeiten ein Verbrechen konstruiert. Diesen Klientelismus kennt jeder Kubaner und jede Kubanerin; man erwartet auch, dass die Familien in diesen klientelistischen Beziehungen mitversorgt werden.

Zugleich wurde ein brutales Exempel statuiert, um Militärs mit potenziell politischem Einfluss, die sich in den Zeiten der Afrikamission an die eigene Machtvollkommenheit gewöhnt hatten, zu disziplinieren und politische Konkurrenten auszuschalten. Die Brüder Castro beseitigten mit dem Fall Ochoa und mit dem Tod von José Abrantes 1991 für sie gefährliche Mitwisser. Der Zweite der berühmten »Twins«, Patricio de la Guardia, sitzt für dreißig Jahre im Gefängnis auf Kuba. Das Innenministerium wird seither von der Armeeführung, sprich von Raúl Castro, kontrolliert. Die wirkliche Macht auf Kuba haben Generale, gleich hinter Fidel Castro.

Den Demokraten schaudert es – aber auch diese Demonstration der Stärke ist Teil der Erklärung für die Stabilität des Castroismus in den schwierigen 90er-Jahren. Und Korruption gibt es in allen politischen Systemen, wenn auch nicht als solch offen visibler Teil der politischen Kultur wie auf Kuba. In normalen Zeiten hätte Fidel Castro genau an diesem Punkt zurücktreten sollen. Durch die gewaltsame Machtdemonstration hat er sich die Castro-Gruppe aller für sie wirklich gefährlichen internen Gegner entledigt. Denn – die Krise war nicht etwa vorbei; die wirkliche Krise kam erst noch.

Kuba 1990–2004:
Wer kontrolliert die Transformation?

Ein Fast-Zusammenbruch

Im Moment des Falls der Berliner Mauer 1989 wickelte Kuba 85 Prozent seines Außenhandels mit dem RGW ab. Allerdings überdeckt das welthistorische Ereignis des Mauerfalls, dass die Entwicklungen, die bis heute anhalten, auf Kuba schon 1986 einsetzten. Das Land hatte 1990 rund zwei Jahrzehnte der schwierigen Anpassung hinter sich. Plötzlich war das, an was sich die Kubaner anzupassen versuchten, eben der so genannte Ostblock, der »Realsozialismus«, das von der Sowjetunion dominierte Imperium, weg. In Havanna begann man in offizieller Sprache von einem »*Desmerengamiento del campo socialista*« (Merengue ist der Name eines Tanzes, wörtlich bezeichnet es Eierschnee, das heißt *Desmerengamiento* meint Zusammensacken) zu sprechen. Die Auswirkungen des Zusammenbruchs im Ostblock konnten für Kuba somit nicht dramatischer sein. Insofern konnte aus Perspektive des Jahres 2000 (als die erste Auflage dieses Buches erschien) wirklich von einem »Wunder Kuba« gesprochen werden. Allerdings hätte selbst ein schneller Aufschwung, selbst bei Beibehaltung des Wachstumstempos von 5 bis 6 Prozent jährlich in den 90er-Jahren, noch etwa 10 Jahre gedauert, bis der Stand von 1987 wieder erreicht gewesen wäre. Und 1987 war kein gutes Jahr. Mittlerweile aber nehmen die Probleme eher wieder zu.

Anfang der 90er-Jahre sah es aber völlig anders aus. Die Hilfe der UdSSR war seit 1985/86 Jahr für Jahr vermindert worden. Moskau

hatte das klar angekündigt. Mit dem Moskauer Staatsstreichversuch im August 1991 verband die kubanische Führung nochmals
große Hoffnungen.[260] Danach ging es für die kubanische Wirtschaft
bis 1993/94 rapide bergab. Eine kurze, aber heftige »Botschaftskrise« – tausende Kubaner flohen in westliche Botschaften – im
Sommer 1990 verschlechterte die Beziehungen mit Westeuropa.
1992 erhielt Kuba von der Gemeinschaft Unabhängiger Staaten
(GUS) nur noch Hilfen im Werte von 65 Millionen US-Dollar, 6 Prozent des Vorjahreswertes. Besonders hart wurde Kuba von der
Energiekrise in der ehemaligen UdSSR getroffen. Die Erdöllieferungen fielen von rund 13 Millionen Tonnen jährlich auf 4 Millionen
1993. Auch Konsumgüter, Rohstoffe, Grundnahrungsmittel und Industriegüter aus den anderen ehemaligen sozialistischen Ländern
blieben aus.

Noch abrupter als die Beziehungen zur ehemaligen UdSSR veränderten sich die Beziehungen zur Noch-DDR und zum seit Oktober 1990 vereinigten Deutschland. Immerhin war die DDR bis
1989 zweitwichtigster Handelspartner Kubas. Im Gegensatz zur
UdSSR war die *Alemania Democrática* ein bewundertes Sozialismusmodell gewesen. Castro und Honecker waren – jeder auf seine
Weise – die schärfsten Gorbatschow-Gegner im sozialistischen
Lager. Von Ende 1989 bis Ende 1990 jedenfalls fielen die Beziehungen faktisch von hundert auf null![261] Dieser radikale Abbruch der
(DDR-)deutsch-kubanischen Beziehungen quasi über Nacht verdeutlichte zugleich die hohe strukturelle Abhängigkeit der kubanischen Wirtschaft bis hinein in Sektoren der Basisversorgung, wie in
der fast völligen Ausrichtung auf die DDR-Milchpulverlieferungen
(rund 20 000 Tonnen jährlich!) unter Abbau eigener Produktionskapazitäten nur allzu deutlich wurde.

Die Vorzugsbehandlung des tropischen Inselsozialismus war zu
Ende. Das Land sackte in die tiefste Krise seiner Geschichte. Kuba
schuldete der Sowjetunion 15,5 Milliarden Rubel und westlichen
Gläubigern 7 Milliarden Dollar. Die Zuckerernte sank von 7 Millio-

nen Tonnen 1992 auf 4,2 Millionen Tonnen 1993 und 3,3 Millionen Tonnen 1995. Die Importkapazität reduzierte sich um drei Viertel. Nur noch 20 Prozent der Produktionskapazität konnten genutzt werden. Die staatliche Verteilungswirtschaft, basierend auf den politischen Gewinnen aus der strategischen Position Kubas im Kalten Krieg, zerfiel, obwohl die Strukturen zunächst bestehen blieben. Die Delegierten des Poder Popular in den Provinzen, deren wichtigste Aufgabe die Organisation der Verteilung bis in die unterste Ebene gewesen war, wurden de facto arbeitslos.

Wegen des Benzinmangels kam der private Autoverkehr zum Erliegen; Fahrräder, mittlerweile auch *Bicitaxis* (Fahrradrikschas), Pferdekutschen *(Carretones)* und Ochsengespanne bestimmten das Straßenbild. Auch der öffentliche Personenverkehr, ohnehin seit jeher eine Achillesferse, brach zusammen. Kuba hatte über Jahrzehnte versucht, sich mit seiner modernen Fischfangflotte dem Meer zuzuwenden. Die Schiffe verrotteten nun in den Häfen. 1994 ließ die Regierung 700 000 Fahrräder chinesischer Produktion verteilen. Ganze Stadtviertel verfielen.

Die Kunstschmiede gerieten in eine unerwartete Hochkonjunktur. Traditionelle Fenster- und Türgitter *(Rejas)* gingen weg wie warme Semmeln, denn auch der Kleindiebstahl erreichte nie gekannte Ausmaße. Obwohl hohe Strafen darauf stehen, ist Rinder- und Pferdediebstahl sowie Diebstahl von Wäsche und Nahrungsmitteln, von kleinerem Vieh sowieso, weit verbreitet. Das Gesundheitswesen konnte, vor allem wegen Medikamenten- und Materialmangels, die Grundversorgung nur mühsam aufrechterhalten, auch wenn Herzoperationen noch heute kostenlos sind. Eine eher sozialpsychologische Epidemie einer »optischen Neuritis« brach aus, bei der 1993 40 000 Menschen zeitweilig ihr Augenlicht verloren und viele mehr erkrankten. Sie wurde durch massive staatliche Verteilung von Vitamintabletten recht schnell eingedämmt (Burchardt: »Augenneuropathie aus Mangel an B-Komplex-Vitaminen«). Die Versorgungslage verschlechterte sich dramatisch. Die

Libreta sicherte nur noch ein absolutes Minimum an Grundnahrungsmitteln wie Brot, Reis und Zucker. Sie war aber notwendiger denn je. Es fehlte vor allem an bestimmten Vitaminen, Fetten und Proteinen. Essen, oder besser fehlendes Essen, wurde zum Trauma. Die tägliche durchschnittliche Kalorienmenge fiel auf rund 2000 Kalorien, weniger als das Minimum Mitte der 50er-Jahre.

Andererseits erschienen viele Produkte, die vor 1990 zum normalen Angebot gehört hatten, auf den Schwarzmärkten, wo sie nur für Dollar oder im Tausch gegen andere Produkte erwerblich waren. Da die so genannten *Diplotiendas* nur für Diplomaten und Ausländer vorgesehen waren, wurde der Internationalismus auch zu einer Quelle der Korruption, wie schon der Fall Ochoa gezeigt hatte. Illegale Geldwechsler bereicherten sich; die Regierung musste die Augen zudrücken, da für viele eine Versorgung nur auf den informellen Märkten möglich war.

Tägliche Stromsperren von acht und mehr Stunden, die berüchtigten *Apagones*, wurden zur Normalität. Die Probleme der Energieversorgung waren gigantisch; besonders über die Stromsperren und im Zusammenhang mit den Versorgungsnöten wirkten sie sich katastrophal auf die Bevölkerung aus. Die traditionelle kreolische Bauweise mit hohen Räumen und natürlicher Luftzirkulation war seit den 50er-Jahren aufgegeben worden zugunsten von Häusern mit mehrheitlich flachen Betondächern und – zumindest in den großen Städten und unter den Mittelschichten – Air-Conditioned-Kühlung sowie Kühlschränken. Die *Aires* amerikanischer Produktion waren seit den 60er-Jahren durch einige wenige Ungetüme sowjetischer Bauart ersetzt worden. Vor allem aber benutzte die Bevölkerung seit den 60er-Jahren Ventilatoren zur Kühlung und zum Verscheuchen von Mücken, da auch die Moskitonetze außer Gebrauch gekommen waren. Die Wohnungsnot und die *Barbacoas*, die horizontalen Zwischengeschosse in den kreolischen Häusern (vor allem *Viviendas individuales* und *Ciudadelas*), taten das ihrige zu Raumverknappung und fehlender Zirkulation. Während der

Stromsperren funktionierten nicht nur die Fernseher und Radios nicht – trotz des geringen Angebots im Fernsehen oftmals die einzige Unterhaltung –, sondern vor allem fielen die Kühlschränke und Ventilatoren aus bei einem Klima von brütender Hitze in den Monaten Juni bis September und Luftfeuchtigkeit von nachts oft über 90 Prozent. Der Leidensdruck, der Hitze ungeschützt ausgeliefert zu sein, war schon schlimm genug. Dazu kommt, dass viele Kubanerinnen und Kubaner ohne das leichte Rasseln des Ventilators oder ohne den Lärm der Kühlung, der dem eines starken Regens gleicht, gar nicht mehr schlafen können. Das ist sicherlich tropische Ideosynkrasie, die von kaum einem Besucher aus nördlichen Ländern nachzuempfinden ist.

Vor allem aber spielte psychologisch eine wichtige Rolle, dass das Gleiche morgen, übermorgen, nächste Woche und im nächsten Monat, möglicherweise auf Jahre hinaus wieder passieren konnte, dass das wenige Essen während der acht oder mehr Stunden ohne Kühlung verderben würde und dass für all das Leiden besonders der Alten und der Kleinkinder unter der Hitze – und die vielen anderen Probleme der nackten Subsistenz – kein Ende abzusehen war.

Das Land war paralysiert und die Bevölkerung traumatisiert. Selbst Fidel Castro zweifelte, allerdings nur in metaphorischen Bildern des Marathonlaufes. Die Krise traf vor allem Frauen und Familien. Deshalb sind die Stimmen von Nancy Morejón, Marilyn Bobes (*Alguien tiene que llorar*, 1995) oder etwa Nancy Alonso (*Tirar la primera piedra*, 1997) in der Literatur Kubas so immens viel wichtiger als alle Markterfolge kubanischer Literatinnen und Literaten in Frankreich oder in Spanien.

Es war nicht das Problem einer vorübergehenden Flaute, eben der berüchtigten *Vacas flacas*, oder eines politischen Ausnahmezustandes, deren Kuba schon viele erlebt hatte, sondern das einer tiefen Strukturkrise und des Endes einer Utopie. Der »Revolution« war die Zukunft abhanden gekommen. Sie hatte plötzlich nur noch

Vergangenheit. Auch die Geschichte wurde zunehmend kontrovers diskutiert; etwa in dem Sinne, ob es in den »100 Jahren Revolution« seit 1868 nicht auch Reformalternativen gegeben hätte (wie etwa 1878–1893, 1944–1952 oder 1957/58).

Keiner konnte zwischen 1990 und 1994 sagen, wann und wie die Krise überwunden werden könnte. In aller Welt erschienen Studien über Kuba als nächsten Dominostein des zerfallenden sozialistischen Systems. Am deutlichsten ausgedrückt ist diese Erwartung, gemischt mit dem Triumphalismus von Miami-Kubanern, in dem Lied *Ya vienen llegando* (Sie kommen schon) von Willy Chirino. Vielleicht sind gerade durch die Häme Widerstandsgeister geweckt worden, die in anderen sozialistischen Gesellschaften nicht existierten oder nicht wirksam zu werden vermochten. Stolz der *Cubanía, hombría* und die Obsession, die »Fahne nicht zu senken«, haben in Krisensituationen der kubanischen Geschichte schon oft eine wichtigere Rolle als andere Tugenden gespielt.[262] Der in Miami erwartete Fall Havannas fand jedenfalls nicht statt.

Allerdings gewannen unter dem Druck der Krise Reformer im PCC Oberwasser. Bereits 1990 hatte Castro den *Período especial en tiempos de paz,* die Spezialperiode in Friedenszeiten, verkündet, flankiert von einem *Plan alimentario,* welcher die Nahrungsmittelproduktion auf der Basis verfügbarer Ressourcen in der Nähe der Verbrauchszentren ankurbeln sollte. Kleine Landstücke wurden als Gemüsegärten an Kooperativen vergeben oder durften, wenn sie nicht größer als ein halber Hektar waren, auch privat bewirtschaftet werden.

In der Wissenschaft kam es zu verstärkten Anstrengungen auf dem Gebiet der Medizin, der Sozialhygiene, der Gen- und Biotechnologie. Bei keiner dieser Maßnahmen waren im Innern marktwirtschaftliche Elemente vorgesehen, auch wenn alle um die Bedeutung des informellen Sektors, sprich Schwarzmarkt, wussten. Die Basis der Reformen waren nicht irgendwelche zentralen Pläne oder – so wichtig sie auch gewesen sein mögen – die Ideen selbsterklärter Reformer, sondern die Realität selbst. Die Krise bot Chancen. Das Land zerfiel de facto seit 1990 in unterschiedlichste Wirtschaftsökomonaden. Die zentrale Führung, einschließlich Fidel Castros, sah – um es salopp auszudrücken – zwischen 1990 und 1993 »alt« aus, weit älter als etwa im Jahre 2000. Unter findigen Parteichefs oder Politikern des Poder Popular entstanden unter Nutzung von Klientel-, Amigo- oder Familiennetzen neue Geflechte mikroökonomischer Beziehungen; die vitalen karibischen Märkte mit Früchten, Meerestieren und Agrarprodukten drängten sich durch alle Ritzen des Zentralismus. Der Zentralstaat musste diese Krisenmanagements zunächst gewähren lassen, weil nur so die Versorgung überhaupt irgendwie aufrechtzuerhalten war. Auf dieser Basis der informellen Veränderungen kam es zwischen 1990 und 1993 zunächst zu ganz vorsichtigen offiziellen Reformen auf Gebieten, die die Regierung noch wirklich kontrollierte. Das führte durchaus auch zu Hoffnungen, die die Traumata der Krise milderten. Es etablierte sich ein duales System der Wirtschaft nach dem Motto: kontrollierte Außenöffnung ohne Binnenwirtschaftsreformen mit zwei getrennten Monetärsystemen – außen Dollar, innen Peso. Parallel dazu nationalisierte sich »die Revolution« ideologisch, um wenigstens eine von der Entwicklung des Weltsozialismus stalinistischer Prägung unabhängige Perspektive eröffnen zu können. Eine Wiederentdeckung der hispanischen Wurzeln griff Raum, parallel zur schnellen Ausweitung der Beziehungen zwischen Spanien und Kuba in der Regierungszeit von Felipe González. Spanien griff dieses Angebot seinerseits auf und setzte sich nicht nur für eine Integration Kubas in das Dialogforum der Comunidad Iberoamericana ein, sondern übernahm auch für Kuba seine traditionelle und durch die Mitgliedschaft in der Europäischen Union zunehmend gewichtigere Mittlerrolle zwischen Hispanoamerika und Europa.

Auf dem IV. Kongress des PCC 1991 wurden Wahlrechtsreform und Verfassungsänderung beschlossen. Der neue Text der Konstitution ließ zwar die Führungsrolle der Kommunistischen Partei intakt, stellte aber die Ideen von José Martí vor die von Marx, Engels und Lenin. Kuba wird als »laizistischer Staat mit Religionsfreiheit« definiert; seitdem können Gläubige Mitglied der Partei sein. Bei aller ideologischen Rhetorik zeigt sich daran, dass auch die Reformer die Stärke der »Revolution« in der Verwirklichung eines nationalen Projekts sehen, das seine Wurzeln in der Tiefe der kubanischen Geschichte und in der Würde eines kleinen Landes hat. Sie, wie auch die Intellektuellen in ihren Diskussionen um eine Bürgergesellschaft, stellen die Führung des PCC oder Castros nicht in Frage.

Vom Kongress und von Castro selbst gingen Impulse in Richtung eines Generationenwechsels der politischen Elite aus; ihre Symbole wurden Außenminister Roberto Robaina (der im Mai 1999 allerdings durch einen persönlichen Sekretär Castros, Felipe Pérez Roque, ersetzt wurde) und der De-facto-Premierminister Carlos Lage. Alle drei sind ehemalige Präsidenten der Federación Estudiantil Universitaria (FEU). Zum Kreise der Reformer zählen auch Ricardo Alarcón de Quesada, Präsident der Asamblea Nacional del Poder Popular, Kulturminister Abel Prieto und der Stadthistoriker Eusebio Leal Spengler, um nur die wichtigsten Protagonisten zu nennen. Es kam auch zur Zulassung einer Reihe von Nichtregierungsorganisationen (NGOs), allerdings mit ausgesuchtem Personal.

Die Krise aber hielt an. Sie gab breiteren Reformkräften Auftrieb. Sie bot auch die Chance, mit der erzwungenen Abwendung von der unrationellen, hochmechanisierten und energieintensiven Großproduktion in der Landwirtschaft zur Akzeptanz einer vernünftigen Subsistenzproduktion zu gelangen, die Wirtschaft insgesamt zu diversifizieren und zu öffnen sowie die Abhängigkeit vom Tropf des sowjetischen Imperiums aktiv zu beenden.

1993 verließen – bis auf wenige Ausnahmen – die russischen Soldaten und Berater die Insel. Auf die Frage, was denn von den jahrzehntelangen Beziehungen bliebe, hatte ein Intellektueller bereits

1990 – etwas überspitzt – geantwortet:»Nichts!«Eine umfassendere Antwort auf diese interessante Frage ist zweifellos tieferen und längeren Nachdenkens wert, unter anderem über die *Verlorenen Worte* von Jesús Díaz oder über die Tatsache, dass zwei von 25 jungen kubanischen Dichtern, die sich in einer Anthologie aus dem Jahre 2000[263] finden, in der Sowjetunion geboren worden sind. Jedenfalls lernten tausende von Russischlehrern in Schnellkursen Englisch.

Mehr politischer Pluralismus stand noch nicht auf der Agenda der Reformer, wurde aber diskutiert und in der nicht veröffentlichten Meinung artikuliert und vor allem unter Intellektuellen im Rahmen eines Konzepts der Bürgergesellschaft diskutiert.

1992/93 wurden erstmals direkte und geheime Wahlen zur Asamblea Nacional del Poder Popular, der Nationalversammlung der Volksmacht, durchgeführt; allerdings auf der Basis von Einheitslisten, deren Kandidaten in die CDR gewählt worden waren.

Auf eine Kritik der katholischen Bischöfe des Landes 1993 antwortete die Regierung einerseits mit verstärkter Förderung der afrokubanischen Religionen (zum Teil auch mit folkloristischer Vermarktung vor allem der Santería) und Duldung anderer Glaubensrichtungen (wie protestantischer Kirchen oder, allerdings in weit schwächerem Maße, der Zeugen Jehovas, der Baptisten und Methodisten), andererseits mit einer verstärkten Einbindung des Potenzials der katholischen Kirche im Sozialbereich. Die katholische Kirche hat durch die Krise Einflussmöglichkeiten erhalten, wie sie seit dem vorigen Jahrhundert nicht mehr gegeben waren; sie muss allerdings im Gegenzug eine gewisse Kontrolle ihrer Anhänger gewährleisten. Das führte schon mehrfach zu Protesten an der Basis. Zur»neuen«Religiosität der Kubaner bleibt festzuhalten, dass sie wie eh und je sehr pragmatisch ist.

Mit dem Ziel, die Wirtschaft wieder in Gang zu bringen, die wichtigsten Errungenschaften der Revolution zu erhalten und dringend benötigte Devisen ins Land zu holen, wurden ausländi-

schen Firmen Anreize geboten, etwa bei Entlassung und Entloh-
nung kubanischer Arbeitnehmer. Joint Ventures und quasi-kapita-
listische Firmen, das heißt Aktiengesellschaften (so genannte Ano-
nyme Gesellschaften, *Sociedades Anónimas*) unter Staatskontrolle,
entstanden. Der Tourismus wird massiv gefördert; bis 1998 vor allem der Massentourismus in seinen schlimmsten Formen, der
auch (»all inclusive«) ein beträchtliche Ausmaß an Sextourismus
mit sich brachte. Zum »inclusive« gehört auch ein wieder erwach-
ter Rassimus, der sich im Tourismussektor darin ausdrückte, dass
Afrokubaner (die bis 1990 überproportional im recht langweiligen
innerkubanischen Tourismus beschäftigt gewesen waren) unter
dem Stichwort *Buena presencia,* gute Erscheinung, zunehmend aus
den Jobs im direkten Kontakt mit Touristen verdrängt werden und
gar nicht erst in Führungsetagen kommen. Andererseits sind unter
den *Jineteras* überdurchschnittlich viele afrokubanische Frauen
vertreten. In gewissem Sinne bestätigt das die rassistischen Ressen-
timents vieler Touristen. Im Gegensatz zum Elitetourismus der
20er-Jahre und dem Massentourismus aus den USA in den 50er-
Jahren – Stichwort »Warum so weit nach Las Vegas fahren, Havanna
liegt doch so nah!« – zielt diese neue Runde in der Entwicklung des
Tourismus vorwiegend auf Kanadier, Mexikaner und Europäer. Das
erklärte Ziel war und ist Kultur- und Familientourismus. In den
letzten Jahren gab es auch Überlegungen zu einem nachhaltigen
Kultur-, Gesundheits- und Ökotourismus. 2000 betrugen die Einnahmen aus dem Tourismus etwa 50 Prozent der Zahlungsbilanz;
in den Jahren 2001 und 2002 haben sich die Wachstumserwartun-
gen nicht erfüllt. Erst 2003 erfüllten sich die mit etwas über 2 Millionen Touristen veranschlagten Planungen.

  Handelsbeziehungen, vor allem mit Venezuela, Spanien, Mexiko
und anderen Staaten Lateinamerikas, Kanada und der Karibik sind
neu geordnet und intensiviert worden. Freihandelszonen entstanden. Das erforderte eine Öffnung des staatlichen Außenhandels-
monopols bei Beibehaltung der Kontrolle des Staates über das Ei-

gentum und die interne Verteilung. Wie schon oft in der Geschichte der Insel seit den Zeiten des Reformers Francisco de Arango y Parreño (1765–1834) sucht die Elite des Landes eine große imperiale Ökonomie, um sich mit der Lieferung eines Produktes und mit den durch sie kontrollierten internen Arbeits-, Austausch- und Eigentumsbeziehungen Vorteile auf einem äußeren Markt zu schaffen. Das mag nicht den subjektiven Vorstellungen oder Empfindungen der gegenwärtigen Führungsspitze entsprechen. Funktional gesehen ist es aber so. Rhetorisch blieb damit das Gleichheitsideal einer gerechten Gesellschaft intakt, doch eine schnelle Erholung der internen Produktion von Nahrungsmitteln und Dienstleistungen konnte so nicht erreicht werden, von den realen Verwerfungen in einer egalitär fühlenden Gesellschaft gar nicht zu sprechen.

All diese Maßnahmen reichten nicht aus, um der Krise Einhalt zu gebieten. Zudem bestand aus Sicht der Regierung die Gefahr, dass sich die beiden Monetär-Wirtschaften, über den informellen Sektor, durch Korruption und durch den *Jineterismo* (von *Jinetero*, *Jinetera*, »Reiter, Reiterin«, Prostituierte) unkontrolliert vereinigten.

Sie tanzten nur einen Sommer?

1993 brach der »Sommer der Reformen«[264] an. Die Phase der Öffnung nach außen ohne binnenwirtschaftliche Reformen hatte zwar zu einer relativen Gleichheit in der Verteilung der Lasten des wirtschaftlichen Anpassungsprozesses, aber auch zur Ausweitung des Schwarzmarktes geführt. Der Peso-Dollar-Kurs war auf bis zu 150:1 gefallen (oder gestiegen, je nach Perspektive), bei einem Durchschnittsverdienst von 200 Pesos. Auf dem Höhepunkt der Krise war ein guter durchschnittlicher Monatsverdienst in Peso nur noch 1,3 bis zwei Dollar wert. Eine breite Mangelernährung, in gewissem Sinne eine Hungersnot unterschiedlichster regionaler Ausprägung und Intensität, war die Folge. Die zentralistische Landwirtschaftspolitik erwies sich als voller Misserfolg.

Es bestand aus Sicht der Regierung vor allem die Gefahr, dass
Bauern und lokale Krisenmanager und ihre informellen Helfershel-
fer, die *Macetas* (Schwarzmarkthändler), die Pesoersparnisse der
Bevölkerung an sich bringen und damit in großem Stil Dollar auf-
kaufen würden. 1993 wurde der Dollar als offizielles Zahlungsmittel
zugelassen, drastischer gesagt: depenalisiert, weil alle, die irgendwie Zugang zur Devise hatten, schon vorher mit ihr operierten und
der Staat so viele Augen gar nicht zudrücken konnte. Außerdem benötigte er diese Mittel. Damit war in gewissem Maße die Kontrolle
des Schwarzmarktes gesichert. Durch die astronomischen Um-
tauschsätze, die Furcht vor einer generellen Währungsreform sowie vor allem die Preiserhöhungen auf Alkohol und Tabak wurden
die Peso-Liquiditätsüberschüsse der Bevölkerung abgebaut. Andererseits begann ein Prozess der Dollarisierung und der Bildung
einer Zwei-Klassen-Gesellschaft, deren Folgen noch nicht wirklich
absehbar sind.

Damit war das Startsignal für innere Reformen gegeben. Noch
wusste keiner, wie weit sie gehen würden. Die Anfangsklammer der
Parenthese-Gesellschaft, wie es unter kubanischen Intellektuellen
heißt (sinngemäß:»Wir befinden uns im Übergang; jetzt müssen
wir öffnen, und irgendwann einmal schließen wir wieder, und alles
wird wieder wie früher oder ganz anders«), war gesetzt. In der wirtschaftlichen Realität erging die Zulassung für private »Arbeit auf
eigene Rechnung« an bestimmte Gruppen *(Cuentapropistas)*;
staatliche Großgüter wurden in Basiseinheiten der kooperativen
(genossenschaftlichen) Produktion (*Unidades básicas de la producción cooperativa*, UBPC) umgewandelt, und der Neuaufbau eines
Finanz-, Steuer- und Abgabesystems zur Sanierung der Finanzen
und der Rückgewinnung des Wertes der nationalen Währung ab
1994 wurde angekündigt. Eine Währungsreform, obwohl sie heiß
diskutiert worden war, fand nicht statt.[265] Um etwas vorzugreifen:
Seit Herbst 1995 wird mit der Öffnung der offiziellen *Casas de cambio* (*Cadeca*, Wechselhäuser) ein staatlich festgesetzter Kurs von

1:19 bis 1:23 zwischen Dollar und Peso gehalten (seit 2002, wegen der Krise, meist 1:27).

Die Mikrobeziehungen zwischen Produzenten oder Lieferanten und Konsumenten wurden noch nicht direkt angegriffen, aber stärkerer Kontrolle unterworfen und zum Teil institutionalisiert (wie im Falle der so genannten *Mensajeros*, die die Anlieferung von Waren zwischen den staatlichen Läden, *Bodegas*, und den Haushalten übernahmen). Die Wiederzulassung von Bauernmärkten erforderte erhebliche Pression. Erst nachdem es im August 1994 erstmals in der Geschichte des sozialistischen Kuba zu Volksunruhen mit schweren Straßenkrawallen in Havanna gekommen war, dem so genannten *Habanazo*, gab Fidel Castro nach. Er tat das vor allem auch auf Anraten seines Bruders, der davor warnte, Panzer gegen die Bevölkerung einsetzen zu müssen, falls die Versorgungskrise nicht gelöst werde. Um die Niederlage zu kaschieren, hießen die Märkte jetzt *Mercados agropecuarios*, kurz *Agro*. Seitdem gibt es sie auch offiziell wieder, die traditionellen karibischen Märkte. Laut sind sie, aber noch nicht so reichhaltig, musikalisch und bunt wie die Märkte auf Haiti, in Kolumbien oder in Brasilien; aber ein Symbol ist gesetzt.

Allerdings sollten keine Illusionen aufkommen: Die Besitzverhältnisse sind bis heute nicht angegriffen worden. Der »sozialistische« Sektor behauptet nach wie vor 85 Prozent des Bodens, und der »private« Sektor aus Kooperativen (11 Prozent) und Bauern (4 Prozent) verfügt nur über 15 Prozent des Bodens. Innerhalb des »sozialistischen« Sektors wurden die UBPC von 0 auf 46 Prozent hochgeschossen, was Hans-Jürgen Burchardt »Kooperativismus ohne Kooperativen« nennt. Die Krise der Beziehungen zum (verschwundenen) realsozialistischen Imperium verschärfte also die strukturellen Deformationen, die das kommunistische »große« Kuba seit 30 Jahren wie einen überdimensionalen bleiernen Anker hinter sich herschleift. [266] Im Grunde handelt es sich um die langen

Schatten der zu Ende des 18. Jahrhunderts durchgesetzten Prädominanz des »großen« Kuba der Zuckereliten.

Castro musste zunächst allerdings wiederum zum Sicherheitsventil der Massenauswanderung greifen. Tausende von Kubanern verließen die Insel, um auf selbst gebauten Booten (*Balsas,* deshalb »Balsero-Krise«) die USA oder Inseln der Karibik zu erreichen. Im August und September 1994 taten sie dies, ohne von der kubanischen Polizei, der Küstenwache oder anderen Sicherheitskräften behelligt zu werden. Der Exodus löste Furcht vor noch größerer Immigration in Florida und anderswo aus. US-Präsident Bill Clinton hatte eine ähnliche Situation 1980 anlässlich der »Mariel-Krise« als Gouverneur von Arkansas schon erlebt. Castro nutzte die Zwangssituation, um die USA zu Verhandlungen über eine kontrollierte Auswanderung zu zwingen, die mit einer vertraglichen Abmachung endeten.[267] Für Kubaner ist seitdem die Auswanderung per Boot – oder besser »Wasserfahrzeug« – wieder verboten; im Juli 1999 erging sogar ein Gesetz, das den privaten Bau und die Reparatur von Schiffen, Booten und Flößen unter Strafe stellt.

Obwohl Kuba spätestens seit 1989 keinerlei strategische Position mehr innehat, verbesserten sich die Beziehungen zwischen den USA und Kuba nach dem Ende des Kalten Krieges nicht. Ganz im Gegenteil, selbst ein demokratischer Präsident der Anti-Vietnamkriegs-Generation schien lange in den Zwängen der Blockadementalität gefangen, was allerdings eher mit der Kontrolle der mächtigen Cuban-American-Lobby in Bezug auf die Wahlausgänge im extrem wichtigen Staat Florida zu tun hat. Clinton setzte die Politik der meisten seiner Vorgänger fort. Diese Politik liegt auf der Linie der Verschärfung der Sanktionen, der Zulassung beziehungsweise Nichtbekämpfung terroristischer Aktionen und der Förderung anticastristischer radikaler Exilkubaner, die seit 1961 zur Radikalisierung der US-Politik beitrugen. Basis ist der *Cuban Adjustment Act* (1966), der quasi eine ungehinderte Zuwanderung von Kubanern in die USA erlaubt. Höhepunkte bilden die Sperrung US-amerikanischer Häfen für Schiffe von und nach Kuba, die Aussetzung aller Flugverbindungen, vor allem aber der *Cuban Democracy Act* (1992), auch als Torricelli-Gesetz bekannt, der das Handelsembargo auf ausländische Tochterunternehmen amerikanischer Firmen auszudehnen versucht, und das *Helms-Burton-Gesetz* (»Cuban Liberty and Solidarity Act«, 1996, salopp auch »Bacardí-Gesetz« gegannt), das ausländische Firmen, die in Kuba investieren und ehemals US-amerikanisches Eigentum erwerben, mit gerichtlichen Verfahren in den USA bedroht. Zudem setzt Helms-Burton Konditionen für eine Transition fest, die fatal an das Platt-Amendment erinnern. Das Torricelli- wie das Helms-Burton-Gesetz werden von anderen Staaten, den Vereinten Nationen und der Europäischen Gemeinschaft als Versuch, US-Recht über die nationalen Grenzen hinaus anzuwenden, abgelehnt und verurteilt. Allerdings müssen Rhetorik und Anwendung unterschieden werden – bisher hat noch keine Administration die Gesetze wirklich angewandt. Im so genannten »Understanding« von 1998 in London kam es zwischen EU und USA zu einer Anerkennung der bisher von der EU auf Kuba getätigten Investitionen und zur Aussetzung von US-Sanktionen gegen Europäer.

Eine Verbesserung der Beziehungen zwischen Kuba und den USA, die sich 1995 abzeichnete, wurde im Februar 1996 durch den Abschuss zweier Privatmaschinen einer Emigrantenorganisation durch kubanische Militärflugzeuge torpediert, zwei Tage bevor Präsident Clinton das Helms-Burton-Gesetz zu Fall bringen wollte. Die Hardliner auf beiden Seiten atmeten auf. Die harte Linie der USA fördert die Bunkermentalität in Havanna. Das erschwert innerkubanischen Kräften, die die »permanente Revolution« in friedlicher Transformation in eine Bürgergesellschaft *(revolucionar la revolución)* lenken wollen, das Wirken. 1998 allerdings begann die US-Administration stillschweigend die Beziehungen von vor 1996 wiederherzustellen, etwa mit einer begrenzten Liberalisierung des Flugverkehrs und der Geldüberweisungen *(Remesas)*. Anfang

1999 und 2000 kam es nochmals zur Verschärfung, nachdem Kuba im Mai von der UNO der Verletzung von Menschenrechten verurteilt worden war. Die kubanische Regierung klagt die USA seitdem wegen der Blockade des Völkermordes an – vor allem zur Zeit der Abendsendungen in den beiden einzigen TV-Kanälen auf Kuba selbst. Polen und Tschechien, die den Antrag zur Verurteilung Kubas 2000 und, allerdings im Streit, auch 2001 einbrachten, gelten als besonders heimtückische Verräter (da ehemalige Verbündete). Seitens der US-Administration war allerdings 1999/2000, deutlich vor allem im Falle des kleinen Elián González, auch ein Bemühen um Versachlichung zu erkennen.

Egal ob Embargo oder Blockade, der völkerrechtswidrige »Cordon« hat dem kubanischen Volk massiv geschadet. Aber: Die Erklärung aller Mängel und Fehler auf Kuba mit dem *Bloqueo* festigt zentralistische Herrschaftsformen. Wenn die kubanische Seite wirklich gewollt hätte, könnte das Embargo schon Vergangenheit sein. Die kubanische Führung wollte aber nicht, sondern hat in der oft beschriebenen Kenntnis der politischen Mentalität der Kubanerinnen und Kubaner die Polarisierung zur Hypertrophierung eines nationalen (Insel-)Bewusstseins ausgenutzt. Das hat »der Revolution« unter Führung Fidel Castros bis heute das Überleben gesichert, wie im Grunde selbst konservative Beobachter einräumen müssen.[268]

Bei all ihren Maßnahmen zur Dämpfung der Krise kam die kubanische Regierung der internen privatwirtschaftlichen Initiative nur so weit entgegen, wie es ihr absolut notwendig erschien. Das betraf vor allem Handwerk, private Restaurants und Dienstleistungen. Die so genannte »Arbeit auf eigene Rechnung« wurde nur zugelassen, sofern sie keine Mitarbeiter beschäftigte. Sie ist seit 1997 stark rückläufig. Die Regierung setzt mit den Reformen auf lange Sicht ganz klar auf eine Stärkung der Rolle des Staates als ökonomischen Akteur. Im wirtschaftlichen Sektor wird das vor allem in den exzessiven Steuern für private Unternehmen deutlich und an hunderten von Hindernissen für private Initiative. Der informelle Sektor wird kriminalisiert. Damit setzt sich eine hispanisch-kolonialgeschichtliche Tradition bis in unsere Tage fort. Auf diese Wirtschaftspolitik gründet sich – ebenfalls mit tiefen historischen Wurzeln – eine politisch-militärische Zentralisierung, die äußerlich längst autoritäre Züge angenommen hat und, je länger Castro an der Macht ist, desto klarer neocaudillistische Erscheinungsformen aufweist – mit den entsprechenden Klientelstrukturen sowie den millenaristisch-martialischen Diskursen (als belesenem Marx-Kenner, der er ist, dürfte Fidel Castro die marxsche Erklärung der Funktion einer Diktatur nicht fremd sein:»Jeder provisorische Staatszustand nach einer Revolution erfordert eine Diktatur, und zwar eine energische Diktatur«[269]). Charisma, Patriarchalismus, Armee, kommunistische Ikonen und nationalistische Rhetorik paaren sich mit sozialistischem Staatskapitalismus. Und das alles in der Karibik – was für eine Mischung!

Aber: Castro verkörpert für die Mehrheit der Kubaner weiterhin das nationale Projekt und ist derjenige, der die verschiedenen Fraktionen, Altersgruppen und regionalen Klienteln der politischen Elite zusammenhält. Er ist in diesem Sinne nunmehr auch ein Gefangener der Geschichte der Gewohnheiten des politischen Systems, welches sich seit 1959 entwickelt hat. Das sind 2004 bereits 45 Jahre, fast ein halbes Jahrhundert! Auch charismatische Herrschaft hat ihren Preis.

In Bezug auf die Präsenz Castros in den Diskursen und Medien haben sich in den letzten Jahren eigenartige Spaltungen und Spiegelungen entwickelt. In den 60er-Jahren schien er für die Kubanerinnen und Kubaner überall und an jedem Ort persönlich anwesend zu sein. Heute herrscht in den Gesprächen der Bevölkerung, die sich ja meist auf die schwierige Lage beziehen, tiefes Schweigen in Bezug auf seine Person. Eventuell kommt es zu einer typischen Geste: Eine Hand am Kinn ansetzen und gerade nach unten führen, um Castos Bart anzudeuten. Der Bart Castros stellt übrigens

im Mythos der sozialrevolutionären Barbudos den wichtigsten
Marker für die noch unvollendete Revolution dar. Fidel Castros Bild
hängt nur noch in öffentlichen Einrichtungen und in den Hinterzimmern von Menschen der älteren Generationen. Dort hört man
auch öfter den Satz: »En esta casa no se habla mal de Fidel« (in diesem Haus spricht man nicht schlecht von Fidel). Verstummen und
Schweigen sind oft Zeichen dafür, dass eine Gesellschaft ein Thema
bewusst oder unbewusst aus dem Reden ausklammert, weil es zu
konfliktbeladen ist.

In den Medien auf Kuba dagegen ist Castro weiterhin omnipräsent. Aber seine Auftritte werden seit 1990 oft kaum noch zur
Kenntnis genommen; häufig sind es verlorene *Extranjeros*, Ausländer, die seine Fernsehauftritte wirklich verfolgen und dem Máximo
líder noch zuhören. Kubanerinnen und Kubaner sind längst aus
der *Sala* (Hauptraum der Wohnungen) in die hinteren Räume oder
in die Küche verschwunden. Sie müssen sich um *comida*, um Essen, kümmern. Oder sie schauen sich auf einem zweiten Gerät
oder beim Nachbarn Videos an.

Omnipräsent ist Fidel Castro aber auch in den Medien und in
den meist hasserfüllten Diskursen des Exils – sozusagen als Spie-
gelung des extrem positiven Bildes innerhalb der Leere auf Kuba.
Am klarsten erscheint sein Bild heute noch in der Welt der internationalen Politik und der Berichterstattung darüber. Es gibt viele,
vielleicht zu viele, Biografien über Fidel Castro; mittlerweile sind,
wie Volker Skierka gezeigt hat, auch Biografien über den alten Castro möglich.

1991 waren die letzten der Anti-Batista-Kämpfer freigelassen
worden, die in den 60er-Jahren gegen die Castristen rebelliert hatten, wie Eloy Gutiérrez Menoyo, ehemals Chef einer Splittergruppe
im Escambray-Gebirge, aber immerhin Comandante der so genannten »Zweiten Front« im Kampf gegen Batista. Zugleich nahm
die politische Disziplinierung gegen Andersdenkende zu, vor allem
gegen Intellektuelle.

Nicht zufällig gab es im März 1996 einen Höhepunkt, nach einigen Jahren relativer Freizügigkeit, mit der Kampagne gegen das *Centro de Estudios sobre América* (Zentrum der Studien über Amerika, CEA), der Entlassung von Universitätslehrern und einer Rede von Raúl Castro gegen »Fünfte Kolonnen« unter den Intellektuellen.[270] Höhepunkte gab es auch 1999 und Anfang 2003 mit der Verurteilung von Dissidentengruppen. 1999 war die Gruppe um Vladimiro Roca, Sohn von Blas Roca, dem langjährigen Vorsitzenden des PCC, verurteilt worden. Fast parallel dazu wurden Todesstrafen für Terroristen ausgesprochen, die Bomben in touristischen Einrichtungen gelegt hatten. Die Gruppe um Roca hatte unter der Losung »Das Vaterland gehört allen« versucht, eine sozialdemokratische Partei zu gründen. 2003 zeichnet sich ein neues Muster ab: summarische Verurteilung einer größeren Gruppe von Oppositionellen und Todesurteile gegen Entführer der Hafenfähre von Havanna (mit sofortiger Hinrichtung).

Nach dem Fast-Zusammenbruch 1989/90 war eine Reihe oppositioneller Gruppen entstanden. Die wichtigsten in Kuba dürften sein: die *Corriente Socialista* und die *Comisión de Reconciliación Nacional y Derechos Humanos* (Kommission der nationalen Versöhnung und der Menschenrechte, CRNDH) um Elizardo Sánchez sowie, auch mit dem Erfolg des »Proyecto Varela« 2002, das von Oswaldo Payá geführte *Movimiento Cristiano de Liberación* (MCL). Allen diesen Gruppen ist gemeinsam, dass es eigentlich keine fest strukturierten Organisationen, sondern personenzentrierte Bewegungen sind, ähnlich wie auch der *Grupo de Trabajo de la Disidencia Interna* um Vladimiro Roca. In der kubanischen Dissidentenszene sind zurzeit individuelle *Agencias* von unabhängigen Journalisten *(Periodistas independientes)* die wohl wirksamste Form der Opposition. Die bekannteste Agencia war die von Raúl Rivero. Dialogbereite Exilkubaner haben sich im *Cuban Committee for Democracy* (CCD), im *Cambio Cubano,* in der *Concertación Democrática Cubana* und in anderen Organisationen eine Stimme gegeben.

Eine wie auch immer geartete Opposition stand allerdings besonders zwischen 1990 und 2002 auf Kuba vor großen Problemen, die durch ihre verstärkte Präsenz in der Öffentlichkeit, etwa beim Iberoamerikanischen Gipfel 1999 oder beim Besuch von Jimmy Carter 2002, nur noch deutlicher geworden sind. »Sozialismus« bedeutet heute in erster Linie Patriotismus in Verteidigung der nationalen Unabhängigkeit. Diese Werte, ausgedrückt in dem Motto *Patria o muerte*, bilden den Kern der Ideologie und Propaganda des Castroismus. Als solche sind sie durch die Geschichte vor und nach 1959 sehr stark legitimiert. Zudem zählt in der politischen Kultur Kubas nicht so sehr ideologische Bindung als vielmehr die Treue zu Fidel Castro.

Der Mythos Fidel ist zwar gealtert – der bekannte Hemingway-Titel *Der alte Mann und das Meer* ist deshalb in abgewandelter Form auch schnell bei der Hand – aber (im Negativen wie im Positiven) ungebrochen, wie die internationale Medienaufmerksamkeit beweist. Keine der oppositionellen Organisationen und Gruppen verfügt über eine ähnlich charismatische Figur, die sich auf bonapartistische Strukturen stützen kann, die vom Bruder kontrolliert werden. Zudem sind die Gruppen sehr zersplittert, und ihre Führer sind oftmals frustrierte ehemalige Superrevolutionäre. Auf Kuba ist Opposition immer noch vorwiegend individuell – und als solche ist sie vor allem ein soziales oder gar sozialpsychologisches Phänomen. Das erklärt die Massen von Boat-People oder die Jagd auf Ausländer als »Freunde« oder potenzielle Ehepartner. Strukturelle und politische Grundprobleme der ganzen Gesellschaft können bisher fast nur biografisch gelöst werden – mit den entsprechenden Wunden, Familienkonflikten und psychologischen Verletzungen. Allerdings wird diese eher soziale Opposition mit der progressiven Nichtlösung beziehungsweise Nichtinangriffnahme einer Reihe von Problemen ganz zwangsläufig immer politischer, da die Zeit, sie auf reformerischem Wege zu lösen, immer knapper wird. Diese Probleme bewegen sich alle irgendwo um Versorgung, breitere

Partizipation und Wirtschaft; sie haben also alle mit den Kernproblemen von Demokratie zu tun.

Die unversöhnliche, sehr finanzstarke und ultrakonservative *Cuban American National Foundation* unter dem 1996 verstorbenen Unternehmer Jorge Más Canosa hat auf Kuba nie Einfluss gewinnen können. Aber auch keine der oppositionellen Gruppen auf Kuba selbst, zumal sie fast immer in den USA, der Interessenvertretung der USA in Kuba oder in Verbindung mit Gruppen in Miami operieren, kann eine Lösung des Problems der nationalen Unabhängigkeit in einer Transformation außerhalb der »Revolution« überzeugend deutlich machen.

Durch die Berichterstattung kubanischer Medien über die ehemaligen realsozialistischen Länder wird die Angst vor einem politischen Wandel überhaupt gefördert. Diese Angst beruht aber auch auf dem Wissen um die Emotionalität der Kubaner und auf der Furcht vor den zweifelsohne in Miami, aber auch im Lande selbst, aufgestauten Enttäuschungs-, Hass- und Rachegefühlen. Seit 1989 breiten sich Gefühle der Einbuße von existenzieller Lebensqualität aus. Waren diese Gefühle in der wirklich existenziellen Krise von 1992 bis 1995 noch von der Hoffnung auf Reformen abgeschwächt, steigen sie seit 2001, nun allerdings fast ohne Hoffnungen, wieder an. Erstmals seit den 50er-Jahren, und vielleicht noch stärker als damals, kommt es langfristig zu massiven Einbrüchen des National- und Inselbewusstseins. Junge Künstler formulieren berechtigte Klagen über den *Tiempo detenido*, die angehaltene, besser wohl »eingefrorene«, Zeit. Sie sind damit eine wichtige Stimme vor allem der Generationen, die seit 1970 geboren worden sind.

Allerdings wird vor allem die Sozial- und Bildungspolitik von der großen Masse der Bevölkerung sowieso, aber auch von den meisten Kritikern des Castroismus noch immer anerkannt, was mit der Ausblutung des Bildungssektors zwischen 1994 und 2000 sowie seiner brachialen Verjüngung (mit schlecht ausgebildeten Kadern) seit 2000 nicht mehr ganz berechtigt ist. Vor allem die älteren Kubaner sowie die Landbevölkerung stehen im Konfliktfalle aber hinter Castro. Das tun sie nicht nur, weil trotz aller Institutionalisierung eben Klientelschaften und *Amigo*-Wirtschaft die Seele der politischen Kultur bilden oder die »permanente Revolution« im Laufe der letzten 40 Jahre auch ihr Lebenswerk geworden ist, sondern auch und vor allem, weil sie angesichts der Vorgänge in den früheren sozialistischen Ländern und aufgrund der neoliberalen Politik in Lateinamerika viel verlieren und wenig gewinnen können. Sie verdanken »der Revolution«, eine Chiffre, die für Fidel steht, neben vielem anderen, Sicherheit, Sozialfürsorge sowie das Eigentum an Wohnungen, Häusern und Boden. Das wird anerkannt, trotz der vielen Jahre des Konsumverzichts, der wirtschaftlichen Fehlschläge oder des weit verbreiteten Unwillens über Manichäismus, Parteibürokraten sowie fehlende Waren und Dienstleistungen.

Ob das so bleibt und eventuell in eine Art »Haitianisierung« (im Sinne von sehr lange andauernder Isolierung der Bevölkerung sowie einer formellen Zugehörigkeit eines Staates zur internationalen Gemeinschaft, der zugleich auf sozialen Grundlagen beruht, die eher subsistenzwirtschaftlich sind) führt, ist allerdings fraglich. Castro ist über 75 Jahre alt. Eine vergleichbare Integrationsfigur ist nicht in Sicht. Historisch werden Antonio Maceo und »Ché« Guevara zu Helden stilisiert. So wird eine Traditionslinie konstruiert, in der Fidel Castro fest verankert ist. Ihre Ikonisierung im Medium Fotografie begann bereits unmittelbar nach 1959, allerdings gibt es auch schon Ikonen aus der Zeit des Partisanenkrieges. Die Variante für Intellektuelle ist die Linie José Martí/Julio Antonio Mella/Fidel Castro. Maceo hat ein entsetzlich hässliches, überlebensgroßes Denkmal in Santiago de Cuba. Das Denkmal für den Studentenführer und unorthodoxen Gründer der Kommunistischen Partei, José Antonio Mella, findet sich auf dem Platz vor der Universität von Havanna. 1987 wurde der Denkmalkomplex für Ché Guevara mit der überlebensgroßen Figur des *Guerrillero heróico* in »seiner« Stadt Santa Clara gebaut und eröffnet. Das ist schön, denn in Santa

Clara hatte Ché nicht nur gekämpft, sondern sich auch verliebt. In den schwersten Krisenjahren Mitte der 90er-Jahre wurde das Denkmal weiter ausgebaut. So steht heute in Santa Clara, nicht weit vom Denkmalkomplex des *Tren blindado*, des Panzerzuges von 1959, ein lebensgroßer Ché Guevara. Das ist das wohl interessanteste Denkmal, direkt vor der Provinzzentrale der PCC. Ein Ché auf Augenhöhe, mit einem Kind im linken Arm und einer Zigarre in der Rechten. Die Gebeine Guevaras (seit 1997) und anderer Mitglieder der bolivarianischen Guerilla (wie etwa von Tamara Bunke, der »letzten Guerillera«[271]) sind in Santa Clara beigesetzt.

Die nach 1970 geborenen Menschen, die die vorrevolutionären Verhältnisse weder positiv noch negativ aus eigener Erfahrung werten können und in ihren jüngeren Altersgruppen wegen der Isolation Kubas in den 80er-Jahren auch nicht die Erfahrung anderer Länder haben machen können, umfassen schon etwa zwei Drittel der Bevölkerung. Dieses jüngere Bevölkerungssegment, die »Kinder der Revolution«, kennt seit 1990 die Krise, die ambivalenten Einflüsse des Tourismus und der Dollarisierung, die zwar Konsumträume erzeugen, aber kaum revolutionären Geist oder organisierte Opposition. Die »Pesomillionäre« (Hans-Jürgen Burchardt) aus dem informellen Sektor sind unfähig, eine neue Unternehmerklasse zu bilden beziehungsweise diese politisch zu vertreten, obwohl staatliche Propaganda und der populäre Neid dieses Bild zu erzeugen versuchen (und damit recht erfolgreich sind). Dazu kommt, dass die zentralistischen Umgestaltungen ohne wirkliche Reformen die nunmehr schon traditionellen Sozialsysteme immer mehr belasten, ohne dass die Gewinne etwa aus dem Tourismusbereich wirklich der breiten Basis des Systems Castro zugute kamen. Seit 1998/99 wächst deshalb die Unruhe und Unzufriedenheit in der breiten Bevölkerung. Die Regierung versuchte dieser Unruhe mit wachsender Propaganda und der Modernisierung des Bildungssystems entgegenzuwirken.

Die Reformkräfte, sei es erklärte Opposition oder Intellektuelle innerhalb des Systems, stehen unter dem Dauerdruck des Verdachts, sich durch ihre Kontakte mit dem Ausland entweder selbst zu korrumpieren oder die nationale Unabhängigkeit ideologisch zu unterminieren. Die alte Garde, in sich selbst differenziert, tendiert entweder zu harten Lösungen oder zum vorsichtigen Pragmatismus eines chinesischen oder vietnamesischen Weges.

Deshalb kam es bisher zu zwei Hauptetappen der Entwicklung nach 1990, oft etwas salopp als *Apertura y cierre* (Öffnung und Abschluss) bezeichnet. 1990 bis 1994/95 kann als Zeit der Öffnung benannt werden, 1990–1993 nach außen, 1994/95 partiell auch nach innen. Seit Anfang 1996 haben eher die Reformgegner die Oberhand, wie es auf dem V. Parteitag 1997 deutlich wurde. Verschärft wurde diese Reformablehnung mit den ideologischen Mobilisierungen und der Verhärtung aller Diskurse seit Mitte 1999 (Kampagne gegen die Diskriminierung kubanischer Sportler, Fall Elián, Spionagefälle des Diplomaten Imperatori und der fünf so genannten »Gefangenen des Imperiums« sowie die Daueranklagen gegen die Verbrechen der USA). Allerdings gibt es im Innern Gegentendenzen, die auf mehr Gelassenheit hindeuten. Zwischenzeitlich konnten Kubaner, wenn sie die Staatsmacht nicht direkt angreifen, ziemlich alles sagen; die Witzkultur, der *Choteo*, ist hoch entwickelt. Diejenigen, die eine Flucht versucht haben, wurden nicht mehr direkt bestraft (der Aufstieg ist ihnen allerdings verwehrt); insgesamt setzte die Führung 1997–2002 stärker auf Eigenständigkeit der Kultur. Ob seit 2003 eine neue Phase begonnen hat (wie viele äußere Kritiker annehmen, die letzte mit Fidel Castro an der Macht), ist noch nicht klar abzusehen.

Hungern und essen, Göttinnen und Globalgeschichte

In den 90er-Jahren gab es Hunger auf Kuba; zugleich galt auf Kuba reichliches Essen immer als Statussymbol: »In Kuba dreht sich jede Unterhaltung früher oder später um das Essen.«[272] Kann es unter diesen Bedingungen des Período especial eine kubanische »Küche« geben? Das Problem muss – unabhängig von guten oder schlechten Kochbüchern – weiter gefasst werden: Wenn der eigentliche Sinn von Geschichte im Erleben, Erfahren und Erinnern von Menschen besteht, die wirklich gelebt haben, geht es um Kulturgeschichte menschlicher Existenz unter konkreten politischen Umständen; dann ist Geschichte des Essens Globalgeschichte oder sogar *Histoire totale* (Kulturgeschichte, Alltagsgeschichte, Geschlechtergeschichte ...) im besten Sinne. Und, um den Brecht-Spruch, dass erst das Fressen kommt und dann die Moral, abzuwandeln: Götter und Essen gehören zusammen. Oder es sind keine Götter. Oder es ist kein Essen, zumindest kein gutes.

Ernährungshistorisch gesehen, muss die »Insel ohne den Namen Cuba« vor 1492 wirklich ein Paradies gewesen sein. Grundlage der Ernährung war die Yuca[273] beziehungsweise aus ihrem Mehl gebackenes Brot, Cazabe, und Meeresgetier, vor allem Fisch. Dazu Früchte und manchmal ein Baumrättchen, eine *Jutía*, oder gebratener Hund. Einwohner der Karibikinseln hatten (und haben) allen Grund, götterähnliche Naturgewalten um Gnade zu bitten. Eine der obersten Gottheiten der Insel-Aruak, der Indios von Kuba (Taíno), war wohl *Huracán*, die weibliche Verkörperung einer furiosen Zerstörungsmacht, des chaotischen Orkanwindes der Karibik und des Westatlantiks. Auch die Namen *Hunracán, Juracán, Yuracán, Yerucán* und *Yorocán* für den dämonischen Sturm aus allen vier Himmelsrichtungen kommen vor. Die Furie hatte aber auch eine positive Seite. Nach einem Hurrikan war meist der Fischfang in Küstennähe extrem ertragreich. In Form des berühmt-berüchtigten *Ciclón* und als anglisierter Hurrican hat diese mythologisierte Naturgewalt den Antilleninseln, Kuba und der Karibik sowie der atlantischen Sargassosee die Treue gehalten. Auf Kuba haben die verheerenden Stürme manchmal die Änderungen von Wirtschaftsweisen geprägt (wie den Übergang vom Kaffee zum Zucker 1844/1846).[274] Der spanische Chronist Francisco López de Gómara

schreibt rundheraus über Guabancex, die Reiterin von Huracán, sozusagen eine der frühen *Riders on the storm:* »Der Hauptgott, den
die von jener Insel haben, ist der Teufel, den sie an jedes Kap malen,
wie er ihnen erscheint.«[275] Für die Yucakultur war, etwas salopp
gesagt, der Chef selbst, der oberste Gott der Taíno *Yucahu*[*guamá*],
verantwortlich. Dem Herrn der Yuca-Pflanze wurden die Attribute
Streng und Bitter zugeschrieben. Auch *Baibrama* als Fruchtbar-
keits- und Heilgott hatte mit der Yucawurzel zu tun. Er war der
Beschützer derjenigen, die das Land bearbeiten, repräsentiert
durch das Rodungsfeuer zur Anlage der Conucos und das Feuer zur
Herstellung des Cazabe-Brotes. Baibrama konnte verbrennen, oder
es konnten ihm Gliedmaßen verloren gehen. Durch Bestreichen
mit dem (giftigen) Yucasaft kam es zur Wiederauferstehung des
Gottes oder zum Nachwachsen der verlorenen Gliedmaßen.

Die Insel wurde 1511 bis 1515 von den Conquistadoren um Diego
de Velázquez erobert. Nur mit ihren katholischen Heiligen und
ohne die Taíno-Kost wären die Spanier am Anfang verhungert.
Ohne kubanisches Cazabe wäre Mexiko nicht von Cortés erobert
worden. Die gesamte Kultur der Taínos ruhte auf den Eckpfeilern
ihrer zwei wohl genialsten Schöpfungen – des *Conuco* und des Systems der *Montones de tierra*, eine Art an Rändern erhöhter, runder
Beete mit 2,5 bis 3 Meter Durchmesser und einer Höhe von 40 bis
50 Zentimeter (unter anderem mit menschlichen Exkrementen
und Abfällen gedüngt). Gonzalo Fernández de Oviedo, der wichtigste spanische Chronist der Antillenkolonisation, sagt zum Conuco:
»Diese Tagewerke oder Felder, die so mit Yuca besät oder bepflanzt
sind, nennen die Indios *Conuco*, was bebaute oder kultivierte Erbschaft [evtl. Familienbesitz – M.Z.] bedeuten soll […], dabei muss
man den Conuco von Unkraut befreien […], bis die Pflanze das
Unkraut beherrscht.«[276] Es handelte sich um intensiven Gartenbau
auf unterschiedlichen Ebenen kleiner Landstücke. Auf relativ kleinen Flächen wuchsen auf diesen Conucos und Montones unter-
irdisch ertragreiche Wurzeln wie Yuca, Boniato, Erdnüsse *(Maní)*

oder Malanga. Ihre Blätter spendeten den jungen oberirdischen Pflänzchen Schatten. Mais und Bohnen, später auch Bananenstauden, sehr produktive Pflanzen, bildeten das überirdische Niveau. Dazu kamen Fruchtbäume wie Guayaba (Guayabo), Mamey und Avocado (Peral) in größeren Höhen. Noch Alexander von Humboldt hat sich über die Effizienz dieser Subsistenzlandwirtschaft gewundert:»Wirklich fällt einem Europäer bei seiner Ankunft in der heißen Zone nichts so stark auf wie der geringe Umfang des angebauten Landes um eine Hütte herum, welche eine zahlreiche Familie von Eingeborenen ernährt.«[277]

Ohne Kontrolle dieser indianischen Landwirtschaft, die allerdings durch die Einführung europäischen Viehs partiell zerstört und zur iberisch-kreolischen Agrikultur transformiert wurde, wären auch spanische Macht und Herrschaft auf Kuba nicht möglich gewesen.

Spätestens seit 1543 war Havanna ein Zentrum des Atlantiks. Hier sammelten sich die Flotten der *Carrera de Indias*, die Silbergaleonen, vor ihrer Rückfahrt über den Atlantik. Jährlich kamen tausende Seeleute der Indienflotte in die Stadt sowie Immigranten aus Spanien und den Kanarischen Inseln. Sie brachten Traditionen aus Andalusien, Galicien, dem Baskenland oder Katalonien, Mexiko, Venezuela und Neu-Granada (Kolumbien) mit. Während der Sklaverei brachten die zwangsglobalisierten Afrikaner ihre Geschmäcker, ihre Götter und Esssitten mit (manchmal auch die Pflanzen, wie die Debatten um Bananen, afrikanischen »roten« Reis und Maniok zeigen), seit 1847 auch Kantonchinesen und nach 1898 US-Amerikaner, Chinesen und Koreaner, Haitianer, Jamaikaner, Italiener, Franzosen, Engländer, Iren, Deutsche, Mexikaner, Venezolaner, Juden, Araber, Syrer oder Russen und Polen.

Die Insel galt seit jeher als ein Land des guten und vielfältigen Essens (auch für die arme bäuerliche Bevölkerung, die in der »toten Zeit« der Nichtzuckerernte oft bittere Not leiden musste). Cazabe-Brot aus Yucamehl, Olivenöl und Rind- sowie Schweine-

fleisch war während der Kolonialzeit Ernährungsstandard; seit
dem 19. Jahrhundert ist Cazabe oder Maismehl durch Reis oder
Brot aus Weizenmehl (*Harina de Castilla*, obwohl das Mehl oft aus
dem Lower Delaware Valley kam) ersetzt worden. Der in Bezug auf
die Ernährungskultur wohl gefährlichste Wechsel zwischen den
Imperien Spanien, USA und UdSSR bestand auf lange Sicht darin,
dass sowohl die USA wie auch die UdSSR den Wechsel von Olivenöl
auf Schweinefett darstellten (man erinnere sich an das »Schmalz-
fleisch«, auf Kuba: *Carne rusa*, russisches Fleisch). Fleisch als Bestandteil der Kost war auf Kuba fast immer das Normale; an He-
ringsstippe oder Kartoffeln mit nichts haben sich kubanische
Unterschichten nie gewöhnen müssen (außer vielleicht 1993–1997
an Letzteres). Die Tragödie der Ablösung der Taíno-Pflanzen-
Früchte-Fisch-Kost durch die schweinefleischbasierte Ernährung
der Kolonialgesellschaft erwähnen wir hier nur der historischen
Wahrheit wegen; diese Ernährung ist mit den Taínos ausgerottet
worden.

Bis Mitte der 60er-Jahre waren die kubanischen Restaurants, der
Service und die Fondas und Bars exzellent. Der tropische Sozialismus der späten 60er-, 70er- und 80er-Jahre hat die Dienstleis-
tungswirtschaft schwer geschädigt. Marx, Engels und Lenin waren
wohl keine Götter für gutes Essen. Aber die Bevölkerung Kubas
hatte, nach einigen Hungerkrisen in den Sechzigern, immer reichliches Essen. Insofern war (und ist) Fidel Castro ein besserer Erbe
der Götter des Marxismus als etwa Josef Wissarionowitsch Dschu-
gaschwili, genannt Stalin. Nicht weil er die Bedeutung von Marx,
Engels und Lenin anerkannt hätte, sondern weil er zwar sein Leben
lang »Marxist-Leninist« bleiben wollte, aber auch stillschweigend
die kleinen, anderen Götter aller Religionsgemeinschaften leben
ließ. Im Durchschnitt wurden zwischen 1970 und 1990 viele Menschen immer dicker, da es neben dem Konsum von Nahrungsmitteln kaum etwas zu konsumieren gab. Erst in den frühen 90er-Jah-
ren haben die Kubaner, vor allem die Städter, wieder den richtigen

Hunger kennen gelernt, diesmal unter dem Bild des Nationalheros José Martí. Für die Bevölkerung, die nicht der Elite angehört, wurde Essen, das tägliche Brot, ein großes Problem. Es gab ihn wieder, richtigen Hunger. Im Kern ist diese Subsistenzkrise hausgemacht, obwohl das Embargo die Umfeldbedingungen beeinflusst hat und beeinflusst. Embargos treffen immer die Ärmsten, vor allem ältere Leute mit mageren Renten und ohne Zugang zur Landwirtschaft oder zum Dollarbereich. Darum sind zum Beispiel die Deutsche Welthungerhilfe oder Caritas seit 1993 auch auf Kuba tätig. Für die Menschen war der Hungerschock der 90er-Jahre zutiefst traumatisch. Für die tiefsten Krisenzeiten 1992–1996 berichten (natürlich böse) Zungen über die rapide Abnahme von Katzen und Hunden in den Straßenbildern Kubas. Ganz eindeutig wahr ist die Zunahme der Haushaltung von Schweinen und Hühnern auf flachen Dächern, Balkonen und in den Patios, sogar in Badewannen der Neubauten. Das führte schnell zu entsprechenden Nachbarkonflikten und Belästigungen wie Lärm und Gestank. Die Tierärzteschaft Kubas bekam ein riesiges neues Betätigungsfeld. Das Land in der Stadt; kein gewolltes, aber ein reales und typisches historisches Phänomen für kubanische Städte der 1990er-Jahre. Selbst Havanna wurde zu einer großen Schweine- und Hühnerhaltungsfarm. Parallel kam es zu einer explosionsartigen Ausbreitung einer diffusen neuen Volksfrömmigkeit; auch als Katholizismus, meist aber als kubatypischer Eklektizismus, ein Salsa aller Religionen: Santería, Palo Monte, Vodú, Espíritismo, Martí und die Jungfrau María. In Bezug auf die Religionen ist Kuba längst ein kleines Kuba der Subsistenzwirtschaften. Babalú-Aye, Cimarrón, Oshún, Changó oder eine Yemayá schlagen als Götter des Alltäglichen locker Marx und Engels. Dazu kann man ja noch an den Martí-Altären beten, die es überall gibt.

Das heute gängige kubanische Hauptessen, meist abends als Comida gegessen, besteht – wenn die Leute es sich leisten können, mit vielfältigen regionalen Varianten, kulturellen Crossovers von galicisch-kubanisch bis chinesisch-kubanisch und Abstufungen zwischen Festessen und Alltagsessen – aus weißem Reis oder *Congri* beziehungsweise *Moros y cristianos*, das heißt einer Mischung aus weißem Reis, Gewürzen und schwarzen oder roten Bohnen, oder gelb gefärbt mit einem Gewürz namens *Bijól* oder Safran, machmal auch mit *Gengibre* (Ingwer) und *Comino* (Kümmel) gewürzt. Dazu gibt es *Viandas*. Das sind in Öl gebratene Bananen oder in Wasser gekochte Yuca. Yuca bedeutet auf Kuba Wurzelknollen eines Wolfsmilchgewächses. Yuca war schon wichtigstes Nahrungsmittel der Taínos gewesen. Es dient in ganz Südamerika als *Mandioca* (Maniok) oder unter anderen Namen als Grundnahrungsmittel. Yuca wird auf dem Lande häufiger gegessen als in der Stadt. Als Mehl oder Cazabe-Brot war Yuca die Subsistenzbasis des vorkolonialen Kuba, aber auch noch der Conquista Mexikos oder der bäuerlichen Kulturen des kolonialen Kuba. Heute hat der Yuca-Verbrauch in Havanna ziemlich abgenommen; im Tourismusbereich gibt es kleine Stücken Yuca nur als Zitat traditioneller Kost.

Es kommen regionale und soziale Unterschiede hinzu; wichtiger als die Yuca scheint mir für die heute typische kubanische Subsistenzküche der Verweis auf die verschiedenen Arten von *Plátano*, im Deutschen nur Banane. Ihre Bedeutung für die Ernährung Kubas kann überhaupt nicht überschätzt werden; schon der kreolische Intellektuelle José Antonio Saco y López-Cisneros (1797–1879) hat im 19. Jahrhundert in seiner Polemik den ahnungslosen garbanzo-, bacalao- und schweinefleischessenden Galicier Ramón de la Sagra (1798–1871) darauf hingewiesen:»El rico plátano, cuyo vegetal allí [en el interior] se puede comparar con el maná del desierto« (die herrliche Banane, deren Frucht man dort [im Innern der Insel] mit dem Manna der Wüste vergleichen kann).[278] Banane, Plátano, im vereinigten Deutschland für die Linke eher ein ironisches Symbol für die Konsumträume der DDR-Deutschen, ist eigentlich *Musa* oder *Pisang*, die wahrscheinlich welthistorisch neben Reis und Zucker wichtigste Frucht aus Ostasien, genauer: Neu-Guinea (von dort stammt auch das Zuckerrohr). Eigentlich ist der *Plátano macho*, die große, in reifem Zustand süße Mehl- oder Kochbanane (im Gegensatz zum viel kleineren *Plátano burro*, der eher für gesalzene Bananenchips geeignet ist) ein Grundnahrungsmittel. Die hier bekannte Obstbanane wird roh zu herzhaften Gerichten gegessen; die kleinen *Plátanos manzanos* gelten eher als eine Spielerei (sie werden oft auch künstlich gereift). Der Plátano-Konsum leidet am ehesten unter den Folgen der Hurrikane (wie 2001 unter »Michelle«); wie die Embargos treffen auch Naturkatastrophen besonders die Teller des Volkes. Huracán und Guabancex toben von Zeit zu Zeit noch immer über der Karibik. Allerdings erholen sich die Platanales meist recht schnell, wie schon Humboldt vor 200 Jahren beobachtete.[279]

Es gibt Gemüse auf Kuba! Je nach Jahreszeiten, die auf Kuba im Gegensatz zu globalisierten Gesellschaften noch eine wichtige Rolle in Bezug auf die Versorgung spielen, handelt es sich meist um Tomate, Möhren, grünen Salat, Weißkohl, Blumenkohl, Quimbombó *(Okra)* oder *Aguacate*, Avocado. Für die Aguacates des Insel braucht keiner zu werben: Sie sind die besten der Welt. Auch die -Tomaten. Quimbombósuppe, -salat oder -gemüse gilt als afrokubanische Esssitte. Es ist nicht jedermanns Sache, da die grünen Schoten einen klebrigen Schleim absondern (den die geschmacksintensive kreolische Limette neutralisiert). Nicht zu vergessen Kürbisarten, *Calabaza*, sowie die hervorragenden kubanischen *Cebollas*, Zwiebeln, und der prächtige *Ajo*, Knoblauch, ohne den kaum ein kubanisches Gericht denkbar ist. Aus Möhren wird Marmelade gemacht und werden Torten gebacken. Roh isst sie kaum eine Kubanerin oder ein Kubaner.[280] Gemüsekonsum war seit der Kolonialzeit eher unüblich; Kartoffeln gediehen auf Kuba nicht, im 20. Jahrhundert galten Kartoffeln zunächst als Gemüsebeilage, heute sind sie manchmal die einzige Nahrung. Deutsche Flüchtlinge vor den Nazis erkrankten wegen des fehlenden Gemüses noch zur Jahrhundertmitte oft an Vitamin-C-Mangel.[281] Auf einer der fruchtbarsten Inseln der Welt! Beim Gemüse zeigt sich auch am deutlichsten die mangelnde Unterstützung des Staates für die »kleinen« Kubas und die fehlende Dienstleistungskultur. In einem Land, in dem man nur einen Stock in die Erde steckt und der grünt keinen Monat später, gibt es in den besten Hotels kaum einheimisches Gemüse! Hier ist die Mentalität des »großen« Kuba am Werk, das Export-Import-Modell der Monokultur. Die Hoteldirektoren haben Auflage, Konservengemüse aus Europa oder Gemüse aus Kanada (!) für teure Devisen zu kaufen. Wegen der gleichen Auflagen des monopolistischen Staates (der in den Hotels eben auch nicht von der eigenen Bevölkerung kontrolliert wird, da Kubaner nicht in die Hotels gehen dürfen), ist es den Hotelwirten untersagt, Gemüse zu kaufen, das es wenige Meter entfernt auf einem der Agros gibt – verrückte Welt! Folglich kommen die Conuco-Gemüsegärten der »kleinen« Kubas auch nicht in den Status eines Devisenbringers und werden nicht gefördert. Ein Teufelskreis des realen Staatssozialismus.

Positiv dagegen wirkt sich möglicherweise aus, dass mit dem Tourismus wieder lokale Traditionen konstruiert werden; der *Barrio chino*, das Chinesenviertel, in Havanna südlich der Calle Zanja ist mittlerweile eine Attraktion.[282] Hinter der Attraktion finden sich viele Geschichten, die alle auf die Ablösung der Sklaverei zurückreichen. Seit 1847 versuchten hispano-kubanische Plantagenbesitzer, der stockenden Sklavennachfuhr aus Afrika durch die Immigration von Kantonchinesen auf die Sprünge zu helfen und gleichzeitig den Übergang zur freien Arbeit nach ihrem Willen zu gestalten: Kontraktarbeit hieß das Zauberwort. Es kamen etwa 150 000 *Chinos* nach Kuba; im 20. Jahrhundert aus den USA nochmals 10 000 kalifornische Chinesen. Während die Chinesen des 19. Jahrhunderts vor allem in Zentralkuba, in Cárdenas, Sagua, Cienfuegos und Santa Clara auf dem Lande siedelten, blieben die kalifornischen Chinesen in Havanna. Zumindest *Arroz frito*, gebratener Reis, ist seitdem fester Bestandteil der kubanischen Küche.

Auch in den *Paladares*, privaten Restaurants mit exakt 12 Plätzen (oder weniger, weil der Staat diese Obergrenze setzt und außerdem nur die Familie dort arbeiten darf), wird mittlerweile wieder kubanische Küche zelebriert – fast immer für Ausländer, weil kein normaler Kubaner die (auch) wegen der hohen Steuern hohen Preise zahlen kann.

Heute schon fast Luxus ist in viel Öl oder Fett beziehungsweise im Dampftopf zubereitetes Schweinefleisch, *Carne puerco* – vorher in Limón (oder *Naranja agria*, Pomeranze) sowie Knoblauch eingelegt, richtig gewürzt, durchaus auch eine Delikatesse. Eine Delikatesse ist auch *Lechón*, eine galicische Tradition: in Öl gesottenes Spanferkel, mit *Turrón* (ähnlich türkischem Honig) ein heute fast unbekanntes Weihnachtsfestessen. Als Rache der F-1-Fehlschläge ist Rindfleisch für die Bevölkerung heutzutage quasi tabu, obwohl immer wieder über Rinderdiebstahl berichtet wird. Rindfleisch ist auf dem Schwarzmarkt häufig zu finden; dort ist es auch relativ billig, weil der Kauf gefährlich ist. Eventuell gibt es den typischen kubanischen Eintopf, *Ajiaco*. Das Getränk dazu ist Wasser – bei den meisten kubanischen Familien mittlerweile direkt aus der Leitung und deshalb stark gechlort. Verbreitet ist außerdem die Urform der Limonade – Wasser, Limonensaft und Zucker. Zum Glück für die Nierenärzte wissen alle Kubaner seit Kindesbeinen, dass sie viel Wasser trinken müssen.

Kuba gehört zur karibischen Rumkultur. Die Insel hat einige gute Liköre und den besten Rum der Welt (Havana Club). Das werden Venezolaner, Nicaraguaner oder Jamaikaner natürlich bestreiten; Portorikaner sowieso, denn die haben die größte Rumfabrik von Bacardí.[283] Dazu kommen spanische Weine und Bier aus eigener Produktion (Polar oder Tropical) oder aus dem realsozialistischen Lager. Bei Feierlichkeiten wird Alkohol – manchmal Rum, meist aber auch selbst gebrannter Schnaps *(Chispetrén)* – *vor* dem Essen eingenommen, keinesfalls danach. Kubanisches Bier ist kein deutsches Bier, aber es ist ein gutes Bier, wie etwa *Hatuey* (dunkler

und etwas süßer) oder *Cristal* (hell und leicht bitter), Werbespruch:
»Cervezas claras conservan la amistad« (helle Biere erhalten die
Freundschaft). Dabei kann es sich aus kubanischer offizieller Sicht
nur um recht dubiose Freundschaften handeln; denn der Bierkon-
sum für Kubanerinnen und Kubaner auf Kuba findet seltener aus
Flaschen und kaum aus Büchsen statt (auch wenn die auf den Stra-
ßen herumliegen oder als Becher benutzt werden), sondern aus
Eimern oder anderen Gefäßen aus *Pipas*, Pumpwagen. Als *Vino*,
Wein, gilt nicht etwa der recht gute Rot-, Rosé- oder Weißwein aus
Soroa, sondern eine Art hausgemachter Süßwein aus allem, was
gärt (auch Bananen), und viel Zucker. Erwachsene Kubaner trinken traditionell relativ viel Alkohol. Ungekühlter Rum, spanischer
Wein (den es heute nur noch in Hotels gibt), das leicht alkoholische
Erfrischungsgetränk *Garapiña* (aus Wasser, Zucker und Ananas-
schalen) oder Zuckerrohrschnaps mit etwas Cola, etwa Marke
Tropi Cola, und Limonensaft (als *Cuba libre* bekannt) sind schon
aus der Kolonialzeit bekannt. Das globale Getränk Cuba Libre ist
übrigens entgegen den Legenden, die die Bacardí-Werbung ver-
breiten lässt (»von einem US-amerikanischen Seemann erfunden«), während der antikolonialen Kriege 1868–1898 von kubanischen Independentisten in der Manigua erfunden worden: Rum,
Wasser und Limón, das heisst Vergnügen, entseuchtes Wasser und
Vitamin C.[284]

Die Alltagsvariante der Hauptkost ist weißer Reis mit einem
Potaje (einer Art dicker Suppe) aus schwarzen Bohnen und, wenn
es geht, gebratener Banane. Wenn diese zu teuer oder nicht vorhanden sind, werden auch Erbsen, *Chícharros*, als Potaje bereitet,
möglichst mit etwas Fleisch oder wenigstens Schweinefett beziehungsweise Schwarte mit Fett. Ein gut zubereiterer Reis mit Potaje
ist eine Kunst, die nur wenige beherrschen. In Großküchen und
Kantinen zubereiteter Erbsenpamps, *Chícharros*, ist so ziemlich
das schlechteste Essen, das man sich überhaupt vorstellen kann;
Chícharros könnten ein Symbol für das Essen des Volkes in den

1990er-Jahren auf Kuba abgeben; vor 1960 oder 1990 hätte niemand *Frijoles* (Bohnen) durch *Chícharros* ersetzt. Auch *Harina* (de Maíz), eine Art Polenta aus Maismehl mit Wasser und/oder Milch sowie Gewürz, mit gebratenem Speck oder Schwarte und *Galletas*, eine Art Dauerkeks aus Weizenmehl mit Salz, sehr haltbar, sowie Weißbrot, aber auch *Boniato* und *Malanga*, spielen eine wichtige Rolle bei der täglichen Ernährung. Immer umstritten ist die wunderbare kubanische *Papa*, die Kartoffel, eigentlich das wichtigste ernährungshistorische Resultat der Verbindung zum europäischen Realsozialismus.

Als Frucht und Rohstoff für Kompott *(Cascos de guayaba)*, Paste und Marmelade ist die Guayaba (Guave) am wichtigsten, in einigen Gebieten auch die Kokosnuss. Guayaba ist nicht von ungefähr von den Taínos den Göttern der Liebe und des Todes zugesprochen worden. Maquetaurie Guayaba war ihr Herr des Totenreiches und der sexuellen Freuden. Ob frisch, als Konfitüre oder Paste beziehungsweise als Nachtisch in Form von *Guayaba con queso*, Guayabapaste mit Käse, oder Guayabakonfitüre, *Jalea* und als Saft ist die Guayaba wirklich göttlich.[285] Sogar aristokratische Flüchtlinge aus Frankreich selbst, dem Mutterland der modernen Revolutionen und der elitären Küche, wussten Guayaba sehr zu schätzen. 1798 beispielsweise kam Louis Philippe, Herzog von Orléans, mit zwei seiner Brüder, dem Herzog von Montpensier und dem Grafen von Beaujolais, als Exilant nach Kuba. Noch als Louis Philippe schon »Bürgerkönig« von Frankreich war, schickten ihm kubanische Freunde Guayabapaste nach Paris.[286] Anfang des 19. Jahrhunderts waren diese Leute einfach ein gegenrevolutionäres Exil. Aber immerhin hatten auch die heute wieder so beliebten *Royals* eine positive globale Funktion: Sie verbreiteten guten Geschmack – und das weltweit!

Etwa ähnlicher Beliebtheit wie Guayaba erfreut sich im Oriente *Coco con queso*, Koskosraspeln in Zuckersirup mit Käse. In und um Baracoa im äußersten Osten sind auch Reste der kubanischen Kakaokultur zu finden.

Mango ist keine endemische kubanische Frucht, sondern von Burma bis Indien beheimatet, auch wenn es scheint, als ob die Insel für die Königin der Früchte gemacht sei. Auch *Fruta Bomba* wird viel gegessen, meist in *Almibar*, in Zuckersirup. Papaya, wie die Frucht andernorts heißt, sagt man auf Kuba wegen der zum Teil stark sexualisierten Alltagssprache nicht. »Bitte ein Papayaeis!« würde Lachkrämpfe auslösen oder betretenes Schweigen. Chirimoya und Añón erwähne ich nur der Vollständigkeit halber, ohne sie allerdings für den Konsum vor allem auf dem Land zu unterschätzen. Um die Früchte der Insel sind schon sehr zeitig poetische Legenden entstanden. Zu Beginn des 19. Jahrhunderts versuchte der kreolisierte Spanier und Dichter Manuel de Zequeira y Arango (1764–1846), die Ananasfrucht, *Piña*, zum spätbarocken Symbol der überbordenden natürlichen Produktivität der Insel zu ernennen (Gedicht »Oda a la piña« – Ode an die Ananas).

Diese Poetik unterstrich die Bedeutung der Insel und ihrer Natur, die sich von Spanien und Europa unterschied. Aber in der profanen Realität waren stinkende Rinderhäute, in der Sonne getrocknet und eingesalzen, und Rind- sowie Schweinefleisch, frisch oder gesalzen und getrocknet (als Tasajo oder Schinken), das Hauptprodukt der Wirtschaft. Das Manuel Justo de Rubalcava (1769–1805) zugeschriebene Gedicht »Silva Cubana« besingt als »kubanische Früchte« Guayaba, Marañón, Guanábana, Caimito, Papaya, Aguacate, »die am Anfang den Europäer ekelt«, Jagua, Mamey, Mamoncillo, Tamarindo, Añón, Piña, Nispero, Kokos und als Königin, »die das ganze Gremium der Pflanzen aufnimmt«, die Banane, den Plátano.[287] Mango fehlt, noch. Der Mangobaum gelangte erst nach der Meuterei auf der Bounty um 1793 in die Karibik, in einem breiteren Strom von neuen Pflanzen, meist von Engländern oder Franzosen aus dem Pazifik eingeführt (Tamarinde, Brotbaum, neue Zuckerrohrsorten), Heilmitteln (Pockenimpfung) und Nahrungsmitteln (neue Reistypen). Dazu kam Reis aus South Carolina, Stockfisch aus New England und Tasajo aus Buenos Aires. Globalgeschichte auf allen Tellern!

Ich will nicht schwärmen, aber von Guayaba, Avocado, Tomate und Mango, sogar von Fruta Bomba, Zwiebel und Knoblauch, kann die Zukunft Kubas abhängen.

Ohne Kaffee ist ein kubanisches Frühstück undenkbar, meist ist der *Cafecito* früh auch die einzige *Infusión*, falls nicht Milch vorhanden ist. Die Kaffeebohnen werden oft ungeröstet gekauft, im Haus zubereitet und oft etwa zu einem Drittel mit gerösteten und gemahlenen Erbsen gestreckt. Als kleine Zwischenmahlzeit bleibt oft nur ein Glas Wasser mit aufgelöstem braunen Zucker *(Azúcar prieta).*

Als Kurzbeschreibung der Diät mag das genügen; Essen, Küche, Konsum und Identität sind eigenständige Forschungsrichtungen.[288] Hier soll nur in historischer Perspektive auf die Tatsache der Verarmung und den Wandel der kubanischen Küche in den letzten 40 Jahren, insbesondere in den 90er-Jahren, hingewiesen werden. Aber die Armut hat immer noch Kultur. Wir sprechen hier nicht über Kochbücher oder Traditionen, sondern über die tagtägliche Diät. Diese wird vor allem durch die *Comedores*, die Werksküchen oder Betriebskantinen geprägt. Hier zeigt sich die Verarmung besonders deutlich. In der Hauskost ist die Vielfalt – vor allem auch die regionale Vielfalt – der kulturellen Tradition deutlicher.

Auch in der Musik werden die reichen kulinarischen Traditionen Kubas mehr als deutlich. Gutes Beispiel ist ein Titel, der als erstes Salsaformat gilt: *Échale salsita* (1929); es beschreibt eine Reise nach Matanzas. Der Protagonist bleibt in Catalina de Güines hängen, um *Butifarra del Congo*, Presskopf, Schwartenmagen, im Grunde eine Art Sülze, zu essen. Er lobt die profane Sülze in höchsten Tönen. Der Verkäufer der Köstlichkeit empfiehlt ihm, Soße draufzumachen, eben *Échale salsita* (da er schlecht spricht, sagt er »Vinegra« statt »Vinagre«, Essig). Im Subtext klingt »Vinegra« nach »mi negra«. Also ein total sexualisierter Subtext in einem Lied über Essen, der auch noch über die schlechte Sprache der Congos witzelt.

Die Alltagsdiät hängt von der *Libreta* (monatliche Bezugsration) oder von Verwandten auf dem Land ab sowie Schufterei der

Frauen, auch hier ist die Machokultur extrem ausgeprägt. Das weiter wirkende Ideal des guten, vielfältigen und reichlichen Essens
führt im privaten Bereich dann – sofern zugänglich – zuweilen zu
wahren Essorgien, vor allem bei Fleisch (und das ist meist unge-
sundes Schweinefleisch) und à la longue zur Blockierung moderner Ernährungsregeln.

Die Verarmung zeigt sich auch im Diskurs. Ein auf Kuba in den
letzten Jahren erschienenes Kochbuch, in den Rezepten sehr nützlich, präsentiert sich ärmlich, als wollte es der in Form eines sarkas-
tischen Witzes vorgebrachten Kritik vor allem der Kubanerinnen
zuvorkommen, etwa so:»Was soll ich mit einem Kochbuch, wenn
es sowieso nichts zu essen gibt?« Die dritte Auflage des 1993 erstmals erschienenen Kochbuchs muss auf Haus- und Kochbücher
zurückgreifen, die ausnahmslos vor 1959 erschienen sind (obwohl
Nitza Villapol eine unerschrockene Vorkämpferin der lokalen kubanischen Küche war, Kochbücher publizierte und sogar eine eigene Fernsehsendung hatte; als ihre extravaganteste Erfindung gilt
Avocadoeis. Sie war beliebtes Objekt unzähliger Witze unter den
kubanischen *Jodedores* – Spötter, eine milde Übersetzung). [289] Mittlerweile versuchen habilitierte Sprachwissenschaftler, Historiker
und Kunstprofessoren die Rettung der *Summa Culinaria Cubana*
unter dem ehrenhaften, aber etwas kleinlauten Motto:»Der Fett-
exzess war nicht typisch bei allen traditionellen kubanischen Gerichten«.[290] Ihr Wort in Gottes Ohr!

Bei der heutigen Diät handelt es sich historisch um eine Mischung aus einem Teil Sklavennahrung (Reis, Tasajo und Viandas, in
der industrialisierten Massensklaverei der Centrales wurden Sklaven reichlich ernährt, aber einseitig und zu fett; das Gemüse ihrer
Sklavengärtchen verkauften sie meist) und iberischer Guajironah-
rung (Rind- und Schweinefleisch, Huhn, Hammel, Garbazos) beziehungsweise Taíno-Speisen (Yuca, Malanga, Cazabe, Mais). Der
schwerste Bruch zwischen Taíno- und Spanischkuba hat sich in Bezug auf Fisch ergeben. Die Proteinnahrung der Sklaven – *Tasajo*

(Trockenfleisch) und *Bacalao* (Trockenfisch) gibt es im normalen Angebot heute nicht mehr. *Tasajo* gilt als Delikatesse. Seit 1990 herrscht die »Monotonie des *Cerdo*«, des Schweinefleischs, flankiert von etwas *Pollo*, Huhn, und sehr wenig *Pescado*, Fisch (vor allem extrem grätenreiche Südwasserfische, wie *Tilapia*, die selbst Fischfreunden das Essen verderben können). Das Buch *Cocina en dos ciudades* (Küche in zwei Städten) von García Yero, Álvarez Álvarez und Juárez Figueredo enthält genau ein Fischrezept, bei dem die Autoren auch noch prononciert auf die galicische Tradition verweisen. Ein sehr schönes Beispiel für das Verhältnis zwischen dem, was man in Sanctí Spíritus und Camagüey auf Kuba als »lokal-kubanisch« und »überseeisch-atlantisch« empfindet, wie Traditionen lokalen und »nationalen« Essens konstruiert werden. Der Kommentar als Einführung zu diesem Gericht lautet: »Diese Frituras sind etwas sehr Spezielles im Panorama der kubanischen Städte des 19. Jahrhunderts und auch noch in der ersten Hälfte des 20. Jahrhunderts: Geschmack nach Übersee, Nostalgie der Galicier, Geruch nach öffentlicher Bratbude *(Fritanga)*; Gefühle und Kommentare aus einer Zeit, in der das Essen einer der Erinnerungspunkte für die Immigranten war, die ihre Gebräuche mit sich bringen, um sie in den Gebieten einwurzeln zu lassen, in denen sie sich niederlassen. Diese köstlichen Frituras, die auf den Glanz [!] der Stadt im 19. Jahrhundert zurückgehen, sind ein gutes Beispiel dafür.«[291]

Atlantisch-iberisch-afrikanisch-kubanische Geschichte auf einem Teller[292]; hier wird die Abwendung der Kubaner vom Meer und von der Taíno-Kost sehr deutlich. Kuba scheint auch in diesem Sinne zu »klein« für die vielen Zuflüsse seiner atlantische Geschichte.

Was die nach Kuba emigrierten Menschen zutiefst verband, war ihr Gefühl und ihr Wille, »Kubanerin« oder »Kubaner« zu sein, auch wenn sie, wie die meisten unter ihnen, nicht einmal die Insel ganz kannten. Aber sie aßen das Essen: der Taínos, der Galicier, der Kanarier, der Guajiros, der Chinos, der Amerikaner oder der afrikani-

schen Menschen, die als Sklaven nach Kuba verschleppt worden
waren. Deutsche machten immer mal wieder den Versuch, »richtiges« Brot unter die Leute zu bringen, zum Beispiel in einer Bäckerei
Flor de Berlín (Blume von Berlin). Manchmal diente die Alltagskost
auch als kulturelles und politisches Symbol unterschiedlicher
Identitäten. Kubanische Kreolen im 19. Jahrhundert aßen bewusst
anders als spanische Kubaner. Sie tranken Café oder Rum und
rauchten *Puros* (Zigarren), während Spanier oft Chocolate, Kakao
und Wein zu sich nahmen. Die Sklaven ordneten ihren Göttern bestimmte Speisen zu; in der yorubageprägten Santería bekommt jeder götterähnliche Orisha oder Santo nur bestimmte Speisen. In
den Familien wird – oft unter den Bildern der jeweiligen Heiligen
(und es gibt neben Katholizismus und einer Reihe von protestantischen Richtungen sowie dem buddhismusähnlichen Spiritismus
mindestens vier afrokubanische Religionen) – die jeweils »eigene«
Tradition gepflegt: galicische, baskische, katalanische, chinesische
oder andalusische Küche oder *Lucumí* (Yoruba)- und Congo-Tradi-
tionen, um nur die wichtigsten zu nennen. All das natürlich im
Rahmen des kubanischen Angebots an Grundbestandteilen, also
meist Reis.

Alle Kubanerinnen und Kubaner kennen auf jeden Fall auch die
bereits global transformierte chinesische Küche: vor allem gebrate-
nen Reis mit Soyasoße, Chop Suey oder Reis mit Ingwer. Die China-
Tradition des Essens, oft vermittelt über Kalifornien, gibt es auf
Kuba seit mehr als hundert Jahren; da befand sich Deutschland
noch auf globalem Steinzeitniveau!

In den Küsten- und Fischersiedlungen gibt es natürlich guten
Fisch – bei den Fischerfamilien und auf dem Schwarzmarkt. Wie
sieht ein solcher Schwarzmarkt heute aus? Ganz einfach: Vor einem
Dollareinkaufszentrum, wie etwa der Tienda Riviera in einer größeren Stadt im Zentrum Kubas, patrouilliert eine unauffällige Frau,
die Verbindungen zu einer Fischerfamilie hat oder deren Söhne
und Mann sich auf die (illegale) Langustenjagd spezialisiert haben.

Dem vertrauenswürdig erscheinenden Ausländer wird ins Ohr geflüstert: *Langosta* oder *Pargo* (ein Weißfisch) für so und so viele Dollar (meist ein Bruchteil des Preises für eine Langustenmahlzeit im Hotel). Wenn Bedarf an Langosta besteht und der Käufer jemanden kennt, der Langusten zubereiten kann, bekommt man 8 wunderbare Langustenschwänze für 8 Dollar, eingefroren und im Plastikbeutel. So einfach ist das. Der Unterschied zwischen Touristen, kubaerfahrenen Ausländern und der Mehrheit der Kubanerinnen und Kubaner in Bezug auf Langustenessen besteht darin, dass erstere 18 bis 30 Dollar dafür bezahlen (in einem Hotel oder einem besseren Restaurant) und den kubanischen Staat stärken. Die zweite Kategorie bezahlt 8 Dollar und bekommt mindestens vier bis sechs Leute mit dem Essen satt. Auch haben sie Freude beim Zubereiten mit kubanischen Freunden, und die Subsistenzökonomie wird gestärkt. Kubaner haben ganze Langusten seit Jahren nicht mehr oder noch nie gesehen. Eventuell können sie irgendwann einmal Langustenreste für wenige Pesos in einem Fischladen erstehen. Sie stärken mit dem Essen ihre Familien. Der verantwortliche Gott ist in diesem Falle ein grünes Stück Papier mit dem Dreieck und dem allsehenden Auge der Freimaurer sowie dem Motto »In God we trust«.

Das bisschen *Carnero* (Hammel) ist nicht insignifikant, gilt aber eben auf Kuba, wie in der ganzen westlichen Kultur, nicht als ganz richtiges Fleisch. Meist kommt über die seit 1962 eingeführten Bezugshefte *(Libreta) Picadillo de Soya* als »Fleisch«-Beilage auf die Teller, die Hackfleischvariante auf Schweinefleischbasis, eigentlich weltweit (als Hackfleisch) ein Grundbestandteil der Unterschichtenkost. Picadillo de Soya ist wohlverhasst (vor allem wegen des etwas eigenartigen Geschmacks der Sojabeimengung), aber als Proteinbeilage unentbehrlich. Es kommt auf die Zubereitung an.

Wie seit 1510 gilt: ohne Schwein kein iberisch-kreolisches Kuba, heiliger Sankt Anton von Padua! Das Schwein war im spätmittelalterlichen Spanien das wichtigste Symbol christlicher Identität gegenüber Islam und Judentum. Möglicherweise hat deshalb ein unbekannter Schnitzer das Schwein des heiligen Antonius von Padua in der Wallfahrtskirche in Regla bei Havanna mit viel Liebe und Sorgfalt besonders lebensecht dargestellt.[293]

Auf der Straße werden, sozusagen als kubanischer Beitrag zur Hybridisierung globalen Fast Foods, vor allem im Oriente, *Frituras* verspeist und in ganz Kuba *Pizas* (Pizza) mit gigantischem Teiganteil. Das ist auch eine Rückkehr zu den Zeiten vor 1967; Fast Food, ein ungewolltes Zitat der engen Verbindung zwischen Kuba und den USA – der Verbindung zur *Yuma* (USA) würde man heute im Slang sagen. Die Hauptbestandteile der Frituras sind Mehlteig oder geriebene Malanga und im besten Falle etwas Fisch, als *Minuta*, oder Hackfleisch. Auch alle Varianten von *Bocaditos* und *Sandwichs*, vor allem mit *Jamón, Hamburguesa* (Hamburger) oder *Mortadella* (was oft fast das Gleiche ist; aber heute nie wirklicher Schinken) und eventuell etwas Käse gibt es auf der Straße, auch als *Disquito*. Darüber schwebt, meist auf einem großen, aber schlecht gemachten Plakat die Göttin »Revolución«. Es schaut aber keiner hin; außer Ausländer. Vielleicht.

Fressketten sind eine globale Zumutung; als *Rápidos* (oder unter anderem Namen) gibt es sie auch im schönen Kuba. Regel: Am Anfang wird der Fraß wenigstens noch anständig zubereitet. Da die Verkäuferinnen offiziell nur sehr wenig verdienen, zieht meist nach zwei, drei Wochen Desinteresse und Schlamperei (und Korruption) ein. Dann sind Hamburguesas innen noch gefroren oder steinalt oder was auch immer. Selbst erfahrene Kuba-Reisende sollten davon ausgehen, dass sie an den Autobahnen immer betrogen werden, ob über den Preis, das Gewicht, selbst eingeschmuggelte und quasi schwarz für Dollar verkaufte Bestandteile der Bocadito, etwa Käse, sei dahingestellt; meist ist es ganz simpel: Für einen Cafecito werden statt 25 Cent eben 30 oder 50 Cent genommen oder für die Büchse Bier oder Cola statt 85 oder 45 Cent eben ein Dollar oder 50 Cent. Die Verkäufer müssen nur einen unauffälligen Blick auf die Chauffeure oder die Führer der Reisegruppen werfen – die bekommen immer ihren Anteil (schon weil sie den Bus an dieser Bude halten lassen und nicht an einer anderen). Dabei handelt es sich nicht um große Summen, eher eine Art Solidaritätsdividende. Leider kommen diese Gelder nicht an die »normalen« Kubaner, sondern an eine Elite, die sich nicht etwa um die Verbesserung der Dienstleistung bemüht (obwohl der Staat ihnen das predigt), sondern die Ausländer meist für nützliche Idioten hält, die vom Himmel fallen und die Taschen voller Geld haben, denen man eine *Multa* (Strafe) auferlegen muss. Und in gewissem Sinne ist das ja auch eine verständliche Reaktion auf die All-Inclusive-Conquista durch den Massentourismus der mittlerweile vergangenen postmodernen Globalisierung 1990–2001. Verantwortliche Göttin: die braune Brause Coca-Cola und ihre kubanische Kopie: Tropi Cola.

Zur *Disquito*-Herstellung jedenfalls wird das normale kubanische Brötchen etwa mit Mortadella und Käse belegt und zwischen zwei konkaven Metallscheiben eines eigens dafür hergestellten Instruments über Flammen erhitzt, bis das Brot geröstet ist und der Käse zu zerlaufen beginnt. Dazu gibt es manchmal frisch gepressten Saft des Zuckerrohrs, *Guarapo;* eisgekühlt eine Delikatesse, aber für darmempfindliche Touristen nicht zu empfehlen (ebenso wenig wie frischer Mangosaft oder Mangobatido).

Yuca ist, wie weiter oben ausgeführt, indianischen Ursprungs, wird allerdings im Westteil der Insel kaum noch zu Mehl und *Cazabe* (eine Art karibischer *Cracker*) verarbeitet, sondern gekocht und als Beilage gegessen. Mit *Mojo*, einem Bratfond aus Schweinefett, Zwiebeln, Knoblauch, Salz und Limette, ist das sehr ungesund – aber eine Delikatesse. Zwischen Yuca und *Malanga*, beides Wurzelknollen, gibt es einen entscheidenden Unterschied: Yuca ist für alle da, wird in großen Mengen aber vor allem auf dem Land gegessen, Malanga essen vor allem Kranke, alte Menschen und Kleinkinder, oder er wird für Frituritas verwendet. Keinesfall kann man beide als Maniok-Arten bezeichnen. Maniok (auch Yuca); lateinisch: *Manihot esculenta*, gehört zu den *Euphorbiaceae*, Wolfsmilchgewächse. Malanga, lateinisch *Xanthosoma sagittifolia* oder *Colocasia esculenta*, wird auch als Yautia, Cocoyam, japanische Kartoffel oder Taro bezeichnet und gehört zu den *Araceae*, den Aronstabgewächsen.

Den vielleicht größten unter den vielen kleinen Kulturschocks für Ausländer stellt nicht so sehr die Tatsache dar, dass, wenn es denn Salzstreuer gibt, diese nicht funktionieren, weil das Salz zu grobkörnig oder zu feucht ist (auf einer Insel, die von einem der salzigsten Meere umgeben ist), sondern die Benutzung von ausschließlich großen Suppenlöffeln für alle Arten von Speisen bei der Landbevölkerung, aber auch »in der Familie« in den Städten. Die Beschreibung anderer Kulturschocks würde zu weit in den Intimbereich führen. Das Land hat die Stadt erobert; die antiurbane Politik der 70er- und 80er-Jahre hat unerwartete Folgen im Bereich der allgemeinen Kultur und auf die Körper der revolutionären Subjekte. Das ist Kultur der Armut. Armut, aber kein Elend. Armut mit Ché-Ikone sozusagen; Fidel Castro wird ja auch schon zu einer Ikone.

Aus dieser Perspektive muss man allerdings fragen: Kann, soll das das Ergebnis von 40 Jahren »Sozialismus« sein? Kuba galt einst als ein Land des guten Essens. Ist diese Verbindung zu profan? Sie ist zumindest sehr kubanisch und – siehe Kochbücherboom – sicher auch nach dem Geschmack des lesenden Publikums. *Sic transit gloria mundi*, könnte eine sarkastische Antwort lauten. Jean-Paul Sartre hielt Kuba, wie bereits erwähnt, für die »einzige Hoffnung«. Ich weiß nicht, ob der »Philosoph des 20. Jahrhunderts« auf Kuba gegessen hat, nehme es aber an. Getanzt haben wird er jedenfalls nicht.

Heute wird die Insel den »Außenseitern im Weltsystem« zugerechnet, bei der Bush-Jr.-Administration gar den »Schurkenstaaten« oder zusammen mit Deutschland unter die Gegner des Irak-Krieges. Wenigstens im hybriden »Tanz der Kulturen« wird Kuba seine globale Ausnahmestellung bewahren können, in Performanz und Perkussion, aber eventuell auch irgendwann einmal beim »authentischen« wieder erfundenen lokalen Essen – und bei den Göttinnen und Göttern. Und vielleicht im Bildungswesen.

Turistroika und Reformen 1993–1997

Die Geldsendungen der Kubaner in den USA oder in anderen Teilen der Welt belegen heute wahrscheinlich den ersten Platz unter den Staatseinnahmen, was zu Ansätzen einer vorsichtigen Umbewertung des Exils beigetragen hat. Betrugen sie 1993 260 Millionen Dollar, so waren es nach einigen Schätzungen 1998 schon 800 Millionen (davon gehen mehr als drei Viertel, rund 680 Millionen an nicht-afrokubanische Empfänger; konservative Schätzungen sprechen von 500 Millionen) und 2001 800 bis 1000 Millionen; sie übersteigen die Nettoeinnahmen aus Tourismus und Zucker (obwohl diese seit Ende 2001 zurückgegangen sind). Der interne Umlauf des Dollars hat sich in der gleichen Zeit auf etwa eine Milliarde vervierfacht.

Damit ist in einer Art einerseits staatskapitalistischer, andererseits familienbasierter beziehungsweise individueller Integration in die globale Weltökonomie eine kleine, aber relativ kaufkräftige, mehrheitlich »weiße«, Gruppe auf Kuba selbst entstanden (wenn man die Zahl der privaten Bankkonten zur Basis nimmt, handelte es sich Ende 1996 um etwa 600 000 Menschen). Sie ist recht diffus und wagt noch kaum, Reichtum demonstrativ zu präsentieren. Der Druck einer Untergruppe der Remesasempfänger, die Geld aus Europa erhalten, hat dazu geführt, dass die Regierung Mitte Januar 2002 die Frist für den Umtausch von D-Mark, Francs, Lira und anderer Währungen, die zum Euro-Bereich gehören, verlängern musste. Zunächst war geplant, ab 1. Januar 2002 keine dieser Währungen mehr in Dollar zu tauschen; inwieweit der Euro großflächig den Dollar oder Peso ersetzen kann (wie in einigen abgegrenzten Ferien- und Hotelzentren), ist noch nicht abzusehen.

Zur Abschöpfung des nicht selbst erarbeiteten Geldsegens musste der Staat ein Netz von Dollarläden schaffen, vulgo *Chopi* (Shopping). Diese Chopis führen der Masse der Bevölkerung vor Augen, dass sie kein Teil der neuen Dollarwirtschaft ist. Auch wenn die Regierung deutlich zu machen versucht, dass der Dollar als Zahlungsmittel und damit die Dollarläden das Ziel haben, Devisen für die Beibehaltung der sozialen Errungenschaften in einer neoliberalen Welt zu erwirtschaften – am deutlichsten im Namen einer der Ketten, TCD (*Tiendas para la captación de divisas*, Läden zur Erlangung von Devisen) –, ist es für Kubaner und Kubanerinnen schwierig, sich aus dieser Warenwelt ausgeschlossen zu sehen. Allerdings sind die Waren oft wirklicher Ramsch und im Verhältnis sehr teuer; auch ist das Angebot seit 2000 selbst für kubanische Vorstellungen schlecht.

Der Ausschluss aus der Welt der Dollarläden betrifft aber oft gerade diejenigen, die die Werte der permanenten Revolution am konsequentesten gelebt haben, ohne in die Funktionärselite aufgestiegen zu sein. Galt es bis 1990 offiziell als Schande, einen Emigranten der ersten Generation, einen so genannten *Gusano*, (Wurm, seit Ende der 70er-Jahre wurde auch der Begriff *gusanos de seda*, Seidenwürmer, lanciert), oder einen *Marielito* in der Familie zu haben, ist heute derjenige schlecht dran, der keine Verwandten im Ausland hat. Selbst ehemalige Balseros schicken schon Geld oder kommen zu Besuch. Der Tourismus, die Verwandtenbesuche aus Miami und die Dollarwelt führen zu einer erheblichen Erosion der Grundwerte Solidarität, Familiensinn, Ehrlichkeit, Unbestechlichkeit, Disziplin, selbstlose Arbeit und Würde.

Die so genannte »Turistroika« – statt Perestroika – hat Folgen. Offen sichtbare Prostitution, Bettelei, Drogensucht, Betrug, Kriminalität und Korruption beziehungsweise obsessive Versuche, das Land auf welchem Weg auch immer zu verlassen, sind Folgeerscheinungen, ebenso wie Klientelismus, Nepotismus, Machismus und Rassismus. Diese für das sozialistische Kuba neuen, in dieser

Situation erst wirklich sichtbaren (visiblen) oder erneuerten Phänomene lassen die Unterschiede zwischen Idealen und Realität sowie die real existierenden Spannungen und die Differenzierung der Gesellschaft umso deutlicher werden. Von den Antireformern wurden diese Erscheinungen zur Kritik an der Öffnungspolitik benutzt. So nahm die Regierung seit Mitte 1998 Kriminalität und Prostitution zum Anlass, um Strafgesetze weiter zu verschärfen und Ausbau des Polizeiapparates zu dekretieren. Sicherheitsdienste schossen wie Pilze aus dem Boden. Über den Bauernverband ANAP wurden Waffen an Bauern verteilt, um Diebstähle und Mundraub auf dem Land zu verhindern.

Das eigentliche innenpolitische Problem in diesem Bereich aber scheint – dazu liegen keinerlei empirische Untersuchungen vor, deshalb sind diese Aussagen recht hypothetisch und beruhen auf Beobachtung und Gesprächen – der Versuch des Zentralstaates zu sein, die Kontrolle über die lokalen Klientelnetze und die mikroökonomischen Geflechte an der Basis wieder zu gewinnen. Verschärfend fällt dabei ins Gewicht, dass in Havanna so relativ viel Geld vorhanden ist und die Bevölkerung der anderen Provinzen und Städte deswegen im informellen Bereich, also auf dem Schwarzmarkt, schlechter versorgt wird. Bei den Versuchen, die zentrale Kontrolle wiederherzustellen, wurden Reformer (oder solche, von denen man annahm, sie seien es oder könnten es sein) durch Militärs oder willige »Doktoren« ersetzt, wie die Ablösung des Außenministers »Robertico« Robaina oder des Tourismusministers Osmany Cienfuegos, Bruder des legendären Camilo Cienfuegos. Aber auch der Anteil an schwarzen oder farbigen Mitgliedern des Politbüros wurde erhöht.

Diejenigen Kubaner aber, die weiterhin die Grundwerte der »Revolution« leben, und es gibt deren viele, grenzen sich von Touristen und allgemein von den neuen Erscheinungen ab, was wiederum zu latenter Ausländerfeindlichkeit und Provinzialität beiträgt.

Die schwerwiegendste Folge der Dauerkrise seit Ende der 8oer-

Jahre ist der allgegenwärtige Verfall der Bausubstanz, der Infrastrukturen und des Selbstbewusstseins der Menschen. Auch wenn es schon Besucher gibt, die sich von der morbiden Schönheit des Verfalls angezogen fühlen, erfordert die Lösung dieser Probleme weit tief greifendere Reformen. Das große Rekonstruktions- und Sanierungsprogramm unter der Leitung des Historikers Eusebio Leal Spengler, das dank seiner Politik ein menschlicheres und weniger anonymes Unterfangen ist als andere staatskapitalistische Unternehmungen, hat in der zum UNESCO-Weltkulturerbe zählenden Altstadt von Havanna viele schöne Erfolge aufzuweisen. Dem buchstäblichen Zusammenbruch von Häusern und einmaliger Architektur kann es aber keinen Einhalt gebieten. Außerdem sieht sich der *Plan maestro* massiver Kritik ausgesetzt, vor allem seitens kubanischer Künstler, Architekten und Historiker, man wolle aus Althavanna eine Touristenkonserve machen, während die Dynamik Havannas immer darin bestanden habe, Altes und Neues, Tradition und Moderne zu verbinden.

Es ist aber mehr. Wohnen ist die Grundlage menschlicher Existenz. Bausubstanz und Architektur sind der geronnene, Stein gewordene soziale Reichtum einer Gesellschaft. Legt man diese Messlatte an, verbirgt sich hinter der Kritik der Intellektuellen ein fundamentales Problem.

Die Stadt Havanna, wie die meisten der Städte Kubas, ist seit den 60er-Jahren, im Grunde aber schon seit 1959, nicht entscheidend verändert worden oder gar gewachsen (es sei denn, man sieht das seit 1991 entstandene militärische Luftschutztunnelsystem als ein Wachstum neuer Art, vielleicht als Unterwelt, an). Selbstverständlich gibt es Neubaugebiete. Aber die architektonische Substanz der Städte ist auf dem Stand vom Ende der 50er-/Anfang der 60er-Jahre sozusagen eingeforen. Die Zuwächse an Wohnraum sind durch demografisches Wachstum und innere Migration in die Städte mehr als negativ. Diese architektonische Inmobilität mag in Bezug auf viele hässliche Auswüchse der fortgeschrittenen klassischen

Moderne Vorteile haben. Sie hat aber für die Kubanerinnen und Kubaner selbst den Nachteil, dass die aufgrund der Errungenschaften der Revolution enorm gewachsene Bevölkerung immer dichter bei- und nachgerade aufeinander wohnen muss. Ergänzungen oder Erweiterungen des Wohnraums sind fast nur noch in der Vertikale möglich, nämlich dort, wo Häuser in der traditionellen kreolischen Bauweise, mit hohen Räumen, existieren. Dort sind seit den 70er-Jahren *Barbacoas*, Zwischengeschosse, meist aus Holz, entstanden. Dort leben (und lieben) die jungen Generationen. Im schlimmeren Falle – wenn nicht einmal der »Luxus« eines alten, kreolischen Hauses gegeben ist, entstehen bisher meist diskret übersehene Papp- und Wellblechhütten. Die so genannte Postmoderne des Städtebaus, vor allem aber der Bau normaler Wohnungen sowie eine normale Reparatur und Instandhaltung der Bausubstanz, fehlt heute. Der Dekonstruktion durch völlig normale Witterungsbedingungen, dem Zahn der Zeit, fehlender Sorgfalt und überbesetzten Zimmern oder schmutzigen öffentlichen Toiletten hat der »Geist der Revolution« kaum etwas entgegenzusetzen. Für Kubanerinnen und Kubaner ist eine »Revolution«, die mit Parolen wie »Turismo, tarea para todos« (Tourismus, Aufgabe für alle) zum Bau gigantischer Touri-Burgen aufruft, in diesem Sinne nachgerade existenziell bedrohend. Natürlich nur, wenn sie nicht selbst im Tourismussektor arbeiten oder dort einen Verwandten haben.

Zur Ehrenrettung der Menschen muss aber auch gesagt werden, dass der »Geist der Revolution« und vor allem die handfeste materielle Krise seit den 90er-Jahren drei Verhaltenskonstanten der Kubanerinnen und Kubaner zum Teil eingeschränkt haben, aber nicht haben beseitigen können. Am wenigsten beschädigt worden ist die hygienische Institution der täglichen Dusche, möglichst mit guter Seife. Schweißgeruch ist selten auf der Insel, trotz der Hitze. Selbst in der tiefsten Krise gab es das Wort vom »Jabón angolano – échate agua y pásate la mano« (etwa: angolanische Seife – besprizt dich mit Wasser und reib dich mit der Hand ab).

Dazu kommt die Sorge um die Gesundheit im Allgemeinen. Der Körperkult des späten 20. Jahrhunderts hat auch auf Kuba Anhänger, abgesehen von der intensiven staatlichen Sportförderung. Juan Bosch hat diesen »Hedonismus«, konzentriert auf die Institution des täglichen Duschens, schon 1951 als für alle Klassen von Kubanern verbindend hervorgehoben. Ob diese Gewohnheit der täglichen intensiven Körperhygiene und ihr Diskurs eine Folge der Aneignung des imperialen Hygienediskurses der Amerikaner und seiner Verfestigung durch die Werbung des 20. Jahrhunderts vor allem durch die kubanischen farbigen Volksklassen ist, oder ob sie noch ältere Wurzeln hat, bleibt zu erforschen.

Zweitens hat der »Geist der Revolution« einen nahezu unerträglichen Typ Bürokraten hervorgebracht. Aber noch immer gilt, wie Juan Bosch schreibt, dass der Kubaner immer bereit ist, den *Don de la amistad*, die Gabe der Freundschaft, zu geben und zu nehmen. Auf Kuba braucht es für soziale Aktivitäten entweder viel Geld oder viel Zeit – Letzteres zur Pflege der Freundschaften und der Kultur des Gesprächs. Mit Freunden, und hier ist sogar die Bürokratie eingeschlossen, erreicht man mehr als mit Geld. Am deutlichsten wird die soziale Dimension der »Amistad« im Krankheitsfall; hier scheint mir die Tradition der moralischen Gefühlsökonomie viel älter als die hygienische Tradition. Es gilt als zutiefst unsozial, im Interior Kubas und auf dem Lande mehr noch als in Havanna, nicht mit einem kleinen Geschenk und etwas Zeit am Krankenbett einer guten Bekannten, eines Freundes oder eines Familienmitglieds zu erscheinen. Das ist ein sehr schöner Zug der kubanischen Kultur. Bei den vielen Familiengesprächen in Auswertung der Alltagsgeschichten wird dann aufgezählt, wer wann zu Besuch war. Nicht am Krankenbett zu erscheinen oder sich herzlos einem Kranken gegenüber zu verhalten, kann durchaus zum tieferen Grund für ernsthafte Zerwürfnisse werden, die ganz andere Anlässe haben. Diese moralische Ökonomie des Volkes ist durch wirtschaftliches Chaos und durch die Krise sehr bestärkt worden – auch in ihrer

Negierung (wenn jemand denkt, er könne wegen fehlender Mittel, etwa fehlender Fahrgelegenheiten, seine Freundespflichten nicht erfüllen). Diese soziale Kohäsion wirkt der Erosion der Grundwerte traditionellerweise entgegen.

Am stärksten beschädigt worden ist durch die Gleichmacherei des »Geistes der Revolution« und die Krise, wie ich oben dargelegt habe, die Kultur des guten Essens. Vor allem fehlt es an Varietäten von Brot; Bäckereien im Sinne von Handwerk gibt es faktisch nicht (was allerdings auch eine amerikanische Tradition ist). Durch den Nahrungsmangel und die Tradition des Fleisch- sowie Viandaessens hat es eine Ernährung auf Gemüsebasis schwer, was nur zum Teil durch die ernährungsphysiologischen Vorteile des starken Reiskonsums ausgeglichen wird. Der Mythos vom guten und reichlichen Essen auf Kuba hat aber starke traditionelle Wurzeln, sodass hier eine moderne Ernährungs- und Dienstleistungskultur ansetzen kann.

Die vorläufige Schlussklammer einer Parenthese-Gesellschaft
Für die Zeit von September 1999 bis April 2003 lässt sich von einer Phase konservativ-bürokratischer Stabilisierung sprechen, verbunden mit einer wiederum beispiellosen Mobilisierung von oben. Stabilisierung und Mobilisierung wurden von Castro persönlich vorangetrieben und durch *Mesas redondas, Tribunas abiertas* (runde Tische und offene Tribunale) unter Nutzung des Fernsehens in die Haushalte gebracht. Zugleich bildeten sich neue Eliten; politische durch Aktivisten der Mesas redondas und wirtschaftliche durch die Förderung von Technokraten und des »Unternehmertums« von oben. Dazu kommt die Betonung linker, antiglobalistischer sowie lokaler Kulturen.

Bei diesen Aktivierungen »von oben« zeichneten sich drei wichtige politische Ziele ab. Erstens wollte die kubanische Führung seit 1996 gerne die Schlussklammer der Parenthese-Gesellschaft setzen. Zumindest bei den Machtverhältnissen sollte alles beim Alten blei-

ben. Diese beruhten bis 1990 weitgehend auf Konsens unter der
patriarchalischen Führung durch Fidel Castro. Die Gesellschaft war
aber durch 10 Jahre Krise in ihren Grundfesten erschüttert. Nicht
nur durch die Krise, sondern auch durch die Reformen selbst, auch
oder vielleicht gerade durch die halbherzigen Veränderungen.
Allerdings hatte es die Regierung bis 1998/99 verstanden, unter den
Kubanerinnen und Kubanern, die auf der Insel bleiben wollten,
einen stillschweigenden und in gewissem Sinne recht mühsamen
Konsens aufrechtzuerhalten, dass es unter ihrer Führung einen
positiven Ausweg für alle aus der Krise geben könne. Dieser Konsens wird seit dieser Zeit – mit der immer deutlicheren Konturie-
rung sozialer Ungleichheiten unter der Bevölkerung als Folge der
Krise und der Reformen in der Art, wie sie durchgeführt und beendet wurden – immer mehr untergraben. Die kubanische Gesellschaft ist in Bewegung.

Zweitens hatte die Regierung Kubas, und das ist in letzter Instanz immer Fidel Castro, wohl verstanden, dass sie ihrem Gegner
im Norden ökonomisch niemals Paroli bieten kann (wie auch!?).
Sie musste Werte setzen und diese verteidigen. Sie musste auch die
pluralen Potenzen der kubanischen Kreativität und Ästhetik nutzen. Gerade und besonders in der Zeit seit 1998, in der der breite
egalitäre Konsens zunehmend in Gefahr geriet. Damit wurde ein
»altes« Thema der zweiten Hälfte der 6oer-Jahre wieder aufgenommen. Die damals Unterlegenen haben heute Oberwasser. Deshalb
dienten auch die nationalen Rituale und Inszenierungen in der
internationalen Arena, besonders deutlich im Falle Elián, zur Ab-
lenkung der eigenen Bevölkerung von den zunehmenden wirtschaftlichen Schwierigkeiten, der sich immer weiter öffnenden
Schere der Ungleichheit und zur Rechtfertigung der Innenpolitik
härterer Gangart, die seit den späten 9oer-Jahren den Konsens er-
gänzen muss oder ihn gar schon ersetzt hat.

Möglich war all dies – und das ist der dritte Punkt – nur vor dem
Hintergrund einer wieder gewonnenen Stärke der Konservativen

wegen des durch die Reformen eingeleiteten Wirtschaftsauf-
schwungs (1995–2000 immerhin rund 20 Prozent!), der nach einem
kurzen Tief 1998 im Jahr 1999 wieder erheblich an Kraft gewonnen
hatte. Seit 2001 ist allerdings eine gewisse »stabile Stagnation«
nicht zu übersehen, und 2003 befindet sich das Land in einer
neuen Krise.

Im Hintergrund findet eine zunehmende Militarisierung von
Wirtschaft und Gesellschaft statt. Der Trend zur Erholung datierte
von 1994 bis 2001, mit zum Teil beeindruckenden, allerdings kaum
konstanten Steigerungen in bestimmten Wirtschaftszweigen. Fidel
Castro hatte seitdem wieder Raum, sich zu unterschiedlichen Zeiten auf unterschiedliche Gruppen zu stützen. Präsident, Parteichef,
Armeeoberbefehlshaber und Fernsehstar – er ist Zünglein an der
Waage der Innenpolitik und entscheidet im Grunde alles, selbst
von heute auf morgen über Fernsehprogramme. Um es postmo-
dern zu ironisieren: Im Grunde zappt auf Kuba nicht der Zu-
schauer, sondern der Sendende, Fidel Castro.

Die höchste Dynamik wies bis 2001 der Tourismussektor auf:
1998 besuchten etwa 1,4 Millionen Touristen die Insel, 1999 waren es
bereits rund 1,7 Millionen, darunter über 200 000 Besucher aus
Deutschland; für Österreich und die Schweiz liegen Zahlen für 1997
und 1998 vor: die Schweiz mit 14 000 und 21 000, Österreich mit
6000 und 12 000 Besuchern. Für 2000 war die Zahl von 2 000 000
Touristen geplant. Diese Zahlen wurden nicht ganz erreicht; aber
auch die 1 860 000 Besucher (darunter 203 000 Deutsche und etwa
20 000 Österreicher und Schweizer) lassen erkennen, dass der Tourismus auch nach 2000 wichtigster Wirtschaftszweig war. Für 2001
war ein 13-prozentiger Zuwachs geplant, 7 Prozent wurden erreicht;
real war Deutschland mit rund 171 000 Touristen beteiligt. Die Ge-
samtzahl der Touristen betrug 1 790 000. Damit war Deutschland
2001 nach Kanada mit 300 000 Einreisenden der wichtigste Markt
für den kubanischen Tourismus.[294] Nach dem 11. September 2001
war der Tourismus insgesamt in Frage gestellt; insofern war auch

dieser offene Wirtschaftssektor Kubas Opfer des Anschlags auf die Twin Towers als Zentrum des westlichen Spätkapitalismus. Erst 2003 reisten rund 2 Millionen Touristen auf die Insel.

Die Zuckerwirtschaft hatte sich seit 1996 leicht erholt, 1998 gab es einen schweren Einbruch, 1999 wieder Zuwachs, 2001 ist fast die Hälfte des Zuckerrohrs durch den Zyklon »Michelle« vernichtet worden. Der Zucker blieb bis 2001 intern wichtigster Wirtschaftssektor. Er wurde mit Einnahmen aus dem Tourismus aufgepäppelt. Der Bereich stellte allerdings aus vielerlei Gründen ein Sorgenkind dar, denn allen Verantwortlichen war klar, dass selbst eine dauerhafte erfolgreiche Entwicklung die alten Wirtschaftsstrukturen des »großen« Kuba auf neuer Ebene reproduzierte. Seit 2002 kommt es zu breitflächigen Stilllegungen von Kapazitäten der Zuckerindustrie. Traditionsreiche Centrales, agroindustrielle Eckpfeiler des »großen« Kuba, mahlen nicht mehr. Auch Anbauflächen von Zuckerrohr werden anderweitig genutzt. Die Belegschaften sollen zu »Bauern« umgeschult werden.

Diese Reform ist makrostrukturell richtig und lange überfällig; ihre befehlsmäßige Ausführung als zentralistische Reform »von oben« kann durchaus kurzfristig katastrophale Folgen haben, vor allem wenn es zur Symbiose mit einer neuen Hungerkrise kommt. Ob Castros Reise nach China und Vietnam (sowie Malaysia und Japan) Anfang 2003 dem Ziel diente, die Politik im Umfeld des Irak-Krieges abzustimmen oder aber auch neue Abnehmer für Zucker zu finden und allgemein der stärkeren Anbindung an die gigantische pazifisch-ostasiatische Wirtschaftsregion – in gewissem Sinne wieder ein Imperium –, ist noch nicht ganz klar.

Der Nickelabbau hat kräftige Investitionen durch ein kanadisches Unternehmen erfahren, allerdings wird kruder Rohstoff exportiert, und die Preise sind im Keller. Die Erdölförderung hat zugenommen. Die Bio- und Genforschung ist sehr leistungsfähig, hat aber Schwierigkeiten bei der Umsetzung in verkaufbare Produkte beziehungsweise mit der Vermarktung gegen Embargo und Pharmakonzerne. Einzelne Erfindungen und Medikamente (wie der Impfstoff gegen die Hirnhautentzündung Typ B) sind Spitzenerzeugnisse. Die Rettungsfantasien, die damit verbunden werden, können allerdings nicht aufgehen.

Teile der während des Tiefpunktes der Krise stillgelegten Industrieanlagen konnten zwischen 1995 und 2000 mit neuen Technologien ausgerüstet werden und produzierten wieder – zum Teil heute schon wieder nicht mehr. Oft werden Güter produziert, die vorher auf Kuba nicht hergestellt worden waren. Traditionelle Produkte wie Tabak (vor allem aus der klassischen Tabakprovinz Pinar del Río, dem *Vueltabajo* [»Rundherunter«] der Volksgeografie), handgefertigte Zigarren und Rum sowie Zitrusfrüchte und Fischereiprodukte werden ausreichend hergestellt. Die Vermarktung über Joint-Ventures ist recht erfolgreich. Die Zigarrenkultur der Havanna hat seit 1993 einen Boom par excellence in der westlichen Welt erlebt, ähnlich wie der Havana-Club-Rum (im Joint-Venture mit Pernod-Ricard). Die Luxusmarke *Cohiba*, erfunden als Sonderpräsent Castros für ausländische Staatschefs (»[...] nach Meinung vieler sogar die beste Zigarre der Welt«[295]), wurde dabei nach ähnlichen Strategien vermarktet wie in der ersten Hälfte des 19. Jahrhunderts die so genannten Pflanzerzigarren. Ob die heutige globale Strategie beim kubanischen Tabak allerdings richtig ist, bleibt abzuwarten. Havannas waren immer ein exklusives Produkt mit exklusivem Tabak aus Kuba. Jetzt aber kann der Tabak auch in anderen Gebieten angebaut werden und wird unter »Havanna« vermarktet.

Stromsperren waren zwischen 1997 und 2001 selten geworden, nahmen aber seit 2002 wieder zu; das Jahr 2003 hat mit fehlendem Benzin und Stromsperren begonnen. Die Bauernmärkte verfügen über ein für kubanische Verhältnisse ausreichendes Angebot an einheimischen Lebensmitteln. Das zeigt die Leistungsfähigkeit des Privatsektors in der Tradition kleinbäuerlicher karibischer Märkte. Allerdings ist der Preis des Schweinefleisches, zwischen 18 und 23 Pesos pro amerikanisches Pfund (460 Gramm), oder 6 bis 8 Pesos

für das Pfund schwarzer Bohnen auf dem Bauernmarkt (die staatlichen Preise liegen um 20 bis 25 Prozent darunter) – beides Hauptbestandteile der Diät – so hoch, dass ein guter Durchschnittsverdienst von etwas über 200 Pesos im Monat dafür nicht ausreicht
(alle Zahlen 2001).

Nur diejenigen Kubaner außerhalb der Führungsschicht, die
entweder im Tourismus oder in seinem Umfeld arbeiten und Trink-
gelder in oft mehrfacher Höhe des Monatsverdienstes erhalten,
Familie im Ausland oder unter der privaten Bauernschaft haben,
können sich diese Ergänzungen der *Libreta* leisten. Von Hygiene-
artikeln, Kleidung, Wäsche, Schuhen, langlebigen Konsumgütern,
Baumaterialien und Ersatzteilen oder gar einem wie auch immer
gearteten Kundenservice ist dabei noch gar nicht die Rede. Aber
Kuba hat, obwohl mittlerweile dreißig Jahre ins Land gegangen
sind, zumindest eine Tradition der Dienstleistung: Technischer
Kundendienst, Garantie und Reklamationsservices existieren, und
seit 1999 funktionieren sie oft auch. Allerdings sind fast alle technischen Güter extrem teuer.

Die verschiedenen Gruppen der oberen Nomenklatura, und hier
vor allem hohe Offiziere, erhielten schon 1996 1000 Peso und mehr,
davon ein Viertel in konvertiblen Pesos, Benzin- oder Warengut-
scheinen, die den gleichen Wert wie Dollars haben. Das ist für kubanische Verhältnisse extrem viel Geld. Der Castroismus versucht
den wichtigsten Pfeiler seiner Machtbasis zu sichern.

Spätcastroistische Stabilisierung
oder Grundlagen eines neuen Kuba?

Im Januar 1998 besuchte Papst Johannes Paul II. Kuba. Er rief auf zur Beendigung des Embargos, zu stärkerer Beachtung traditioneller Werte und zur Öffnung Kubas. Einer der Anlässe für den Papstbesuch war die mögliche Heiligsprechung Félix Varelas (1787–1853). Massen hörten und sahen Johannes Paul II. Kuba nutzte den Besuch, ebenso wie den iberoamerikanischen Gipfel im November 1999, um seine internationale Reputation zu erhöhen. Ein riesiges Plakat mit dem Herz Jesu zierte den Platz der Revolution im Zentrum Havannas, gemeinsam mit dem Bildnis des Ché. Die Mitglieder der Kommunistischen Partei waren aufgerufen, an den Veranstaltungen teilzunehmen. Und sie taten es, ebenso wie viele einfache Christen, die in den vergangenen vierzig Jahren in Kuba Zurücksetzung, Feindschaft und Repression hatten erfahren müssen.

Seit dem Papstbesuch darf wieder das traditionelle Weihnachtsfest gefeiert werden. Es war 1969 offiziell abgeschafft worden, mit der Begründung, dass beschneite Tannenbäumchen und der nordamerikanische Santa-Claus-Kult – erst nach 1900 gegen die iberische Tradition übernommen – nicht zur kubanischen Kultur gehörten. Allerdings fiel bald auch die alte iberische Tradition der *Noche buena*, Weihnachten, und der christlichen *Reyes Magos*, der Heiligen Drei Könige, der sowjetisierenden Jahresendfeier des 31. Dezember und dem Revolutionskult der Gedenkfeiern an den Sieg der Guerilleros 1959 zum Opfer.

Kuba am Anfang des dritten Jahrtausends ist kein leuchtendes Vorbild mehr. Aber es ist auch kein Dominostein. Lateinamerikanische und spezifisch kubanische Besonderheiten wirken stärker oder anders als irgendwelche postulierten allgemeinen Gesetze politischer Entwicklung. Gäbe es die, müsste das Land mit seinen Fehlern und Ungeheuerlichkeiten vor allem im wirtschaftlichen Bereich schon unzählige Male zusammengebrochen sein. Ist es aber nicht. Kuba findet deshalb weiterhin Interesse. Auch der alte Fidel Castro hat Charisma.

Das hat seine Gründe in der einmaligen Geschichte und Gegenwart des Landes. Im Zeitalter des Massentourismus, von dem ich nicht weiß, ob wir nach September 2001 noch in ihm leben, spielen auch die karibische Mentalität, Musik, Salsa, Santería und die Natur eine wichtige Rolle – die Elite versucht mit dem Tourismus, wie seit 1740 immer im »großen« Kuba, die Ausnahmeposition der Insel in einer offenen Weltökonomie zu vermarkten.

Die Kubaner fühlten sich schon nach 1973, aber besonders nach 1990, irgendwie allein auf ihrer Insel zwischen Karibik, Golf und Atlantik. Wirklich enge freundschaftliche Beziehungen unterhält Kuba heute nur zu China, Vietnam, Nordkorea, Libyen und zu vielen afrikanischen Staaten (die in westlichen Nachrichtensendungen kaum jeweils erscheinen) sowie seit Hugo Chávez auch zur Bolivarianischen Republik Venezuela (was sich beim Putschversuch gegen Chávez im April 2002 bestätigte) sowie zu Haiti, während Russland, Spanien und Kanada im bilateralen Handel sowie Mexiko in den 90er-Jahren der wichtigste Partner in Lateinamerika waren. Zu Venezuela haben sich die Beziehungen auch nach 2002 weiter vertieft; zu Mexiko haben sie sich seit der Wahl von Vicente Fox abgekühlt.

In Westeuropa hatte sich zwischen 1990 und 2002 gegen Antikommunismus und US-Opportunismus eine Entpolitisierung des herkömmlichen Kuba-Bildes aus dem Kalten Krieg vollzogen. Vorangetrieben wurde diese Entpolitisierung durch den Massentourismus. Begleitet wurde die Änderung alter politischer Klischees von einer weltweiten Renaissance traditioneller kubanischer Musik, wie der Erfolg der CD und des Wim-Wenders-Films *Buena Vista Social Club* gezeigt hat. Dabei sind einige neue Klischees entstanden. Nicht der Änderung des Kuba-Bildes in Westeuropa, wohl aber der Entpolitisierung will das vorliegende Buch entgegensteuern. Es ist natürlich eine Legende, dass die deutsche Kuba-Liebe der 90er-Jahre eine direkte Folge von zu viel »Bacardí-Feeling« (respektive *Summer Dreaming*, Markowitz/Yanai, 1988/1991) war.

Durch die über zehn Jahre ungehemmter neuer europäischer Expansion der friedlichen Reisenden wurden auch Vergleiche innerhalb der Karibik und in Lateinamerika möglich; im Falle Kubas etwa mit dem seinerzeit reichsten Land des Kontinents, Venezuela. Heute können wir sagen, dass das neue Kuba-Bild recht fest mit Fernsehbildern von Karibikstränden, Konzerten des Buena Vista Social Club und Zigarren verbunden ist; es sitzt sozusagen fest. Angesichts der Bilder über die Kriege und Bürgerkriege in Asien, Afrika und Lateinamerika (und der Vermutung, dass sie die Realität eher verdecken) seit 2001 kann man fast meinen, es handele sich um Bilder einer zurückliegenden, unschuldigeren und glücklicheren Zeit.

Die hohe Zeit der »Kubanitis« ist mittlerweile vorüber. Zum Glück! Vielleicht setzt sich langfristig die Erkenntnis durch, wie hochartifiziell und risikovoll die neue Expansionswelle des reichen Nordens ist, die normalerweise mit Sprüchen wie »die schönsten Wochen des Jahres« (und das auch noch zu Rabattpreisen) einhergeht. Vielleicht setzt sich dann auch unter der so genannten Elite der neuen Medien die Erkenntnis durch, wie wenig wir wirklich wissen über scheinbar bekannte Länder und Kulturen. Angesichts der Realitäten der Kriege zeigt sich auch, wie fraglich alle Konzepte über virtuelle Realitäten waren und sind.

Kuba ist vor allem real. In Lateinamerika und Afrika findet Kuba deshalb Interesse, weil es Lösungen versucht und Ergebnisse er-

reicht hat, die für viele Länder der Dritten Welt noch immer undenkbar sind und, je länger eine bestimmte Art und Weise der
Globalisierung ihrer Opfer nicht gewahr werden will, wieder ver-
lockender werden, wie die politischen Prozesse in Venezuela erkennen lassen. Die kubanische Führung ist nicht bereit, sich von
der internationalen Bewegung gegen den Terror, die sich seit dem
11. September 2001 im Westen ausbreitet, ausschließen zu lassen.
Auch sie hat einen »offenen« Wirtschaftssektor, den Tourismus.
Allerdings verlangt sie, wie im Falle der im Dezember 2001 ver-
urteilten kubanischen »Gefangenen des Imperiums« (kubanischer
Fernsehspot) in den USA, nicht zweierlei Maß anzuwenden. Daran
muss sie sich allerdings auch selbst messen lassen. Es gibt eine
Trennlinie zwischen dem legitimen Recht auf Revolution und
Terror: Sie findet sich in der Entführung oder der Tötung Unschul-
diger. Jedenfalls handelte Fidel Castro wieder einmal politisch
klug, als er medizinische Unterstützung Kubas für die Unterbrin-
gung von Taliban- und Al-Qaida-Gefangenen im Stützpunkt Guan-
tánamo-Bay verkündete. Kuba hat die Entsendung von Ärzten
angeboten – nicht etwa für die Marines, sondern für die Gefangenen.

Mehrfach hat das US-Außenministerium Listen von Ländern
vorgestellt, die von den USA zu den aktiven Unterstützern des weltweiten Terrorismus gerechnet werden. Bei ihnen handelt es sich
um Irak, Iran, Libyen, Nordkorea, Sudan, Syrien und – Kuba, als
einziger Staat der westlichen Hemisphäre (die gleiche Liste galt
auch 2003; der Irak dürfte allerdings bald gestrichen werden).
Diese Negativliste wurde im Februar 2003 von Donald Rumsfeld
mit seinen Äußerungen fortgesetzt, die die Haltung Deutschlands
in der Irak-Krise mit der von Kuba und Libyen vergleichen. Der
Irak-Krieg und der schnelle Sieg der USA haben zu Angst unter sou-
veränen Staaten geführt, die sich wie Kuba nicht oder noch nicht
den republikanischen Neokonservativen unterworfen haben. In
den castrofeindlichen Gruppen in Miami löst die konservative Re-

volution der Globalbeziehungen dagegen Freude aus: Die Truppen
sollten doch gleich nach Havanna weitermarschieren.

Das Sozial- und Bildungssystem sowie das kubanische Gesundheitswesen haben, trotz sehr großer Schwierigkeiten und trotz dieser Bedrohungen, ihren Ruf als hohes soziales Gut wahren können.
Auf der Basis dieses Mythos zeichnet sich sogar eine neue Phase
des Internationalismus ab. Kuba sandte Anfang des 21. Jahrhunderts nicht mehr Soldaten nach Afrika, sondern vor allem Mediziner, aber auch Trainer, Lehrer und Instrukteure. Auch in Zentralamerika und in der Karibik wirken kubanische Ärzte und
Schwestern. Viele junge Menschen aus Lateinamerika oder Afrika
kommen zum Studium nach Kuba. Kubanische Musiker und Sportler sind in aller Welt zu finden. Meisterschaften in vielen Sport-
arten, wie Amateurboxen, Leichtathletik, Volleyball und Baseball
(Pelota) sind ohne kubanische Beteiligung undenkbar. Havanna
gehört zu den Bewerberstädten für die Ausrichtung der Olympiade
2012. Die meisten Sportstätten *auf* Kuba allerdings verrotten immer
noch, wenn auch das breite Sporttreiben, nach der Hungerkrise
von 1993 bis 1995, wieder zugenommen hat. Hier und da werden
seit 2000 auch Sportstätten erneuert.

In diesem Fazit muss auch gesagt werden, dass soziale Probleme, Versorgungs- und Ernährungs- sowie hygienische Probleme
gerade im Bildungs- und Gesundheitsbereich zwischen 1990 und
2000 immer größer wurden und zum Teil noch werden. Aber auch
ein großes Land der so genannten Ersten Welt, wie Deutschland,
hat im Bildungsbereich große Probleme. Erst seit der Elián-Affäre
flossen Investitionen wieder massiv in den Bildungsbereich. So
kommen einige Ergebnisse der konservativen Konsolidierung auch
der Bevölkerung zugute. Insgesamt aber sind diese Bereiche, vor
allem der Gesundheitssektor, immer noch sozial überlastet,
schwerfällig-zentralistisch, veraltet und zugleich extrem ineffizient
durch schlecht bezahltes Personal, Fehlen von Medikamenten und
Material sowie überarbeitete Ärzte. In Oberschule und Universität

bilden der Marxismus-Leninismus und nachgerade stalinistische Wortwüsten immer noch Kerne des ideologischen Systems, allerdings breit umrahmt und zum Teil diskursiv zugewuchert von Texten, Performances und Rhetoriken des Nationalismus.

Gerade in Krankenhäusern und in den Landschulen zeigen sich Probleme der Sozialhygiene deutlich. Krankenhäusern fehlt es mehr an regelmäßigem Essen für Kranke, an Bettzeug oder an Handschuhen, um Ansteckungen zu vermeiden, als an Ärzten. Den angeblich so hoch gebildeten Kubanern fehlt es an Material zum Lesen, seien es Bücher oder Zeitschriften. Vor allem aber fehlen gute Zeitungen. Ein französischer Kollege, Spezialist für Schriftlichkeit und Brasilien, wunderte sich bei einem ersten Aufenthalt auf Kuba über das Fehlen des geschriebenen Wortes im Straßenbild. Soziale Bildung auf Kuba erlangt ihre alltägliche Zufuhr vor allem aus Gesprächen und Fernsehbildern, ist also oral und visuell. Die Stabilisierung bringt auch selbst viele Probleme hervor; es sei nur auf die *Escuela de Trabajadores Sociales* (Schule für Sozialarbeiter) seit 2001 verwiesen. An und für sich ein guter Gedanke, dem zunehmenden und zunehmend sichtbaren Elend mit der Arbeit von Sozialarbeitern beizukommen und zugleich Jugendlichen eine Perspektive zu bieten. Wenn diese aber nach einem halben Jahr Ausbildung 340 Pesos verdienen, gegenüber 190 Pesos für Hochschulabsolventen (die 4 oder 5 Jahre studieren und vorher sehr schwere Auswahlprozesse über sich haben ergehen lassen müssen), dann führt das zur Entwertung der Universitätsbildung. Ein Zug zum Populismus ist nicht zu übersehen.

Das Essen bestand zumindest 1993–2000 in denjenigen Landschulen, die keine Vorzeigeeinrichtungen sind, im ungünstigsten Falle aus Zuckerwasser zum Frühstück, zu Mittag und Abend aus schlecht gekochtem Reis, glitschigen Linsen oder Erbsen (die aber zugleich Kaffeezusatz sind, um diesen zu strecken, und deshalb oft auch Mangelware); Fleisch oder Obst gibt es nicht, eventuell manchmal ein Ei. Die sanitären Einrichtungen und der Transport sind schlicht katastrophal. Das steht auch in direkter Relation zur epidemiologischen Situation. Parasiten und Läuse sind weit verbreitet; im Grunde muss man von einer Art Epidemie niedriger Intensität sprechen. Die kostenlose Vergabe von Vitamintabletten ist längst Vergangenheit. Wie tief diese Art Dauerkrise niedriger Intensität reicht und wann sie eventuell in eine offene Krise starker Intensität umschlägt, kann heute niemand sagen. Wenn die Mobilisierung gegen die Dengue-Mücken 2002 nicht nur eine der vielen Mobilisierungen ist, mit denen die Bürokratie die Bevölkerung unter Spannung halten will, zeigt sie, dass sich die Regierung der immer gefährlicher werdenden Probleme der Sozialhygiene klar ist. Man hört in den *Rumores*, Gerüchten, dass demnächst auch die Privatschweine auf den Dächern verboten werden sollen.

Unter der westlichen Intelligenz und der 68er-Generation, deren Vertreter heute in vielen westlichen Ländern bis in die Spitzen der Regierungen zu finden sind, spielen melancholische Reminiszenzen eine wichtige Rolle. Kuba findet auch widersprüchliches Interesse gerade wegen seiner heutigen Schwierigkeiten und der Chance, mag es auch nur eine Chimäre sein, einen Politikansatz, der auf soziale Gerechtigkeit zielt, mit einer demokratischen und ökologischen Marktwirtschaft zu verbinden. Kuba würde damit wieder die Rolle eines Experimentierfeldes spielen (und aus der Folklore- und Themenparkecke und inneren Reformblockade herauskommen). Allerdings bedürfte es dazu einer Führung, die die Experimentierfreude der 60er-Jahre mit den Erfahrungen der Neunziger und der ersten Jahre des 21. Jahrhunderts zu verbinden wüsste. Heute ist selbst für Freunde Kubas – vor allem des kubanischen Volkes auf Kuba – immer deutlicher ein reformunwilliger Patriarchalismus erkennbar. Wenn es Reformen gibt, haben diese mittlerweile klar konservierenden Charakter, wie es seit 1996 und vor allem seit 1999 auch politisch überdeutlich geworden ist. Das war zunächst in gewissem Sinne unvermeidlich, um einen unkontrollierten Ausverkauf des Landes nach russischem Muster zu ver-

hindern. Potenziell kollaborationsbereite Eliten sind im Außenhandel, in den Joint Ventures und im Tourismus vorhanden. Sie bilden die neuen Technokraten Kubas. Auch unter hohen Politikern
sind mehrfach illegale Geschäfte aufgedeckt worden, am spektaku-
lärsten im Falle von Carlos Aldana, bis zu seiner Entmachtung 1991
Dritter in der Parteihierarchie.

Fern von diesen eher pejorativen Etiketten ist allerdings auch
klar, dass Menschen unter 30 Jahren, die die materiellen Sicherheiten der älteren Generation nicht genießen, aber eine gute Bildung
erwerben konnten, Hauptnutznießer eines Systemwechsels wären.
Die Frage ist angesichts der sozialen Dynamik die nach dem Wie
des politischen Wandels. Um ein Umkippen der Reformen in ein
russisches Modell nach dem Ableben oder der Ablösung der jetzigen Führung zu verhindern, wäre diese gut beraten, sich um die
Entwicklung eines kubanischen Unternehmertums und einer wirklich demokratischen Marktwirtschaft, das heißt einer von unten
gewachsenen, zu bemühen. Die »kleinen« Kubas bedürfen einer
wirklichen Agrarreform, deren Kern die Privatisierung sein muss,
vom Staat unterstützt und gewollt. Die Verlagerung eines großen
Teils der Akkumulation von Geldmitteln außerhalb der Landes-
grenzen – durch »Export« von Kubanern und Kubanerinnen, vulgo
Emigration (und Heirat mit Ausländern), und Rücksendungen von
Dollars – und die »Züchtung« von Unternehmern von oben und auf
kontrollierte Weise im Militär, aus den Reihen der Parteibürokratie
in den *Sociedades Anónimas* sowie in den Joint Ventures führt zu
mafiaähnlichen Konstellationen und ist auch im Sinne des kubanischen Verständnisses undemokratisch.

Die objektiven Ausgangsbedingungen für den Neuansatz eines
modernen »kleinen« Kuba wären ebenso wie die Konditionen für
einen innerkubanischen Wettbewerb gegeben, auch und gerade
wegen des politischen Protektionismus nach außen und der formal
sehr rigiden inneren Kontrolle. Karibische Märkte könnten im erneuerten karibischen Sozialismus – oder Castroismus, wie auch

immer man das Modell nennen mag, nur nicht »Dritter Weg« – hervorragend gedeihen. Damit wäre, soweit das bei der Verflechtung der internationalen Wirtschaft überhaupt noch möglich ist, die wirklich selbstverantwortliche Kontrolle von Kubanern über eine diversifizierte Wirtschaft des Landes gegeben, sozusagen als ökonomische Untermauerung der Unabhängigkeitsbemühungen durch die breite Basis in den »kleinen« Kubas. Das würde auch die Chancen der Kubanerinnen und Kubaner auf Kuba bei einer weiteren Öffnung neben dem Tourismus im Rahmen der Globalisierung verbessern. Diesem Ansatz – faktisch würde es sich um die Schaffung eines patriotischen oder sozialistischen Unternehmertums von unten innerhalb eines Entwicklungskonzepts handeln, dessen historisch-kulturell-wirtschaftliche Basis eben »kleines« Kuba genannt worden ist – stehen allerdings die US-amerikanische Embargopolitik, das Säberasseln in Washington sowie im Innern ein tief verwurzelter negativer Egalitarismus, sprich Neid und Nivellierung nach unten, entgegen. Dazu kommt fehlende Rechtsstaatlichkeit. Ende 2001 hat die Regierung eine Anhebung der Preise für landwirtschaftliche Produkte auf den Agros verhindert; zur Grundlage wurde die »Stimmung« in der Bevölkerung genommen. Es hieß sogar, dass die Bauernmärkte nach dem Hurrikan »Michelle« (November 2001) geschlossen werden sollen. Dazu kommt die überstarke Tradition des Staates als monopolistischer Akteur, auch in der Wirtschaft. All dies ermöglicht es der politischen Klasse, die wieder verstärkte innere Repression als notwendig für den Schutz nach außen und den zentralisierten Staat für die Verwaltung des traditionellen Mangels darzustellen.

Die politische Klasse stützt sich dabei, wenn man im Bild »kleine« Kubas versus »großes« Kuba bleibt, auf eine verhängnisvolle Symbiose zwischen großen, zentralisierten Strukturen (vor allem im Zuckersektor), Militär, Tourismus und der Kontrolle der Märkte und der äußeren Beziehungen. Sie agiert in diesen Beziehungen aber immer noch nach der Ideologie des großen Monopols und des staatlichen Latifundismus, eben nach dem Modell des »großen« Kuba. Die Leute, mit denen die Regierung diese Politik umsetzt, kommen aus Familien der »kleinen« Kubas, sprich aus Bauernfamilien, aus städtischen Unterschichten oder aus der zerbrochenen und sich nicht mehr als solche artikulierenden Mittelklasse.

Die Mangelwirtschaft und die wieder deutlichere Versorgungskrise sind längst auch eine – zumindest was die von Kuba beeinflussbaren Faktoren der Krise betrifft – Folge der im System angelegten Korruption, des negativen Egalitarismus und der durch den Zentralismus begünstigten Verantwortungslosigkeit. Seit der Wiedereröffnung der Agros ist es gelungen, den Unwillen der Bevölkerung gegen die Guajiros, gegen die Bauern, zu richten, die ihre Nahrungsmittel, Fleisch, Reis, Bohnen, Gemüse und Früchte für Preise verkaufen, die für die meisten Kubanerinnen und Kubaner einfach zu hoch sind.

In der Funktionärselite ist der »Wagen voll«, auch wenn es immer wieder Aufstiege von jungen Menschen, vor allem Männern, in Spitzenpositionen gibt. Die Karrieren des gegenwärtigen Präsidenten der Federación Estudiantil Universitaria, Hassán Pérez Casabona im Skin-Head-Look, oder des Außenministers Felipe Pérez Roque stehen paradigmatisch für diese Art von Verjüngung. In der Breite ist von den wenigen Ressourcen kaum noch etwas zu verteilen, wenn auch Tourismussektor, Joint Ventures sowie der temporäre »Mediziner- und Künstlerexport« neue Möglichkeiten geschaffen haben, bestimmte Gruppen durch Privilegien zu binden. In einigen Regionen scheinen sich hohe Partei- und Poder-Popular-Funktionäre von Verteilungsbeamten zu Kontrolleuren des Zugangs zum Tourismussektor – vor allem auch des Zugangs zu Bau und Organisation touristischer Infrastrukturen sowie zu den Personalstellen – gemausert zu haben. Diese Tendenz hat sich seit 1998 massiv verstärkt; 2001 hatte der Autor den Eindruck, dass diese sich im öffentlichen Diskurs zwar noch widerwillig revolutionär gerierende Elite im Grunde (und im privaten Diskurs ganz explizit) vom viel gelobten »Volk« abzuheben beginnt. Manchmal bekommt man im Kontakt mit diesen »Dienstleistern« den Eindruck von Inkompetenz und Hochmut auf der einen Seite, verbunden mit Liebedienerei für harte Dollars und politischem Duckmäusertum auf der anderen. Dazu kommt, dass die meisten Jobs im Tourismus an »Weiße« gehen.

Manche Hotelneubauten oder Dollarläden, wegen des Kaufkraftmangels in der Masse der Bevölkerung oder wegen des schlechten Angebots an Waren, die wirklich gebraucht werden, sowieso nur halb voll, scheinen nur als Arbeitsbeschaffungsmaßnahme für die Kinder dieser Staatselite wichtig zu sein. So viele Touristen gibt es nun auch wieder nicht, und die Hotels, die ich mit eigenen Augen gesehen habe, waren kaum jemals mehr als zu einem Drittel (oder weniger) belegt, vor allem außerhalb Havannas und Varaderos.

Insgesamt handelt es sich wohl um rund 100 000 Menschen, die direkt im Dienstleistungsbereich des Tourismussektors beschäftigt sind, davon sind 78 Prozent unter 45 Jahren (das heißt sie kennen nur das Kuba der dritten Republik; auch das sind »Kinder der Revolution«); 20 Prozent von den 100 000 sind Universitätsabsolventen. 6000 Menschen gelten als Führungspersonal, davon sind rund zwei Fünftel unter 35 Jahre alt; 60 Prozent haben Universitätsabschluss. Ist das wirklich die neue Elite Kubas?

Auch haben sich zusammen mit dem charismatischen Neocaudillismus einige der großen Wirtschaftssektoren unter der Kontrolle des Militärs – für kubanische Verhältnisse – recht erfolgreich entwickelt.

Mit den wegen des Interesses an Kuba und durch die Solidarität eingehenden Finanzmitteln sowie den Einnahmen aus den Geldsendungen der Auslandskubaner verbindet sich in diesem Zusammenhang das Problem, dass sich die Subsidien- und Alles-kommt-per-Befehl-von-oben-Mentalität der 70er- und 80er-Jahre fortschreibt. Der Druck der Krise der frühen Neunziger führte

(noch) nicht zu radikaleren Reformen; er führte eher (hört man genau auf die Themen, die diskutiert werden) zu einer Art sich gegen-
seitig Bälle zuspielenden nationalen Populismus und Patriarchalismus. Das historische Modell »Elite sucht Imperium« kann aber
heute nicht mehr funktionieren, da die Insel nie wieder über ein
exklusives Produkt verfügen wird, wie es der Zucker zwischen 1820
und 1950 oder die strategische Lage für die UdSSR 1970–1990 darstellte (auch wenn Tourismusverantwortliche und Regierung anders denken). Die Lage kann aber auch positiv gesehen werden:
Kuba kann mit seinen Produkten zum ersten Mal in seiner Geschichte ohne Patron auf dem Weltmarkt agieren! Es bedarf noch
vieler Anstrengungen, damit kubanische Produkte konkurrenz-
fähig werden. Aber eine historische Chance ist für den Castroismus
(wieder) da; zumal Kuba eben immer weniger im Ost-West-Konflikt
anzusiedeln ist, sondern immer deutlicher in den Nord-Süd- und
Süd-Süd-Beziehungen. Unter den Bedingungen der Krise oligar-
chisch-korrupter, traditionell kreolisch-»weißer« Herrschaften in
Lateinamerika, die sich unter internationalem Druck »demokratisch« gerierten (Argentinien, Peru, Bolivien, Ecuador, Venezuela,
Kolumbien), wird Kuba ein Land unter vielen in Lateinamerika,
und es hat in diesen komplizierten Süd-Süd-Beziehungen sogar
noch partielle Vorbildwirkung (Bildung, Bekämpfung von Epide-
mien, Gesundheitssystem, sprich vor allem Ärzte).

Die Insel, die sich wiederholt?

Auch wenn vieles in der politischen Kultur sehr an das Phänomen
gemahnt, das Antonio Benítez Rojo *La Isla que se repite* (Die Insel,
die sich wiederholt) genannt hat, die »Maschine« Zuckerplanta-
genwirtschaft kann nicht weiter Basis der Existenz Kubas sein.
Dieser pessimistischen Aussage über die »Zukunft des Zuckers«
stand bis 2001 die institutionell, sozial und in der Mentalität verhärtete Macht des Zuckersektors entgegen. Diese Mentalität ist
auch heute noch anzutreffen, ihr kommen aber die Basisstruktu-

ren abhand. Auf jeden Fall dürfte klar sein, dass die »Mammute«, die gigantischen Zuckercentrales, so wie sie in einigen Regionen heute noch den *Campo*, das flache Land, dominieren, nicht überleben können (und auch nicht dürfen). Es ist kein Wunder, dass der Zuckerminister einer der mächtigsten Männer im Lande war und dass das Amt von einem der höchstrangigen Generäle besetzt wird (Ulises Rosales del Toro). Trotz der Klagen über die »Insel ohne Ende« (Rafael Rojas) oder über Kuba als »ewiges Floß« setzte die Elite bis 2002 auf Zuckerwirtschaft und eine mit Ikonen der traditionellen Linken fröhlich Bricolage betreibende Weltgemeinschaft der Touristen, Salsatänzerinnen und -tänzer, Buena-Vista-Fans, Zigarrenraucher und Internetbenutzer. Sie verkaufte dem »imperialen Dorf« kubanische Kultur, Son, Cuba Libre und Cohiba sowie die Fama des rekonstruierten 50er-Jahre-Havannas inklusive der legendären Schönheit der kubanischen Mulata. Den leichten Hauch von Tristesse geben dem Ganzen die Stimmen von Ibrahim Ferrer oder Omara Portuondo. Die Melancholie des Zerfalls schien eingeplant.

Die Lösung zur Überwindung der stabilen Stagnation, in der sich Kuba befindet, könnte für die Zukunft – wie im Ansatz schon einmal in den 50er-Jahren – im Tourismus, in der Kultur und im weitesten Sinne in einer Dienstleistungsökonomie mit punktuellen Technologiezentren, flankiert von spezialisierter Genussmittel-, Gemüse-, Obst- und Edelholzproduktion, liegen. Seit 2001 wurde der Parque Nacional Alejandro de Humboldt von der UNESCO zum Weltkulturerbe erklärt. Der Park hat mehr endemische Spezies zu bieten als die Galápagos-Inseln, also auch Naturschutztourismus. Mit Projekten wie Letzterem und anderen Waldprojekten, die stärker wirtschaftlich genutzt werden, könnte dem kubanischen Wald symbolisch der Boden zurückgegeben werden, der ihm im Laufe der 250 Jahre Zuckerexpansion geraubt worden ist. Ramón de la Sagra und José Antonio Saco fänden – gemeinsam (weil sie sich im realen Leben immer gestritten haben) – späte Genugtuung.

In historischer Perspektive könnte man diesen Entwicklungs-
weg den der »kleinen« Kubas nennen. Gerade in Letzterem liegt ein
historisches, wirtschaftliches und strukturelles Überlebenspro-
blem für die Insel. Die Entscheidung für heutige »kleine« Kubas der
Medizin-, Forschungs-/Bildungs- und Technologiezentren, der
diversifizierten privaten Klein- und Mittelbesitze, der bäuerlichen
Kooperativen, die hochwertiges Gemüse (vor allem Tomaten, Zwiebeln, Avocados) und Obst (Guayaba – siehe Taíno-Götter – und
Mangos, aber auch Saftorangen, Toronjas, Limetten, Papaya) produzieren, verlangt à la longue die Abkehr vom wirtschaftlichen
Zentralismus, von der Dominanz des staatlichen Latifundismus
des »großen« Kuba, vom ritualisierten Internationalismus und ins-
gesamt von der Elitefixierung auf eine Geschichte, die die Insel an
Imperien bindet. Tomate statt Zuckerrohr muss das neue Image
Kubas prägen, von mir aus auch die *Piña*, die Ananas des Dichters
Zequeira.

Im Grunde ist es doch die Substanz dieses »kleinen« Kuba gewesen, die es Fidel Castro erlaubt hat, den Castroismus als die Geschichte einer permanenten Kurskorrektur (Ignacio Sotelo) zu begründen. Ohne diese Basis wäre Kuba schon längst verhungert. Es
hätte den Tropensozialismus nie überlebt. Wirtschaftlich ist es
heute wohl die einzige Chance, zunächst diese Subsistenzbasis
offiziell anzuerkennen und sie weiterzuentwickeln. Grundvoraus-
setzung wäre eine wirkliche Agrarreform unter Schutz eines starken Staates. Nur so könnte sich Kuba, zusammen mit Medizinfor-
schung und Biotechnologie (und eventuell Solartechnologie) sowie
einem neuen Kultur- und Gesundheitstourismus, der Nutzung
seiner wissenschaftlichen Potenzen sowie seines Potenzials gut
ausgebildeter Menschen aus eigener Kraft ganz in die globalisierte
Welt einfügen. Voraussetzungen sind die Klärung folgender Grund-
fragen: Was wird mit dem Eigentum, wie verhält sich der Staat (vor
 allem die Armee) dazu, und was wird aus den bisherigen Sozial-
massnahmen?

Wer die kubanische ideologische Landschaft kennt und zugleich offenen Auges die sozialen Realitäten zur Kenntnis zu nehmen in der Lage ist, wird wissen, dass eine solche Gegenüberstellung von »großem« Kuba und »kleinen« Kubas aus Sicht der heutigen Führung ein Sakrileg ist. Die »kleinen« Kubas sollen dem Blick der Touristen, Diplomaten, Unternehmer und ausländischen Künstler verborgen bleiben. Deshalb werden die *Organopónicos* (kleine Gemüsegärten auf bisherigem Ödland) vorgeführt. Diese Gärtchen sind wichtig. Sie sind aber eine Reaktion auf den Landhunger der Bevölkerung. Und sie reichen bei weitem nicht aus. Einerseits sind alle revolutionären Bewegungen in der kubanischen Geschichte, vor allem die antikolonialen Kriege gegen das imperiale Spanien, von Akteuren getragen worden, die Vertreter der »kleinen« Kubas waren. Mit Ausnahme von José Martí vielleicht, der in der Verbannung die nationale Meistererzählung eines »großen« Kuba der Erinnerung schuf. Aber auch die Castros stammen nicht aus Havanna! Die gegenwärtige Führung beansprucht, vor allem in der Figur von Antonio Maceo, stillschweigend die politische Traditionslinie der »kleinen« Kubas als eine ihr genuin eigene Geschichte. Zugleich gibt es aber in der gegenwärtigen Politik, zumindest sichtbar und deutlich hörbar, keinen Politiker (auch der gegenwärtige Präsident des Kleinbauernverbandes ANAP nicht), der als politischer Vertreter eines heutigen »kleinen« Kuba zu bezeichnen wäre.

Aber Zentralismus bindet ja bekanntermaßen vieles zusammen, was eigentlich nicht zusammengehört. Möglicherweise sind Entwicklungen im Gange, die ein einzelner Beobachter gar nicht alle zur Kenntnis nehmen kann. Offensichtlich ist nach 2001 die Entscheidung gefallen, ein »großes Kuba« ohne Zuckerindustrie beziehungsweise mit stark verringerter Zuckerindustrie zu schaffen. Überall im Lande werden Centrales, wie zum Beispiel »Pepito Tey« (das frühere »Soledad« von Edwin Atkins) bei Cienfuegos, geschlossen. Den Fachkräften werden Stellen in anderen Bereichen oder Studienplätze angeboten.

Die Schreckbilder der »großen« Kubas, die der Beobachter beim
Blick in die Zukunft sieht – etwa wenn die jetzige Führung genügend Kapital bekommt, um ihre Tourismus- und Zuckerrohr-
derivateträume wahr zu machen oder (ein politisch-rhetorisch völlig anderes »großes« Kuba) wenn Leute aus Miami sich mit ihrem
Kapital durchsetzen und ihre Tourismusträume wahrmachen (man
vergleiche nur einige Projekte auf den Bahamas)! – sind hoffentlich
nur Albträume. Aber Kaffeesatzlesen ist wenig nützlich. Nur noch
ein kurzer Strich gegen den Zeitgeist: Die Abkehr vom »großen«
Kuba hätte auch weiter gehende und eigentlich nicht erwünschte
Konsequenzen. Es ist nicht nur so, dass Kuba und seine Revolution
mittlerweile zur Folklore der internationalen Linken gehören. Zu
dieser Folklore gehört im Grunde auch die stillschweigende Anerkennung des »großen« Kuba als des einzigen Kuba (mit wenigen
Ausnahmen, wie die Publikationen der Werke Varelas und des
Obispo de Espada zeigen). Das gilt auch für alle kubanischen Eli-
ten, von José Agustín Caballero, Saco und Arango y Parreño über
Enrique José Varona, Julio Antonio Mella, Fernando Ortiz, Jorge
Mañach, Manuel Moreno Fraginals, Roberto Fernández Retamar
und Jesús Díaz oder Iván de la Nuez (die Auswahl ist völlig zufällig,
wichtig sind mir – in diesem Zusammenhang! – nur Arango und
Nuez als kulturelle Eliten, Letzterer mit dem kurzen Zitat aus seiner
»Balsa perpetua«: »[…] dass die kubanische Kultur auch eine west-
liche ist«.[296] Natürlich ist sie das; sie ist sogar ein Fokus atlantischer
Kultur, sicherlich noch mehr als Deutschland, Österreich und die
Schweiz zusammen.

Alle oder fast alle Intellektuellen und Künstler haben auf Basis
des atlantisch-globalisierten »großen« Kuba ihre Kultur ausgebildet. Diese Kultur ist groß und schön; ich sage es ganz ehrlich: ich
liebe sie! Die Fama Kubas, durch Humboldts Kuba-Essai zeitig bestätigt, speiste sich seit dem zweiten Drittel des 19. Jahrhunderts
aus dem Mythos dieses sich weiterentwickelnden »großen« Kuba.
Der Mythos lebt. Aber die kulturelle Elite, sei sie castroistisch oder

anticastroistisch, muss von den mythischen Höhenkämmen ihrer »westlichen Kultur« in Klüfte blicken, deren dunkle Tiefen sie (und wir) nicht kennen. Die Hochkultur des »großen« Kuba hat diese Klüfte mit hervorgebracht, was viele ihrer heutigen Vertreter gar nicht mehr wissen oder wissen wollen; Arango und Saco wussten es. Durch ihr weitgehendes Schweigen hat die heutige Kulturelite die Klüfte zumindest nicht verkleinert: einmal die zum »schwarzen« Kuba und die zu den »kleinen« Kubas. Die »kleinen« Kubas sind, wie seit den Tagen von Eduardo Machado Mitte des 19. Jahrhunderts, auch heute weitgehend als »weiße« Kubas konzipiert worden. 1992 wurden 98 Prozent der privaten Bauern und 95 Prozent der Mitglieder der landwirtschaftlichen Kooperativen als »weiß« eingeschätzt, während das historische »große« Kuba zwangsläufig immer vorwiegend »schwarz« war. Das ist es auch heute noch, inklusive der Städte (vor allem durch das Phänomen der *Palestinos*, der farbigen Einwanderer nach Havanna), die wegen der Probleme der Urbanisierung und Landflucht immer deutlicher transrassial sind. Früher galt von den vielen »kleinen« Kubas nur die Provinz Oriente als wirklich »schwarz«.

Die Gefahren des Rassismus können wir für Kuba nur ahnen. Wir wissen nicht wirklich, wozu er dienen kann oder fähig ist. Wir wissen auch nicht, wozu ein neuer Populismus, der diskursiv die »kleinen« (weißen) Kubas auf den Schild hebt, fähig ist. Aber Ideologien sind eine Sache, Alltag und Erfahrungen eine andere. Und der Unterschied zwischen dem »großen« Kuba und den »kleinen« Kubas ist kulturell und sozial eben auch die riesige »Kluft zwischen dem urbanen, weltoffenen Kuba [i.e. Havanna und die Bildungseliten der großen Städte, Santiago, Santa Clara, Cienfuegos, Camagüey, Matanzas – M.Z.] und dem ruralen, in Selbstabgeschlossenheit und auf einem viel niedrigeren Lebensstandard verharrenden Kuba«.[297] Aber von dort sind seit jeher die Werte gekommen, die als die »wirklich« kubanischen Werte gelten. In einigen dieser »kleinen« Kubas, vor allem in Oriente und um Cienfuegos, aber auch im

»großen« Kuba, haben unter bestimmten Voraussetzungen die Rassenallianzen des Alltags fast immer gut funktioniert, in den »kleinen weißen« Kubas, wie Pinar oder Camagüey, schlechter. Das »kleine« Kuba Oriente haben zwar alle Eliten in Notzeiten entdeckt (wie heute mit der Forderung nach Diversifizierung im Agrarsektor), aber keine regierende Elite hat es zur wirklichen Basis seiner Wirtschaftspolitik gemacht. Heute wäre die Basis einer solchen Wirtschaftspolitik konsequente Agrarreform mit Eigentumstiteln für die kubanischen Bauern und Genossenschaften unter dem Schutz des existierenden Staates. Varela und Bischof Espada dienen heute eher zur Annäherung an Rom, Alejandro Ramírez, der geniale Intendant vom Anfang des 19. Jahrhunderts, gilt als Spanier und Etatist. Der utopische Sozialist Ramón de la Sagra gilt als Kolonialist, sein kreolischer Konterpart José Antonio Saco gar manchmal als Verteidiger der Sklaverei. Martí war Dichter und kein Bauer. Die Versuche etwa Batistas, die »kleinen« Kubas zu entwickeln, werden heute als Populismus abgetan. Im revolutionären Kuba der dritten Republik war die kurze Phase des Angriffs auf das »große« Kuba spätestens 1965 zu Ende, auch wenn sich in der Dezentralisierung und Entwicklung der Landwirtschaft auch danach noch Elemente finden lassen. Damals brachte Juan Pérez de la Riva, ein im französischen Strukturalismus geschulter historischer Demograf, das Wort von den »zwei Geschichten« Kubas auf.

Ist Kuba reif für die Welt?

Die Europäische Union war, trotz fehlender Verträge und trotz der bis 1999 recht spröden politischen Haltung Deutschlands, der Niederlande und gelegentlicher, fast innenpolitischer Kräche mit Spanien, der wichtigste ökonomische Partner Kubas. Ende 1999 begann nach dem Vorbild Spaniens zum ersten Mal offizielle Entwicklungszusammenarbeit zwischen Kuba und Deutschland (ein Umweltprojekt zur Bekämpfung der Wüstenbildung in den Provinzen Las Tunas und Granma; Stiftungen und Einzelpersonen oder

Universitäten arbeiten natürlich schon länger an Projekten). Damit befand sich Deutschland auf einer Linie mit Staaten wie Kanada, Spanien, Italien und Frankreich. Kuba war, zusammen mit der Dominikanischen Republik, das antillianische Ferienparadies der Europäer. Allerdings sind die übergroßen Erwartungen an eine rapide Weiterentwicklung der Touristenzahlen durch die Folgen des 11. September 2001 auf ein eher realistisches Maß zurechtgestutzt worden.

Kuba war seit 1998 Beobachter bei der Neuerarbeitung des Vertrages von Lomé; ein formaler Kooperationsvertrag allerdings ist bisher an der Weigerung Kubas gescheitert, eine von der EU in den Vertrag eingebaute demokratische Klausel anzunehmen; Kuba hat – vielleicht wegen seiner Größe oder »Kleine« – in gewissem Sinne für bestimmte Länder der EU lange Zeit auch die Rolle eines Prügelknaben gespielt (was immer mal wieder vorkommt), während etwa China als Markt so wichtig ist, dass sich nicht einmal die USA ernsthafte Klauseln leisten können (und im Falle Vietnams der historische Schuldkomplex so groß ist).

Im Februar 2000 votierten die 71 Afrika-, Karibik- und Pazifikstaaten (AKP) in Suva, der Hauptstadt der Fidschi-Inseln, einstimmig für die Aufnahme Kubas in den neuen Vertrag (»Lomé-Vertrag«) zwischen ihnen und der Europäischen Union. Diese sah aber noch Verhandlungsbedarf, vor allem sicherlich mit den USA. Ende April 2000 zog Kuba allerdings, etwas überraschend, den Antrag zurück. Die vagen Hinweise auf Menschenrechtsklauseln, die Kuba nicht akzeptieren könne, sind allerdings ziemlich an den Haaren herbeigezogen. Denn die gab es auch 1998 schon. Die EU hatte 1999 deutlich erkennen lassen, dass sie um bessere Beziehungen bemüht ist. Kern der Sache dürfte sein, dass die kubanische Elite gegenwärtig vor allem wegen innerer Probleme keine Normalisierung von politischen Beziehungen anstrebt. In diesem Sinne ist Kuba offenbar nicht reif für die Welt. Aber die Verhandlungen gingen weiter. Im März 2003 wurde in Habana eine Vertretung der

Europäischen Union eingerichtet; zwischen Kuba und der EU sind Hilfsprogramme für Wirtschaft, Entwicklung der Zivilgesellschaft und Ernährung in Höhe von 15 bis 20 Millionen Euro jährlich ausgemacht worden. Leiter der Vertretung ist der Deutsche Sven Kuhn von Burgsdorff. Einen starken Rückschlag erfuhren die Beziehungen zu Kuba durch die scharfe Repression im Umfeld des Irak-Krieges und durch den Beschluss des EU-Rates vom 5. Juni 2003, in welchem die Mitgliedsländer der EU unter anderem aufgefordert werden, ihre Teilnahme an kulturellen Veranstaltungen in Kuba stark einzuschränken. Das trifft – wie Boykottmaßnahmen immer – vor allem die Menschen.

Trotz vieler Friktionen und der schlechten Lage der Bevölkerung konnten sich Kuba und speziell Fidel Castro bis 2002 internationaler Erfolge erfreuen. Im Grunde hatte Castro mit Papstbesuch, Teilnahme an der Versammlung der 48 Staats- und Regierungschefs der EU, Lateinamerikas und der Karibik in Rio de Janeiro 1998 und als Gastgeber des IX. Iberoamerikanischen Gipfels 1999, bei dem nach über fünfhundertjähriger gemeinsamer Geschichte zum ersten Male ein spanischer König Kuba betreten hat, sowie dem Gipfel der 133 G-77-Staaten im April 2000 in Havanna (einem Gegengewicht zur Organisation der G-8-Staaten) den bisherigen Gipfel außenpolitischen Erfolges erreicht. Zu diesen Erfolgen ist auch das Votum von 167 Staaten der Vereinten Nationen gegen das US-Embargo im November 2001 sowie Castros Reise nach Vietnam und China Anfang 2003 zu rechnen. Flankiert wurden diese Erfolge durch Besuche von hochrangigen Wirtschaftsmanagern und Politikerdelegationen, aus Spanien sowieso, aber auch aus vielen anderen europäischen Ländern, auch aus Deutschland, so etwa von Hans-Olaf Henkel (ehemals Vorsitzender des Bundesverbandes der Deutschen Industrie [BDI]) oder Klaus Zwickel von der Industriegewerkschaft Metall (IGM). Der emeritierte Kölner Regierungspräsident Franz-Josef Antwerpes (SPD) engagiert sich stark für Kuba, wie es die Friedrich-Ebert-Stiftung sowie eine Kontaktgruppe von SPD-Politikerinnen und -politikern, Caritas, die Deutsche Welthungerhilfe, die von Ärzten organisierte Humanitäre Cubahilfe e.V, die Deutsch-Cubanische Gesellschaft (DeCub), die Solidaritätsorganisationen Cuba-BRD oder Cuba-Sí sowie viele andere Gruppen und Einzelpersonen schon seit langem tun. Oder die Aktivitäten für den Schutz der natürlichen Ressourcen Kubas und seiner Schätze der Biodiversität (etwa im *Parque Nacional Alejandro de Humboldt*, westlich von Baracoa, durch die Gesellschaft für Technische Zusammenarbeit [GTZ] und die Frankfurter Tropenwaldstiftung OroVerde).

Im Mai 2000 und im Mai 2002 besuchte mit der deutschen Entwicklungsministerin Heidemarie Wieczorek-Zeul seit 1949 erstmals eine Vertreterin der Bundesregierung Kuba; Carlos Lage hatte zur Vorbereitung im März 2000 Deutschland einen Besuch abgestattet. Der Deutsche Akademische Austauschdienst (DAAD) unterzeichnete, unter Hervorhebung der Beziehungen zwischen der DDR und Kuba, im März 2000 ein weit reichendes Studien- und Austauschprogramm mit Kuba.

Aus den Memoiren von Boutros Boutros-Ghali erhellt mittlerweile, dass es sogar schon ein – wenn auch unfreiwilliges – Streitgespräch zwischen dem damaligen deutschen Bundeskanzler Helmut Kohl und Fidel Castro gegeben hat. Auf einem Dinner anlässlich des Weltsozialgipfels in Kopenhagen 1995 kamen beide aus Gründen der Sitzordnung (diese richtete sich nach Anciennität im Staatsdienst) an einem Tisch zu sitzen, zusammen mit dem damaligen UNO-Generalsekretär, dessen Gattin und dem dänischen König. Castro soll zu Kohl gesagt haben: »Sie essen zu viel. Sie sollten auf Ihre Ernährung achten.« Kohl habe daraufhin in seiner typischen launigen Art geantwortet: »Ich hätte nicht gedacht, Herr Castro, dass Sie so sehr amerikanisiert worden sind, dass Sie sich so um das Körpergewicht sorgen.« Dann habe sich Kohl mit den Worten »diese Tischordnung« und entnervtem Blick an Frau Boutros-Ghali gewandt.[298] Auch der jetzige Bundeskanzler hat seine Kuba-

Erfahrungen, die weit über gelegentliches Cohiba-Rauchen hinaus gehen, sowohl als Jungsozialist wie auch als Regierungschef von Niedersachsen.

Der Krach – oder, je nach Sichtweise, die Meta-Soap-Opera – um den Jungen Elián González seit seiner Rettung aus dem Meer zu Thanksgiving im November 1999 unter den Kubanern innerhalb und außerhalb Kubas ging vordergründig just um die Frage der Familie und des Familiensinns. Allerdings hat der Fall den Spätcastroismus mehr verändert, als das Ereignis und etwa das schnell hochgezogene *Protestódromo* (2000, mit einem José Martí, der ein Kind im Arm hält und anklagend auf das Gebäude der Interessenvertretung der USA weist) vermuten lässt. Fidel Castro hat die Medien neu entdeckt. Hinter diesem »Eliánismo« standen und stehen alle Probleme zwischen den USA und Kuba, aber mehr noch die Probleme zwischen kubanischem Exil und den auf Kuba Gebliebenen, der Flucht der in den Augen von Kubanern ohne Zugang zum Dollarbereich privilegierten Menschen von der Insel (denn sowohl die Mutter wie auch der Stiefvater arbeiteten »im Tourismus«, wie es auf Kuba heißt), der Insularität und so weiter. Das Thema Familie aber gab dem Vorgang seine sentimentale Brisanz. Verhältnis zu Kindern und zur Familie ist ein für eher protestantisch geprägte Länder nur schwer begreifliches Thema in Bezug auf die Mentalität und, wenn man so will, die affektive Bindung unter den kubanischen Gesellschaften auf der Insel und in den USA.

Fidel Castro nutzte als Vollblutpolitiker das Thema politisch aus. Familie und Erziehung sind zwei der höchsten Werte, die er verteidigt, um sein Gesellschafts-Projekt propagieren zu können. Und er hat bewiesen, zumindest zu Beginn der Kampagne, dass er mit der Geschichte auch die Menschen trotz ihrer Politikmüdigkeit mobilisieren kann. Und er konnte die Eliten auf die von ihm gesetzten Themen öffentlich einschwören. Zeitweilig konnte das Thema sogar mit den ellenlangen tele*novelas*, den brasilianischen oder kolumbianischen, aber auch schon kubanischen, Megaserien im

Fernsehen konkurrieren. Was die Telenovelas und Fidel Castro als Fernsehstar betrifft, ist Kuba wohl reif für eine Welt der globalisierten Medien.

Allerdings hatte die Kampagne nach fünf Monaten eine eigene Dynamik erlangt, die auf Kuba zunehmend als kontraproduktiv empfunden wurde, aber der Regierung dazu diente, von inneren Problemen abzulenken. Nach der Befreiung des Jungen aus dem Haus in Miami am Ostersamstag 2000 sprach auch ein Fidel Castro von einem »Tag des Waffenstillstandes« mit den USA. Innenpolitisch hatte Clinton die Affäre benutzt, um sich aus dem erpresserischen Griff der kubanisch-amerikanischen Klientel zu befreien. Eine schwere Niederlage für die intransigenten Politiker des kubanischen Exils in Miami. Es war aber auch eine Chance für bessere Beziehungen zwischen beiden Ländern. Die übergroße Mehrheit der US-Amerikaner hatte mit regelrechter Erschöpfung und zum Teil Erbitterung die »miaminische Gefangenschaft« ihrer Administration gesehen (das Bild von »Miami« wird in diesem Sinne von einer kleinen Minderheit geprägt). Aber immerhin hat sich Clinton mit einem Gewaltschlag, der Aktion im Morgengrauen des Ostersamstags 2000, daraus zeitweilig befreien können (was seinen Vize Al Gore wohl die Präsidentschaft gekostet hat). Nach den Baseball-Spielen zwischen der kubanischen Nationalmannschaft und Professionals aus den großen Ligen der USA in Baltimore und in Havanna bestand nun gar die Chance zu einer neuen Kubapolitik der USA, wozu Clinton auch Ende Juni 2000 aufrief.

Mit George W. Bush kam allerdings ein Präsident an die Macht – mit Hilfe der Stimmen des Staates Florida –, von dem befürchtet wurde, er würde alle Erfolge des Ausgleichs zunichte machen. Aber Bush Jr. ist auch der erste Präsident der USA seit 1962, der das Embargo mit Verweis auf die Folgen des Hurricans »Michelle«, gedrängt durch die Agrarlobby in den Staaten, durchbrochen hat. Was die Initiative des Elder Statesman Jimmy Carter im Mai 2002 langfristig bewirken kann, bleibt ebenso abzuwarten wie die Wir-

kung von Vereinbarungen auf dem Gebiet der Kultur (Sicherung
von Archiven, Verfilmungen und etwa die Einigung über den He-
mingway-Nachlass auf Kuba). Mit der Repressionswelle in Kuba im
April 2003 scheinen all diese Schwalben verschwunden zu sein; der
gegenwärtige Chef der Interessenvertretung der USA, James Cason,
betreibt eine fast unverhohlene Konfrontationspolitik. Die USA
hatten im Mai 2003 erst 700 von den 20 000 Visa pro Jahr ausgege-
ben. Offensichtlich sollte der innenpolitische Druck in und auf
Kuba erhöht werden. Die von Kongressmännern vor allem von der
Westküste (Boston) und aus dem Mittelwesten gegründete politische Stiftung, die zeitweilig eine recht erfolgreiche Lobbyarbeit zur
Aufhebung der Embargos verbuchen konnte, löste sich im April
2003 auf.

Auf kubanischer Seite schien es ein Weilchen so, als ob Fidel
Castro die Geister, die er mit der Elián-Kampagne rief, nicht mehr
loswürde. Allerdings zeigte sich bei der Ankunft von Elián in Havanna nochmals deutlich, dass Castro eben den Wert Familie in
den Vordergrund stellen wollte: Nicht der Comandante en jefe war
auf dem Flugplatz, sondern Verwandte und Freunde des kleinen
Elián. Ganz leicht kann selbst dem pragmatischen Castro die Kampagne mit der Predigt traditioneller Mutter- und Familienwerte
nicht gefallen sein (der offizielle Fidel Castro ist bekanntlich ein Fa-
milienmensch par excellence). Auch wenn die Mobilisierungskam-
pagnen ermüden und die offiziellen Rhetoriken oft hohl klangen;
auch neue Tendenzen waren nicht zu übersehen, für sinnvolle
Ziele zu mobilisieren, wie 2002 gegen die Dengue-Fieber-Epidemie
und die Mücken der Art Aedes Aegyptii.

2004 können wir schreiben, dass der Politmagier die Fernseh-
geister, die er in den Kampagnen 1999/2000 gerufen hat, nach einigen Schwierigkeiten durchaus in seinem Sinne nutzt, nämlich zur
Mobilisierung. Der Comandante en jefe reist unter den Augen der
Kameras im Lande umher. Er tut das wie ein Kaiser. Diese wie
mittelalterliche Gerichtshöfe umherziehenden *Tribunas abiertas*,

offene Tribunale, verschafften Castro neue Visibilität im Lande;
reale wie mediatisierte. Die reale Visibilität hat ihre Gefahren, wie
der Schwächeanfall auf einer Massenversammlung 2000 zeigte.
Durch das Fernsehen ist Castro nicht mehr nur ein Bild in den
Hinterzimmern von Privatwohnungen und in den Amtsstuben
oder Zeitungen; Castro ist im Fernsehen omnipräsent. Das gab ihm
die Möglichkeit, sein Charisma weiter wirken zu lassen und die Re-
formphase endgültig zu beenden. Der Elite gaben die Mobilisierungen Möglichkeiten, neue Kader zu rekrutieren. Außerdem trat
(und tritt) Fidel Castro wie ein Bildungsminister auf. Ein neuer
Fernsehkanal sendet seit 2001 ein politisiertes Bildungsfernsehen
und neue politische Rituale. Castro kann noch mobilisieren. Auch
mit dem Fernsehen. Und mit einem Image, das seinem Alter ange-
passt worden ist. Die Jugendbilder sind durch Altersbilder ersetzt
worden; eine »gültige« Biografie ist da (die den »ewigen« Revolutionär – auch – als treuen Ehemann der Santaclareña Diana Soto zeigt,
sozusagen symbolisch im Kreise seiner fünf Söhne mit Lala, die ge-
liebten Spaghetti essend, dazu gibt es ein Video).[299]

Allerdings war für Castro 2002 die Schlussklammer der Parenthese-Gesellschaft offenbar gesetzt. Er machte immer mehr den
Eindruck eines vom eigenen patriarchalischen Autokratismus ge-
langweilten Altstars (den nunmehr auch sein Bild für die Nachwelt
interessiert). Der vorzeitige Abbruch der inneren Reformen kann
sich nun, unter neuen politischen und vor allem auch wieder kras-
sen wirtschaftlichen Problemen, als schwerer Fehler erweisen; insgesamt passt dieses Auf und Ab der Reformen aber bestens zum
Bild der »Insel, die sich wiederholt«.

George W. Bush hat sich schnell wieder in die Abhängigkeit von
Miami begeben; sonst gäbe es ihn gar nicht als Präsidenten; auch
hier wiederholt sich seit mehr als 40 Jahren vieles (zum Beispiel
markige Sprüche, um die Cuban-Americans im Wahlkampf zu mobilisieren).

Epilog 2004:
Castroismus mit und ohne Fidel Castro

Insgesamt und in Verbindung mit dem doch recht ordentlichen Wirtschaftswachstum – 6 Prozent 1999, 5,6 Prozent 2000, 3,0 Prozent 2001, 1,1 Prozent 2002 und (nach konservativer Schätzung) 1,5 Prozent 2003[300] – kann man, vorsichtig und unter Einbeziehung vor allem der langen historischen Linien beurteilt, für die nächsten Jahre das folgende Bild entwerfen: In der Innenpolitik dürfte es keine demokratische Öffnung nach westlichen Vorstellungen geben, sondern eine Stabilisierung durch eine Kombination personalistischer, kultureller und struktureller Machtelemente – solange Fidel Castro lebt. Es sei denn, die Krise nimmt wieder Ausmaße wie 1992–1995 an (Anzeichen dafür sind das Ausbleiben des Öls wegen der Venezuela-Krise, Krise des Zuckers – die Deviseneinnahmen aus dem Zucker stellen 2001 noch ein knappes Viertel der Einnahmen von 1991 dar – und Absacken der Touristenzahlen sowie geringeren Einnahmen pro Tourist seit 2001) oder die Bedrohung durch die konservative Revolution der internationalen Beziehungen im Umfeld des Irak-Krieges 2003 (Präventivschläge gegen weitere so genannte »Schurkenstaaten«) richtet sich direkt gegen Kuba. Das eigentliche Problem ist die Kumulierung dieser Krisen und ihr Zusammenfallen mit internen Versorgungsproblemen, dem Fehlen nahezu jeglicher Hoffnung auf Reformen.

Trotz dieser Szenerie will ich hier ein paar lange Linien ziehen. Der Castroismus, eine pragmatische Politik, die eine traditionell kommunistisch genannte Politikform mit neuen sozialen Inhalten gefüllt hat, ist trotz vieler Wendungen seit über 40 Jahren existent. Eigentlich hat es sich immer um Linksnationalismus gehandelt. Die Basis des ständigen Wandels waren und sind die einflussreichen Konstrukte der nationalen Selbstbestimmung und der eigenen lokalen Kultur in einer Welt der Globalisierungen, nicht nur der heutigen Globalisierung, sondern aller Globalisierungswellen des Westens seit 1500 oder früher. Der Castroismus war zwischen 1960 und 1990 positiv für die Masse der Menschen auf Kuba in Bezug auf Grunddaten der Existenzsicherung (vor allem Ernährung, Gesundheit, Bildung; im Wohnungsbau wird das Problem schon komplizierter). Hätten die reichen Venezolaner auch nur die Hälfte des kubanischen Programms für ihre Bevölkerung verwirklicht, hätten sie heute nicht das Problem der »institutionellen Instabilität«, wie es vornehm umschrieben wird. Der Castroismus hat dem Staat auf Kuba zum ersten Mal in der neuesten Geschichte über längere Zeit Stabilität, Autorität und Verankerung in der Masse der Bevölkerung gegeben. Allerdings war diese Stabilisierung nur möglich auf Basis der festen Bindung an den Realsozialismus sowjetischer Prägung 1970–1990 und Erhaltung der grundlegenden Strukturen des »großen« Kuba. Für die Wirtschaft und für die Gesellschaft war das auch eine Zeit der Experimente.

Entweder Anfang der 70er- oder in den 80er-Jahren oder 1999 hätte Fidel Castro Platz machen müssen für eine wirkliche Demokratisierung: Agrarreformen, die die »kleinen« Kubas anerkennen, Zulassung und Gründung weiterer Parteien (oder Umbenennung der Kommunistischen Partei in *Partido Revolucionario Cubano*, etwa zum 100. Jahrestag der Martí-Gründung), Selbstverwaltung der Betriebe, Markt und Unternehmertum von unten sowie Wahlen. Sein Verbleiben an der Macht, der starke Patriotismus und die Beharrungsmacht der bürokratisch-militärischen Strukturen haben Kuba vor dem Zusammenbruch 1990–1993 gerettet. Dann kam das kurze Intermezzo partieller Reformen. Seit 1999 existiert faktisch eine Pattsituation zwischen Gesellschaft, bewaffneten Kräften und Machtspitze; es liegt, selbst für wohlwollende Beobachter, der Raureif eines Spätsystems über dem Land. Der Preis des Castroismus war und ist das Fehlen eines Rechtsstaates und eine relative internationale Isolierung; nicht so sehr der Elite und der staatskapitalistischen Firmen (oder der Künstler), sondern der Menschen, der Kubanerinnen und Kubaner auf Kuba, vor allem der Menschen des Interior. Gleichzeit wird die Gegentendenz deutlich, vor allem unter Menschen aus Havanna und aus den größeren Städten, sich privat oder familiär zu »globalisieren«. Ein Scherzwort sagt, Mexiko sei voll von kubanischen Tänzerinnen, Musikgruppen und Kubanern, die mit Mexikanerinnen verheiratet sind.

Die Politik der charismatischen Eigenständigkeit brachte Castro viele Sympathien ein; der Hass, den es auch gibt, ist eigentlich eher ein traditionelles Ritual. Der Preis der Eigenständigkeit scheint, wir wiederholen es – nach dem September 2001 mehr denn je, denn der Tourismus brachte auch eine Öffnung mit sich –, ständige repressive Gewalt niedrigen Niveaus (mit periodischen Ausbrüchen offener Gewalt) und relative Isolierung zu sein. Aber die Menschen auf Kuba haben tief verwurzelte Erfahrungen mit Gewalt und Globalisierung; schon Sklavenhandel und Sklaverei können durchaus als Globalisierung durch Zwang betrachtet werden. Sie haben auch Erfahrungen mit der Exzeptionalität ihrer Insel: Das ganze 19. Jahrhundert hindurch war Kuba in Lateinamerika sozusagen »allein«. Das Problem ist in gewissem Sinne der Verlust der »Realität« in der Wirklichkeitswahrnehmung, etwa in den Geschichtswissenschaften. Konkret: Inwieweit erreichen eher traditionelle Interpretationen der kubanischen Geschichte als Mythos des Kampfes um Unabhängigkeit die kubanische Jugend noch unter den Bedingungen der vielfältigen Wirklichkeits- und Vergangenheitsentwürfe sowie der extremen Konsumerwartungen (aber das ist ja nicht nur ein kubanisches Problem)?

Die einzigen »ewigen« Stabilitäten des Castroismus sind drei: Charisma, Militarisierung und »authentische« Kultur. Auch das

Charisma beruht vor allem auf der Kontrolle des Militärs (und mit ihm die Spitze des Machtapparates) über die weitere Entwicklung Kubas – vielleicht offen, aber eher noch verdeckt, wie im postsandinistischen Nicaragua, allerdings ohne den offenen Systemwechsel und die rapide Unterordnung unter die USA. Zumal der Zeitgeist eben nicht mehr der von 1990, sondern der des 21. Jahrhunderts, mit neuen globalen Konflikten, ist. Diese neuen Konflikte haben mit dem republikanischen Neokonservatismus allerdings auch neue Bedrohungen hervorgebracht, von denen keiner weiss, ob sie ein wirtschaftlich geschwächtes und – offiziell – reformunwilliges Kuba mit ernsten Versorgungskrisen nicht zum Zusammensacken bringen.

Der dritte Stabilitätsfaktor findet sich im fortgesetzten Versuch, eine tief verwurzelte Kultur, zu der vor allem Bildung, aber eben auch (aber bei weitem nicht nur) der US-amerikanische Film, ein unablässiger Strom lokaler Musikstile und die Pelota gehören, in einem nationalen Feld weiterzuentwickeln. Heute ist es schwer zu beurteilen, ob sich die relativen Erfolge dieser Kulturpolitik aus der Abschottung ergeben haben oder ob die Quellen der Kreativität wirklich tief im Volk verwurzelt sind. Die kubanische Literatur, Malerei oder Musik sind schon längst globalisiert.

Die militärische Parallelorganisation der Gesellschaft ist auf Kuba weit fortgeschritten, nicht nur in den sichtbaren Bereichen der Polizei, der Spezialtruppen des Innenministeriums beziehungsweise in den weniger sichtbaren der Armee oder des Geheimdienstes, sondern auch sozial, in die Tiefe der Gesellschaft reichend. Das zeigen etwa die Beispielen des *Comité de Defensa* (Verteidigungskomitee, nicht zu verwechseln mit den CDR), aber mehr noch der *Asociación de Combatientes de la Revolución Cubana* (ACRC, Vereinigung von Kämpfern der Kubanischen Revolution, beide gegründet nach dem Mauerfall 1989) unter Juan Almeida. Bei der *Asociación* handelt es sich quasi um eine Neuauflage der Veteranen- und Patriotenorganisation, die alle diejenigen vereinigt (und zugleich natürlich kontrolliert), die an Kämpfen innerhalb und außerhalb Kubas zur Verteidigung der Revolution beteiligt waren. Dazu kommen die *Milicias de tropas territoriales*, Territorialmilizen.

Möglicherweise wird das Heer, sprich die Armeeführung, bei einer relativ stabilen Entwicklung (das heißt, wenn es nicht zum Zusammenbruch kommt) und fortschreitender Transformation im PCC einen politischen Arm behalten. Oder die Partei wird sich weiter institutionell verselbständigen und sich formal vom Militär lösen. Bisher gilt: Das Militär, sprich das Heer, ist noch nie offen gegen die Bevölkerung eingesetzt worden. Es ist seit 1991 verkleinert worden (1995: 105 000 Mann), hat aber einen relativ guten Ruf in der Bevölkerung. Die Verbrechensbekämpfung und die Niederhaltung der inneren Opposition, der punktuelle Einsatz gegen »Unruhestifter« – was auch immer die Gründe für die Unruhe sein mögen – waren zumeist Aufgaben der Polizei oder spezieller Abteilungen des Geheimdienstes. Allerdings sind für solche Einsätze auch die paramilitärischen Spezialbrigaden gegründet worden, wo sich der Unterschied zwischen Polizei und Heer schon zu verwischen beginnt. Dass Überlegungen zum Einsatz des Heeres im Inneren aber durchaus schon eine Rolle gespielt haben, zeigte sich an den Äußerungen Raúl Castros zur Augustkrise 1994.

Im übergreifenden historischen Sinne hat die Verbindung von Militär und Wirtschaft seit dem 16. Jahrhundert Tradition; die Gouverneure der frühen Kolonialzeit waren Conquistadoren; die Gouverneure der Zeit des Absolutismus und im 19. Jahrhundert waren als Generalkapitäne per definitionem Militärs. Die Oberschichten trugen nicht nur Titel, sondern hatten fast immer auch militärische Ränge. Die wirtschaftlich überaus erfolgreiche Entwicklung der *Cuba-Grande* des Zuckers und der Massensklaverei im 19. Jahrhundert beruhte im Grunde auf staatlicher Förderung aus militärischen Gründen, unternehmerischem Geschick der Elite (fast alle mit militärischen Rängen in der Miliz und im Heer) in unruhigen

Zeiten und forcierter Arbeit der Sklaven. Die Präsidenten des unabhängigen Kuba im 20. Jahrhundert waren mit wenigen Ausnahmen Militärs; Castro trägt bis heute die olivgrüne Uniform und den Bart der Barbudos. Castro ist zwar promovierter Jurist, doch der Bart evoziert zugleich die Vision des Sozialrebellen. Aber es ist mehr: In der Geschichte Kubas hat der Militärdienst seit jeher viele Familien ernährt; die Generale Antonio Maceo und Máximo Gómez waren während der Unabhängigkeitskriege viel populärer als selbst José Martí. Heute stammen die meisten Angehörigen des Heeres eben aus den Bauernfamilien des »kleinen« Kuba; mit *Gaviota SA* ist mittlerweile sogar ein von der Armee kontrolliertes Tourismusunternehmen entstanden. Die Armeeangehörigen beziehungsweise ehemaligen Armeeangehörigen gehören zumindest nicht zu den Verlierern der »permanenten Revolution«. Sie leben – mit Ausnahme einer kleinen Gruppe hoher Offiziere und Veteranen – zwar keineswegs viel besser als der Rest der Bevölkerung. Allerdings werden sie aus den Beständen der Armee und den Gewinnen der Unternehmen unter Militärkontrolle kontinuierlicher versorgt. Mit den *Agros* hat die Regierung nicht nur eine bessere Versorgung der Bevölkerung ermöglicht, sondern eben für ihre wichtigste stille Klientel ein Ventil geöffnet.

Die Lösung der am Anfang dieses Kapitels genannten drei Grundprobleme lag für die gegenwärtige Führung offensichtlich in einer Kombination der starken Stellung Castros – der ja trotz der vielen Ämter eben institutionell nicht zu bändigen ist –, Beschwörung traditioneller Werte und einer Stärkung des Staates, deren Seele das Militär ist. Was Beobachter heute sehen, ist eine partielle Modernisierung in bestimmten Sektoren und die Mimikry aller Institutionen neben Fidel Castro. Aber Militär und Staat (oft eben Militärs im Staatsapparat) sind seine Basis; das kubanische Militär wird ein Feld (Bourdieu) niemals aufgeben und immer als ihr größtes kulturelles und soziales Kapital nutzen: die nationale Unabhängigkeit der Insel Kuba und die Mythen des Rebellenheeres sowie vom ewigen Revolutionär Ché Guevara. Insofern wird ein Staat, der sich auch über Mythen und Rituale (sowie Verteidigung Kubas und soziale Kontrolle) definiert, wenn es nicht zum Zusammenbruch kommt, über einen längeren Zeitraum die politische und wirtschaftliche Transformation kontrollieren, auch wenn Fidel Castro sterben oder zurücktreten sollte; Letzteres ist kaum anzunehmen. Aber Castro ist auch immer für Überraschungen gut. Der Castroismus ist da; er hat seine Überlebensfähigkeit in 30 schwierigen und 10 extrem komplizierten Jahren bewiesen, und er wird auch ohne (Fidel) Castro existieren und möglicherweise sogar die eigene Spätphase überleben, selbst wenn er in einer Nach-Castro-Ära zunächst zurückgenommen werden sollte.

Wenn ..., wenn er nicht gewaltsam von außen beseitigt wird und damit eine sichtbare Niederlage erleidet. Das Staats-Problem in Lateinamerika und Kuba muss historisch ganz anders diskutiert werden als in einer Debatte über absolute Werte, in meiner Sicht vor allem im Zusammenhang mit der Legitimität eines kleinen Staates unter Bedingungen der Globalisierung. Insofern war der Castroismus eine kreative atlantische Transkulturation aus Insel-Nationalismus, euro-kreolischem Staatskonzept und charismatischer Herrschaft mit caudillistisch-bonapartistischen Elementen (die den zentralistischen Kern bilden). Ende des 20. Jahrhunderts kam auch ein Quäntchen Populismus hinzu. Seit 1990 mussten kubanische Eliten erstmals beweisen, dass sie ohne Deckung eines »Empires« (und ohne die Möglichkeit, die Fehler auf imperiale Eliten abzuwälzen, eine Mentalität, die die Kubaner gezwungenermaßen bis zur Perfektion entwickelt hatten) vor der Welt und auf dem Weltmarkt bestehen können. Das ist besonders in internationalen Krisensituationen, wie im Umfeld des Irak-Krieges 2003, nicht leicht für ein kleines Land.

Das sind Bewertungen, die ein Historiker in die Debatte um lange Linien der Geschichte, um Entwicklungswege (»Pfade«), einzubringen vermag, die von der Vergangenheit über die Gegenwart in die Zukunft Kubas reichen. Das Heute ist morgen Geschichte; an jedem beliebigen Tag kann auch Unvorhergesehenes eintreten. *La vida sigue igual* – das gilt nicht für ewig. Politik entwickelt sich nicht nur entlang langer Linien der Geschichte, sie macht auch selbst Geschichte, genau wie die Menschen mit ihren Erfahrungen. Eine veränderte Gesellschaft kann nicht ewig nur in veraltende politische Strukturen eingezwängt werden, die sich hinter der Person Fidel Castros oder der Kritik an Imperien verstecken. Insofern wäre es schon wünschenswert, wenn der »starke« castroistische Staat die doch vorhandene soziale Dynamik lenken und das sichtbare Auftreten anderer institutioneller oder sozialer Akteure (wie Parlament, Partei, die Gewerkschaften, die Agrargenossenschaften, Universitäten, Medien, kubanische Unternehmer und Kirchen) in der inneren politischen Arena Kubas wirklich fördern würde[301] und nicht nur in mittlerweile fast allabendlichen TV-»Politestraden«, einer Art Talkshows, in denen irgendwann der Herr und Meister selber auftritt. Überraschung lösten kubanische Oppositionelle um Oswaldo Payá im Mai 2002 aus; Ex-Präsident Jimmy Carter besuchte gerade die Insel, als sie mit einer Petition an die Asamblea Nacional sowie mit mehr als 11 000 Unterschriften und einem »Plan Varela« zur Änderung des Wahlrechts und der Verfassung aufriefen. Castro reagierte mit einem Plebiszit, zwei Extra-Feiertagen (24. und 25. Juni 2002) und Preiserhöhungen, vor allem für Baumaterialien aus den Dollarläden; einige Waren des täglichen Bedarfs wurden bescheiden verbilligt. Der Plebiszit fragte, ob der Sozialismus als unantastbares Gut in der kubanischen Verfassung verankert werden solle. Nach kubanischen Angaben stimmten mehr als 98 Prozent der Stimmberechtigten zu. Der Bevölkerungszensus vom September 2002 wird das Zeitalter des Fidelismus oder Castroismus auch demografisch abrunden.

Die überharte Verurteilung von Menschen im April 2003 – bei einigen weiß keiner so recht, ob sie wirklich Dissidenten sind – kann auch als verspätetes Echo auf die Erfolge der Dissidenten 2002

gewertet werden. Es dürfte sich vor dem Hintergrund des 3. Golf-
krieges, eines Krieges, in dessen Folge eine Okkupation steht (wie
sie die Kubaner in ihrer historischen Erinnerung bestens kennen),
der Entführung von Flugzeugen und der Hafenfähre auf Kuba sowie einer regelrecht entfesselten anticastristischen Propaganda in
Miami allerdings eher um ein Signal an die eigene Bevölkerung
handeln. Die gegenwärtige Führung auf Kuba, das heißt Fidel Castro und die Armee, ist gewillt, trotz der neuen Weltordnungspläne
der Neokonservativen in den USA, die Kontrolle über die Bevölkerung zu wahren. Die Armeeführung hatte allerdings mit dem
schnellen Erfolg der US-Armee im Irak ein im Grunde nicht lös-
bares Problem. Sie konnte ihre Verteidigungsdoktrin nicht mehr
plausibel machen, selbst bei Verweis auf den heroischen Mythos
des Guerillakrieges und auf ein *Eterno Baraguá* (ewiges Baraguá:
der Protest Antonio Maceo gegen die Kapitulation 1878). Also musste Fidel Castro wohl allen zeigen, dass es trotzdem so weitergeht,
wie er bestimmt. Die Erschießung der Entführer der Hafenfähre ist
als Signal überdeutlich. Es spielen sicherlich auch lokale Hintergründe eine wichtige Rolle. Die Umstrukturierung der Zuckerwirtschaft greift tief in die Lebensumstände einer sozialen Gruppe ein;
die Zuckerwirtschaft ist tief verankert in der Mentalität der Landbevölkerung. Und die Landbevölkerung war – trotz Kritik – eine der
wichtigsten Trägerschichten des Castroismus. Jetzt steigen die
Spannungen – wegen der schlechten Versorgungslage –, das Ventil
Bombo, Visum in die USA, ist fast gesperrt, und die ländliche Bevölkerung ist wegen der Strukturreformen in Unruhe. Das ist keine
Entschuldigung der konkreten Menschenrechtsverletzungen, aber
eine (historische) Erklärung der Lage.

Die Leserinnen und Leser sollten die vorangegangenen Narra-
tive nicht als Prognose begreifen, sondern eben als Überlegungen
eines Historikers, der Kuba, auch als Teil der eigenen Biografie, seit
1963 kennt. Für europäische und deutsche Beobachter der Szenerie
in der Karibik erinnert vieles an die Zeiten der deutschen Teilung.

Vieles mag auch ähnlich sein. Ein Komplex ist aber völlig anders:
Die »Heimat« der kubanischen Nation ist die Insel Kuba, nicht
Little Havana in Miami oder irgendeine andere kubanische Kolonie
in der Welt. Hier fließen Nationalismus, Einheitsgebot und Insel-
bewusstsein zusammen. Und zweitens: Havanna mag immer noch
eine atlantische Metropole sein – aber Havanna ist nicht Kuba.

Man sollte sich also nicht täuschen: Solange der viel umworbene
Pueblo nicht in Massen und vor allem im Interior dagegen protes-
tiert, kann der militärisch-politische Lösungsversuch der jetzigen
kubanischen Führung mit einiger Akzeptanz rechnen. Allerdings
wird sich jede Führung à la longue auch offen und intensiver mit
dem Problem der »kleinen« Kubas und des »großen« Kuba sowie
mit den andauernden Versorgungskrisen wirklich auseinander setzen müssen. Die Chancen für ein modernisiertes Kuba waren eigentlich, eben wegen des patriarchalischen, aber immer noch charismatischen, Autokratismus nie besser als heute; auch weil hinter
Fidel Castro eine kollektive Führungsmannschaft existiert, die
ziemlich effizient wirkt. Um Kuba ist es nach dem September 2001
merklich stiller geworden; 2003 wurde es wieder sehr laut.

Eine plötzliche neoliberale Öffnung Kubas oder ein Zusammenbruch würde Kubas Bauern schlicht hinwegfegen und zu einer
Flüchtlingskatastrophe im Herzen der Karibik führen! Aber möglicherweise ist die politische Führung für eine sensible Durchfüh-
rung solch mutiger Reformen schon zu alt. Macht hat ihren Preis.
Und wenn es nur vertane Lebensjahre sind. Die geänderten globalen politischen Rahmenbedingungen und weitere Stürme der alten
Taíno-Göttin Huracán, heute natürlich unter anderen Namen, geben möglicherweise neue Anlässe zu Reformen. Die gegenwärtig
laufenden Umgestaltungen des Zuckersektors bedeuten wahrscheinlich das Ende der strukturellen Basis des »großen« Zucker-
kuba. Wenn Zeit bleibt, diese Reformen zu verwirklichen, würde
Kuba bei seiner wirklichen historischen Größe ankommen, aber sie
vielleicht auch als erster Sozialstaat Lateinamerikas halten können:

die größte der atlantischen Karibikinseln, Insel der Experimente und Träume … und ein kleines Land mit wunderbaren Menschen. Aber groß genug, um globales Symbol zu sein.

So untrennbar das Schicksal Kubas mit dem Leben und Wirken von Fidel Castro verbunden scheint und sosehr die Traditionen des Personalismus und der Militarisierung in der Spätphase des Castroismus wieder deutlich werden, so stark ist unter den Kubanern auch die sensible Empfindlichkeit für alles, was nationale Unabhängigkeit, Würde und Eigenständigkeit angeht, auch und gerade auf kulturellem Gebiet. Fernando Ortiz hat es im Pathos der 20er-Jahre folgendermaßen formuliert: »In Kuba, mehr als bei anderen Völkern, bedeutet die Verteidigung der Kultur die Rettung der Freiheit.« Oder der ewig junge Julio Antonio Mella, nicht weniger pathetisch: »Die Kultur ist die einzig wirkliche und entscheidende Emanzipationsbewegung.«

Die Königin der Antillen ist Kuba.

In Havanna, Cienfuegos, Santiago de Cuba, Santa Clara,
Leipzig, Köln, Barcelona, Windeck-Mauel
und Erftstadt-Liblar geschrieben
von Mai 1997 bis Februar 2004.

Anmerkungen

1 Thomas, Hugh, *Cuba or the Pursuit of Freedom*, London: Eyre & Spottiswoode, 1971 (Spanisch: *Cuba, la lucha por la libertad*, 3 vols., Barcelona, Grijalbo, 1973–1974; auf Deutsch erschien eine Auskopplung der Kapitel 8–11: Thomas, *Castros Cuba*, Berlin: Siedler, 1984).

2 Furiati, Claudia, *Fidel Castro. Uma biografia consentida*, 2 Bde., Rio de Janeiro: Editora Revan, 2002.

3 González-Ripoll Navarro, María Dolores, *Cuba, la isla de los ensayos: cultura y sociedad*, 1790–1815, Madrid: Consejo Superior de Investigaciones Científicas, Centro de Humanidades, Instituto de Historia, Departamento de Historia de América, 1999.

4 Ette, Ottmar, »»Partidos en dos«: zum Verhältnis zwischen insel- und exilkubanischer Literatur«, in: *Romanistische Zeitschrift für Literaturgeschichte*, 13, Heidelberg (1989), S. 440–453.

5 Deschamps Chapeaux, Pedro, *Los cimarrones urbanos*, La Habana: Editorial de Ciencias Sociales, 1986; Zeuske, Michael, *Sklavereien, Emanzipationen und atlantische Weltgeschichte. Essays über Mikrogeschichten, Sklaven, Globalisierungen und Rassismus*, Leipzig: Leipziger Universitätsverlag 2002 (Arbeitsberichte des Instituts für Kultur und Universalgeschichte Leipzig e.V., Bd. 6); Zeuske, *Schwarze Karibik. Sklaven, Sklavereikulturen und Emanzipationen* (Kuba, Antillen, Gran Caribe, 15.–20. Jahrhundert) (demnächst).

6 Foreign Policy Association [Buell, Raymond L.; Jenks, Leland et al.], *Problemas de la nueva Cuba*, New York: J. J. Little and Ives, 1935; siehe auch: Clark, Victor S., »Labor Conditions in Cuba«, in: *Bulletin of the Department of Labor*, vol. 7, Nr. 41 (July 1902), S. 693–793; *Las clases y la lucha de clases en la sociedad neocolonial cubana*, 4 Bde., La Habana: Editorial de Ciencias Sociales, 1980; Pérez Jr., Louis A., *Cuba Under the Platt Amendment*, 1902–1934, Pittsburg, Pa.: The University of Pittsburgh Press, 1986; Pérez Jr., *Cuba Between Empires, 1878–1902*, Pittsburgh, Pa.: University of Pittsburgh Press, 1986; Wood, Dennis B., »The Long Revolution: Class Relations and Political Conflict in Cuba, 1868–1968«, in: *Science and Society* XXXIV (Spring 1970), S. 1–41; Zanetti Lecuona, Oscar, *Comercio y Poder. Relaciones cubano-hispano-norteamericanas en torno a 1898*, La Habana: Fondo Editorial Casa de las Américas; Ministerio de Relaciones Exteriores de Colombia, 1998.

7 Santamaría García, Antonio; Naranjo Orovio, Consuelo, »El '98 en América. Ultimos resultados y tendencias recientes de la investigación«, in: *Revista de Indias* (RI), 1999, vol. LIX, núm. 215, S. 203–274.

8 Marrero, Leví, *Cuba: economía y sociedad*, 15 Bde., Madrid: Playor, S.A., 1972–1992.
9 Pérez Jr., *On Becoming Cuban. Identity, Nationality, and Culture*, Chapel Hill & London: The University of North Carolina Press, 1999 (2001 Paperback); Pérez zeichnet die auf Kultur basierenden »Beziehungen spezieller Intimität« für den Zeitraum 1850 bis Ende der 1950er-Jahre nach. Die beste Synthese der kubanischen Geschichte stammt ebenfalls von Pérez Jr, *Cuba. Between Reform & Revolution*, New York; Oxford: Oxford University Press, 1995 (mit »Selective Guide to the Literature«, der die wichtigste englisch- und spanischsprachige Literatur bis 1990 erfasst: S. 425–527). Zu den politischen und wirtschaftlichen Beziehungen zwischen Kuba und den USA siehe: Pérez Jr., *Cuba and the United States: Ties of Singular Intimacy*, Athens, Ga.: University of Georgia Press, 1990.
10 Domínguez, Jorge I., *Cuba: Order and Revolution*, Cambridge: The Harvard University Press, 1976; Domínguez, *Insurrection or Loyalty. The Breakdown of the Spanish Empire*, Cambridge: Cambridge University Press, 1980; zur historischen Statistik Kubas siehe: Schroeder, Susan, *Cuba: A Handbook of Historical Statistics*, Boston, Mass.: G. K. Hall, 1982.
11 Moniz Bandeira, Luiz Alberto, *De Martí a Fidel. A Revolução Cubana e a América Latina*, Rio de Janeiro: Civilização Brasileira, 1998. Ähnliche Geschichten, manchmal stärker auf das Modell binationaler Beziehungen ausgerichtet, gibt es in fast allen Nationalbibliografien Lateinamerikas.
12 Guerra y Sánchez, Ramiro, *Manual de Historia de Cuba (Económica, social y política). Desde su descubrimiento hasta 1868 y un apéndice con la historia contemporánea*, La Habana: Consejo Nacional de Cultura, 1962.
13 *Historia de la Nación Cubana*, publ. bajo la dirección de R. Guerra y Sánchez/J. M. Pérez Cabrera/J. A. Remos/ E. S. Santovenia, 10 Bde., La Habana: Editorial Historia de la Nación Cubana, 1952.
14 Portuondo del Prado, Fernando, *Historia de Cuba 1492–1898*, La Habana: Instituto Cubano del Libro, 1965.
15 Pichardo, Hortensia (ed.), *Documentos para la historia de Cuba*, 5 vols. in 4 Bden., La Habana: Editorial de Ciencias Sociales 1973–1975 (und viele Nachauflagen, im Folgenden: »Pichardo, Documentos«); García del Pino, César, Melis Cappa, Alicia, *Documentos para la historia colonial de Cuba: siglos XVI, XVII, XVIII, XIX*, La Habana: Editorial de Ciencias Sociales, 1988.
16 Moreno Fraginals, Manuel, *El Ingenio. Complejo económico social cubano del azúcar*, 3 Bde., La Habana: Editorial de Ciencias Sociales, 1978; Moreno Fraginals, *Cuba/España – España/Cuba. Historia común*, pres. José Fontana, Barcelona: Crítica. Grijalbo Mondadori, 1995 (erst nach seiner Emigration geschrieben); Pérez de la Riva, Juan, »Una isla con dos historias«, in: Pérez de la Riva, Juan, *El barracón y otros ensayos*, La Habana: Editorial de Ciencias Sociales, 1975, S. 75–90; Pérez de la Riva, Juan et al., *La república neocolonial*, 2 Bde., La Habana: Editorial de Ciencias Sociales, 1979 (Anuario de Estudios Cubanos); Le Riverend Brusone, Julio, *La república, dependencia y revolución*, La Habana: Editorial Universitaria, 1966; Le Riverend Brusone, *Historia económica de Cuba*, La Habana: Instituto Cubano del Libro, 1971.

17 Franco, José Luciano, *Antonio Maceo. Apuntes para una historia de su vida*, 3 Bde., La Habana: Editorial de Ciencias Sociales, 1975; Franco, *Política continental americana de España en Cuba*, La Habana: Academia de Ciencias, 1964 (*La batalla por el dominio del Caribe y el golfo de México*, 1); Franco, *Revoluciones y conflictos internacionales en el Caribe 1789–1854*, La Habana: Academia de Ciencias, 1965 (*La batalla por el dominio del Caribe y el golfo de México*, 2); Franco, *Historia de la Revolución de Haití*, La Habana: Academia de Ciencias de Cuba, 1966 (*La batalla por el dominio del Caribe y el golfo de México*, 3); Deschamps Chapeaux, Pedro, *El negro en la economía habanera del siglo XIX*, La Habana: UNEAC, 1971; Deschamps Chapeaux, *Los cimarrones urbanos*, La Habana: Editorial de Ciencias Sociales, 1986; Deschamps Chapeaux, Pedro, Pérez de la Riva, Juan, *Contribución a la historia de la gente sin historia*, La Habana: Editorial de Ciencias Sociales, 1974.

18 Pino Santos, Oscar, *Historia de Cuba. Aspectos fundamentales*, La Habana: Editorial Nacional de Cuba; Editora del Consejo Nacional de Universidades, 1964; Historia de Cuba, ed. Dirección política de las F.A.R., La Habana: Instituto Cubano del Libro, 1971 [Jorge Ibarra]; *Historia de Cuba. Bibliografía*, ed. MINFAR, Dirección Política, Sección de Historia, La Habana: Editorial Pueblo y Educación, 1970.

19 Carbonell widmete seine Essays »Fidel und einer neuen Generation von Schriftstellern«, siehe: Walterio Carbonell, *Crítica, Cómo surgió la cultura nacional*, La Habana: Ediciones Yaka, 1961. Über Carbonells weiteres Schicksal (das alle diejenigen, die in der Nationalbibliothek arbeiten, kennen), siehe Thomas, *Cuba*, S. 1433.

20 Besser wohl *foundational factions*: Barnet, Miguel, *Cimarrón*, La Habana: Gente Nueva/Instituto del libro, 1967; Barnet (ed.), *Der Cimarrón. Lebensgeschichte eines entflohenen Negersklaven aus Cuba, von ihm selbst erzählt.* Nach Tonbandaufnahmen herausgegeben von Miguel Barnet, übersetzt von Hildegard Baumgart, mit einem Nachwort von Heinz Rudolf Sonntag und Alfredo Chacón, Frankfurt am Main: Suhrkamp, 1995 (Neuauflage 1999); Plesch, Svend (ed.), *Testimonio. En torno al debate sobre »Cimarrón« de Montejo/Barnet y otros testimonios* (demnächst).

21 Zeuske, »Ciudadanos ›sin otro apellido‹. Nombres esclavos, marcadores raciales e identidades en la colonia y en la República, Cuba 1879–1940«, in: Portuondo, Olga; Zeuske, Michael Max P., *Ciudadanos en la Nación*, Santiago de Cuba: Editorial Oriente, 2002; Sommer, Doris, *Foundational Fictions: The National Romances of Latin America*, Berkeley: University of California Press, 1991; Skurski, Julie, »The Ambiguities of Authenticity in Latin America: Doña Bárbara and the Construction of National Identity«, in: Eley, Geoff; Suny, Ronald Grigor (eds.), *Becoming National*, New York: Oxford University Press, 1996, S. 371–402.

22 Instituto de Historia de Cuba, *Historia de Cuba*, 3 Bde., La Habana: Editora Política, 1994, 1996 und 1998 (I: *La Colonia. Evolución socioeconómica y formación nacional de los orígenes hasta 1867*; II: *Las luchas por la independencia nacional y las transformaciones estructurales 1868–1898*; III: *La Neocolonia. Organización y crisis desde 1899 hasta 1940*).

23 Loyola, Oscar; Silva León, Arnaldo, *Cuba y su historia*, La Habana: Gente Nueva, 1998; Torres-Cuevas, Eduardo; Loyola Vega, Oscar, *Historia de Cuba, 1492–1898. Formación y Liberación de la Nación*, La Habana: Editorial Pueblo y Educación, 2001.

24 Cantón Navarro, José, *Historia de Cuba. El desafío del yugo y de la estrella. Biografía de un pueblo*, La Habana: Editorial SI-MAR S.A., 1996 (englisch: *History of Cuba. The Challenge of the Yoke and the Star. Biography of a People*, La Habana: Editorial SI-MAR S.A., 1998).

25 Es gibt Ausnahmen: Martínez Heredia, Fernando, »El problemático nacionalismo de la Primera República«, in: *Temas*, La Habana, Nr. 24–25 (Januar–Juni 2001), S. 34–44.

26 Ibarra [Cuesta], Jorge, *Cuba: 1898–1921. Partidos políticos y clases sociales*, La Habana: Editorial de Ciencias Sociales, 1992.

27 Almodóvar Muñoz, Carmen, *Antología crítica de la historiografía cubana*, 2 Bde., La Habana: Pueblo y Educación, 1986/89 (I: *Epoca Colonial*; II: *Período Neocolonial*).

28 *Diez nuevas miradas de historia de Cuba*, José A. Piqueras Arenas (ed.), Castelló de la Plana: Publicaciones de la Universitat Jaume I, 1998.

29 Überblicke bieten: Hell, *Kurze Geschichte des kubanischen Volkes*, Berlin: Volk und Welt, 1966; Hell, Jürgen, *Geschichte Kubas*, Berlin: Deutscher Verlag der Wissenschaften, 1989; zur Geschichte der Politik siehe: Barrios, Harald; Suter, Jan (Hrsg.), *Politische Repräsentation und Partizipation in der Karibik. Kuba, Haiti, Dominikanische Republik im 19. und 20. Jahrhundert (Politische Organisation und Repräsentation in Amerika*, hrsg. von Dieter Nohlen, Bd. 4), Opladen: Leske & Budrich, 1996; Zeuske, Michael; Zeuske, Max, *Kuba 1492–1902. Kolonialgeschichte, Unabhängigkeitskriege und erste Okkupation durch die USA*, Leipzig: Leipziger Universitätsverlag 1998; Kapcia, Antoni, *Cuba. Island of Dreams*, Oxford and New York: Berg: 2000; *Kuba heute. Politik Wirtschaft Kultur*, hrsg. von Ette, Ottmar und Franzbach, Martin, Frankfurt am Main: Vervuert, 2001 (Biblioteca Ibero-Americana, Bd. 75); Zeuske, *Kleine Geschichte Kubas*, München: C.H. Beck 2002 (Becksche Reihe, Nr. 1371).

30 »Aquella República«, in: *Temas*, 2 Bde., No. Extraordinario 22–23 (julio–dic. 2000).

31 Martínez, Fernando; Scott, Rebecca J., García Martínez, Orlando, *Espacios, silencios y los sentidos de la libertad: Cuba 1898–1912*, La Habana: Ediciones Unión, 2002.

32 Portuondo; Zeuske, *Ciudadanos en la Nación*, Bd. I, *Santiago de Cuba*: Editorial Oriente, 2002.

33 Almodóvar, Carmen, »La historiografía realizada en Cuba después de la revolución [castrista]«, in: *Revista de Indias (RI)*, 185 (1989), S. 173–191.

34 Sogar die Berliner Republik hat schon ihre Castro-Biografien: Skierka, Volker, *Fidel Castro. Eine Biografie*, Berlin: Kindler, 2001; Hagemann, Albrecht, *Fidel Castro*, München: dtv, 2002 (dtv portrait).

35 Rodríguez, Rolando, *Cuba. La forja de una nación*, 2 Bde., La Habana: Instituto Cubano del Libro, 1998.

36 Fernando Ortiz, *Contrapunteo cubano del tabaco y el azúcar*. Prólogo y cronología de Julio Le Riverend, Caracas 1978, S. 95.

37 Pichardo, *Documentos*, I, S. 483–491.

38 Zit. nach: Marío Santí, Emilio, »José Martí and the Cuban Revolution«, in: *Cuban Studies 16* (1986), Pittsburgh, S. 145. Freie Übersetzung des Autors.

39 Brief von Máximo Gómez (wie es scheint, aus »La Demajagua«), 30. Juni 1898 an José Miguel Gómez, in: *Archivo del Museo (de la Ciudad de La Habana) (AMCH)*, No. Doc. 367,034.

40 Zit. nach: Sabio Alcutén, Alberto, »Un rasgo de política monetaria en tiempo de guerra: el canje de moneda en Cuba y Puerto Rico (1895–1898)«, in: *Tiempos de América*, Nr. 3–4 (1999), S. 3–18, hier S. 3, FN 1.

41 Siehe das DIN-A4-Blatt mit Bleistiftnotizen über die größeren Militäraktionen von José Miguel Gómez, beginnend am 29. September 1895 bis zum 19. März 1898 (insgesamt 53!): »Acciones de guerra del Gral. José Miguel Gómez«, in: *AMCH*, No. Doc. 375000, leg.: 60, exp.: 10 (ohne Datum, aber noch vor Kriegsende).

42 Navarro García, *Las guerras de España en Cuba*, Madrid: Ediciones Encuentro, 1998.

43 Hernández Corujo, Enrique, *Organización civil y política de la Revolución Cubana de 1868 y 1895*. Imp. y Papelería de Rambla y Bouza y Ca., La Habana, 1929; Ferrer, »Raza, región y género en la Cuba rebelde: Quintín Bandera y la cuestión del liderazgo político«, in: Martínez Heredia; Scott; García Martínez, *Espacios, silencios y los sentidos de la libertad ...*, S. 141–162.

44 Zit. nach: Thomas, *Cuba ...*, S. 378f.

45 Pichardo, *Documentos ...*, I, S. 540–546.

46 Coston, William Hillary, *The Spanish-American War Volunteer* (Second Edition), Camp Meade, Middletown, Pa., Published by the Author, 1899, Reprint Edition, Freeport, New York: Books for Libraries Press, 1971, S. 81 (Ich danke Rebecca J. Scott für den Hinweis).

47 Zitiert nach: Ibid., S. 279: Roosevelt an Henry Cabot Lodge, 21.7.1899, in: *Theodore Roosevelt Papers*, Library of Congress, Washigton D.C.

48 U.S. War Department, *Report on the Census of Cuba, 1899*, Washington: Government Printing Office, 1900.

49 Tomás Estrada Palma, »A los clubs, cuerpos de consejos y agentes del Partido Revolucionario Cubano«, in: *Patria*, 21.12.1898, S. 1f.

50 Order of the Military Governor of Cuba Relative to the Municipal Elections to be Held Throughout the Island of Cuba on June, 1900, May, 12, 1990.

51 Atkins, Edwin, *Sixty Years in Cuba*, New York: Arno Press, 1980 (Reprint Edition), S. 298.

52 Ebd.

53 *Gatewood, Jr., »Smoked Yankees« and the Struggle for Empire: Letters from Negro Soldiers, 1898–1902*, Urbana: University of Illinois Press, 1971, S. 233f.

54 Ebd., S. 193f.

55 Helg, Aline, *Our Rightful Share. The Afro-Cuban Struggle for Equality, 1886–1912*, Chapel Hill and London: The University of North Carolina Press, 1995.

56 Pérez Jr., *Cuba Between Empires ...*, S. 260.

57 Gómez gehörte der Asamblea de Representantes wegen seiner Probleme mit der zivilen politischen Führung seit 1895/96 nicht an, dafür aber mit Bartolomé Masó und Manuel Sanguily wichtige zivile Independentisten, die seine Gegner waren; siehe: *La múltiple voz de Manuel Sanguily*, selecc. y introducc. de R. Cepeda (Palabra de Cuba), La Habana: Editorial de Ciencias Sociales, 1988; Pérez Landa, Rufina, Bartolomé Masó y Márquez. *Estudio biográfico documentado*, La Habana: Impr. El Siglo XX, 1947; Portuondo, *La historia y las generaciones*, Santiago de Cuba 1958.

58 Pérez Jr., *Cuba Between Empires ...*, S. 261.

59 Zur Kommission gehörten José Antonio González, Manuel Sanguily, José Miguel Gómez, José Ramón Villalón und Calixto García.

60 Ibarra Cuesta, *Máximo Gómez frente al imperio 1898–1905*, La Habana: Editorial de Ciencias Sociales, 2000, S. 37.

61 Souza, *Máximo Gómez ...*, S. 231.

62 Pichardo, *Documentos ...*, II, S. 28–30. Die Absetzungsakte ist unterschrieben von: Manuel Sanguily, Arístides Agüero, Salvador Cisneros Betancourt, Gerardo Portela, Juan Gualberto Gómez, Armando de la Riva, Lacret Morlot, Joaquín G. Pola, Julián Betancourt, Domingo Lecuona, J. Eligio Ducasse. Gegen die Absetzung sprachen sich aus: Carlos Manuel de Céspedes, Francisco López Leiva, José de Jesús Monteagudo und Emilio Núñez.

63 Pérez Jr., *Cuba under the Platt Amendment ...*, S. 329–344.

64 Im Grunde begleitete das Problem die Existenz der ersten und der zweiten Republik, siehe: *República de Cuba, Cámara de Representantes, Proposición de Ley de pago total de adeudos a los miembros del Ejército Libertador, su cuerpo auxiliar civil y sus familiares pensionados, y de emisión de bonos para ese pago*, La Habana: Editorial Lex, 1951.

65 ANC, Secretaría de Estado y Gobernación (20 de Febrero de 1899 a 15 de Noviembre de 1900): *Libro que contiene informes, relaciones y correspondencia sobre las memorias de la situación económica y otros particulares de Santa Clara*, Tomo I, f. 26r/v: Nicanor Crespo, Alcalde de Lajas al Sr. Gobernador de Santa Clara, 28 de Febrero de 1899.

66 Leyes y decretos referentes a la liquidación de los haberes del Ejército Libertador y al empréstito acordado para su pago, La Habana 1903.

67 Martínez Ortiz, Rafael, *Cuba, los primeros años de independencia*, 2 Bde., Paris: »Le Livre Libre«, 1929, Bd. II, S. 54.

68 Pérez Jr., *Army Politics ...*, S. 5.

69 Figueras, Francisco, *Cuba y su evolución colonial*, La Habana: Imprenta Avisador Comercial, 1907.

70 Academia de la Historia, *Actas de las Asambleas de Representantes y del Consejo de Gobierno durante la Guerra de Independencia*, 5 Bde., La Habana: Imp. El Siglo XX, 1932, Bd. V. (1898–1899), S. 27ff.

71 Pichardo, *Documentos ...*, I, S. 540–546.

72 Karl Kaerger, »Die Lage der Zuckerindustrie auf Kuba« (Havanna, 19. Mai 1901), in: Bundesarchiv, Abteilung Potsdam, AA II, Nr. 211, f. 44r–79r; hier 51r/v.

73 Healy, David F., *The United States in Cuba, 1898–1902: Generals, Politicians, and the Search for Policy*, Madison: The University of Wisconsin Press, 1963; Pérez Jr., *Cuba Between Empires, 1878–1902*, Pittsburgh, Pa.: University of Pittsburgh Press, 1986.

74 Atkins, *Sixty Years in Cuba ...*, S. 297.

75 Alles zitiert nach: Scott; Zeuske, »Property in Writing, Property on the Ground: Pigs, Horses, Land, and Citizenship in the Aftermath of Slavery, Cuba, 1880–1909«, in: *Comparative Studies in Society and History*. An International Quarterly, Vol. 44, No. 4 (October 2002), S. 669–699; Scott; Zeuske, »The Right to have Rights: The Symbolic and

Juridical Power of the Oral and the Written in the Claims-Making of Former Slaves, Cuba 1872–1907« (demnächst in *Annales*, Paris).

76 Martínez Ortiz, *Cuba ...*, Bd. I, S. 83f.

77 Artikel IX des Vertrages von Paris legte fest, dass alle Spanier, die ein Jahr nach der Ratifikation des Vertrages nicht in ihrem zuständigen Amt eine Erklärung abgegeben hätten, dass sie die spanische Staatsbürgerschaft behalten wollten, als »Kubaner« zu betrachten seien, siehe: Pichardo, *Documentos ...*, I, S. 544.

78 Qualifications of Voters in Cuba, Military Government of the Island of Cuba [Militärbefehl des Gouverneurs] No. 164, in: Qualifications of Voters at Coming Elections in Cuba, 57th Congress, 2nd Session, Senate Document, 243, series 3867, Washington DC, 1900, S. 2.

79 Pérez, *Cuba Between Empires ...*, S. 309f.

80 Ebd., S. 311.

81 Ebd., S. 312.

82 Portell Vilá, Herminio, *Historia de Cuba en sus relaciones con los Estados Unidos y España*, 5 Bde., La Habana: Jesús Montero, 1941, IV, S. 147.

83 Über die Zusammensetzung und die Prozesse innerhalb der Nationalversammlung, siehe: López Rivero, Sergio; Ibarra, Francisco, »Sobre Transigentes e Intransigentes en la Cuba Ocupada, 1898–1902«; Zeuske, » Clientelas regionales, alianzas interraciales y poder nacional en torno a la ›guerrita de Agosto‹ (1906)«, in: *Illes i Imperis* (Barcelona) 2 (Spring 1999), S. 111–125 und S. 127–156.

84 Heideking, Jürgen, *Die Verfassung vor dem Richterstuhl. Vorgeschichte und Ratifizierung der Amerikanischen Verfassung, 1787–1791*, Berlin/New York, 1988.

85 Pichardo, *Documentos ...*, II, S. 72f.

86 Ebd., S. 74–101.

87 Ebd., S. 119f.

88 Endgültig fixiert im »Convenio de Arrendamiento« für die Schiffsstationen vom Februar 1903, siehe: Ebd., S. 250–252.

89 Ebd., II, S. 253–256.

90 »Tratado sobre Isla de Pinos celebrado entre la República de Cuba y los Estados Unidos« (8. Mai 1925), in: Ebd., S. 259f.

91 »Ley de Ferrocarriles. Orden Militar No. 34, 7 de febrero de 1902«, in: Ebd., S. 156–179; »Sobre el deslinde y división de haciendas, hatos y corrales. Orden No. 62; 5 de marzo de 1902«, in: Ebd., II, S. 180–198; »Inmigración y colonización. Orden No. 155, de 15 de Mayo de 1902«, in: Ebd., S. 199–201.

92 Pardo Suárez, Vicente, »La reforma electoral«, in: Ders., *La elección presidencial en Cuba*, La Habana: Impr. y Papelería de Rambla, Bouza y Cª, 1923, S. 199–219, hier S. 199.

93 Pichardo, *Documentos ...*, II, S. 89.

94 Brief aus Havanna an José Miguel Gómez in Santa Clara (5. April 1900), in: *AMCH*, fondo José Miguel Gómez, No. Doc. 386003, folios 1–4.

95 »Manifesto de la Coalición Masoísta. Al Pueblo de Cuba« (26. Dezember 1901), in: Pardo Suárez, Vicente, »La reforma electoral«, in: Ders., *La elección presidencial en Cuba*, La Habana: Impr. y Papelería de Rambla, Bouza y Cª, 1923, S. 44–50.

96 Pichardo, *Documentos ...*, II, S. 134f.

97 Siehe das Programm des »Partido Obrero de la Isla de Cuba« von 1904, das in seinem ersten Punkt die Revision der Verfassung forderte, in: Ebd., S. 266–268.

98 Dumoulin, John, »El primer desarrollo del movimiento obrero y la formación del proletariado en el sector azucarero. Cruces 1886–1902«, in: *Islas*. Revista de la Universidad de Las Villas, 48, Santa Clara (1973), S. 3–66; Dumoulin, »El movimiento obrero en Cruces, 1902–1925. Corrientes ideológicas y formas de organización de la industria azucarera«, in: *Islas*. Revista de la Universidad de las Villas, 62, Santa Clara (Enero–Abril 1972), S. 83–121, hier S. 17.

99 Zitiert nach: Dumoulin, »El primer desarrollo ...«, S. 15f.

100 Primelles, León, *Crónica cubana*, 2 Bde., La Habana: Editorial Lex, 1955/1957, Bd. II: 1919–1922, S. 262.

101 So formuliert ausdrücklich der Geheimdienstoffizier Captn. Furlong in einem Brief an General J. Franklin Bell, Havanna, United States National Archives (USNA), Washington, Record Group (RG) 395, Records of U.S. Army Overseas Operation and Commands, 1898–1942, Army of Cuban Pacification, 1906–1909, General Correspondence of the Military Intelligence Division, 1906–1909, series (s.) 1008, entry (e.) 25, item (i.) 61, Aug 27, 1908.

102 Fuente, Alejandro de la, »Mitos de ›Democracia Racial‹: Cuba, 1900–1912«, in: Martínez; Scott; García Martínez, *Espacios, silencios ...*, S. 235–269, hier S. 245.

103 Dumoulin, »El movimiento obrero en Cruces, 1902–1925 ...«, S. 83–121, hier S. 91.

104 Nach: Cuba. Censo de la República de Cuba. Año de 1919, La Habana: Maza, Arroyo y Caso, o.J., S. 276.

105 Das dokumentarische Erbe dieser zweiten Okkupation findet sich vor allem in: United States National Archives (USNA), Washington, Record Group (RG) 395, Records of U.S. Army Overseas Operation and Commands, 1898–1942, Army of Cuban Pacification, 1906–1909, General Correspondence of the Military Intelligence Division, 1906–1909.

106 Pérez Jr. *On Becoming ...*, S. 199; zur Rolle der Musik siehe: Benítez-Rojo, Antonio, »The Role of Music in the Emergence of Afro-Cuban Culture«, in: *African Diaspora*. African Origins and New World Identities, ed. by Isidore Okpewho, Carole Boyce Davies, Ali A. Mazrui, Bloomington and Indiana: Indiania University Press, 1999, S. 197–203. Zur Nationalisierung afrokubanischer Kultur siehe: Moore, Robin D., Nationalizing Blackness: *Afrocubanismo and the Artistic Revolution in Havanna, 1920–1940*, Pittsburgh, Pa.: University of Pittsburgh Press, 1997; Roy, Maya, *Buena Vista. Die Musik Kubas*, Heidelberg: Palmyra, 2000.

107 Bericht des kaiserlich-deutschen Ministerresidenten Pauli aus Havanna, 2. März und 2. April 1912 an Reichskanzler Bethmann Hollweg, in: Politisches Archiv des Auswärtigen Amtes (PA-AA), Berlin, R 16739: Acten, betreffend: allgemeine Angelegenheiten Kubas vom 1. Februar 1912 bis 31. März 1913; siehe auch: Naranjo Orovio, Puig-Samper, Miguel Ángel, »Delincuencia y racismo en Cuba: Israel Castellanos versus Fernando Ortiz«, in: Huertos, Rafael, Ortiz, Carmen (eds.), *Ciencia y facismo*, Aranjuez: Ediciones Doce Calles, 1998, S. 12–23.

108 Nach dem populären Roman: Loveira, Carlos, *Generales y doctores*, La Habana: Sociedad Editorial Cuba Contemporánea, 1920; hier zitiert nach der Ausgabe: Letras Cubanas, 2001, S. 259.

109 Varona, Enrique José, *Política y Sociedad*, selecc. e introducc. de Meza, Josefina y Rodríguez, Pedro Pablo, La Habana: Editorial de Ciencias Sociales, 1999.

110 Bericht des kaiserlich-deutschen Ministerresidenten Zoepffel aus Havanna, 29. August 1912 an Reichskanzler Bethmann Hollweg, in: Politisches Archiv des Auswärtigen Amtes (PA-AA), Berlin, R 16739: Acten, betreffend: allgemeine Angelegenheiten Kubas vom 1. Februar 1912 bis 31. März 1913.

111 Süßkartoffel; Anspielung auf das schlechte Essen während des Krieges.

112 Siehe den Brief des PIC-Führers Pedro Ivonet an José Miguel Gómez aus Santiago de Cuba vom 3. Februar 1910, in: Archivo del Museo de la Ciudad (La Habana), leg.: 68, exp.: 39, núm. doc. 397001.

113 »Enmienda Adicional al Artículo 17 de la Ley Electoral«, 11. Februar 1910, in: Pichardo, *Documentos ...*, II, S. 364.

114 Naranjo Orovio, Puig-Samper, »Delincuencia y racismo en Cuba ...« , S. 12–23, hier S. 13.

115 Fuente, »*A Nation for All*«: Race, Inequality, and Politics in Twentieth-Century Cuba, Chapel Hill & London: The University of North Carolina Press, 2001, S. 66–91.

116 Archivo Nacional de Cuba (ANC), Secretaría de la Presidencia, leg. 110, n° 2, (Expediente referente a los alzamientos de negros, dirigidos por el partido independiente de color, encabezados por Evaristo Estenoz y Pedro Ivonet, Fecha: Habana, Santiago de Cuba, Pinar del Río, Guanajay, 17 de junio a 9 de septiembre de 1912), 2 vols., Bd. I, Bl. 118r–119r.

117 *La Correspondencia* (Cienfuegos), Samstag, 29. Juni 1912, S. 8.

118 *La Correspondencia* (Cienfuegos), Dienstag, 2. Juli 1912.

119 Die Entwicklung des Rassismus und des Status der unterschiedlichen Regionen und Bevölkerungsgruppen bei der Formierung der kubanischen Nation untersuchen: Ibarra, *Cuba: 1898–1921 ...*, passim; Ferrer, Ada, *Insurgent Cuba ...*; Fuente, »*A Nation for All*« ..., passim; siehe auch: Fernández Robaina, Tomás, *El negro en Cuba, 1902–1958. Apuntes para la historia de la lucha contra la discriminación racial*, La Habana: Editorial de Ciencias Sociales, 1990; Ders., »Los repertorios bibliográficos y los estudios de temas afrocubanos«, in: *Temas*, no. 7/1996, S. 119–128; Ibarra, »Actitudes ante la Cuestión Nacional y Racial en la Convención Constituyente de 1940: Comunistas, Reformistas y Conservadores«, in: *Cuba sous le régime de la constitution de 1940. Politique, pensée critique, littérature*, sous la direction de James Cohen et Françoise Moulin Civil, avant-propos de Paul Estrade, Paris: L'Harmattan/Montréal: L'Harmattan Inc., 1997, S. 59–80; Poumier, Maria, »La expresión del pensamiento negro en Cuba bajo la Constitución de 1940«, in: Ebd., S. 269–288. Die Geschichte des 20. Jahrhunderts aus der Perspektive einer schwarzen Frau mit einer Großmutter, die Sklavin gewesen war, bietet: Rubiera Castillo, Daisy (ed.), *Reyita, sencillamente (Testimonio de una negra cubana nonagenaria)*, La Habana: Instituto Cubano del Libro/World Data Research Center, 1997 (auf Deutsch unter dem Titel: *Ich, Reyita. Ein*

kubanisches Leben. Aus dem Spanischen von Max Zeuske, Nachwort von Michael Zeuske, Zürich: Rotpunktverlag, 2000).

120 *Guerra de razas (negros contra blancos en Cuba),* por Rafael Conte y José M. Campany, La Habana: Impr. Militar de Antonio Pérez, 1912; siehe auch: Velasco, Carlos de, »El problema negro«, in: Cuba Contemporánea I (febrero de 1913), S. 73–79; Arredondo, Alberto, *El negro en Cuba,* La Habana: Editorial Lex, 1939; Mustelier, Gustavo Enrique, *La extinción del negro. Apuntes político-sociales,* La Habana: Imprenta Ramala, Bouza y Cía., 1912.

121 Bericht »Der Regierungswechsel in Washington und die Kubanische Regierung« des kaiserlich-deutschen Ministerresidenten Pauli aus Havanna, 10. März 1913 an Reichskanzler Bethmann Hollweg, in: Politisches Archiv des Auswärtigen Amtes (PA-AA), Berlin, R 16739: Acten, betreffend: allgemeine Angelegenheiten Kubas vom 1. Februar 1912 bis 31. März 1913.

122 Naranjo Orovio; Puig-Samper, »Delincuencia y racismo en Cuba ...«, S. 12–23; Maristany, Luis, *El gabinete del doctor Lombroso (Delincuencia y fin del siglo en España),* Barcelona: Anagrama, 1973.

123 Guiteras, Juan, »Estudios demográficos. Aclimatación de la raza blanca a los trópicos«, in: *Anales de la Academia de Ciencias Médicas, Físicas y Naturales de La Habana,* Bd. 50, La Habana, 1913, S. 98–118.

124 Fuente, »Race, National Discourse, and Politics in Cuba. An Overview«, in: *Latin American Perspectives,* Issue 100, Vol. 25, No. 3 (May 1998), S. 43–69, hier 55, 63.

125 »Ley sobre Acuñación de Moneda Nacional«. 29. Oktober 1914, in: Pichardo, *Documentos ...,* II, S. 378f.

126 »Manifiesto de Cruces«, in: Ebd., S. 386–389; vor dem Hintergrund des Ersten Weltkrieges wurde schnell wieder eine »deutsche Gefahr« instrumentalisiert. Den Liberalen wurde vorgeworfen, sie handelten im Interesse Deutschlands, siehe: Primelles, *Crónica cubana ...,* I: 1915–1918, S. 329.

127 Pichardo, *Documentos ...,* II, S. 411–416.

128 Jenks, Leland H., *Our Cuban Colony. A Study in Sugar,* New York: Vanguard Press, 1928.

129 Ortiz, *La identificación dactiloscópica. Informe de Policiología y de Derecho Público, seguidos de las Instrucciones técnicas para la Práctica de la Identificación y del Decreto Orgánico no. 1.173 de 1911,* La Habana: Imprenta »La Universal de Ruiz y a., S. en C.«, 1913.

130 Zayas y Alfonso, Alfredo, *Lexicografía antillana. Diccionario de voces usadas por los aborigenes de las Antillas Mayores y de algunas de las Menores y consideraciones acerca de su significado y de su formación,* La Habana: Imp. El Siglo XX, 1914 (2. Auflage: 2 Bde., La Habana: Tipos Molina, 1931).

131 Varona, *De la Colonia a la República.* Selección de trabajos políticos ordenada por el autor, La Habana: Sociedad Editorial Cuba Contemporánea, 1919.

132 Cisneros, Rafael, *La danza de los millones,* Hamburg: Druckerei Hermann's Erben, o.J. [1921].

133 Cuba. Censo de la República de Cuba. Año de 1919 ..., S. 279ff.

134 Ortiz, »Cultura, no raza«, in: *Revista Bimestre Cubana*, vol. XXIV, núm. 5 (1929), La Habana, S. 716–720.

135 Ette, Ottmar, *José Martí, Teil I: Apostel-Dichter-Revolutionär. Eine Geschichte seiner Rezeption*, Tübingen: Max Niemeyer, 1991, S. 80.

136 Thomas, *Cuba ...*, S. 597, FN 60.

137 Ortiz, Fernando, *El engaño de las razas*, La Habana: Editorial de Ciencias Sociales, 1975 (erste Auflage: 1946).

138 Rubiera Castillo, *Ich, Reyita...*; Zeuske, »Schwarze Erzähler – weiße Literaten. Erinnerungen an die Sklaverei, Mimesis und Kubanertum«, in: Ebd., S. 211–262. Siehe auch die Memoiren eines schwarzen Veteranen des Unabhängigkeitskrieges: Batrell Oviedo, Ricardo, *Para la historia. Guerra de independencia en la provincia de Matanzas. Apuntes autobiográficos de la vida de Ricardo Batrell Oviedo*, Habana: Seoane y Álvarez Impresores, 1912; Miguel Barnet, *Biografía de un Cimarrón*, La Habana: Instituto del Libro 1967 (US-Version: Barnet, *Biography of a Runaway Slave*. Translated by W. Nick Hill, Willimantic, CT.: Curbstone Press, 1994).

139 Pérez-Galdos Ortiz, Victor, *Joseíto Fernández y su Guajira Guantanamera*, La Habana: Editora Política, 1999.

140 Key, Helmer, *Kaffee, Zucker und Bananen. Eine Reise nach Cuba und Guatemala*, München: Drei Masken, 1929, S. 51–61.

141 Lamar Schweyer, Alberto, *Cómo cayó el presidente Machado; una página oscura de la diplomacia norteamericana*, Madrid 1934 (Lamar Schweyer, deutscher Abstammung, ist auf Kuba als der erste »Verräter unter den Minoristen« bekannt, als Vertrauter Machados kannte er viele Details); Dur, Philip; Gilcrease, Christopher, »US Diplomacy and the Downfall of a Cuban Dictator: Machado in 1933«, in: *Journal of Latin American Studies (JLAS)*, 34 (2002), S. 255–282.

142 Araquistáin, Luis, *La agonía antillana. El imperialismo yanqui en el mar Caribe*, La Habana, Editorial Lex, 1961 [1. Auflage: Madrid 1928].

143 Vitier, Cintio, *Lo cubano en la poesía*, La Habana: Instituto del Libro, 1970, S. 358f. (freie Übersetzung des Autors).

144 Mañach, Jorge, »La crisis de la alta cultura en Cuba«, in: *Revista Bimestre Cubana*, 20 (1925), S. 129–163.

145 Das hatte de jure schon Machado in seiner Verfassungsänderung gewährt, aber es war von der Opposition abgelehnt worden; siehe: Pichardo, *Documentos ...*, IV/Primera Parte, S. 193.

146 Ebd., S. 83–88; 190–193.

147 Ebd., S. 98–100.

148 Pichardo, *Documentos ...*, IV/Primera Parte, S. 290–317.

149 Ebd., S. 321–325, 329–333.

150 Ebd., S. 270–287.

151 Briones Montoro, Newton, *Aquella decisión callada*, La Habana: Editorial de Ciencias Sociales, 1998; Soler Martínez, Rafael R., »El partido bolchevique leninista de Cuba«, in: *Revista de la Biblioteca Nacional José Martí*, Año 90, No. 2–3 (Abril–Septiembre 1999), S. 97–116; Tennant, Gary, *The Hidden Pearl of the Caribbean. Trotskyism in*

Cuba, Revolutionary History, vol. 7, no. 3 (Spring 2000), London: Porcupine Press; Socialist Platform, 2000, S. 77–121.

152 Chongo Leiva, Juan, *El Fracaso de Hitler en Cuba*, La Habana: Letras Cubanas, 1989, S. 21–34.

153 Foreign Policy Association [Buell, Raymond L.; Jenks, Leland et al.], *Problemas de la nueva Cuba*, New York: J. J. Little and Ives, 1935; siehe auch: Buell, »The Caribbean Situation. Cuba and Haiti«, in: *Foreign Policy Reports*, Vol. IX, No. 8 (June 21, 1933), S. 82–92.

154 Gellman, Irwin, F., *Roosevelt and Batista: Good Neighbor Diplomacy in Cuba, 1933–1945*, Albuquerque, N.M.: University of Mexico Press, 1973; Whitney, Robert, »The Architect of the Cuban State: Fulgencio Batista and Populism in Cuba, 1937–1940«, in: *Journal of Latin American Studies*, vol. 32, part 2 (May 2000), S. 435–459, Whitney, »What do the People ›think and feel‹? Mass Mobilisation and the Cuban Revolution of 1933«, in: *Journal of Iberian and Latin American Studies*, vol. 3, no. 2 (December 1997), S. 1–31.

155 Pichardo, *Documentos ...*, IV/Segunda Parte, S. 98–111.

156 Foreign Policy Association, *Problemas ...* (hier zitiert nach: Pichardo, *Documentos ...*, IV/Primera Parte, S. 493–512, 512.)

157 Ebd., S. 512, Anm.

158 Riera Hernández, Mario, *Cuba Política, 1899–1955*; La Habana: Impresora Modelo, 1955, S. 483ff.; Hernández Carujo, Enrique, *Historia constitucional de Cuba*, 2 Bde., La Habana, 1960; auch ein neues Strafgesetzbuch war 1934 eingeführt worden. Es löste das koloniale spanische Strafgesetzbuch von 1870 ab, siehe: Madlener, Kurt, *Die Entwicklung des kubanischen Strafrechts nach der Revolution*, in: Sevilla, Rafael; Rode, Claus (Hrsg.), *Kuba. Die isolierte Revolution?*, Unkel/Rhein; Bad Honnef: Horlemann, 1993 (Edition Länderseminare), S. 278–303.

159 Politisches Archiv des Auswärtigen Amtes, Berlin (PA-AA, B), R 114481: Handelsvertragsverhältnis zu Deutschland, Mai 1936 bis September 1939.

160 Naranjo Orovio, *Cuba, otro escenario de lucha. La guerra civil y el exilio republicano español*, Madrid: Consejo Superior de Investigaciones Científicas, 1988; Abellán, José Luis, *El exilio español de 1939*, 7 vols., Madrid: Taurus, 1978; Pichardo, *Documentos ...*, IV/Segunda Parte, S. 80–91 (Pablo de la Torriente Brau); zur Beteiligung von Kubanern, siehe: Vera Jiménez, Fernando, »Cubanos en la Guerra Civil española. La presencia de los voluntarios en las Brigadas Internacionales y el Ejército Popular de la República«, in: *Revista Complutense de Historia de América*, 25 (1999), S. 295–321.

161 Pichardo, *Documentos ...*, IV/Segunda Parte, S. 116–142.

162 Palmié, Stephan, *Das Exil der Götter: Geschichte und Vorstellungswelt einer afrokubanischen Religion*, Frankfurt am Main; Bern [etc.]: Peter Lang, 1991, S. 176.

163 Pichardo, *Documentos ...*, IV/Segunda Parte, S. 112–115.

164 Ebd., S. 211–218.

165 Tabares del Real, José, »Batista: contrarevolución y reformismo. 1933–1945«, in: *Temas*, no. 24–25 (enero–junio de 2001), S. 66–82, hier S. 76.

166 Ortiz, Jean, »Fulgencio Batista et les Communistes: qui a trompé le diable?«, in: *Cuba sous le régime de la constitution de 1940. Politique, pensée critique, littérature*, sous la

direction de James Cohen et Françoise Moulin Civil, avant-propos de Paul Estrade, Paris: L'Harmattan/Montréal: L'Harmattan Inc., 1997, S. 123–144; Anderle, Adam, *Algunos problemas de la evolución del pensamiento antiimperialista en Cuba entre las dos guerras mundiales; comunistas y apristas*, Szeged: Acta Historica, 1975; *Whitney, State and Revolution in Cuba...*, passim; Tabares del Real, »Batista: contrarevolución y reformismo ...«, S. 66–82.

167 Riera Hernández, *Cuba Política ...*, S. 483–491.

168 Millet, José; Brea, Rafael; Riuz Vila, Manuel, *Barrio, Comparsa y Carnaval Santiaguero*, Santiago de Cuba, Santo Domingo, Rep. Dominicana: Ediciones Casa del Caribe; Ediciones Casa Dominicana de Identidad Caribeña; Editora Universitaria de la UASD, 1997, S. 199f.

169 Exposición de Arte en la Universidad de La Habana. *300 años de arte en Cuba*, organizada por el Instituto de Artes Plásticas, La Habana: Universidad de La Habana; Corporación Nacional del Turismo, 1940; Sánchez, José, *Carlos Henríquez*, La Habana: Letras Cubanas, 1996; Pita Rodríguez, Félix, »Apuntes para una valoración de Carlos Enríquez«, in: *Islas. Revista de la Universidad Central de las Villas*, Santa Clara, No. 60 (Mayo–Abril 1978), S. 49–62.

170 Baeza Flores, Alberto, *Las cadenas vienen de lejos: Cuba, América Latina y la libertad*, México, D.F., 1960, S. 100–112.

171 Pichardo, *Documentos ...*, IV/Segunda Parte, S. 329–418; Casasús, Juan José, *La constitución a la luz de la doctrina magistral y de la jurisprudencia*, La Habana, 1946; De la Cuesta, Leonel-Antonio (ed.), *Constituciones cubanas: desde 1812 hasta nuestros días*, New York: Ediciones Exilio, 1974.

172 Spitta, Silvia, *Between Two Waters: Narratives of Transculturation in Latin America*, Houston, Texas: Rice University Press, 1995.

173 Ortiz, Fernando, *Contrapunteo cubano del tabaco y del azúcar (advertencia de sus contrastes agrarios, económicos, históricos y sociales, su etnografía y su transculturación)*, Introducción de Bronislaw Malinowski, La Habana: Jesús Montero, 1940 (Biblioteca de Historia, Filosofía y Sociología, v. 8); Ders., *El engaño de las razas*, La Habana: Editorial de Ciencias Sociales, 1975 (erste Auflage 1946).

174 Arredondo, Alberto, *El negro en Cuba*, La Habana: Editorial Lex, 1939, S. 107–115.

175 Gilroy, Paul, *The Black Atlantic. Modernity and Double Consciousness*, London: Verso 1993.

176 Chester, Edmund A., *A Sergeant Named Batista*, New York: Holt, 1954 (eine Apologie Batistas); Batista, Fulgencio, *Piedras y Leyes*, México, D.F.: Botas, 1961; Olsina, Michèle, *Fulgencio Batista et la politique intérieure cubaine de 1933 à 1958*, doctorat d'Etat, Paris X, 1987 (zit. in: Cuba sous le régime ..., S. 58); Thomas, *Cuba ...*, S. 635ff.; Rubiera Castillo, *Reyita ...*, S. 50; Kapcia, »Fulgencio Batista, 1933–1944; From Revolutionary to Populist«, in: *Authoritarism in Latin America Since Independence*, ed. Fowler, L., Westport, CT.: Greenwood, 1997; Tabares del Real, »Batista: contrarevolución y reformismo ...«, S. 66–82.

177 Soria, Georges, *Cuba à l'heure Castro*, Paris: Editions Mondiales, 1961, S. 126.

178 Fuente, »A Nation for All« ..., S. 208.

179 Die Zusammensetzung änderte sich natürlich nicht sofort. 1953 aber zeigt ein Ereignis im Zusammenhang mit dem Überfall auf die Moncada-Kaserne, wie sich durch die neue soziale Zusammensetzung auch der Korpsgeist geändert hatte. Als Castro und eine Gruppe von Monacadaangreifern, unter denen sich auch die beiden »Neger« Armando Mestre und Juan Almeida befanden, von einer Streife der Guardia Rural – alles Afrokubaner unter Führung des schwarzen Leutnants Pedro Sarría – gefangen genommen wurden, sagten die Guardias zu Mestre und Almeida: »Und ihr, was macht ihr hier mit diesen Weißen? Ihr seid Neger. Was könnt ihr mit denen gewinnen?« Nach einem Erinnerungsbericht Sarrías von 1973 in Verde Olivo seien seine Guardias konsterniert gewesen, Schwarze bei dieser Aktion [gegen Batista] zu sehen; alles nach: Martin, Lionel, *El joven Fidel. Los orígenes de su ideología comunista*, Barcelona: Grijalbo, 1982, S. 150 und 275; siehe auch: Sarría, Pedro, *Mi prisionero Fidel: recuerdos del teniente Pedro Sarría* [narrada a] Barrero Medina, Lázaro, La Habana: Unión de Periodistas de Cuba, 1989.

180 Whitney, »The Architect of the Cuban State ...«, S. 435–459

181 Tabares del Real, »Batista: contrarevolución y reformismo ...«, S. 66–82.

182 Frank, Andre Gunder, *Kapitalismus und Unterentwicklung in Lateinamerika*, Frankfurt am Main: Europäische Verlagsanstalt, 1968, S. 293.

183 Sims, Harold, »Cuba«, in: Bethell, Leslie; Roxborough, Ian, *Latin America Between the Second World War and the Cold War, 1944–1948*, Cambridge: Cambridge University Press, 1992, 217–242.

184 Pichardo, *Documentos ...*, IV/Segunda Parte, S. 329–418; *Cuba sous le régime de la constitution de 1940. Politique, pensée critique, littérature*, sous la direction de James Cohen et Françoise Moulin Civil, avant-propos de Paul Estrade, Paris: L'Harmattan/Montréal: L'Harmattan Inc., 1997.

185 Graizeau, Nicolas, »Genèse, exégèse et pratique de la Constitution de 1940«, in: Ebd., S. 23–58; Moré y Benítez, Juan Bautista, *Leyes complementarias de la constitución*, La Habana: Cultural, S.A., 1941; Carbonell, Nestor, *El espíritu de la Constitución Cubana de 1940*, Madrid: Playor, 1974.

186 Batista wurde zu Beginn der vierziger Jahre auch von Kommunisten anderer Länder, beispielsweise vom berühmten Otto Katz (André Simone), recht positiv eingeschätzt, siehe: Simone, André, »Batista, Zucker und die Atlantik-Charter«, in: *Freies Deutschland*, 2. Jg., Nr. 10 (10. September 1943), S. 9–11.

187 Fuente, »A Nation for All« ..., S. 193.

188 Politisches Archiv des Auswärtigen Amtes, Berlin (PA-AA, B), R 29677: Akten betreffend Mittelamerika 1940 bis 1943, f. 164532r.: Telegramm Nr. 264 aus Havanna vom 18. Oktober 1941 an Auswärtiges Amt in Berlin, Geschäftsträger Tauchnitz.

189 Pereda, Diego de, *El nuevo pensamiento político de Cuba*, La Habana, 1943; Philipps, Ruby Hart, Cuba, Island of Paradox, New York: McDowell, Obolensky, 1959.

190 Zu Hemingway auf Kuba siehe: Fuentes, Norberto, *Hemingway in Kuba*, Berlin: Aufbau, 1988.

191 Zitiert nach: *Islas*. Revista de la Universidad de Las Villas, 62, Santa Clara (Enero–Abril 1979), S. 21.

192 Eine Firma Bremer Abstammung, siehe: Iglesias García, Fe, »H. Upmann y Compañía, una empresa alemana en Cuba«, in: Zeuske; Ulrike Schmieder (eds.), *Regiones europeas y Latinoamérica (siglos XVIII y XIX)*, Frankfurt am Main: Vervuert/Madrid: Iberoamericana 1999 (Acta Coloniensia. Estudios Ibéricos y Latinoamericanos, eds. H.-J. Prien/M. Zeuske, vol. 2), S. 365–386.

193 Lezama Lima, José, »Paralelos. La pintura y la poesía en Cuba (en los siglos XVIII y XIX)«, en: *Casa de las Américas*, VII, 41 (marzo–abril 1967, S. 46–65 (wieder abgedruckt in: Capote, Leonel [introducción, estudio crítico, selección y notas], *La visualidad infinita – José Lezama Lima*, La Habana: Letras Cubanas, 1994, S. 66–106); Rigol, Jorge, *Apuntes sobre la pintura y el grabado en Cuba (De los orígenes a 1927)*, La Habana: Letras Cubanas, 1982; Martínez, Juan A., *Cuban Art & National Identity. The Vanguardia Painters, 1927–1950*, Gainesville: University Press of Florida, 1994.

194 *Décimas recobradas del aire y del olvido, estudio y antología*, prólogo María Teresa Linares, La Habana: Fundación Fernando Ortiz, 1997.

195 Conferencia de las Naciones Unidas sobre Comercio y Empleo. La Habana, 1947. Acta final y documentos conexos, Lake Success, New York: Comisión Interina de la Organización Internacional del Comercio, 1948; Conferencia de las Naciones Unidas sobre Comercio y Empleo, 1º, La Habana, 1947; Reports of committees and principal sub-committee. Conference on Trade and Employment held in Havana, Cuba, from 21 Nov. 1947 to 24 March, 1948; Geneva, Interim Commission for the International Trade Organization, 1948.

196 Scarpaci, Joseph L.; Segre, Roberto; Coyula, Mario, *Havana: Two Faces of the Antillean Metropolis*, foreword by Duany, Andrés, Chapel Hill: University of North Carolina Press, 2002.

197 Marquéz Dolz, María Antonia, »The Nonsugar Industrial Bourgeoisie and Industrialization in Cuba, 1920–1959«, in: *Latin American Research Review (LARR)*, 22/4 (Fall 1995), S. 59–80.

198 Veguer, Pascual B. Marcos, *El negro en Cuba*, La Habana, 1955.

199 Padilla, Heberto, *Self-Portrait of the Other*, trans. Alexander Coleman, New York, 1990, S. 17, zit. nach: Pérez Jr., *On Becoming …*, S. 492f.

200 Kaum ein Politiker des 20. Jahrhunderts – vor allem keiner eines objektiv so kleinen Landes – kann auf so viele Biografien verweisen wie Fidel Castro (ganz im Gegensatz etwa zu seinem Bruder Raúl Castro). Aus der großen Anzahl von Biografien ragen hervor: Conte Agüero, Luis, *Fidel Castro. Vida y obra*, La Habana: Editorial Lex, 1959 (die früheste, weil Conte Agüero ein enger Freund von Castro, vor allem während der Gefängnishaft, war); Rodríguez Morejón, Gerardo, *Fidel Castro: Biografía*, La Habana: P. Fernández, 1959; Matthews, Herbert L., *Fidel Castro*, New York: Harmondsworth, 1969; Pardo Llada, José, *Fidel: De los jesuitas a la Moncada*, Bogotá: 1976; Martin, Lionel, *The Early Fidel: Roots of Castro's Communism*, New York: Lyle Stuart Inc., 1977; Franqui, Carlos, *Retrato de familia con Fidel*, Barcelona: Seix Barral, 1981; Szulc, Tad, *Fidel: A Critical Portrait*, New York: William Morrow Co., 1986; Bourne, Peter G., *Fidel Castro*, Düsseldorf; Wien; New York: Econ, 1988, S. 37ff.; Quirk, Robert E., *Fidel Castro*, New York/London: W. W. Norton & Company, 1993 (deutsch: Quirk, *Fidel Cas-*

tro. Die Biografie, Berlin: edition q, 1996). Die neueste Interpretation des Denkens von Fidel Castro ist: Fuerntratt-Kloep, Ernst F., *Unsere Herren seid Ihr nicht! Das politische Denken des Fidel Castro*, Köln: PapyRossa, 2000. Das Buch mit Familienerinnerungen und viel schmutziger Wäsche: Fernández, Alina, *Ich, Alina. Mein Leben als Fidel Castros Tochter*, Reinbek bei Hamburg, 1999 ist historisch eher wertlos, bringt aber eine Reihe von Details; siehe auch: Bourne, *Political Leaders of Latin America*, London: Pelican Books, 1969, sowie den kuriosen Brief des 12-jährigen Castro an Präsident Franklin D. Roosevelt: Schamel, Wynell B., »Castro Document Stirs Educators and Students«, in: *The Record. News From the National Archives and Records Administration*, vol. 4, no. 1 (September 1997), S. 12f; Skierka, Volker, *Fidel Castro. Eine Biografie*, Berlin: Kindler, 2001.

201 Ché Guevara an Daniel [René Ramos Latour], 14. Dezember 1957, zit. nach: Franqui, *Diary ...*, S. 269.

202 Martin, *El joven Fidel ...*; passim.

203 Der offizielle Text findet sich in: *Siete documentos de nuestra historia*, La Habana: Instituto del Libro, 1968, S. 33–115 (deutsch: Castro, Fidel, *Die Geschichte wird mich freisprechen*, Bellnhausen über Gladenbach: Hinder & Deelmann, 1968).

204 Anderson, Jon Lee, *Che. Die Biografie*, München: Econ & List, 1999 (mit interessanter Bibliografie und Danksagung, S. 693ff., zweifelsohne die beste der vorliegenden Biografien); eine der Ersten in Europa war: Lawrezki, Josef, *Ernesto Che Guevara*, Berlin: Neues Leben, 1974; siehe auch: Taibo, Paco Ignacio II, *Ernesto Ché Guevara: también conocido como el Ché*, México: Joaquín Mortiz, Grupo Planeta, 1996; Cormier, Jean, *Che Guevara* (Nouvelle édition augmentée), Monaco: Éditions du Rocher, Jean Paul Bertrand, 1997; Castañeda, Jorge G., *La vida en rojo – una biografía del Ché Guevara*, Buenos Aires: Epasa, 1997 (Deutsch: Castañeda, *Che Guevara*, Frankfurt am Main; Leipzig: Insel 1997; Taibo, *Che. Die Biografie des Ernesto Che Guevara*, Hamburg: Edition Nautilus, 1997); Che Guevara, Ernesto; Castro, Raúl, *La conquista de la esperanza. Diarios inéditos de la guerrilla cubana*, diciembre de 1956–febrero de 1957, con exclusivas de Dietrich, Heinz y Taibo II, Paco I., La Habana: Casa Editora Abril, 1996.

205 Für Ché Guevara war noch Camilo Cienfuegos der wichtigste Held des Guerillakrieges, siehe: Che Guevara, Ernesto, »Dedication to Camilo«, in: *Che Guevara. Guerrilla Warfare*. With Revised and Updated Introduction and Case Studies, ed. by Brian Loveman and Thomas M. Davies, Jr., Wilmington, Del.: Scholarly Resources Inc., 1997, S. 47f; 1961 wurde begonnen, die Episoden aus Ches Kriegstagebuch zu publizieren: Guevara, Ernesto Ché, *Guerra de Guerrillas*, La Habana: Talleres de INRA, 1961. Seine Publikationen belegten schnell einen privilegierten Platz in der kollektiven Erinnerung und verdrängten andere Publikationen von Augenzeugen, wie zum Beispiel: Pardo Llada, José, *Memorias de la Sierra Maestra*, La Habana: Tierra Nueva, 1960.

206 Die beste (und kürzeste) Definition des Unterschiedes zwischen Sierra und Llano in Bezug auf die politischen Kulturen des Kampfes gegen Batista findet sich bei: Oltuski, *Gente del llano*, La Habana: Imagen Contemporánea, 2001, S. 2. Das Buch zeigt auch – weit unspektakulärer als das Buch von Julia E. Sweig –, dass der Llano weit größere Bedeutung hatte, als ihm normalerweise im Mythos der Castro-Revolution zugestan-

den wird, siehe: Sweig, Julia E., *Inside the Cuban Revolution. Fidel Castro and the Urban Underground*, Cambridge, Mass.; London, England, 2002.

207 Ratner, Michael; Smith, Michael Steven (eds.), *Che Guevara and the FBI: The U.S. Political Police Dossier on the Latin American Revolutionary*, Melbourne: Ocean Press, 1997, besonders die Dokumente 6 und 7, S. 20–28; zum Hintergrund siehe: Morley, Morris H., »The U.S. Imperial State in Cuba, 1952–1958: Policymaking and Capitalist Interests«, in: *Journal of Latin American Studies (JLAS)*, XIV (May 1982), S. 143–170; Paterson, Thomas G., *Contesting Castro. The United States and the Triumph of the Cuban Revolution*, New York; Oxford: Oxford University Press, 1994, S. 15ff.; Morley, *Imperial State and Revolution. The United States and Cuba, 1952–1986*, Cambridge; London; New York; New Rochelle; Sydney, Melbourne: Cambridge University Press, 1987.

208 Guevara de la Serna, Ernesto, »La batalla de Santa Clara«, in: *Islas*. Revista de la Universidad de Las Villas, 116, Santa Clara (enero–abril 1998), S. 7–9.

209 Franqui, Carlos, *Camilo Cienfuegos*, Barcelona: Seix Barral, 2001 (Los tres mundos).

210 Erklärungsversuche zu den Gründen des Zusammenbruchs der Batistadiktatur seitens Unterstützern oder Akteuren des Regimes sind: Baeza Flores, Alberto, *Las cadenas vienen de lejos. Cuba, América Latina y la libertad*, México, D.F.: Editorial Letras, 1960; Ferrara, Orestes, *Memorias: una mirada sobre tres siglos*, Madrid: Playor, 1975, sowie Batista selbst: Batista, Fulgencio, *Cuba Betrayed*, New York: Vantage, 1962; Ders., *The Growth and Decline of the Cuban Republic*, New York: Devin-Adair, 1964. Dazu kommen Memoiren oder polemische Bücher von Batistagegnern, die auch relativ schnell zu Castrogegnern wurden, wie: (eher aus verschmähter Liebe) Casuso, Teresa, *Cuba and Castro*, New York: Random House, 1961 (deutsch: *Cuba und Castro*, Köln: Kiepenheuer & Witsch, 1962), sowie neuerdings: Bernal, Fernando, *Memorias de un testigo. Un recorrido por el laberinto cubano desde Hernán Cortés hasta Fidel Castro*, Madrid: Verbum, 1994. Die beste Skizze über die Bedeutung der frühen Debatte um die kubanische Revolution in den USA und zur »Polemik innerhalb der Polemik«, nämlich der von Autoren, die den Wellen der in die USA geflohenen oder ausgewanderten Kubaner angehörten, findet sich bei Pérez Jr., *Cuba. Reform & Revolution …*, S. 467–469.

211 Otero Echeverría, Rafael, *Reportaje a una revolución. De Batista a Fidel Castro*, Santiago de Chile: Editorial del Pacífico, 1959, S. 7f.

212 Zit. nach: Maas, Alexander, *Die Berichterstattung ausgewählter deutscher Printmedien zur kubanischen Revolution von 1959 bis 1970. Struktur – Verlauf – Ergebnisse*, Leipzig: Universität Leipzig (Diplomarbeit), S. 69–91.

213 Ley Fundamental. De 7 de febrero de 1959, anotada y concordada con la Constitución de 1940, sus Leyes complementarias y jurisprudencia fundamental. Por Miguel A. D'Estéfano Pisani, La Habana: Jesús Montero, 1959; Zavala, Juan Ovidio, *Las constituciones vigentes*, 3 Bde., Buenos Aires: Perrot, 1961, I, S. 303–365.

214 Zeuske, »Rethinking Latin America's Cycle of 20th-Century Revolutions: Cuba 1959–2003«, Vortrag auf der Konferenz: Rethinking Latin America's Century of Revolutionary Violence, Yale University, New Haven, May 15–17, 2003, Luce Hall (demnächst).

215 Zu den Spekulationen über Cienfuegos' Tod siehe: Thomas, *Cuba* ..., S. 1244; sowie neuerdings: Matos, Huber, *Comó llegó la noche. Memorias. Revolución y condena de un idealista cubano*, prólogos de Hugh Thomas y Carlos Echeverría, Barcelona: Tusquets, 2002, S. 343–361; Franqui, *Camilo Cienfuegos* ..., passim.

216 Zum Strafsystem aus Perspektive der 6oer-Jahre siehe: Thomas, *Cuba* ..., S. 1458–1461; aus Perspektive Ende der 8oer-Jahre, siehe: Quirk,»Poets and Prisoners«, in: *Fidel Castro* ..., S. 651–680; am authentischsten wohl: Matos, *Comó llegó la noche* ..., S. 349ff.

217 La *reforma agraria, obra magna de la revolución en Cuba republicana*, 2 Bde., La Habana: Oficina del Historiador de la Ciudad de la Habana, 1960, II, S. 11.

218 Pérez-Stable, Marifeli, *The Cuban Revolution. Origins, Course, and Legacy*, New York/Oxford: Oxford University Press, 1993, S. 7.

219 Eine frühe innere Perspektive der Castro-Gruppe auf die Anfangsjahre der dritten Republik bietet: Núñez Jiménez, Antonio, *Unterwegs mit Fidel*, Berlin: Dietz, 1986 (span. Originalausgabe: La Habana: Letras Cubanas, 1982). Im Vorwort als »Notizen« bezeichnet, ist das Tagebuch wohl überarbeitet worden; es erläutert vieles mit großer Offenheit. Dr. Núñez Jiménez, ein Geograf der Universidad Central de las Villas, war während der Schlacht von Santa Clara von Guevara zum Hauptmann ernannt worden. Ihm verdankt das revolutionäre Kuba ein ganz wichtiges Buch für die Herausbildung des neuen Nationalismus: Núñez Jiménez, *Geografía de Cuba. Adaptado al Nuevo Programa Revolucionario de Bachillerato*, La Habana: Editorial Lex, 1959 (1. Auflage 1954).

220 Siehe das Coverfoto bei: Matos, *Comó llegó la noche* ...; siehe auch: Loviny, Christophe (ed.), *Korda sieht Kuba*, München: Antje Kunstmann, 2003.

221 Losman, Donald,»The Embargo of Cuba: An Economic Appraisal«, in: *Caribbean Studies*, XIV (Oct. 1974), S. 95–119; Hennessy, C. Alistair M. (ed.), *The Fractured Blockade: West European-Cuban Relations During the Revolution*, London: Macmillan, 1993 (Warwick University Caribbean Studies).

222 Huberman, Leo; Sweezy, Paul M., *Kuba. Anatomie einer Revolution*, Frankfurt am Main: Suhrkamp, 1968 (engl. Originalausgabe 1961).

223 Kapcia, *Cuba* ..., passim.

224 Gleijeses, Piero, *Conflicting Missions. Havanna, Washington, and Africa, 1959–1976*, Chapel Hill and London: The University of North Carolina Press, 2002 (Envisioning Cuba), S. 30–56.

225 Lévy, Bernard-Henri, *Sartre. Der Philosoph des 20. Jahrhunderts*, München; Wien: Hanser, 2002, besonders S. 429f.

226 Franzbach, Martin,»Tendenzen und Konflikte in der kubanischen Literatur der Gegenwart«, in: Sevilla; Rode, *Kuba* ..., S. 304–310.

227 Brauburger, Stefan, *Die Nervenprobe*, Frankfurt am Main; New York: Campus, 2002.

228 Thomas, *Cuba* ..., S. 1414.

229 Debray, Régis, *¿Revolución en la revolución?*, Cuadernos de la revista Casa de las Américas, La Habana: Casa de las Américas, 1967; Betancourt, Ernesto,»Exporting the Revolution to Latin America«, in: *Revolutionary Change in Cuba*, ed. Mesa-Lago,

Carmelo, Pittsburgh, Pa.: University of Pittsburgh Press, 1971, S. 105–126; Domínguez, Jorge I., *To Make the World Safe for Revolution: Cuba's Foreign Policy*, Cambridge: Harvard University Press, 1989.

230 Fuentes, Norberto, *Nos impusieron la violencia*. Prólogo de Carlos Aldana, La Habana: Letras Cubanas, 1986; García Martínez; Castillo, Iraida; Alfonso, Rina, *El enfrentamiento armado a la revolución*, Cienfuegos 1996 (maschinenschriftl., mit freundlicher Genehmigung der Autoren).

231 Thomas, *Cuba …*, S. 1458; Victor Emilio Dreke Cruz ging vom »Kampf gegen Banditen« mit Guevara in den Congo: *De la sierra del Escambray al Congo. En la vorágine de la Revolución Cubana*. Entrevista con Victor Dreke, New York, London, Montreal, Sydney: Pathfinder, 2002, S. 114.

232 Hughes, Joyce A., »Flight From Cuba«, in: *California Western Law Review*, vol. 36, number 1 (Fall 1999), S. 39–75; Masud-Piloto, *From Welcomed Exiles to Illegal Immigrants. Cuban Migration to the U.S., 1959–1995*, Lanham, Md.: Rowman & Littlefield, 1996, S. 59–68.

233 Insgesamt war diese Debatte eingebettet in den sog. »Manualismo-Streit« um die Übernahme sowjetischer Lehrbücher (*manuales*) des Marxismus, siehe: Alonso, Aurelio, »Wider die Lehrbücher des Marxismus«, in: *Kursbuch*, 18, hrsg. v. Enzensberger, Hans Magnus (Oktober 1969), S. 118–129; Bettelheim, Charles; Castro, Fidel; Mandel, Ernest; Mora, Alberto, *Wertgesetz, Planung und Bewußtsein. Die Planungsdebatte in Cuba*, ed. Müller, Wolfgang, Frankfurt am Main: Neue Kritik, 1969; Guevara et al. *El debate cubano*, Barcelona: Laia, 1974.

234 Ich danke Thomas Neuner, der für seine Doktorarbeit zum Thema »Kuba in Europa« forscht, für die Information.

235 Castro, Fidel, »Rede zur Revolutionären Offensive vom 13. März 1968«, in: *Kursbuch*, 18, hrsg. v. Enzensberger, Hans Magnus (1969), S. 130–154 (gekürzte deutsche Fassung); Castro, *Ausgewählte Reden*, Berlin: Dietz, 1976.

236 República de Cuba, Junta Central de Planificación, *Censo de Población y Viviendas 1970*, La Habana: Editorial Orbe, 1975.

237 Padilla, Heberto, *Außerhalb des Spiels: Gedichte*. Übersetzt und hrsg. v. Maschke, Günther, Frankfurt am Main: Suhrkamp 1971; Casal, Lourdes (ed.), *El caso Padilla. Literatura y revolución en Cuba. Documentos*, Miami – New York: o. J.

238 Scarpaci; Segre; Coyula, *Havana: Two Faces of the Antillean Metropolis …*, S. 278.

239 Zeuske (mit Reinhard Liehr und Matthias Röhrig-Assunção), »Afro-Latin America's Legacy. Introduction«, in: *Ibero-Amerikanisches Archiv. Zeitschrift für Sozialwissenschaften und Geschichte*. Neue Folge, Jg. 24 (1998), Heft 3–4, S. 269–278.

240 García Márquez, Gabriel, *Frei sein und unabhängig. Journalistische Arbeiten 1974–1995*. Aus dem Spanischen von Svenja Becker u.a., Köln: Kiepenheuer & Witsch, 2000.

241 Blau, Günter, »Einleitung zur deutschen Übersetzung des kubanischen Strafgesetzbuches von 1979«, in: *Das kubanische Strafgesetzbuch vom 1. März 1979*, übersetzt von Semon, Hans M. unter Mitwirkung von Franke, Einhard, Berlin 1983, S. 1–12, hier S. 1; Madlener, Kurt, »Die Entwicklung des kubanischen Strafrechts nach der Revolution«, in: Sevilla/Rode (eds.), *Kuba …*, S. 281–289.

242 Eckstein, Susan Eva, *Back From the Future. Cuba Under Castro*, Princeton, N.J.: Princeton University Press, 1994, S. 136:»In fact, *in the early 1990s men tended to die younger in the United States than in Cuba* [Hervorhebung der Autorin]...«; zu den neuesten Entwicklungen siehe: Mertins, Günter,»Jüngere Bevölkerungs- und Regionalentwicklung«, in: *Kuba heute* ..., S. 29–58.

243 Pérez-López, Jorge F., *The Economics of Sugar*, Pittsburgh, Pa.: University of Pittsburgh Press, 1991; zu den Versuchen, die Rohrernte zu mechanisieren, siehe: Edquist, Charles,»Mechanization of Sugar Cane Harvesting in Cuba«, in: *Cuban Studies/Estudios Cubanos*, XIII (Summer 1983), S. 41–64.

244 Zur Perspektive auf die Afrikapolitik Kubas aus der Sicht des Jahres 1998 (»Vierzig Jahre kubanische Revolution an der Macht«), siehe die offizielle Stellungnahme von Jorge Risquet Valdés, in: 40 Años de Solidaridad de Cuba con Africa. Conferencia pronunciada en el simposium internacional»40 Aniversario de la Revolución Cubana en el poder«. Casa de Altos Estudios Don Fernando Ortiz. Universidad de la Habana, 19 de noviembre de 1998, La Habana: Editorial SI-MAR S.A., 1999. Die Rede beginnt mit dem Satz:»Mi abuela paterna nació esclava.« (Meine Großmutter väterlicherseits wurde als Sklavin geboren); Kapcia,»Cuba's African Involvment, a New Perspective«, in: *Survey: A Journal of East and West Studies*, 24 (No 2, Spring 1979), S. 142–159.; LeoGrande, William M., *Cuba's Policy in Africa, 1959–1980*, Berkeley: Institut of International Studies, University of California, 1980; Belkin, June; Mesa-Lago, Carmelo (eds.), *Cuba in Africa*, Pittsburgh, Pa.; University of Pittsburgh Press, 1982; Kapcia, *Cuba. Island of Dreams* ..., S. 199–201; Gleijeses, Piero, *Conflicting Missions* ..., S. 230ff., passim.

245 Franzbach,»Angola im Schnittpunkt von Afrika, Europa und Amerika: Das Echo des Angola-Kriegs in der kubanischen Literatur«, in: Martin Franzbach/Hella Ulferts (Hrsg.), *Togo, Kamerun und Angola im euro-afrikanischen Dialog*. Dokumentaion des 1. Bremer Afro-Romania Kolloquiums vom 26.–28. Oktober 1995, Bremen: Universität Bremen, 1996 (Bremer Beiträge zur Afro-Romania), S. 125–133.

246 Ebd., S. 125–133, hier vor allem S. 131ff.

247 Zur Perspektive auf die ersten fünfundzwanzig Jahre kubanische Revolution, siehe: *La revolución cubana 25 años después*, ed. Thomas; Fauriol, Weiß, Juan Carlos, Madrid: Playor, 1985 (Biblioteca cubana contemporánea); Halebsky, Sandor; Kirk, John, *Cuba: Twenty-Five Years of Revolution, 1959–1984*, New York: Praeger, 1985; zur Perspektive nach 40 Jahren: Hoffmann, Bert,»La economía política de la crisis y reforma en Cuba – breve balance y pautas de interpretación«, in: Burchardt, Hans-Jürgen (ed.), *La última reforma agraria del siglo*, Caracas: Nueva Sociedad, 2000; unter völlig anderer Perspektive beschreibt: Hell, *Geschichte Kubas* ..., S. 253:»das Jahr 1986 [als] eine historische Wende«; siehe auch: *Sozialismus in Kuba. Voraussetzungen, Resultate, Erfahrungen*, ed. Werner Pade, Berlin (Ost): Dietz, 1988.

248 Mesa-Lago, Carmelo,»Cuba. Un caso único de Reforma Anti-Mercado. Retrospectiva y Perspectivas«, in: *Pensamiento Iberoamericano*, No. 22–23 (1992/93), tomo II, S. 65–100; siehe auch: Gillespie, Richard (ed.), *Cuba After Thirty Years: Rectificación and the Revolution*, London: Frank Cass, 1990.

249 So wurden die ökonomischen Schriften Guevaras herausgegeben: Guevara, Ernesto Ché, *Temas Económicos*, La Habana: Editorial de Ciencias Sociales, 1988; Tablada Pérez, Carlos, *El Pensamiento Económico de Ernesto Ché Guevara;* La Habana: Ediciones Casa de las Américas, 1987, auch eine neue Anthologie des politischen Denkens erschien: *Ché: Pensamiento Político*, ed. Ariet, María del Carmen, La Habana: Editora Política, 1993; Kapcia,»Political and Economic Reform in Cuba: the Significance of Che Guevara«, in: Rosendahl, M. (ed.), *La Situación Actual en Cuba: Desafíos y Alternativas/The Current Situation in Cuba: Challenges and Alternatives*, Stockholm: Institute of Latin American Studies, Stockholm University, 1997, S. 17–48.

250 Madlener, Kurt,»Die Entwicklung des kubanischen Strafrechts«, in: Sevilla; Rode (eds.), *Kuba ...*, S. 289ff.

251 Serviat, Pedro, *El problema negro en Cuba y su solución definitiva*, La Habana: Editora Política, 1986.

252 Einer der Ersten nach 1959 dürfte gewesen sein: Carbonell, Walterio, *Comó surgió la cultura nacional*, La Habana: Ediciones Yaka, 1961. Zur stillschweigenden Toleranz afrokubanischer Religiosität, siehe: Lewis, Oscar; Lewis, Ruth; Rigdon, Susan, *Neighbors: Living the Revolution*, Urbana: University of Illinois Press, 1978, S. 549ff; zur Santería, der weit verbreiteten Volksreligion, siehe: Palmié, Stephan, *Das Exil der Götter* ..., passim; Linge-Holguin Godoy, Elisabeth, *Von der Religion der Yorùbá zur Santería auf Kuba und in den USA – ausgewählte Aspekte*, Köln 2000 (Diplomarbeit, Themensteller Michael Zeuske); Salbeck, Stephanie Angela, *Kubanische Volksreligion in der Provinz Cienfuegos*, Köln, 2001 (Diplomarbeit; Themensteller: Michael Zeuske). Zum breiteren Thema: Fernández Robaina, *Bibliografía de temas Afrocubanos*, La Habana: Biblioteca Nacional José Martí, 1985; Carlos Moore, *Castro, the Blacks, and Africa*, Los Angeles: Center for Afro-American Studies, University of California, 1988; Pérez Sarduy, Pedro; Stubbs, Jean (eds.), *Afrocuba: An Antology of Cuban Writing on Race, Politics, and Culture*, Melbourne: Ocean Press, 1993; De la Fuente,»Race and Inequality in Cuba, 1899–1981«, in: *Journal of Contemporary History*, 30 (1995), S. 131–168; Fernández, Nadine T.,»The Color of Love. Young Interracial Couples in Cuba«, in: *Latin American Perspectives*, 88, vol. 23/1 (Winter 1996), S. 99–117, sowie: AfroCubaWeb (http://www.afrocubaweb.com); Cooper, Frederick; Holt, Thomas C.; Scott, Rebecca J., *Beyond Slavery. Explorations of Race, Labor, and Citizenship in Postemancipation Societies*, Chapel Hill and London: The University of North Carolina Press, 2000, S. 61–106; Pérez Sarduy, Pedro and Stubbs, Jean (eds.), *Afro-Cuban Voices. On Race and Identity in Contemporary Cuba*, Gainesville: University Press of Florida, 2000; Palmié, Wizards & Scientists. *Explorations in Afro-Cuban Modernity & Tradition*, Durham and London: Duke University Press, 2002.

253 Hönsch, Fritz und Ingrid, *Kuba. Geografische Landeskunde*, Leipzig: Im Selbstverlag, 1993, S. 14f.

254 Rosenberg, Jonathan,»Cuba's Free-Market Experiment: Los Mercados Libres Campesinos, 1980–1986«, in: *Latin American Research Review (LARR)*, XXVII (1992), S. 51–1986.

255 Domínguez,»The Cuban Armed Forces, the Party and Society in Wartime und During

Rectification (1986–1988)«, in: Gillespie, Richard (ed.), *Cuba After Thirty Years: Rectificación and the Revolution*, London: Frank Cass, 1990, S. 45–62.

256 Suchlicki, Jaime (ed.), *The Cuban Military Under Castro*, Coral Gables, Fla.: University of Miami, North-South Center Publications, 1989; siehe auch: Mazarr, Michael, »The Cuban Security Apparatus«, in: Cuba: *The International Dimension*, ed. Fauriol, Georges; Loser, Eva, New Brunswick, N.J.: Transaction Books, 1990, S. 257–292.

257 Franzbach, »Angola als Schnittpunkt …«, S. 125–133, hier S. 125.

258 Eckstein, *Back From the Future …*, S. 200. Fast alle Gerüchte (und viele Wahrheiten) zum Fall Ochoa finden sich in: Oppenheimer, »A Crack in the System: The Ochoa – De la Guardia Case (1986–1989)«, in: Ders., *Castro's Final Hour …*, S. 17–163.

259 Siehe das von seinem Bruder Patricio im Gefängnis aus der Erinnerung geschriebene »Dienstblatt« Antonio »Tony« de la Guardias, überarbeitet reproduziert in: Fuentes, Norberto, *Dulces guerreros cubanos*, Barcelona: Seix Barral, 1999 (Los tres mundos), S. 147–152; *Causa 1/89. Fin de la conexión cubana*, La Habana: Editorial José Martí, 1989; Jiménez-Leal, Orlando, 8-A. *La realidad invisible*, Miami: 1997; Masetti, Jorge, *El furor y el delirio: itinerario de un hijo de la Revolución cubana*, ed. a cargo de Elizabeth Burgos, Barcelona: Tusquets, 1999 (Colección Andanzas); Minà, Gianni, *Fidel Castro. La sua vita, la sua avventura in due intreviste storiche*, Mailand, 1996, S. 305–363; Mora, Frank O., »From Fidelismo to Raulismo. Civilian Control of the Military in Cuba«, in: *Problems of Post-Communism*, Nr. 2 (March–April 1999), S. 25–38; Tosstorff, »Säuberungen im kubanischen Kommunismus. Anmerkungen zu zwei Augenzeugenberichten und einer Dokumentation«, in: *Jahrbuch für historische Kommunismusforschung*, Aufbau, Berlin, Bd. 2000/2001, S. 213–236.

260 Fritsche, Klaus, *Der August-Putsch und die sowjetisch-kubanischen Beziehungen*, Köln 1991 (Bundesinstitut für ostwissenschaftliche und internationale Studien, Aktuelle Analysen, Nr. 64, 19. Dezember 1991).

261 Breuer, Ralf E., »Die deutsche Kuba-Politik nach der Wiedervereinigung«, in: *Kuba heute …*, S. 773–800.

262 Diese von Sozialwissenschaftlern und Ökonomen kaum wahrgenommenen Elemente der »Mentalität« (was im Grunde auch nur ausdrückt, dass wir nicht genau wissen, um was es sich handelt), die auch die sog. »cubanía« umfasst, können mit Hilfe der Literatur und Kunst sowie einer eher geisteswissenschaftlich und anthropologisch orientierten Historiografie zur Kenntnis genommen werden. Zur historischen Erklärung der *Cubanía* unter Hervorhebung des Beitrags der afrikanischen Sklaven, siehe: Yacou, Alain, »Altérité radicale et convivencia: le marronage dans l'île de Cuba dans la première moitié du XIXe siècle«, in: *Structures et cultures des sociétés ibéro-américaines au-delà du modèle socio-économique*. Colloque international en hommage au professeur François Chevalier, 29–30 avril 1988, Paris 1990, S. 95–111.

263 Strausfeld, Michi (Hrsg.), *Cubanisimo. Junge Erzähler aus Kuba*. Frankfurt am Main: Suhrkamp 2000.

264 Hoffmann, »La economía política …«, S. 3ff.

265 Gombrecht, Horst, »Wirtschaftsreformen in Kuba: Einführung eines modernen Steu-

ersystems und Aufbau einer Steuerverwaltung«, in: Lateinamerika. Analysen, Daten, Dokumentation, Nr. 30 (1995), S. 43–50.

266 Burchardt, *La última reforma agraria del siglo* ..., S. 83 (Grafik) und passim; siehe auch die kluge Rezension zu diesem Buch: Carmelo Mesa-Lago, »Un ajiaco cubano-alemán sobre la tercera reforma agraria en Cuba«, in: *Encuentro*, Madrid (2001), S. 254–258.

267 Castro, »Wir werden nicht länger die Grenzen der USA bewachen«, Interview mit Fidel Castro im kubanischen Fernsehen und im internationalen Sender *Radio Habana Cuba*, vom 5. August 1994, in: Castro, Interview mit dem cubanischen Fernsehen vom 5. und 11. August 1994, ed. Freundschaftsgesellschaft BRD–Kuba e.V., Köln/Hamburg: Drucktechnik Odenthal, 1994 (edition *Cuba Libre*, No. 2/94), S. 4–36; Masud-Piloto, Félix, *From Welcomed Exiles to Illegal Immigrants. Cuban Migration to the U.S., 1959–1995*, Lanham, Md.: Rowman & Littlefield, 1996.

268 Del Aguila, Juan M., *Cuba: Dilemmas of a Revolution, Boulder*, Colo.: Westview, 1994, S. 187.

269 Marx, Karl, »Die Krisis und die Konterrevolution«, in: Karl Marx; Friedrich Engels, *Werke* (MEW), Bd. 5, Berlin: Dietz, 1975, S. 398–404, hier S. 402. Die Frage ist nur, was die Gründe für das fortgesetzte Provisorium sind und ob die Übernahme von Wirtschaftsfunktionen durch einen zentralisierten Staat, an dessen Spitze künstlich ein charismatisch-bürokratisches Provisorium beibehalten wird, nicht der langfristigen Stabilisierung entgegenwirkt. Dazu kommt die Frage, wieso dieser deutliche Wandel zum Autokratismus eben jetzt so deutlich wird und nicht wirklich nach der Revolution (etwa 1959/60), siehe auch: Domínguez, »¿Comienza una transición hacia el autoritarismo en Cuba?«, in: *Encuentro de la Cultura Cubana*, 6/7 (1997), S. 7–23; Domínguez, *Democratic Politics in Latin America and the Caribbean*, Baltimore: Johns Hopkins University Press, 1998.

270 Krämer, »›Change agents wanted!‹ oder von der glücklosen Suche nach Reformkräften«, in: Ders., *Der alte Mann und die Insel* ..., S. 33–51; Hoffmann, »Kuba – Die Reform von innen, die nicht stattfand. Die Renaissance der kubanischen Sozialwissenschaften und die Reaktion der Staatsführung – eine Sichtung neuerer Publikationen aus Kuba«, in: *PROKLA. Zeitschrift für kritische Sozialwissenschaft*, 107, 27. Jg. (1997), S. 317–334; Giuliani, Maurizio, *El caso CEA. Intelectuales e Inquisidores en Cuba. ¿Perestroika en la Isla?*, Miami 1998; Tosstorff, »Säuberungen im kubanischen Kommunismus ...«, S. 213–236.

271 Osang, Alexander, »Die letzte Guerillera«, in: *Der Spiegel*, Nr. 11/11.3.2002, S. 60–64.

272 Dawdy, Shannon Lee, »La comida mambisa: Food, Farming, and Cuban Identity, 1839–1999«, in: *New West Indian Guide/Nieuwe West-Indische Gids*, Vol. 76, no. 1 & 2 (2002), S. 47–80, hier S. 47.

273 »Yuca« ist nicht »Yucca«. Yucca ist die bekannte Zimmer- und Gartenpflanze, auch als Palmlilie bezeichnet. Diese Yucca-Palmlilie gehört zu den Agavaceae (Agaven), hat aber pflanzensystematisch nichts mit Yuca und Maniok zu tun; Information von Dr. Dorit Zeuske, IPK Gatersleben.

274 Pérez Jr., *Winds of Change. Hurricanes and the Transformation of Nineteeth-Century Cuba*, Chapel Hill, NC, 2001.

275 López de Gómara, Francisco, *Historia General de las Indias*, 2 Bde., Madrid: Espasa-Calpe, 1941, Bd. I, S. 66.

276 Ebd., Bd. I: Lib. VII, Cap. II, S. 230f.

277 Ebd., S. 354.

278 Saco, José Antonio, *Obras*, 2 Bde., La Habana: Imagen Contemporánea, 2001 (Biblioteca de Clásicos Cubanos), Bd. I, S. 396.

279 Humboldt, Alexander von,»Bananen«, in: Humboldt, *Mexiko-Werk. Politische Ideen zu Mexico. Mexicanische Landeskunde.* Hrsg. u. komm. von Hanno Beck in Verb. mit Grün, Wolf-Dieter et al. Darmstadt: Wissenschaftliche Buchgesellschaft 1991 (Alexander von Humboldt, *Studienausgabe*. Sieben Bände. Bd. IV), S. 347–355.

280 Carrillo Farnés, Olimpia V. und AutorInnenkollektiv,»La alimentación con vegetales en Cuba, Recuento histórico«, in: *Universidad para Todos, Los Vegetales en la Nutrición Humana.* La Habana: Editora Politica, 2002, S. 5f (ich danke Martin Krämer für die Information).

281 Brunner, Detlev,»Fritz Lamm – Exil in Kuba«, in: Grebing, Helga; Wickert, Christl (Hrsg.), *Das »andere Deutschland« im Widerstand gegen den Nationalsozialismus. Beiträge zur politischen Überwindung der nationalsozialistischen Diktatur im Exil und im Dritten Reich*, Essen, 1994 (Veröffentlichungen des Instituts zur Erforschung der europäischen Arbeiterbewegung; Schriftenreihe A: Darstellungen, Bd. 6), S. 146–172, hier S. 151.

282 Scarpaci; Segre; Coyula, *Havana: Two Faces of the Antillean Metropolis …*, passim.

283 Hernando Calvo Ospina, *Im Zeichen der Fledermaus. Die Rum-Dynastie Bacardí und der geheime Krieg gegen Cuba*, Köln: PapyRossa, 2002.

284 Sarmiento Ramírez, Ismael,»Las bebidas alcohólicas en la Cuba del siglo XIX: Uso y abuso«, in: *Del Caribe*, 38, Santiago de Cuba (2002), S. 75–89.

285 Das fiel schon den frühen nordamerikanischen Besuchern auf, siehe: Samuel Hazard, *Cuba a pluma y lápiz*, 3 Bde., La Habana, 1928, Bd. III, S. 126f. (Erstauflage: Cuba with Pen and Pencil, Hartford, 1871).

286 Sánchez, Emilio, *Tradiciones trinitarias*, Cienfuegos, 1916, S. 34–36.

287 López Lemus, Virgilio, *Doscientos años de poesía cubana. 1790–1990. Cien poemas antológicos*, edición al cuidado de Pausides, Alex y Teillagorry Criado, Jacqueline, La Habana: Casa Editora Abril, 1999, S. 39–43.

288 Fernández-Armesto, Felipe, *Near a thousand tables: a history of food*, New York: The Free Press, 2002.

289 Villapol, Nitza, *Cocina Cubana. Alegre su mesa con recetas tradicionales de la Mayor de las Antillas*, La Habana: Editorial Científico-Técnica, 1999. Die am schönsten gelayouteten und bebilderten Kochbücher erscheinen im Ausland für ausländisches Publikum oder werden von anonymen Gesellschaften publiziert und auf Flughäfen und Hotels vertrieben; siehe: *¡Échale salsita! Cocina cubana tradicional*, Texto: González, Reynaldo; Fotografía: José A. Figueroa, La Habana: Lo Real Maravilloso, 2000.

290 Bolívar Aróstegui, Natalia; González Díaz de Villegas, Carmen, *Afro-Cuban Cuisine: Its Myths and Legends*, California: Food First Institute for Food and Development Policy, 1999; Bolívar Aróstegui; González Díaz de Villegas, *Mitos y leyendas de la comida afro-*

cubana, San Juan, Puerto Rico, 2000 (Colección Cultura Cubana); García Yero, Olga; Álvarez Álvarez, Luis; Juárez Figueredo, Héctor,»Introducción«, in: Dies., *Cocina en dos ciudades*. *Platos tradicionales de Camagüey y Sancti Spíritus*, Santiago: Editorial Oriente, 2001, S. 11–22. Das Buch kostete 20 Peso (gekauft vom Autor: Santiago de Cuba, September 2001) für Kubaner ein Vermögen. Alle Autoren wurden zwischen 1950 und 1954 geboren – sind also »Kinder der Revolution«, die zwischen 1970 und 1980 (»die grauen Jahre«) in das Erwachsenenalter gekommen sind. Im Grunde handelt es sich um den Versuch einer Wiedererfindung der kubanischen kulinarischen Traditionen für diese Generation mit einem leichten Seitenblick auf den Buchmarkt für Touristen.

291 Ebd., S. 13, S. 111.

292 »Spanisch« und »Afrikanisch« gibt es eigentlich nicht, ich verwende die Wörter hier aus Sprachökonomie: es geht immer um galicische, baskische, katalanische, andalusische oder nigerianische, guinesische, kongolesische oder angolanische Diäten, aber selbst diese Begriffe bezeichnen in diesem Zusammenhang kulturelle Konstruktionen; oder kennt irgendjemand wirklich eine »deutsche Küche«?

293 Carpentier, Alejo, *Mein Havanna. Geschichten über die Liebe zur Stadt*. Aus dem kubanischen Spanisch von Wolfgang Eitel, Zürich: Ammann, 2000, S. 76f.

294 Ich danke Herrn Karsten Voss, Hamburg, für die Zahlen.

295 Bati, Anwer, *Zigarren. Der Guide für Kenner und Genießer*, München: Heyne, 2000 (6. Auflage!), S. 76ff.

296 Nuez, Iván de la, *Das treibende Floß. Kubanische Kulturpassagen*. Aus dem Spanischen von Hans-Joachim Hartenstein, Frankfurt am Main 2001 (edition suhrkamp 2218), S. 17 (Original: *La balsa perpetua. Sociedad y conexiones de la cultura cubana*, Barcelona: Casiopea, 1998).

297 Sotelo, Ignacio, »Kuba – raue Gegenwart, ungewisse Zukunft«, in: *Wespennest. zeitschrift für brauchbare texte und bilder*, nummer 123, 3. Quartal (Juni 2001), S. 62–69, hier S. 68.

298 Boutros-Ghali, Boutros, *Hinter den Kulissen der Weltpolitik. Die UNO – wird eine Hoffnung verspielt? Bilanz meiner Amtszeit als Generalsekretär der Vereinten Nationen*, Hamburg: discorsi 2000, S. 211.

299 Furiati, *Fidel Castro. La historia me absolverá*, Barcelona: Plaza Janés, 2003, S. 416.

300 Ich danke Herrn Karsten Voss, Hamburg, für die Daten.

301 Burchardt, »Kuba nach Castro. Die neue Ungleichheit und das sich formierende neopopulistische Bündnis«, in: *Internationale Politik und Gesellschaft / International Politics and Society*, 3/2002 (Online: www.fes.de/ipg).

Bibliografie

40 Años de Solidaridad de Cuba con Africa. Conferencia pronunciada en el simposium internacional »40 Aniversario de la Revolución Cubana en el poder«. Casa de Altos Estudios Don Fernando Ortiz. Universidad de la Habana, 19 de noviembre de 1998, La Habana: Editorial SI-MAR S.A., 1999.

Academia de la Historia de Cuba, *Constituciones de la República de Cuba*, La Habana: Artes Gráficas, S.A., 1952 (Faksimiledruck aller Verfassungen von 1869 bis 1952, inklusive der «Ley Constitucional de la República de Cuba 1952«, S. 243–354).

Academia de la Historia, *Actas de las Asambleas de Representantes y del Consejo de Gobierno durante la Guerra de Independencia*, 5 Bde., La Habana: Imp. El Siglo XX, 1932.

Ackerman, Holly, »The Balsero Phenomenon, 1991–1994«, in: *Cuban Studies/Estudios Cubanos*, 26 (1996), S. 169–200.

Actas de las Asambleas de representantes y del Consejo de Gobierno durante la Guerra de Independencia, 3 Bde., recopilación y introducción por Llaverías, Joaquín; Santovenia, Emeterio S., La Habana: Academia de Historia de Cuba, Impr. y Papelería de Rambla, Bouza y Ca., 1928.

Aguiar Rodríguez, Raúl, *El bonchismo y el gangsterismo en Cuba*, La Habana: Editorial de Ciencias Sociales, 2000.

Aguila, Juan M. del, *Cuba: Dilemmas of a Revolution*, Boulder, Colo.: Westview, 1994.

Aguilar, Luis E., *Cuba 1933: Prologue to Revolution*, Ithaca: Cornell University Press, 1972.

Aguilar León, »La ›décennie tragique‹«, in: *La Havane 1952–1961. D'un dictateur à l'autre: explosion des sens et de morale révolutionnaire*, dirigé par Machover, Jacobo, Paris: Éditions Autrement, 1994 (Série Mémoires no. 31), S. 55–69.

Aguilar León, *Marxism in Latin America*, New York: Alfred Knopf, 1976.

Aguilar, *Operation Zapata: The ›Ultrasensitive‹ Report and Testimony of the Board of Inquiry on the Bay of Pigs*, Maryland: University Publications of America, 1981.

Aguirre, Benigno, »Social Control in Cuba«, in: *Latin American Politics and Society*, Vol. 44/2 (Summer 2002), S. 67–98.

Aguirre, Sergio, *Un gran olvidado. Juan Gualberto Gómez*, La Habana: Editorial de Ciencias Sociales, 1997.

Akulai, Vladimir; Rodríguez Fragoso, Domingo, »La situación socioeconómica del campesinado cubano antes de la revolución«, in: *Islas LIV, Santa Clara* (mayo-agosto 1976), S. 55–80.

Alape, Arturo, »Fidel y el Bogotazo«, in: Del Valle, Alberto I. et al. (ed.), *Antes del Moncada*, La Habana 1986, S. 47–107.

Álavez, Elena, *Eduardo Chibás en la hora de la Ortodoxía*, La Habana: Editorial de Ciencias Sociales, 1994.

Alexander, Robert J., *A History of Organized Labor in Cuba*, New York: Greenwood Publishers, 2002.

Allemann, Fritz René, *Macht und Ohnmacht der Guerilla*, München 1974.

Alfonso, Pablo, *Los fieles de Castro*, Miami: Ediciones Cambio, 1991.

Alonso, Aurelio, »Wider die Lehrbücher des Marxismus«, in: *Kursbuch*, 18, hrsg. v. Enzensberger, Hans Magnus (Oktober 1969), S. 118–129.

Álvarez Estévez, Rolando, *Azúcar e inmigración, 1900–1940*, La Habana: Editorial de Ciencias Sociales, 1988.

Álvarez Gutiérrez, Luis, »La Enmienda Platt y su valoración por la prensa cubana de la época«, in: Opatrný, Josef (ed.), *El Caribe Hispano. Sujeto y objeto en política internacional*, Praha: Universidad Carolina de Praga; Editorial Karolinum, 2001, S. 43–82.

Álvarez Mola, Martha Veronica; Martínez Pérez, Pedro, »Algo acerca del problema negro en Cuba hasta 1912«, in: *Universidad de la Habana*, no. 179 (mayo-junio 1966), S. 79–93.

Ameringer, Charles D., »The Auténtico Party and the Political Opposition in Cuba, 1952–1957«, in: *Hispanic American Historical Review (HAHR)*, may 1985, S. 327–351.

Ameringer, *The Cuban Democratic Experience: The Auténtico Years, 1944–1952*, Gainesville, Fla.: University Press of Florida, 2000.

Anderle, Adam, »Conflictos entre los fidelistas y comunistas en los despachos del embajador húngaro de la Habana (1961–1968)«, in: Opatrný (ed.), *El Caribe Hispano …*, S. 237–251.

Anders, Christoph, *Kuba, Kirchen, Religion und Revolution, Evangelisches Missionswerk in Deutschland:* Länderheft 32, 1997.

Anderson, Benedict, *Die Erfindung der Nation. Zur Karriere eines folgenreichen Konzepts*, Frankfurt am Main: Campus, 1996 (erweiterte Neuauflage des Originals von 1983: *Imaged Communities. Reflections on the Origin and Spread of Nationalism*, London 1992).

Anderson, Jon Lee, *Che. Die Biographie*, München: Econ & List, 1999.

Araquistáin, Luis, *La agonía antillana. El imperialismo yanqui en el mar Caribe*, La Habana, Editorial Lex, 1961 [1. Auflage: Madrid 1928].

Arboleya, Jesús, »Playa Girón: Kennedy ante un dilema«, in: *Debates Americanos*, No. 10, La Habana (julio-diciembre 2000), S. 39–45.

Arce Padrón, Yisel; Rodríguez Alonso, Ania, »Un culto marginal en los sagrados recintos del arte«, in: *CAMINOS. Revista Cubana de Pensamiento Socioteológico*, nos. 13–14, La Habana (enero-junio 1999), S. 47–58.

Armando Vallares, »Elegía para un soldado cubano muerto en Angola«, in: Lázaro, Felipe (ed.), *Poetas cubanos en España*, Madrid, 1988.

Armas, Ramón de, *La revolución pospuesta*, La Habana: Editorial de Ciencias Sociales, 1975 (ursprünglich als: »La revolución pospuesta: destino de la revolución martiana de 1895«, in: *Pensamiento Crítico*, núm. 49–50, La Habana (febrero-marzo de 1971), S. 7–118).

Armas; López Segrera, Francisco; Sánchez Otero, Germán, *Los partidos políticos burgueses en Cuba neocolonial 1899–1952*, La Habana: Editorial de Ciencias Sociales, 1985.

Arredondo, Alberto, *El negro en Cuba*, La Habana: Editorial Lex, 1939.

Arredondo, *Cuba: Tierra Indefensa*; La Habana: Editorial Lex, 1945.

Atkins, Edwin F., *Sixty Years in Cuba*, New York: Arno Press, 1980 [Reprint Edition; 1. Ed.: *Sixty Years in Cuba. Reminiscences of Edwin A. Atkins*, Cambridge: At the Riverside Press, 1926].

Averhoff Purón, Mario, *Los primeros partidos políticos*, La Habana: Instituto Cubano del Libro, 1971.

Ayala, César J., *American Sugar Kingdom: The Plantation Economy of the Spanish Caribbean, 1898–1934*, Chapel Hill & London: The University of North Carolina Press, 1999.

Ayers, Bradley Earl, *The War That Never Was: An Insider Account of CIA Covert Operations Against Cuba*, Indianapolis, Ind.: Bobbs-Merrill, 1976.

Azicri, Max, »The ›Institutionalization‹ of Cuba's Revolution«, in: *Revista/Review Interamericana*, VIII (summer 1978), S. 247–262.

Azicri, »Women's Development Through Revolutionary Mobilization: A Study of the Federation of Cuban Women«, in: *International Journal of Women's Studies 2*, no. 1 (1979).

Bach, Robert L., »The New Cuban Exodus: Political and Economic Motivations«, in: *Caribbean Review*, XI (Winter 1982), S. 22–25, 58–60.

Badenberg, Nana, »Art nègre. Picasso, Einstein und der Primitivismus«, in: *Zeitschrift für Germanistik*. Neue Folge, Beiheft 2: »Das Fremde. Reiseerfahrungen, Schreibformen und kulturelles Wissen«, Hrsg. Honold, Alexander; Scherpe, Klaus R., unter Mitarbeit von Blesser, Stephan; Joch, Markus; Simons, Oliver, Bern u.a.: Peter Lang, 2000, S. 219–247.

Balfour, Sebastian, *El fin del imperio español (1898–1923)*, Barcelona: Grijalbo Mondatori, 1997, S. 104–107.

Ballestero Izquierdo, Alberto (ed.), *A vueltas con el 98. Continuidad o Cambio?*, Pamplona: UNED-Navarra. Servicio de Publicaciones, 1998.

Barnet, Miguel, *Biografía de un cimarrón*. La Habana: Instituto de Etnología y Folklore, 1966.

Barnet, *Cimarrón*, La Habana: Gente Nueva/Instituto del Libro 1967.

Barnet (ed.), *The Autobiography of a Runaway Slave*. Translated from Spanish by Innes, Jocasta, New York: Pantheon Books, 1968.

Barnet (ed.), *Der Cimarrón. Die Lebensgeschichte eines entflohenen Negersklaven aus Cuba, von ihm selbst erzählt*. Nach Tonbandaufnahmen herausgegeben von Miguel Barnet. Aus dem Spanischen übersetzt von Hildegard Baumgart. Mit einem Nachwort von Jürgen Kübler, Berlin: Rütten & Loening 1970.

Barnet (ed.), *Biography of a Runaway Slave*. Translated by Hill, Nick, East Haven CT: Curbstone Press, 1994.

Barnet (ed.), *Der Cimarrón. Lebensgeschichte eines entflohenen Negersklaven aus Cuba, von ihm selbst erzählt*. Nach Tonbandaufnahmen herausgegeben von Miguel Barnet, übersetzt von Hildegard Baumgart, mit einem Nachwort von Heinz Rudolf Sonntag und Alfredo Chacón, Frankfurt am Main: Suhrkamp, 1995 (Neuauflage 1999).

Barnet, *Cultos Afrocubanos. La regla de ocha. La regla de palo monte*, La Habana: Ediciones UNION, 1995.

Barnet, *La fuente viva*, La Habana: Editorial Letras Cubanas, 1998.

Barnet, *Biografía de un cimarrón*, La Habana: Editorial de Letras Cubanas, 1999.

Barnet, »A manera de epílogo. Para llegar a Esteban Montejo: los caminos del cimarrón«, in: Barnet, *Biografía de un cimarrón*, La Habana: Editorial de Letras Cubanas, 1999, S. 183–211.

Barnett, Clifford; MacGaffey, Wyatt, *Twentieth Century Cuba. The Backgroud of the Castro Revolution*, New York: Doubleday & Company, 1965.

Barquín, Ramón M., *El día que Fidel Castro se apoderó de Cuba: 72 horas trágicas para la libertad en las Américas*, San Juan: Puerto Rico: Rambar, 1972.

Barquín, *Las luchas guerrilleras en Cuba: de la colonia a la sierra*, 1 Bd. in 2 vols., Madrid: Playor, 1975.

Barrios, Harald; Suter, Jan (eds.), *Politische Repräsentation und Partizipation in der Karibik. Kuba, Haiti, Dominikanische Republik im 19. und 20. Jahrhundert* (*Politische Organisation und Repräsentation in Amerika*, hrsg. von Dieter Nohlen, Bd. 4), Opladen: Leske & Budrich, 1996.

Barro y Segura, Antonio, »La Verdad Sobre el Azúcar en Cuba. Rectificaciones y aclaraciones al folleto del Sr. Herminio Portell Vilá: ›La Industria Azucarera y su Futuro‹«, in: *La Habana*, s.l., 1943.

Bati, Anwer, *Zigarren. Der Guide für Kenner und Genießer*, München: Heyne, [6]2000.

Batista, Fulgencio, *Piedras y Leyes*, México, D.F.: Botas, 1961.

Batista, *Cuba Betrayed*, New York: Vantage Press, 1962.

Batista, *The Growth and Decline of the Cuban Republic*, New York: The Devin-Adair Company, 1964.

Batrell Oviedo, Ricardo, *Para la historia. Guerra de independencia en la provincia de Matanzas. Apuntes autobiográficos de la vida de Ricardo Batrell Oviedo*, Habana: Seoane y Álvarez Impresores, 1912.

Bauer, Arnold J., »Rural Workers in Spanish America: Problems of Peonage and Oppression«, in: *Hispanic American Historical Review (HAHR)*, 59 (Febr. 1979), S. 34–63.

Baylora, Enrique A., *Political Leadership in the Cuban Republic, 1944–1958*, Gainesville, Fla.: University Press of Florida, 1971.

Belkin, June; Mesa-Lago, Carmelo (eds.), *Cuba in Africa*, Pittsburgh, Pa.: University of Pittsburgh Press, 1982.

Bender, Peter, »Das Amerikanische und das Römische Imperium. Ein Vergleich«, in: *Merkur. Deutsche Zeitschrift für europäisches Denken*, Heft 9/10: *Europa oder Amerika? Zur Zukunft des Westens*, 54. Jg. (Sept./Okt. 2000), S. 890–900.

Bengelsdorf, Carrollee, *The Problem of Democracy in Cuba: Between Vision and Reality*, Oxford and New York: 1994.

»Benigno« (Dariel Alarcón Ramírez), *Memorias de un soldado cubano. Vida y muerte de la revolución cubana*, ed. e introducc. de Elizabeth Burgos, Barcelona: Tusquets Editores, S.A., 1997 (colección andanzas).

Benítez Rojo, Antonio, *La Isla que se Repite*. Edición definitiva, Barcelona: Editorial Casiopea, 1998.

Benítez Rojo, »The Role of Music in the Emergence of Afro-Cuban Culture«, in: *African*

Diaspora. African Origins and New World Identities, ed. by Isidore Okpewho, Carole Boyce Davies, Ali A. Mazrui, Bloomington and Indiana: Indiania University Press, 1999, S. 197–203.

Benjamin, Jules R., »The ›Machadato‹ and Cuban Nationalism, 1928–1932«, in: *Hispanic American Historical Review (HAHR)*, LV (February 1975), S. 66–91.

Benjamin, *The United States and Cuba. Hegemony and dependent Development, 1880–1934*, Pittsburgh, Pa.: Pittsburgh University Press, 1977.

Bernecker, Walther L. (ed.), *1898: su significado para Centroamérica y para el Caribe ¿Cesura, Cambio, Continuidad?*, Frankfurt am Main: Vervuert, 1998 (Lateinamerika-Studien 39).

Betancourt, Ernesto, »Exporting the Revolution to Latin America«, in: *Revolutionary Change in Cuba*, ed. Mesa-Lago, Carmelo, Pittsburgh, Pa.: University of Pittsburgh Press, 1971, S. 105–126.

Bettelheim, Charles; Castro, Fidel; Mandel, Ernest; Mora, Alberto, *Wertgesetz, Planung und Bewußtsein. Die Planungsdebatte in Cuba*, ed. Müller, Wolfgang, Frankfurt am Main: Neue Kritik, 1969.

Biermann, Harald, »Die Kuba-Krise: Höhepunkt oder Pause im Kalten Krieg?«, in: *Historische Zeitschrift (HZ)*, Bd. 273 (2001), S. 637–673.

Birkenstock, Arne; Blumenstock, Eduardo, *Salsa, Samba, Santería. Lateinamerikanische Musik*, München: dtv, 2002.

Blackburn, Robin, »Prologue to the Cuban Revolution«, in: *New Left Review*, 21 (October 1963), S. 52–91.

Blasier, Cole, »The Cuban-U.S.-Soviet Triangle: Changing Angles«, in: *Cuban Studies/Estudios Cubanos*, VIII (january 1978), S. 1–9.

Blau, Günter, »Einleitung zur deutschen Übersetzung des kubanischen Strafgesetzbuches von 1979«, in: *Das kubanische Strafgesetzbuch vom 1. März 1979*, übersetzt von Semon, Hans M. unter Mitwirkung von Franke, Einhard, Berlin 1983, S. 1–12.

Blight, James G.; Kornbluh, Peter, *Politics of Illusion – The Bay of Pigs Reexamined*, Boulder, Colo. & London: Lynne Rienner Publishers, 1998.

Bolívar Aróstegui, Natalia, *Los orishas en Cuba*, La Habana: Ediciones Unión, 1990.

Bolívar Aróstegui; Río, Natalia del, *Lydia Cabrera en su laguna sagrada*, Santiago de Cuba: Editorial Oriente, 2000.

Bonachea, Ramón L.; San Martín, Marta, *The Cuban Insurrection 1952–1959*, New Brunswick, USA, and London, U.K.: Transaction Publishers, 1995 (erste Auflage 1974).

Bosch, Juan, *La isla fascinante*, Santiago de Cuba: Editorial Universitaria, 1955 (Colección Nuestra América) (Neuauflage: *Cuba, la isla fascinante*, La Habana: ICAIC, Ministerio de Relaciones Exteriores de Cuba, 1999).

Boutros-Ghali, Boutros, *Hinter den Kulissen der Weltpolitik. Die UNO – wird eine Hoffnung verspielt? Bilanz meiner Amtszeit als Generalsekretär der Vereinten Nationen*, Hamburg: discorsi 2000.

Brandon, George, *Santería from Africa to the New World. The Dead Sells Memories*, Bloomington/Indianapolis: Indiana University Press, 1993.

Brauburger, Stefan, *Die Nervenprobe*, Frankfurt am Main; New York: Campus, 2002.

Breuer, Ralf E., »Die deutsche Kuba-Politik nach der Wiedervereinigung«, in: *Kuba heute. Politik Wirtschaft Kultur*, hrsg. von Ette, Ottmar und Franzbach, Martin, Frankfurt am Main: Vervuert, 2001 (Biblioteca Ibero-Americana, Bd. 75), S. 773–800.

Briones Montoto, *Acción Directa*, La Habana: Editorial de Ciencias Sociales, 1999.

Bronfman, Alejandra, »›En Plena Libertad y Democracia‹: *Negros Brujos* and the Social Question, 1904–1919«, in: *Hispanic American Historical Review (HAHR)*, 82:3 (august 2002), S. 549–587.

Brooke, John R., *Civil Report of Major-General John R. Brooke, US-Army, Military Governor, Island of Cuba, 1899*, Washington D.C., 1900.

Brugioni, Dino A., *Eyeball to Eyeball: The Inside Story of the Cuban Missile Crisis*, New York, Random House, 1991.

Brunner, Detlev, »Fritz Lamm – Exil in Kuba«, in: Grebing, Helga; Wickert, Christl (Hrsg.), *Das »andere Deutschland« im Widerstand gegen den Nationalsozialismus. Beiträge zur politischen Überwindung der nationalsozialistischen Diktatur im Exil und im Dritten Reich*, Essen: Klartext-Verlag, 1994 (Veröffentlichungen des Instituts zur Erforschung der europäischen Arbeiterbewegung; Schriftenreihe A: *Darstellungen*, Bd. 6).

Brunner, Heinrich, *Cuban Sugar Policy From 1963 to 1970*, Pittsburgh, Pa.: Pittsburgh University Press, 1977.

Buch Rodríguez, Luis M., *Gobierno Revolucionario Cubano: génesis y primeros pasos*, La Habana: Editorial de Ciencias Sociales, 1999.

Buchbinder, Pablo, »El movimiento reformista de 1918: una aproximación desde la historia interna de las instituciones universitarias«, in: *Ibero-Amerikanisches Archiv*. Zeitschrift für Sozialwissenschaften und Geschichte, Neue Folge, Jg. 26 (2000), Heft 1–2, S. 27–58.

Burchardt, Hans-Jürgen, *Kuba. Der lange Abschied von einem Mythos*, Stuttgart: Schmetterling, 1996.

Burchardt, *Kuba. Im Herbst des Patriarchen*, Stuttgart: Schmetterling, 1999.

Burchardt, »Cuba en el nuevo milenio – ¿crisis sin fin o crisis como oportunidad de cambio?«, in: *Ibero-Amerikanisches Archiv*. Zeitschrift für Sozialwissenschaften und Geschichte, Neue Folge, Jg. 26 (2000), Heft 1–2, S. 3–26.

Burchardt, »Contours of the Future. The New Social Dynamics in Cuba«, in: *Latin American Perspectives*, No. 3 (2002), S. 59–76.

Burchardt, »La última reforma agraria de siglo: cambio o estancamiento«, in: Burchardt, (ed.), *La última reforma agraria del siglo*, Caracas: Nueva Sociedad, 2000, S. 169–193.

Cabrera, Olga, »Reforma estudiantil«, in: Cabrera, Mella, *Una historia en la política mexicocubana*, Guadalajara; Universidad de Guadalajara, 2002, S. 35–47.

Cabrera, Alfredo López, *Maestro del proletariado cubano*, La Habana: Editorial de Ciencias Sociales, 1985.

Cabrera, Guiteras, *La época, el hombre*, La Habana: Editorial Arte y Literatura, 1974.

Cabrera, Olga; Almodóvar, Carmen (eds.), *Las luchas estudiantiles universitarias, 1923–1934*, La Habana, 1975.

Cabrera, *Los que viven por sus manos*, La Habana: Editorial de Ciencias Sociales, 1985.

Cabrera Infante, Guillermo, *Mea Cuba*, New York; Farrar, Straus & Giroux, 1994.

Cairo Ballester, Ana, *El grupo minorista y su tiempo*, La Habana: Editorial de Ciencias Sociales, 1978.

Cairo Ballester, *La revolución del 30 en la narrativa y el testimonio cubanos*, La Habana: Editorial de Letras Cubanas, 1993.

Calvo Ospina, Hernando; Declerq, Katlijn, *Originalton Miami. Die USA, Kuba und die Menschenrechte*, Köln: PapyRossa, 2001 (Neue kleine Bibliothek, 69).

Cañizares, Dulcila, »La trova tradicional cubana«, in: *Panorama de la Música Popular Cubana*, selección y prólogo Giro, Radamés, La Habana: Editorial de Letras Cubanas, 1995, S. 268–293.

Capote, Leonel (introducción, estudio crítico, selección y notas), *La visualidad infinita – José Lezama Lima*, La Habana: Letras Cubanas, 1994.

Carpentier, Alejo, *Mein Havanna. Geschichten über die Liebe zur Stadt*. Aus dem kubanischen Spanisch von Wolfgang Eitel, Zürich: Ammann, 2000.

Carr, »Identity, Class, and Nation: Black Immigrant Workers, Cuban Communism, and the Sugar Insurgency, 1925–1934«, in: *Hispanic American Historical Review (HAHR)*, 78:1 (february 1998), S. 83–117.

Carr, »Mill Occupations and Soviets: The Mobilisation of Sugar Workers in Cuba 1917–1934«, in: *Journal of Latin American Studies (JLAS)*, vol. 28 (1996), S. 129–158.

Carr, Barry, »»Omnipotent and Omnipresent‹? Labor Shortages, Worker Mobility, and Employer Control in the Cuban Sugar Industry, 1910–1934«, in: Chomsky, Aviva; Lauria-Santiago, Aldo (eds.), *Identity and Struggle at the Margins of the Nation State: The Laboring Peoples of Central America and the Hispanic Caribbean*, Durham: Duke University Press, 1998, S. 260–290.

Carr, »From Caribbean Backwater to Revolutionary Opportunity: Cuba's Evolving Relationship with the Comintern, 1925–34«, in: Rees, Tim; Thorpe, Andrew (eds.), *International Communism and the Communist International, 1919–1943*, Manchester: Manchester University Press, 1999, S. 234–253.

Carranza Valdés, Julio, »Die Krise – eine Bestandsaufnahme. Die Herausforderungen, vor denen Kubas Wirtschaft steht«, in: Hoffmann, *Wirtschaftsreformen ...* (2. Auflage 1994), S. 39–52.

Casal, Lourdes (ed.), *El caso Padilla. Literatura y revolución en Cuba. Documentos*, Miami – New York: o. J.

Castañeda, Jorge G., *Che Guevara*, Frankfurt am Main; Leipzig: Insel 1997.

Castañeda, *La vida en rojo – una biografía del Ché Guevara*, Buenos Aires: Epasa, 1997.

Castro, Fidel, *Fanal Kuba. Reden und Schriften, 1960–1962*, mit einer Vorbemerkung zur deutschen Ausgabe von Blas Roca, Berlin: Dietz, 1963.

Castro, »Rede zur Revolutionären Offensive vom 13. März 1968«, in: *Kursbuch*, Nr. 18, hrsg. v. Enzensberger, Hans Magnus (1969), S. 130–154.

Castro Ruz, »Kuba und der Einmarsch der Divisionen des Warschauer Paktes in der C˘SSR«, hrsg. mit einer Vorbemerkung von Hanns-Albert Steger, Sozialforschungsstelle an der Universität Münster, *Arbeitsunterlage 27 zur Lateinamerikaforschung*, Dortmund, September 1968.

Castro, *Ausgewählte Reden*, Berlin: Dietz, 1976.

Castro Ruz, »Wir werden nicht länger die Grenzen der USA bewachen«, Interview mit Fidel Castro im kubanischen Fernsehen und im internationalen Sender *Radio Habana Cuba*, vom 5. August 1994, in: Castro, Interview mit dem cubanischen Fernsehen vom 5. und 11. August 1994, ed. Freundschaftsgesellschaft BRD-Kuba e.V., Köln/Hamburg: Drucktechnik Odenthal, 1994 (*edition Cuba Libre*, No. 2/94), S. 4–36.

Castro, Misiles en el Caribe (Entrevista a Fidel Castro por Maria Shriver de la *NBC*), La Habana: Editora Política, 1993.

Castro; Fernández, José Ramón (eds.), *Playa Girón: Bay of Pigs: Washington's First Military Defeat in the Americas*. Foreword by Jack Barnes, New York: Pathfinder Press, 2001.

Causa 1/89. *Fin de la conexión cubana*, La Habana: Editorial José Martí, 1989; Jiménez-Leal, Orlando, *8-A. La realidad invisible*, Miami: 1997.

Cepero Bonilla, Raúl, *Azúcar y abolición*, La Habana: Editorial de Ciencias Sociales, 1971. Morales Rodríguez, Mario, *La frustración nacional-reformista en la Cuba republicana*, La Habana: Editora Política, 1997.

Cepero Bonilla, Raúl, *Política Azucarera, 1952–1958*, México: Editorial Futuro, S.A., 1958.

Chang, Federico, *El ejército nacional de la república neocolonial, 1899–1933*, La Habana, 1981.

Chang, Laurence; Kornbluh (eds.), *The Cuban Missile Crisis, 1962*, New York: New Press, 1992.

Chapman, Charles Edward, *A History of the Cuban Republic: A Study in Hispanic American Politics*, New York: MacMillan, 1927 [Reprint: Westport, CT.: Greenwood, 1971].

Chaviano, Julio O., *La lucha en Las Villas*, La Habana: Editorial de Ciencias Sociales, 1990.

Cheng, Abraham, *Idylle Sino-Cubaine, Brouille Sino-Soviétique*, Paris: Armand Colin, 1973.

Cirules, Enrique, *El imperio de la Habana*, La Habana: Editorial Letras Cubanas, 1999.

Cisneros, Rafael, *La danza de los millones*, Hamburg: Druckerei Hermann's Erben, o.J. [1921].

Cole, Johnetta B., »Women in Cuba: The Revolution Within the Revolution«, in: Lindsay, Beverly, *Comparative Perspectives of Third World Women*, New York 1980, S. 162–178.

Collazo Pérez, Enrique, *Una pelea cubana contra los monopolios (Un estudio sobre el crac bancario de 1920)*, Gijón: Vicerectorado de Relaciones Internacionales, Universidad de Oviedo, 1994.

Conte Agüero, Luis, *Eduardo Chibás, el Adalid de Cuba*, Miami: La Moderna Poesía, 1987 (1. Auflage 1955; zweifelsohne eine Apologie, aber wertvoll wegen der Details und der Nähe des Autors zu Chibás).

Corbitt, Duvon C., »La introducción en Cuba de la caña de Otahití, el árbol del pan, el mango y otras plantas«, in: *Revista Bimestre Cubano*, vol. XLVII (1941), S. 360–366.

Cormier, Jean, *Che Guevara* (Nouvelle édition augmentée), Monaco: Éditions du Rocher, Jean Paul Bertrand, 1997.

Cotman, John W., *The Gorrion Tree: Cuba and the Grenada Revolution*, New York: Peter Lang, 1993.

Cuba, Tribunal Superior Electoral, *Censos de población, viviendas y electoral*, La Habana, 1953.

Cuba. Censo de la República de Cuba. Año de 1919, La Habana: Maza, Arroyo y Caso, o.J.

Cuba: The International Dimension, ed. Fauriol, Georges; Loser, Eva, New Brunswick, N.J.: Transaction Books, 1990.

Cuba, the Elusive Nation. Interpretations of National Identity, ed. by Damián J. Fernández and Madeline Cámara Betancourt, Gainesville [u.a.]: University of Florida Press, 2000.

Cuba en la mano. Enciclopedía popular ilustrada, editada por Esteban Roldán Ollarte, La Habana: Úcar, García y Cía, 1939.

Cuban Studies Since the Revolution, ed. Fernández, Damián, Gainesville, Fla.: University Press of Florida, 1992.

Cuervo Cerulia, Georgina (ed.), *Granma – rumbo a la libertad*, La Habana: Editorial Gente Nueva, 1983.

Cummins, Lejenue, »The Formulation of the ›Platt Amendment‹«, in: *The Americas*, XXIII (April 1967), S. 370–389.

Dalton, Thomas C., *Everything Within the Revolution: Cuban Strategies for Social Development Since 1960*, Boulder: Westview, 1993.

Dalmau, Miguel, *Los Goytisolo*, Barcelona: Anagrama, 1999.

Dawdy, Shannon Lee, »La comida mambisa: Food, Framing, and Cuban Identity, 1839–1999«, in: *New West Indian Guide/Nieuwe West-Indische Gids*, Vol. 76, no. 1 & 2 (2002), S. 47–80.

De la Cuesta, Leonel-Antonio, »The Cuban Socialist Constitution: Its Originality and Role in Institutionalization«, in: *Cuban Studies/Estudios Cubanos*, VI (July 1975), S. 15–30.

De la sierra del Escambray al Congo. En la vorágine de la Revolución Cubana. Entrevista con Victor Dreke, New York, London, Montreal, Sydney: Pathfinder, 2002.

De la Torriente Brau, Pablo, *Realengo 18*, La Habana: Editorial de Ciencias Sociales, 1962.

Debray, Régis, *¿Revolución en la revolución?*, Cuadernos de la revista Casa de las Américas, La Habana, 1967.

Deere, Carmen Diana; Pérez Rojas, Niurka; González, Ernel, »The View from Below: Cuban Agriculture in the ›Special Period in Peacetime‹«, in: *The Journal of Peasant Studies*, No. 2 (1994), S. 194–234.

Deere; Pérez Rojas et al., Güines, Santo Domingo, *Majibacoa. Sobre sus historias agrarias*, La Habana: Editorial de Ciencias Sociales, 1998.

Deere, »Here Come the Yankees! The Rise and Decline of United States Colonies in Cuba, 1898–1930«, in: *Hispanic American Historical Review (HAHR)*, 78:4 (1998), S. 729–765.

Deschamps Chapeaux, Pedro; Pérez de la Riva, Juan, *Contribución a la historia de la gente sin historia*, La Habana: Editorial de Ciencias Sociales, 1974.

Díaz Martínez, Yolanda, »La sanidad militar del ejército español en la guerra de 1895 en Cuba«, in: *Asclepio*, Vol. 50, No. 1 (1998), S. 159–173.

Díaz Vázquez, Julio A., »Consumo y distribución normada de alimentos y otros bienes en Cuba«, in: Burchardt, Hans-Jürgen (ed.), *La última reforma agraria del siglo*, Caracas: Nueva Sociedad, 2000, S. 33–56.

Díaz-Briquets, Sergio, *The Health Revolution in Cuba*, Austin: University of Texas Press, 1983.

Díaz-Briquets (ed.), *Socialist Cuba: Past Interpretations and Future Challenges*, Boulder, Colo.: Westview, 1988.

Díaz-Briquets; Pérez-López, Jorge, *Conquering Nature: The Environmental Legacy of Socialism in Cuba*, Pittsburgh: University of Pittsburgh Press, 2000.

Dill, Hans-Otto, »Ein halbes Jahrhundert kubanischer Lyrik«, in: *Kuba heute* ..., S. 465–488.

Dilla Alfonso, Haroldo; González, Gerardo; Vincentelli, Ana, »Cuba's Local Governments: An Experience Beyond the Paradigms«, in: *Cuban Studies/Estudios Cubanos*, 22 (1992), S. 151–170.

Dilla, Haroldo, »Comrades and Investors: The Uncertain Transition in Cuba«, in: *The Socialist Register* (1999), S. 227–247.

Domínguez, Jorge I. (ed.), *Cuba: Internal and International Affairs*, Beverly Hills: Sage, 1982.

Domínguez, *To Make the World Safe for Revolution: Cuba's Foreign Policy*, Cambridge: Harvard University Press, 1989.

Domínguez, »The Cuban Armed Forces, the Party and Society in Wartime and During Rectification (1986–1988)«, in: Gillespie, R. (ed.), *Cuba after Thirty Years. Rectification and Revolution*, London: Frank Cass, 1990, S. 45–62.

Domínguez, »¿Comienza una transición hacia el autoritarismo en Cuba?«, in: *Encuentro de la Cultura Cubana*, 6/7 (1997), S. 7–23.

Domínguez, *Democratic Politics in Latin America and the Caribbean*, Baltimore: Johns Hopkins University Press, 1998.

Dornbach, Mária, *Orishas en Soperas. Los cultos de origen yoruba en Cuba*, Szeged: Centro de Estudios Históricos de América Latina, Universidad Attila József, 1993.

Draper, Theodore, *Castro's Revolution: Myths and Realities*, New York, 1962.

Draper, *Castroism: Theory and Practice*, New York: Frederick Praeger, 1965.

Dubois, Jules, *Fidel Castro. ¿Rebelde, libertador o dictador?* Versión española de Agusti Bartra y Aníbal Argüello, México, D.F.: Editorial Grijalbo, S.A., 1959.

Duke, Cathy, »The Idea of Race: The Cultural Impact of American Intervention in Cuba, 1898–1912«, in: Silvestrini, Blanca G. (ed.), *Politics, Society and Culture in the Caribbean; selected papers of the XIV Conference of Caribbean Historians*, San Juan, P.R.: Universidad de Puerto Rico, 1983, S. 87–109.

Dumoulin, John, »El movimiento obrero en Cruces, 1902–1925. Corrientes ideológicas y formas de organización de la industria azucarera«, in: *Islas. Revista de la Universidad de las Villas*, 62, Santa Clara (Enero-Abril 1972), S. 83–121.

Dumoulin, »El primer desarrollo del movimiento obrero y la formación del proletariado en el sector azucarero. Cruces 1886–1902«, in: *Islas. Revista de la Universidad de Las Villas*, 48, Santa Clara (1973), S. 3–66.

Dumoulin, *Azúcar y lucha de clases 1917*, La Habana: Editorial de Ciencias Sociales, 1981.

Dumoulin, »Evolución del Estado cubano, 1930–1958: la regulación de las relaciones laborales«, in: *Temas. Cultura. Ideología. Sociedad*, No. 22–23 (Jul.-Dic. 2000), S. 77–87.

Dumpierre, Erasmo, *J.A. Mella. Biografía*, La Habana: Editorial de Ciencias Sociales, 1977.

Dur, Philip; Gilcrease, Christopher, »US Diplomacy and the Downfall of a Cuban -

Dictator: Machado in 1933«, in: *Journal of Latin American Studies (JLAS)*, 34 (2002), S. 255–282.

Durán, Diony, »Kubanische Erzählerinnen auf der Lauer – Erzählungen von Frauen im letzten Jahrzehnt des 20. Jahrhunderts«, in: *Kuba heute …*, S. 489–521.

Dye, Alan, *Cuban Sugar Production in the Age of Mass Production: Technology and the Economics of the Sugar Central, 1899–1929*, Stanford: Stanford University Press, 1998.

Eckstein, Susan Eva, *Back From the Future. Cuba Under Castro*, Princeton, N.J.: Princeton University Press, 1994.

Edquist, Charles, »Mechanization of Sugar Cane Harvesting in Cuba«, in: *Cuban Studies/Estudios Cubanos*, XIII (Summer 1983), S. 41–64.

Eggenberger-Argote, Niklaus, *Die gesellschaftliche Entwicklung Kubas zwischen Anspruch und Wirklichkeit. Eine Analyse der politischen Sozialisationsinstanzen und ihrer Wirkungen*, Bern, Stuttgart, Wien: Paul Haupt, 2002 (St. Galler Studien zur Politikwissenschaft, Bd. 26).

Ehlert, Gerhard; Staadt, Jochen; Voigt, Tobias, Arbeitsheft Nr. 33 (2002), FU-Berlin.

Elizalde, Rosa Miriam; Báez, Luis, »*Los disidentes*«. *Agentes de la seguridad cubana revelan la historia real*, La Habana: Editora Política, 2003.

Enzensberger, Hans Magnus, »Bildnis einer Partei. Vorgeschichte, Struktur und Ideologie der PCC«, in: *Kursbuch*, 18, hrsg. v. Enzensberger, Hans Magnus, (Oktober 1969), S. 192–216.

Epstein, Erwin H., »Social Structure, Race Relations, and Political Stability Under U.S. Administration«, in: Revista/Review Interamericana VIII (Summer 1978), S. 192–203.

Erisman, H. Michael, *Cuba's International Relations: The Anatomy of a Nationalistic Foreign Policy, Boulder*, Colo.: Westview Press, 1985.

Escalante Fon, Fabian, *Cuba: La Guerra Secreta de la CIA*, La Habana: Editorial Capitán San Luis, 1993.

»Especial. Represión en Cuba«, in: *Encuentro de la Cultura Cubana*, 28/29, Madrid (primavera/verano de 2003), S. 113–141.

Espín, Vilma, »La mujer en la revolución cubana«, in: *Cuba Socialista*, I (Diciembre 1961), S. 59–67.

Espín, *La Mujer en Cuba*, La Habana: Editora Política, 1990.

Esquenazi Pérez, Martha, *Los cuentos cantados en Cuba*, La Habana: Centro de Investigación y Desarrollo de la Cultura Cubana Juan Marinello, 2002.

Estrade, Paul, *La colonia cubana de Paris 1895–1898. El combate patriótico de Betances y la solidaridad de los revolucionarios franceses*, La Habana: Editorial de Ciencias Sociales, 1984.

Estrade, *José Martí (1853–1895), ou des fondements de la démocratie en Amérique Latine*, Paris: Editions Caribéennes, 1987 (Spanisch: *José Martí, Los fundamentos de la democracia en Latinoamérica*, Aranjuez [Madrid]: Doce Calles, 2000).

Ette, Ottmar, *José Martí, Teil I: Apostel, Dichter, Revolutionär. Eine Geschichte seiner Rezeption*, Tübingen: Max Niemeyer, 1991.

Eubank, Keith, *The Missile Crisis in Cuba*, Anvil, Malabar, Fla.: Krieger, 2000.

Evenson, Debra, *Revolution in the Balance: Law and Society in Contemporary Cuba*, Boulder, Colo.: Westview, 1994.

Évora, Tony, *Música Cubana. Los últimos 50 años*, Madrid: Alianza Editorial, 2003.

Exenberger, Andreas, *Außenseiter im Weltsystem. Die Sonderwege von Kuba, Libyen und Iran*, Frankfurt am Main: Brandes & Apsel; Wien: Südwind, 2001.

Fagen, Richard R., *The Transformation of the Political Culture in Cuba*, Stanford, Calif.: Stanford University Press, 1969.

Farber, Samuel, *Revolution and Reaction in Cuba, 1933–1960: A Political Sociology from Machado to Castro*, Middletown, CN: Weslayan University Press, 1976.

Farber, »The Cuban Communists in the Early Stages of the Cuban Revolution: Revolutionaries or Reformists?«, in: *Latin American Research Review (LARR)*, XVIII (1983), S. 59–84.

Faya, Ana Julia; Rodríguez, Pedro Pablo, *El despliegue de un conflicto – La política norteamericana hacia Cuba: 1959–1961*, La Habana: Editorial de Ciencias Sociales, 1996.

Feijóo, Samuel, *El negro en la literatura folklórica cubana*, La Habana: Editorial Letras Cubanas, o.J.

Feinsilver, Julie, »Cuba as a ›World Medical Power‹: The Politics of Symbolism«, in: *Latin American Research Review (LARR)*, 24, no. 2 (1989), S. 1–34.

Feinsilver, *Healing the Masses: Cuban Health Politics at Home and Abroad*, Berkeley: University of California Press, 1993.

Felipe, Edith, »La ayuda económica de Cuba al Tercer Mundo: Evaluación preliminar (1963–1989)«, in: *Boletín de Información sobre la Economía Cubana*, 1, no. 2 (febrero 1992), S. 13–19.

Fermoselle, Rafael, *Cuban Leadership After Castro: Biographies of Cuba's top generals*, Miami: Institute for Interamerican Studies, Graduate School of International Studies, University of Miami, 1987.

Fermoselle, Rafael, *Política y color en Cuba. La guerrita de 1912*, Montevideo: Ediciones Géminis, 1974.

Fermoselle, Rafael, *The Evolution of the Cuban Military: 1492–1986*, Miami, 1987.

Fernández, Alina, *Ich, Alina. Mein Leben als Fidel Castros Tochter*, Rowohlt: Reinbek bei Hamburg, 1999.

Fernández, Nadine T., »The Color of Love. Young Interracial Couples in Cuba«, in: *Latin American Perspectives*, 88, vol. 23/1 (Winter 1996), S. 99–117.

Fernández-Armesto, Felipe, *Food: a history*, London: Macmillan 2001.

Fernández-Armesto, *Near a thousand tables: a history of food*, New York: Free Press, 2002.

Fernández Figueroa, Enrique Juan de Dios, *Cuba. La historia como condicionante del territorio. El caso de Cuba*, Madrid: Grafinat, S.A., 1993.

Fernández Robaina, Tomás, *El negro en Cuba, 1902–1958. Apuntes para la historia de la lucha contra la discriminación racial*, La Habana: Editorial de Ciencias Sociales, 1990.

Fernández Robaina, »Los repertorios bibliográficos y los estudios de temas afrocubanos«, in: *Temas. Cultura. Ideología. Sociedad*, no. 7/1996, S. 119–128.

Ferrer, Ada, *Insurgent Cuba. Race, Nation, and Revolution, 1868–1898*, Chapel Hill & London: The University of North Carolina Press, 1999.

Ferriol Muruaga, Ángela und AutorInnenkollektiv, *Cuba, Crisis, Ajuste y Situación Social (1990–1996)*, La Habana: Editorial de Ciencias Sociales, Economia, 1998.

Fiebig-von Hase, »The German Challenge to American Hegemony in the Caribbean: The Venezuelan Crisis of 1902/03«, in: Bernecker, Walther L. (ed.), *1898: su significado para Centroamérica y para el Caribe ¿Cesura, Cambio, Continuidad?*, Frankfurt am Main: Vervuert, 1998 (Lateinamerika-Studien 39), S. 77–112.

Fiestas populares tradicionales cubanas, colectivo de autores, La Habana: Editorial de Ciencias Sociales, 1998.

Figueras, Francisco, *Cuba y su evolución colonial*, La Habana: Imprenta Avisador Comercial, 1907.

Figueroa, Max; Prieto, Abel; Gutiérrez, Raúl, *The Basic Secondary School in the Country: An Education Innovation in Cuba*, Paris 1974.

Fitzgerald, Frank F., *Managing Socialism: From Old Cadres to New Professionals in Revolutionary Cuba*, New York, 1990.

Fornet-Betancourt, Raúl; Sing, Horst (eds.), *Kirche und Gesellschaft in Kuba heute. Internationale Tagung*, Eichstätt: Institut für vergleichende Sozialarbeitswissenschaft und interkulturell/internationale Sozialarbeit (ISIS) e.V., 2001.

Fornet-Betancourt, »Probleme und Themenfelder der kubanischen Philosophie der Gegenwart«, in: *Kuba heute ...*, S. 749–769.

Foss, Clive, *Fidel Castro*, Sutton: Stroud, 2000.

Franklin, Jane, *Cuba and the United States – A Chronological History*, Melbourne & New York: Ocean Press, 1997.

Franqui, Carlos, *Journal de la révolution cubaine*, Paris: Editions du Seuil, 1976.

Franqui, *Diary of the Cuban Revolution*, New York: Viking Press, 1980.

Franqui, *Retrato de familia con Fidel*, Barcelona: Editorial Seix Barral, 1981.

Franqui, *Camilo Cienfuegos*, Barcelona: Seix Barral, 2001 (Los tres mundos).

Franzbach, Martin, »Tendenzen und Konflikte in der kubanischen Literatur der Gegenwart«, in: Sevilla, Rafael; Rode, Claus (Hrsg.), *Kuba. Die isolierte Revolution?*, Unkel/Rhein; Bad Honnef: Horlemann, 1993 (Edition Länderseminare), S. 304–310.

Franzbach, »Kleiner Gattungsabriss der kubanischen Literatur seit 1959«, in: *Kuba heute...*, S. 445–464.

Franzbach, »Angola im Schnittpunkt von Afrika, Europa und Amerika: Das Echo des Angola-Kriegs in der kubanischen Literatur«, in: Hella Ulferts/Martin Franzbach (Hrsg.), *Togo, Kamerun und Angola im euro-afrikanischen Dialog. Dokumentation des 1. Bremer Afro-Romania Kolloquiums vom 26.–28. Oktober 1995*, Bremen: Universität Bremen, 1996 (Bremer Beiträge zur Afro-Romania), S. 125–133.

Franzbach, »Das Volk, nicht die Herrschaftsform verdient Unterstützung«, in: *Argument*, Jg. 36, Nr. 204 (1994), S. 263–270.

Franzbach, »Die Unterstützung der DDR-Stasi für den cubanischen Geheimdienst«, in: *ila*, Nr. 191 (Dez. 1995), S. 39–42.

Franzbach, *La isla entera. Historia social de la literatura cubana (1959–1999)*, Madrid 2003 (im Druck).

Friedlaender, Heinrich E., *Historia Económica de Cuba*, prólogo Hermino Portell Vilá, La Habana: Jesús Montero, 1944 (Biblioteca de Historia, Filosofía y Sociología, vol. XIV).

Friedlaender, *Historia Económica de Cuba*, 2 Bde., La Habana: Editorial de Ciencias Sociales, 1978.

Fritsche, Klaus, »Die Krise in Kuba geht weiter«, in: *Aussenpolitik*, Nr. 3, 45. Jg. (1994), S. 299–305.

Fuente, Alejandro de la, »Zwei Gefahren, eine Lösung: Einwanderung, Rasse und Arbeit in Kuba, 1900–1930«, in: *Nach der Sklaverei. Grundprobleme amerikanischer Postemanzipationsgesellschaften*, Hrsg. Zeuske, Michael, Leipzig: Leipziger Universitätsverlag, 1997 (*Comparativ*, 7. Jg., Heft 1), S. 99–122.

Fuente, »Race, National Discourse, and Politics in Cuba. An Overview«, in: *Latin American Perspectives*, Issue 100, Vol. 25, No. 3 (May 1998), S. 43–69.

Fuente, »Mitos de ›Democracia Racial‹: Cuba, 1900–1912«, in: Martínez, Fernando; Scott, Rebecca J.; García Martínez, Orlando, *Espacios, silencios y los sentidos de la libertad: Cuba 1898–1912*, La Habana: Ediciones Unión, 2002, S. 235–269.

Fuente, »*A Nation for All*«: Race, Inequality, and Politics in Twentieth-Century Cuba, Chapel Hill & London: The University of North Carolina Press, 2001.

Fuentes, Norberto, *Nos impusieron la violencia*. Prólogo de Carlos Aldana, La Habana: Editorial de Letras Cubanas, 1986.

Fuentes, *Dulces guerreros cubanos*, Barcelona: Editorial Seix Barral, 1999 (Los tres mundos).

Fuller, Linda, »The State and the Unions in Cuba Since 1959«, in: *Labor Autonomy and the State in Latin America*, ed. Epstein, Edward, Boston: Unwin Hyman, 1989, S. 133–171.

Funes Monzote, Reinaldo, »La conquista de Camagüey por el azúcar, 1898–1926. El impacto ambiental de un milagro económico«, in: *Tiempos de América*, no. 8 (2001), S. 3–28.

Furiati, Claudia, *ZR rifle: the plot to kill Kennedy and Castro*; translated by Maxine Shaw, Melbourne: Ocean, 1994.

Furiati, Fidel Castro. *Uma biografia consentida*, 2 Bde., Rio de Janeiro: Editora Revan, 2002 (spanische Ausgabe: *Fidel Castro. La historia me absolverá*. Traducción de Rosa S. Corgatelli, Barcelona: Plaza Janés, 2003).

Fursenko, Aleksandr A.; Naftali, Timothy, »*One hell of the gamble*«: Krushchev, Castro, Kennedy, and the Cuban missile crisis, 1958–1964, London: Pimlico, 1999.

Galera, Andrés, »Ciencia y delincuencia«, Sevilla, *Cuadernos Galileo de la Historia de la Ciencia*, núm. 11: CSIC, 1991.

García, María Cristina, *Havana–USA. Cuban Exiles and Cuban Americans in South Florida, 1959–1994*, Berkeley; Los Angeles: University of California Press, 1996.

García Álvarez, Alejandro, *La gran burguesía comercial en Cuba 1899–1920*, La Habana: Editorial de Ciencias Sociales, 1990.

García Márquez, Gabriel, *Frei sein und unabhängig. Journalistische Arbeiten 1974–1995*. Aus dem Spanischen von Svenja Becker u.a., Köln: Kiepenheuer & Witsch, 2000.

García Martínez, Orlando; Alberdi Benítez, María del Loreto, *La orquesta Aragón de Cuba*, Cienfuegos: Ediciones Jagua, 1994.

García Martínez, *BENNY MORÉ: el bárbaro del ritmo*, Cienfuegos 1993 (unveröffentlichtes Material, mit freundlicher Genehmigung des Autors).

García Martínez; Castillo, Iraida; Alfonso, Rina, *El enfrentamiento armado a la revolución*, Cienfuegos 1996 (maschinenschriftl., mit freundlicher Genehmigung der Autoren).

García Moreira, Francisco, *Tiempo muerto: memorias de un trabajador azucarero*, La Habana: Instituto del Libro, 1969.

García-Pérez, Gladys *Marel, Insurrection and revolution: armed struggle in Cuba, 1952–1959*, translated by Juan Ortega, Boulder, Colo.: Lynne Rienner Publishers, 1998.

Gatewood Jr., Willard B., *Black Americans and the White Man's Burden, 1898–1903*, Urbana: University of Illinois Press, 1975.

Gatewood, Jr., *»Smoked Yankees« and the Struggle for Empire: Letters from Negro Soldiers, 1898–1902*, Urbana: University of Illinois Press, 1971.

Gewecke, Frauke, »Mythen als Begründungs- und Beglaubigungsrede: das Beispiel der Kubanischen Revolution«, in: Harth, Dietrich; Assmann, Jan (Hrsg.), *Revolution und Mythos*, Frankfurt am Main: Fischer, 1992, S. 266–288.

Gewecke, »Kubanische Literatur der Diaspora« (1960–2000)«, in: *Kuba heute ...*, S. 551–616.

Gillespie, Richard (ed.), *Cuba After Thirty Years: Rectificación and the Revolution*, London: Frank Cass, 1990.

Glassner, Ruth, *My Music Is My Flag: Puerto Rican Music and Their New York Communities 1917–1940*, Berkeley: University of California Press, 1995.

Gleijeses, Piero, *The Dominican crisis: the 1965 constitutionalist revolt and American intervention*, Baltimore: Johns Hopkins University Press, 1978.

Gleijeses, »The agrarian reform of Jacobo Arbenz«, in: *Journal of Latin American Studies (JLAS)*, 21:3 (1989), S. 453–480.

Gleijeses, *Shattered Hope. The Guatemalan Revolution and the United States, 1944–1954*, Princeton, New Jersey: Princeton University Press 1991.

Gleijeses, »La primera experiencia cubana en Africa: Argelia (1961–1965)«, in: *Temas. Cultura. Ideología. Sociedad*, no. 16–17 (octubre de 1998 – junio de 1999), número extraordinario. Nueva época, S. 61–81.

Gleijeses, »Ships in the Night: The CIA, the White House and the Bay of Pigs«, in: *Journal of Latin American Studies (JLAS)*, 27:1 (1995), S. 1–42.

Gleijeses, *Conflicting Missions. Havanna, Washington, and Africa, 1959–1976*, Chapel Hill and London: The University of North Carolina Press, 2002.

Goldenberg, Boris, *Lateinamerika und die kubanische Revolution*, Köln: Kiepenheuer und Witsch, 1963.

Gombrecht, Horst, »Wirtschaftsreformen in Kuba: Einführung eines modernen Steuersystems und Aufbau einer Steuerverwaltung«, in: *Lateinamerika. Analysen, Daten, Dokumentation*, Nr. 30 (1995), S. 43–50.

Gómez, Juan Gualberto, *Por Cuba Libre*, selecc. y pról. de Emilio Roig de Leuchsenring, La Habana: Editorial de Ciencias Sociales, 1974.

González, Edward, »Castro's Revolution, Cuban Communist Appeals, the Soviet Response«, in: *World Politics*, XXI (Oct. 1968), S. 39–68.

González, Edward, *Cuba Under Castro: The Limits of Charisma*, Boston: Houghton Mifflin, 1974.

González, Emilio T., »The Development of the Cuban Army«, in: *Military Review*, LXI (April 1981), S. 56–64.

Gonzales, Narciso, *In Darkest Cuba: Two Months Service under Gómez along the Trocha from the Caribbean to the Bahama Canal*, Columbia: The State Co., 1922.

González-Ripoll Navarro, María Dolores, *Cuba, la isla de los ensayos: cultura y sociedad, 1790–1815*, Madrid: Consejo Superior de Investigaciones Científicas, Centro de Humanidades, Instituto de Historia, Departamento de Historia de América, 1999.

Gordon, Jr., Antonio M., »The Nutriture of Cubans: Historical Perspective and Nutritional Analysis«, in: *Cuban Studies/Estudios Cubanos*, XIII (Summer 1983).

Gott, Richard, *Rural Guerrillas in Latin America*, London: Penguin Books, 1973.

Gratius, Susanne, »Plädoyer für die Aufhebung des US-Embargos gegen Kuba«, in: *Europa-Archiv*, 17, 49. Jg. (1994), S. 509–516.

Gratius (unter Mitarbeit von Grenz, Wolfgang), »Lateinamerika in der ›Gipfeldiplomatie‹. Eine vorläufige Bilanz«, Hamburg, 1999 (*Lateinamerika Analysen Daten Dokumentation*, Nr. 41).

Gratius, *Kuba unter Castro – das Dilemma der dreifachen Blockade: die kontraproduktive Politik der »Demokratieförderung« seitens der USA und der EU*, Leverkusen: Leske & Budrich, 2003 (Fokus Lateinamerika; Band 2).

Greene Walker, Phyllis, »Cuba's Revolutionary Armed Forces: Adapting in the New Environment«, in: *Cuban Studies*, 26 (1996), S. 61–74.

Greiner, Bernd, *Kuba-Krise. 13 Tage im Oktober: Analysen, Dokumente, Zeitzeugen*, Nördlingen: Delphi Politik, 1988.

Grobart, Fabio, »The Cuban Working Class Movement from 1925–1933«, in: *Science and Society*, XXXIX (Spring 1975), S. 73–102.

Gruesz, Kirsten Silvia, *Ambassadors of Culture: The Transamerican Origins of Latin American Writing*, Princeton, N.J.: Princeton University Press, 2002.

Guerra, Lilian, »From Revolution to Involution in the Early Cuban Republic: Conflicts over Race, Class, and Nation, 1902–1906«, in: Appelbaum, Nancy; Macpherson, Anne S.; Rosemblatt, Karin Alejandra, *Race & Nation in Modern Latin America*. With a Foreword by Thomas C. Holt and an Afterword by Peter Wade, Chapel Hill and London: The University of North Carolina Press, 2003, S. 132–162.

Guerra Aguiar, José Luis, *Historia Postal de Cuba*, La Habana: Museo Postal Cubano, 1985.

Guerra de razas (negros contra blancos en Cuba), por Rafael Conte y José M. Campany, La Habana: Impr. Militar de Antonio Pérez, 1912.

Guerra y Sánchez, Ramiro, *La industria azucarera. Su importancia, su organización, sus mercados, su situación actual*, La Habana, 1940.

Guerra y Sánchez, *Azúcar y población en las Antillas*, La Habana: Editorial de Ciencias Sociales, 1970 (5. Auflage).

Guerra y Sánchez, *Mudos Testigos*, La Habana: Editorial de Ciencias Sociales, 1974.

Guerra y Sánchez, *Un cuarto de siglo de evolución cubana*, La Habana, 1924.

Guevara, Ernesto Ché, *Guerra de Guerrillas*, La Habana: Talleres de INRA, 1961.

Guevara, Ernesto, *Obras 1957–1967*, 2 Bde., La Habana: Casa de las Américas, 1970.

Guevara, *Obras*, La Habana: Editorial de Ciencias Sociales/Instituto Cubano del Libro, 1972.

Guevara, *Episoden aus dem Revolutionskrieg*, Frankfurt am Main: Suhrkamp, 1979.

Guevara; Castro, Raúl, *La conquista de la esperanza. Diarios inéditos de la guerrilla cubana*, diciembre de 1956–febrero de 1957, con exclusivas de Dietrich, Heinz y Taibo II, Paco I., La Habana: Casa Editora Abril, 1996.

Guevara, Che, *Guerrilla Warfare. With Revised and Updated Introduction and Case Studies*, ed. by Loveman, Brian and Davies, Jr., Thomas M., Wilmington, DE: Scholarly Resources Inc., 1997.

Guevara, *Pasajes de la guerra revolucionaria: Congo*, Barcelona: Grijalbo-Mondatori, 1999.

Guillén, Nicolás, *Martín Morúa Delgado ¿quién fue …?*, La Habana: Ediciones Unión, 1984.

Guillén, *El libro de los sones, selección*, prólogo y notas de Augier, Ángel, La Habana: Editorial Letras Cubanas, 1999.

Guiteras, Juan, »Estudios demográficos. Aclimatación de la raza blanca a los trópicos«, in: *Anales de la Academia de Ciencias Médicas, Físicas y Naturales de La Habana*, Bd. 50, La Habana, 1913, S. 98–118.

Habel, Jeanette, *Kuba. Die Revolution in Gefahr*, mit einem Vorwort von François Maspero, Köln: Neuer ISP Verlag, 1993.

Halebsky, Sandor; Kirk, John M., *Cuba: Twenty-Five Years of Revolution, 1959–1984*, New York: Praeger, 1985.

Halebsky; Kirk, *Cuba in Transition: Crisis and Transformation*, Boulder, Colo.: Westview, 1992.

Hardt, Michael; Negri, Antonio, *Empire. Die neue Weltordnung*, Frankfurt am Main; New York: Campus, 2002.

Hartog, Hendrik, »Pigs and Positivism«, in: *Wisconsin Law Review* (1985), S. 899–935.

Hatzky, Christine, »Julio Antonio Mella – sein Leben für die Befreiung Lateinamerikas und sein Bild in der Historiographie«, in: *The International Newsletter of Historical Studies on Comintern, Communism and Stalinism*, vol. IV/V (1997/98), No. 9–13, Leipzig 1999, S. 84–97.

Hatzky; Ortiz, Rina; Heifetz, Lazar y Víctor, »El héroe excluido. Julio Antonio Mella: huelga de hambre y expulsión del Partido Comunista de Cuba. Una laguna en su biografía«, in: *Historias, Revista de la Dirección de Estudios Históricos del Instituto Nacional de Antropología e Historia INAH*, No. 49, México D.F. (Mayo–Agosto 2001), S. 107–145.

Healy, David F., *The United States in Cuba, 1898–1902: Generals, Politicians, and the Search for Policy*, Madison: The University of Wisconsin Press, 1963.

Healy, *Drive to Hegemony. United States in the Caribbean, 1898–1917*, Madison: University of Wisconsin Press, 1989.

Heideking, Jürgen, *Geschichte der USA*, Tübingen und Basel: A. Francke, 1996 (UTB für Wissenschaft: Uni-Taschenbücher, 1938).

Hennessy, C. Alistair M. (ed.), *The Fractured Blockade: West European-Cuban Relations During the Revolution*, London: Macmillan, 1993 (Warwick University Caribbean Studies).

Henning, Doris, *Frauen in der kubanischen Geschichte. Zur Rolle der Frau im gesellschaft-*

lichen Entwicklungsprozeß Kubas von der Kolonialzeit bis zur Revolution, Frankfurt am Main [u.a.]: Peter Lang, 1996 (Europäische Hochschulschriften, Bd. 280).

Hepke, Sabrina, *Prostitution in Havanna (1850–1925)*, Bielefeld: Universität Bielefeld, 2003 (unveröffentlichte Dissertationsschrift).

Hernández, José M., *Cuba and the United States. Intervention and Militarism, 1868–1933*, Austin: University of Texas Press, 1993.

Hernández, Rafael (Comp., Introd. y Notas), *Mirar al Niagara. Huellas culturales entre Cuba y los Estados Unidos*, La Habana: Centro de Investigación y desarrollo de la cultura cubana Juan Marinello, 2000.

Hernández Arvelo, Miguel Ángel,»La izquierda, la revolución cubana y la lucha armada«, in: *Tierra Firme*, No. 43, Caracas, Año 11, Vol. XI (1993), S. 337–357.

Hinckle, Warren; Turner, William W., *The Fish Is Red: The Story of the Secret War Against Castro*, New York: Harper & Row, 1981.

Hitchman, James,»The Platt Amendment Revisited: A Bibliographical Survey«, in: *The Americas*, XXIII (April 1967), S. 343–369.

Hönsch, Fritz und Ingrid, *Kuba. Geographische Landeskunde*, Leipzig: Im Selbstverlag, 1993.

Hoernel, Robert B.,»Sugar and Social Change in Oriente, Cuba, 1898–1946«, in: *Journal of Latin American Studies*, VIII (Nov. 1976), S. 215–246.

Hoffmann, Bert (Hrsg.), *Wirtschaftsreformen in Kuba. Konturen einer Debatte*, Frankfurt am Main: Vervuert, ?1994.

Hoffmann,»Helms-Burton und kein Ende? Auswirkungen und Perspektiven für Kuba, die USA und Europa«, in: *Lateinamerika. Analysen Daten Dokumentation*, Nr. 33, Hamburg: Institut für Iberoamerika-Kunde, 1997, S. 35–50 (spanisch: »¿Helms-Burton a perpetuidad? Repercusiones y perspectivas para Cuba, EEUU y Europa«, in: *Nueva Sociedad*, Nr. 151, Caracas, S. 57–72).

Holt, Thomas C.,»The First New Nations«, in: Appelbaum, Nancy; Macpherson, Anne S.; Rosemblatt, Karin Alejandra, *Race & Nation in Modern Latin America*. With a Foreword by Thomas C. Holt and an Afterword by Peter Wade, Chapel Hill and London: The University of North Carolina Press, 2003, S. VII–XIV.

Howe, Linda S.,»Nancy Morejón's ›Mujer Negra‹: Rereading Afrocentric Hermeneutics, Rewriting Gender«, in: *Journal of Afro-Latin Studies & Literatures*, no. 1 (Fall 1993–94), S. 95–107.

Huberman, Leo; Sweezy, Paul M., *Kuba. Anatomie einer Revolution*, Frankfurt am Main: Suhrkamp, 1968 (engl. Originalausgabe 1961).

Hucke, Matthias, *Die deutsche Kolonie auf Kuba, 1933–1943*, Köln 2000 (Diplomarbeit; Themensteller: M. Zeuske).

Hughes, Joyce A.,»Flight From Cuba«, in: *California Western Law Review*, vol. 36, number 1 (Fall 1999), S. 39–75.

Ibarra, Jorge, *Aproximaciones a Clio*, La Habana: Editorial de Ciencias Sociales, 1979.

Ibarra,»Agosto de 1906: Una intervención amañada«, in: Ibarra, *Aproximaciones a Clio*, La Habana: Editorial de Ciencias Sociales, 1979, S. 113–149.

Ibarra,»Actitudes ante la Cuestión Nacional y Racial en la Convención Constituyente de

1940: Comunistas, Reformistas y Conservadores«, in: *Cuba sous le régime de la constitution de 1940. Politique, pensée critique, littérature*, sous la direction de James Cohen et Françoise Moulin Civil, avant-propos de Paul Estrade, Paris: L'Harmattan/Montréal: L'Harmattan Inc., 1997, S. 59–80.

Ibarra [Cuesta], Jorge, *Máximo Gómez frente al imperio 1898–1905*, La Habana: Editorial de Ciencias Sociales, 2000.

Ibarra Guitart, Jorge Renato, *El fracaso de los moderados en Cuba. Las alternativas reformistas de 1957 a 1958*, La Habana: Editora Política, 2000.

Ibarzábal, Fernando de, *La revolución de febrero. Datos para la historia*, La Habana, 1918.

International Bank for Reconstruction and Development, *Report on Cuba*, Baltimore: Johns Hopkins University Press, 1951.

James [Figarola], Joel, *Cuba 1900–1928: La república dividida contra sí misma*, La Habana: Editorial de Ciencias Sociales, 1976.

James [Figarola], Joel; Millet, José; Alarcón, Alexis, *El Vodú en Cuba*, Santiago de Cuba: Editorial Oriente, 1998.

James, Ariel, *Banes: Imperialismo y nación en una plantación azucarera*, La Habana: Editorial de Ciencias Sociales, 1976.

Johnson, Cecil, *Communist China & Latin America 1959–1967*, New York & London: Columbia University Press, 1970, S. 129–180.

Judson, Fred C., *Cuba and the Revolutionary Myth: The Political Education of the Cuban Rebel Army, 1953–1963*, Boulder, Colo.: Westview, 1984.

Julien, Claude, *La révolution cubaine*, Paris: René Julliard, 1961.

Kaerger, Karl, »Die Lage der Zuckerindustrie auf Kuba« (Havanna, 19. Mai 1901), in: *Bundesarchiv*, Abteilung Potsdam, AA II, Nr. 211, f. 44r–79r.

Kapcia, Antoni, »Cuba's African Involvment, a New Perspective«, in: *Survey: A Journal of East and West Studies*, 24 (No. 2, Spring 1979), S. 142–159.

Kapcia, »The Siege of the Hotel Nacional, Cuba 1933: A Reassessment«, in: *Journal of Latin American Studies (JLAS)*, 34 (2002), S. 283–309.

Kapcia, »Fulgencio Batista, 1933–1944; From Revolutionary to Populist«, in: *Authoritarism in Latin America Since Independence*, ed. Fowler, W., Westport, CT.: Greenwood, 1996, S. 73–92.

Kapcia, *Cuba. Island of Dreams*, Oxford; New York: Berg, 2000.

Karol, K.S., *Les guérilleros au pouvoir. L'itinéraire politique de la révolution cubaine*, Paris: Robert Laffont, 1970 (L'histoire que nous vivons).

Kiessler, Richard, *Guerilla und Revolution: Parteikommunismus und Partisanenstrategie in Lateinamerika*, Bonn-Bad Godesberg: Verlag Neue Gesellschaft, 1975 (Schriftenreihe des Forschungsinstituts der Friedrich-Ebert-Stiftung, Bd. 115).

Kirk, John M., *Between God and the Party: Religion and Politics in Revolutionary Cuba*, Gainesville: University Press of Florida, 1989.

Kirk, »Cuba at 30: How Fares the Revolution«, in: *Canadian Dimensions*, No. 7/8 (1989), S. 13–15.

Kirk; McKenna, Peter, »Trying to Address the Cuban Paradox«, in: *Latin American Research Review (LARR)*, vol. 34, Number 2 (1999), S. 214–226.

Knauer, Lisa Maya, »La rumba en New York«, in: Hernández, Rafael (Comp., Introd. y Notas), *Mirar al Niagara. Huellas culturales entre Cuba y los Estados Unidos*, La Habana: Centro de Investigación y desarrollo de la cultura cubana Juan Marinello, 2000, S. 329–360.

Knight, Franklin W., »Jamaican Migrants an the Cuban Sugar Industry, 1900–1934«, in: Moreno Fraginals, Manuel; Moya Pons, Frank; Engerman, Stanley L. (eds.), *Between Slavery and Free Labor: The Spanish-Speaking Caribbean in the Nineteeth Century*, Baltimore, Md.: The Johns Hopkins University Press, 1985, S. 84–114.

Konstam, Angus, *San Juan Hill 1898. America's Emergence as a World Power*, Wellingborough: Osprey Publishing, 1998 (Osprey Military Campaign Series, 57).

Kopf, Elias, *Abhängige Wirtschaft, Politik und Korruption. Die Erste Kubanische Republik 1909–1925*, Frankfurt am Main/Berlin/Bern/New York/Paris/Wien: Peter Lang. Europäischer Verlag der Wissenschaften, 1998, S. 142 (Hispano-Americana. Geschichte, Sprache, Literatur, hrsg. v. Walther L. Bernecker/Martin Franzbach/José María Navarro und Dieter Reichardt, 20).

Kozol, *Children of the Revolution: A Yankee Teacher in the Cuban Schools*, New York: Delacorte Press, 1978.

Kozol, Jonathan, »A New Look at the Literacy Campaign in Cuba«, in: *Harvard Educational Review*, II (Aug. 1978), S. 341–377.

Krämer, Raimund, »Von den anfänglichen Hürden, dem Alltag und abrupten Ende einer engen deutsch-kubanischen Liaison«, in: Krämer, *Der alte Mann und die Insel. Essays zu Politik und Gesellschaft in Kuba*, Berlin: Berliner Debatte Wissenschaftsverlag, 1998, S. 139–159.

Krause-Fuchs, Monika, »Die kubanische Sexualpolitik zwischen Anspruch und Wirklichkeit«, in: *Kuba heute ...*, S. 247–269.

Kuba heute. Politik Wirtschaft Kultur, hrsg. von Ette, Ottmar und Franzbach, Martin, Frankfurt am Main: Vervuert, 2001 (Biblioteca Ibero-Americana, Bd. 75).

Kula, Marcin, »La emigración polaca en Cuba en el período entre guerras«, in: *Revista de la Biblioteca Nacional José Martí* 22 (1980), S. 131–149.

Kummels, Ingrid, »Der Alltag der Krise. Betrachtungen einer Ethnologin zum Gegen-, Mit- und Ineinander verschiedener Weltbilder in der kubanischen Alltagskultur«, in: Hoffmann (Hrsg.), *Wirtschaftsreformen in Kuba ...*, 2. Auflage 1994, S. 184–197.

Kürzinger, Joseph, »Cesare Lombroso«, in: Fassmann, Kurt unter Mitwirkung von Bill, Max; Ditfurth, Hoimar von; Helbling, Hanno; Jens, Walter; Jungk, Robert; Kogon, Eugen (Hrsg.), *Die Grossen. Leben und Leistung der sechshundert bedeutendsten Persönlichkeiten unserer Welt*, 30 Bde., Zürich: Kindler, 1991, Bd. VIII/2, S. 626–635.

La reforma agraria, obra magna de la revolución en Cuba republicana, 2 Bde., La Habana: Oficina del Historiador de la Ciudad de la Habana, 1960.

Lamar Schweyer, Alberto, *Cómo cayó el presidente Machado; una página oscura de la diplomacia norteamericana*, Madrid 1934.

Lane, Jack C., *Armed Progressive: General Leonard Wood*, San Rafael, CA.: Presidio Press, 1978.

Langley, Lester D., *Struggle for the American Mediterranean: United States-European Rivalry in the Gulf-Caribbean, 1776–1904*, Athens: University of Georgia Press, 1976.

Langley, *The Banana Wars: An Inner History of American Empire, 1900–1934,* Lexington: Univ. Press of Kentucky, 1983.

Langley, *The Banana Wars,* Chicago: Dorsey Press, 1988.

Lawrezki, Josef, *Ernesto Che Guevara,* Berlin: Verlag Neues Leben, 1974.

LeoGrande, William M., »Continuity and Change in the Cuban Political Elite«, in: *Cuban Studies/Estudios Cubanos,* 8 (July 1978), S. 1–32.

LeoGrande, »Civil-Military Relations in Cuba: Party Control and Political Socialization«, in: *Studies in Comparative Communism,* XI (Autumn 1978), S. 278–291.

LeoGrande, *Cuba's Policy in Africa, 1959–1980,* Berkeley: Institut of International Studies, University of California, 1980.

LeoGrande, »Party Development in Revolutionary Cuba«, in: *The Cuban Reader: The Making of a Revolutionary Society,* ed. Brenner, Philip et al., New York: Grove Press, 1989, S. 156–171.

LeoGrande; Thomas, Julie M., »Cuba's Quest for Economic Independence«, in: *Journal of Latin American Studies (JLAS),* 34 (2002), S. 325–363.

Levine, Robert M., *Tropical Diaspora. The Jewish Experience in Cuba,* Gainesville, Fla.: The University Press of Florida, 1993.

Lévy, Bernard-Henri, *Sartre. Der Philosoph des 20. Jahrhunderts,* München, Wien: Hanser, 2002.

Ley Fundamental. De 7 de febrero de 1959, anotada y concordada con la Constitución de 1940, sus Leyes complementarias y jurisprudencia fundamental. Por Miguel A. D'Estéfano Pisani, La Habana: Jesús Montero, 1959.

Liss, Sheldon B., *Roots of Revolution. Radical Thought in Cuba,* Lincoln and London: University of Nebraska Press, 1987.

Llerena, María Cristina (comp.), *Sobre la guerra de los 10 años, 1868–1878,* La Habana: Instituto Cubano del Libro, 1973.

Lockmiller, David A., *Magoon in Cuba: A History of the Second Intervention, 1906–1909,* Chapel Hill: The University of North Carolina Press, 1969 (1. Auflage: 1938; 3. Auflage: Westport, CT.: Greenwood, 1977).

Lockwood, Lee, *Castro's Cuba, Cuba's Fidel,* New York: Vintage, 1969.

Logan, Enid Lynette, »Conspirators, Pawns, Patriots and Brothers: Race and Politics in Western Cuba 1906–1909«, in: *Political Power and Social Theory,* Vol. 14 (2000), S. 3–51.

Loomis, John A., *Cuba's Forgotten Art Schools. Revolution of Forms,* Princeton 1999.

López Cuba, Nestor et al., *Haciendo historia: Entrevistas con cuatro generales de las Fuerzas Armadas Revolucionarias de Cuba.* Preface by Juan Almeida Bosque. Introduction by Mary-Alice Waters, New York: Pathfinder Press, 2001.

López Lemus, Virgilio, *Doscientos años de poesía cubana. 1790–1990. Cien poemas antológicos,* edición al cuidado de Pausides, Alex y Teillagorry Criado, Jacqueline, La Habana: Casa Editora Abril, 1999.

Lorenz, Marita in Zusammenarbeit mit Wilfried Huismann, *Lieber Fidel. Mein Leben, meine Liebe, mein Verrat,* München: List, 2001.

Losada. Abel F., *Cuba: Población y economía entre la Independencia y la Revolución,* Vigo: Servicio de Publicacións da Universidade de Vigo, 1998.

Losman, Donald, »The Embargo of Cuba: An Economic Appraisal«, in: *Caribbean Studies*, XIV (Oct. 1974), S. 95–119.

Loveira, Carlos, *De los 26 a los 35 (Lecciones de la experiencia en la lucha obrera)*, Washington, D.C.: The Law Reporter Printing Company, 1917.

Loviny, Christophe (Hrsg.), *Korda sieht Kuba*, München: Antje Kunstmann, 2003.

Löwy, Michael, *Le marxisme en Amérique Latine de 1909 à nos jours*, Paris: François Maspero, 1980 (Bibliothèque socialiste, Bd. 37).

Luchas obreras contra Machado, recopilación e introducción de Rosell, Mirta, La Habana: Editorial de Ciencias Sociales, 1973.

Lugo Amador, Luis Alberto, »El 98 de los españoles residentes en las Antillas: Conflicto y adaptación«, in: *Revista Complutense de Historia de América* (1998), no. 24, S. 203–222.

Luis Wyden, Peter, *Bay of Pigs: The Untold Story*, New York: Simon & Schuster, 1979.

Lumbsden, Ian, *Machos, Maricones, and Gays: Cuba and Homosexuality*, Philadelphia, Pa.: Temple University Press, 1996.

Lundahl, Mats, »A Note on Haitian Migration to Cuba, 1890–1934«, in: *Cuban Studies/ Estudios Cubanos*, XII (July 1982), S. 21–36.

Maas, Alexander, *Die Berichterstattung ausgewählter deutscher Printmedien zur kubanischen Revolution von 1959 bis 1970. Struktur – Verlauf – Ergebnisse*, Leipzig: Universität Leipzig (Diplomarbeit).

Macaulay, Neill, »The Rebel Army: A Numerical Survey«, in: *Hispanic American Historical Review (HAHR)*, LVIII:2 (May 1978), S. 284–295.

Machover, Jacobo (dir.), *La Habana 1952–1961. El final de un mundo, el principio de una ilusión*, Madrid: Alianza Editorial, 1995.

Malamud, Carlos, »América, Cánovas y la pérdida de las últimas colonias«, in: Tusell, Javier; Portero, Florentino (eds.), *Antonio Cánovas y el sistema político de la Restauración*, Madrid: Fundación Ico – Biblioteca Nueva, 1998, S. 393–413.

Maluquer de Motes, Jordi, *Nación e inmigración: los españoles en Cuba* (S. XIX–XX), Gijón: Júcar, 1992.

Manzoni, Celina, *Un dilema cubano. Nacionalismo y vanguardia*, La Habana: Fondo Editorial Casa de las Américas, 2001.

Mañach, Jorge, »La crisis de la alta cultura en Cuba«, in: *Revista Bimestre Cubana*, 20 (1925), S. 129–163.

Maristany, Luis, *El gabinete del doctor Lombroso (Delincuencia y fin del siglo en España)*, Barcelona: Editorial Anagrama, 1973.

Marks III, George P. (ed.), *The Black Press Views American Imperialism (1898–1900)*, New York: Arno Press, 1971.

Marquéz Dolz, María Antonia, »The Nonsugar Industrial Bourgeoisie and Industrialization in Cuba, 1920–1959«, in: *Latin American Research Review (LARR)*, 22/4 (Fall 1995). S. 59–80.

Marqués Dolz, »Industrias menores y diversificación (1880–1920)«, in: *Temas. Cultura. Ideología. Sociedad*, no. extraordinario 22–23 (julio–diciembre 2000), 55–64.

Marrero, Gaspar, *La Orquesta Aragón*, La Habana: Editorial José Martí, 2001.

Marrero, *Cuba: economía y sociedad*, 15 Bde., Madrid, 1972–1992.

Martin, Lionel, *The Early Fidel: Roots of Castro's Communism*, New York: Lyle Stuart Inc., 1977.

Martin, Lionel, *El joven Fidel. Los orígenes de su ideología comunista*, Barcelona: Grijalbo, 1982.

Martínez Alier, Juan y Verena, *Cuba: economía y sociedad*, Paris: Ruedo Ibérico, 1972.

Martínez Díaz, Dina, *Un estudio sobre la Ortodoxia en Cuba entre 1947 y 1958*, La Habana 1998 (unpublizierte Dissertation).

Martínez Heredia, Fernando, *Desafíos del socialismo cubano*, La Habana: Centro de Estudios sobre América, 1988.

Martínez Heredia, *En el horno de los noventa*, La Habana: Ediciones Barbarroja, 1999.

Martínez Heredia; Scott, Rebecca J.; García Martínez, Orlando, *Espacios, silencios y los sentidos de la libertad: Cuba 1898–1912*, La Habana: Ediciones Unión, 2001 (2003).

Martínez Victores, Ricardo, *RR: La historia de Radio Rebelde*, La Habana: Editorial de Ciencias Sociales, 1978.

Maschke, Günter, *Kritik des Guerillero: Theorie des Volkskrieges*, Frankfurt am Main: S. Fischer, 1973.

Maschke, »Politik und Guerilla in der cubanischen Revolution«, in: Maschke, *Das bewaffnete Wort: Aufsätze aus den Jahren 1973–1993*, Wien; Leipzig: Karolinger, 1997, S. 9–38.

Masetti, Jorge, *El furor y el delirio: itinerario de un hijo de la Revolución cubana*, ed. a cargo de Elizabeth Burgos, Barcelona: Tusquets, 1999 (Colección Andanzas).

Masó, Calixto C., *Historia de Cuba (La lucha de un pueblo por cumplir su destino histórico y su vocación de libertad)*, ed. al cuidado editorial de Leonel-Antonio de la Cuesta, Miami, Fla.: Ediciones Universal, 1998 (Colección Cuba y sus jueces).

Massmann, Annette, *Kuba. Globalisierung, Medien, Macht*, Frankfurt am Main: IKO, 2003.

Masud-Piloto, Félix, *From Welcomed Exiles to Illegal Immigrants. Cuban Migration to the U.S., 1959–1995*, Lanham, Md.: Rowman & Littlefield, 1996.

Mateo, Maricela, »El ABC como opción reformista burguesa en la política neocolonial cubana«, in: Pérez de la Riva, Juan et al., *La república neocolonial*, 2 Bde., La Habana: Editorial de Ciencias Sociales, 1979 *(Anuario de Estudios Cubanos)*, Bd. II, S. 329–432.

Matos, Huber, *Cómo llegó la noche. Memorias. Revolución y condena de un idealista cubano*, prólogos de Hugh Thomas y Carlos Echeverría, Barcelona: Tusquets Editores, 2002.

May, Ernest; Zelikow, Philip D., *The Kennedy Tapes: Inside the White House During the Cuban Missile Crisis*, Cambridge/London: The Belknap Press of Harvard University Press, 1997.

Mazarr, Michael, *Semper Fidel. America & Cuba, 1776–1988*, Baltimore: The Nautical & Aviation Publishing of America, 1988.

Mazarr, »The Cuban Security Apparatus«, in: *Cuba: The International Dimension*, ed. Fauriol, Georges; Loser, Eva, New Brunswick, N.J.: Transaction Books, 1990.

Mc Namara, Robert S., *In Retrospect*, New York: Vintage Books, 1995.

McLeod, Marc C., »Undesirable Aliens: Race, Ethnicity, and Nationalism in the Comparison of Haitian and British West Indian Immigrant Workers in Cuba, 1912–1939«, in: *Journal of Social History*, Vol. 31, No. 3 (1998), S. 599–623.

Mella, Julio Antonio, *Documentos y Artículos*, La Habana: Instituto de Historia del Movimiento Comunista y la Revolución Socialista de Cuba, 1975.

Mendieta Costa, Raquel, *Cultura, lucha de clases y conflicto racial, 1878–1895*, La Habana: Editorial Pueblo y Educación, 1989, S. 31–52.

Menédez Paredes, Rigoberto, *Componentes árabes en la cultura cubana*, La Habana: Ediciones Boloña/Publicaciones de la Oficina del Historiador de la Ciudad, 1999.

Mertins, Günter, »Das Konzept der regionalen Dezentralisierung in Kuba nach 1959: sozioökonomische und siedlungsstrukturelle Auswirkungen«, in: Sevilla/Rode, *Kuba…*, S. 241–261.

Mesa Paz, Josefina, *Rubén: Antología del pensamiento Político*, La Habana: Editorial Arte y Literatura, 1976.

Mesa-Lago, Carmelo (ed.), *Revolutionary Change in Cuba*, Pittsburgh, Pa.: University of Pittsburgh Press, 1971.

Mesa-Lago, »Cuba. Un caso único de Reforma Anti-Mercado. Retrospectiva y Perspectivas«, in: *Pensamiento Iberoamericano*, No. 22–23 (1992/93), tomo II, S. 65–100.

Mesa-Lago, *Cuba After the Cold War*, Pittsburgh, Pa.: Pittsburgh University Press, 1993.

Mesa-Lago, *Breve Historia Económica de Cuba Socialista – Políticas, Resultados y Perspectivas*, Madrid: Alianza Editorial, 1994.

Mesa-Lago, »Un ajiaco cubano-alemán sobre la tercera reforma agraria en Cuba«, in: *Encuentro de la Cultura Cubana*, Madrid (2001), S. 254–258.

Meyer, Karl E.; Szulc, Tad, *The Cuban Invasion: Cronicle of a Disaster*, New York: Praeger, 1962.

Meyer, Leo J., »The United States and the Cuban Revolution of 1917«, in: *Hispanic American Historical Review*, 10 (May 1930), S. 138–166.

Millet, Allan R., »The Rise and Fall of the Cuban Rural Guard, 1898–1912«, in: *The Americas*, XXIX (Oct. 1972), S. 191–213.

Minà, Gianni, *Fidel Castro. La sua vita, la sua avventura in due intreviste storiche*, Mailand, 1996.

Mintz, Sidney W., »The Rural Proletariat and the Problem of Rural Proletarian Consciousness«, in: *Journal of Peasant Studies*, I (April 1974), S. 291–325.

Mintz, *Worker in Cane. A Puerto Rican Life History*, New York; London: W.W. Norton & Company, 1974.

Miranda, Mauricio de, »¿Hacia dónde va la economía cubana?«, in: *Encuentro de la Cultura Cubana*, 28/29, Madrid (primavera/verano de 2003), S. 83–97.

Miranda Bravo, Olga, *Vecinos indeseables: la base yanqui de Guantánamo*, La Habana: Editorial de Ciencias Sociales, 1998.

Mitchell, Nancy, *The Danger of Dreams. German and American Imperialism in Latin America*, Chapel Hill and London: The University of North Carolina Press, 1999.

Molyneux, Maxine, »State, Gender, and Institutional Change. The Federación de Mujeres Cubanas«, in: *Hidden Histories of Gender and State in Latin America*, Elizabeth Dore & Maxine Molyneux (eds.), Durham & London: Duke University Press, 2000, S. 291–321.

Monreal, Pedro, »Migration und Überweisungen: Anmerkungen zum Fall Kuba«, in: *Lateinamerika. Analysen und Berichte* 23: *Migrationen*, hrsg. von Gabbert, Karin; Gabbert, Wolfgang; Bert Hoffmann et al., Bad Honnef: Horlemann, 1999, S. 73–96.

Montero Rios, Eugenio, *El Tratado de París, conferencias*, Madrid: Imprenta R. Velasco, 1904.

Moore, Juan Carlos, *Castro, the Blacks and Africa*, Berkeley: Center for Afro-American Studies: University of California Press, 1988.

Moore, Robin D., *Nationalizing Blackness: Afrocubanismo and the Artistic Revolution in Havanna, 1920–1940*, Pittsburgh, Pa.: University of Pittsburgh Press, 1997.

Mora, Frank O., »From Fidelismo to Raulismo. Civilian Control of the Military in Cuba«, in: *Problems of Post-Communism*, Nr. 2 (March–April 1999), S. 25–38.

Morley, Morris H., »The U.S. Imperial State in Cuba, 1952–1958: Policymaking and Capitalist Interests«, in: *Journal of Latin American Studies (JLAS)*, XIV (May 1982), S. 143–170.

Morley, *Imperial State and Revolution. The United States and Cuba, 1952–1986*, Cambridge; London; New York; New Rochelle; Sydney, Melbourne: Cambridge University Press, 1987.

Morray, J.P., »Cuba and Communism«, in: *Monthly Review*, XIII (July–Aug. 1961), S. 3–55.

Morrow Wilson, Charles, *Empire in green and gold: the story of the American banana trade*, Oxford: Holt, 1947.

Mothes, Jürgen, »Zur Geschichte des ›Secretariado Sudamericano de la Internacional Comunista‹. Ein Beitrag zu einem noch wenig bekannten Führungsorgan der kommunistischen Bewegung«, in: *Lateinamerika. Semesterberichte*, Rostock (Frühjahrsemester 1982), S. 35–71.

Mothes, »›Luis‹ gegen Mariátegui?‹ Zur Rolle von Jules Humbert-Droz bei der Entwicklung der Lateinamerikapolitik der Kommunistischen Internationale«, in: *Centenaire Jules Humbert-Droz, Colloque sur l'International communiste*. Actes, La Chaux-de-Fonds: Fondation Jules Humbert-Droz, 1992, S. 139–167.

Muder, Winfried, *Zur Herausbildung und zum Stand des Verhältnisses von Staat und Kirche in Cuba*, Frankfurt am Main [u.a.]: Peter Lang, 1992.

Múnera, Alfonso, *El fracaso de la nación. Región, clase y raza en el Caribe colombiano (1717–1810)*, Bogotá: Banco de la República/El Áncora Editores, 1998.

Muñoz Mata, Laura, »México ante la independencia cubana, 1895–1898. Posición oficial y opinión pública«, in: *Tiempos de América*, Nr. 3–4 (1999), S. 19–32.

Musicant, Ivan, *The Banana Wars. A History of the United States Military Intervention in Latin America from the Spanish-American War to the Intervention of Panama*, New York: Macmillan, 1990.

Mustelier, Gustavo Enrique, *La extinción del negro. Apuntes político-sociales*, La Habana: Imprenta Ramala, Bouza y Cía., 1912.

Naranjo Orovio, Consuelo, »La emigración española a Iberoamérica desde 1880 a 1930: análisis cuantitativo«, in: Instituto Cubano del Libro; Instituto de Cooperación Iberoamericana en Cuba; Embajada de España (en Cuba), eds., *Nuestra común historia. Poblamiento y nacionalidad*, La Habana: Editorial de Ciencias Sociales, 1993, S. 116–155.

Naranjo Orovio; Mallo Gutiérrez, Tomás (eds.), *Cuba la perla de las Antillas*. Actas de las I Jornadas sobre »Cuba y su historia«, Aranjuez (Madrid): Doce Calles, 1994.

Naranjo Orovio, Consuelo, »La población española en Cuba, 1880–1953«, in: *Cuba la perla de las Antillas* …, S. 121–136.

Naranjo Orovio; Puig Samper, Miguel-Ángel; García Mora, Luis Miguel (eds.), *La Nación Soñada: Cuba, Puerto Rico, y Filipinas ante el 1898*. Actas del Congreso Internacional celebrado en Aranjuez de 24 al 28 de abril de 1995, Aranjuez (Madrid): Doce Calles, 1996.

Naranjo Orovio, Puig-Samper, »Delincuencia y racismo en Cuba: Israel Castellanos versus Fernando Ortiz«, in: Huertos, Rafael; Ortiz, Carmen (eds.), *Ciencia y facismo*, Aranjuez: Ediciones Doce Calles, 1998, S. 12–23.

Naser, Armín E., *Benny Moré. Perfil libre*, La Habana: Ediciones Unión, 1985.

Nash, Philipp, *The Other Missiles of October (Eisenhower, Kennedy and the Jupiters, 1957–1963)*, Chapel Hill & London, 1997.

Nathan, James A. (ed.), *The Cuban Missile Crisis Revisited*, New York: St. Martin's Press, 1992.

Navarro García, Luis, »La última campaña del general Martínez Campos: Cuba 1895«, in: *AEA*, Tomo LVIII – 1 (enero–junio 2001), S. 185–208.

Nelson, Lowry, *Rural Cuba*, Minneapolis: University of Minnesota Press, 1950.

Nicolau González, Ramón (dir.), *Cuba y la defensa de la República Española (1936–1939)*, La Habana: Editora Política; 1981.

Niess, Frank, *Der Koloss im Norden. Geschichte der Lateinamerikapolitik der USA*, Köln: Pahl-Rugenstein, 1984.

Nieves, Dolores; Feijóo, Alina (eds.), *Semillas del fuego. Compilación sobre la lucha clandestina en la Capital*, 2 Bde., La Habana: Editorial de Ciencias Sociales, 1988, 1990.

Núñez Jiménez, Antonio, *Isla de Pinos. Piratas, Colonizadores, Rebeldes*, La Habana: Editorial Arte y Literatura, 1976.

Núñez Machín, Ana, *Rubén Martínez Villena*, La Habana: UNEAC, 1971.

Núñez Machín, *Memoria amarga del azúcar*, La Habana: Editorial de Ciencias Sociales, 1981.

O'Connor, James, »Agrarian Reform in Cuba, 1959–1963«, in: *Science and Society*, XXXII (Spring 1968), S. 169–217.

Oltuski, Enrique, *Gente del llano*, La Habana: Ediciones Imagen contemporánea, 2001.

Opatrný, Josef (ed.), *Identidad nacional y cultural de las Antillas hispanoparlantes* (Simposio Internacional Holguín 1990), Praha: Univerzita Karlova, 1991 (Ibero-Americana Pragensia, Supplementum 5/1991).

Opatrný (ed.), *Cuba. Algunos problemas de su historia* (Ibero-Americana Pragensia, Supplementum 7/1995), Praha: Universidad Carolina Praga, 1995 (Ibero-Americana Pragensia, Supplementum 7/1995).

Opatrný, »El fin de la época europea en América: Cuba, 1878–1898«, in: *La Nación Soñada: Cuba, Puerto Rico, y Filipinas ante el 1898*. Actas del Congreso Internacional celebrado en Aranjuez del 24 al 28 de abril de 1995, Naranjo Orovio/M. A. Puig Samper y L. M. García Mora (eds.), Aranjuez (Madrid): Doce Calles 1996, S. 785–796.

Opatrný, »La identidad de los criollos en Cuba del siglo XIX«, in: Riekenberg, Michael; Rinke, Stefan; Schmidt, Peer (Hrsg.), *Kultur-Diskurse: Kontinuität und Wandel um Identitäten in Lateinamerika im 19. und 20. Jahrhundert*, Stuttgart: Hans-Dieter Heinz Akademischer Verlag, 2001, S. 259–278.

Opatrný (ed.), *El Caribe Hispano. Sujeto y objeto en política internacional*, Praha: Universidad Carolina de Praga; Editorial Karolinum, 2001 (Ibero-Americana Pragensia – Supplementum 9/2001).

Opatrný; Naranjo Orovio, Consuelo (eds.), *Visitando la isla. Temas de historia de Cuba*, Madrid-Frankfurt, Iberoamericana-Vervuert, Cuadernos AHILA, núm. 9 (2002).

Oppenheimer, Andrés, *Castro's Final Hour: The Secret Story Behind the Coming Downfall of Communist Cuba*, New York: Simon & Schuster, 1992.

Ordenanzas Municipales Hispanoamericanas. Recopilación, estudio preliminar y notas de Domínguez Compañy, Francisco, Madrid-Caracas: Asociación Venezolana de Cooperación Intermunicipal; Instituto de Estudios de la Administración local, 1982.

Order of the Military Governor of Cuba Relative to the Municipal Elections to be Held Throughout the Island of Cuba on June, 1900, May, 12, 1990.

Orozco, Román; Bolívar, Natalia, *Cuba santa: comunistas, santeros y cristianos en la isla de Fidel Castro*, Madrid: Editorial El País-Aguilar, 1998.

Ortega, Gregorio, *La Coletilla. Una Batalla por la libertad de la prensa 1959–1961*, La Habana: Editora Política, 1989.

Ortega, Jaime, »Die Rolle der Katholischen Kirche in der kubanischen Gesellschaft heute«, in: Fornet-Betancourt; Sing (Hrsg.), *Kirche und Gesellschaft in Kuba heute ...*, S. 21–34.

Ortiz, Fernando, *Los negros brujos (apuntes para un estudio de etnología criminal)*. Carta prólogo del Dr. C. Lombroso, Madrid: Librería de Fernando Fe, 1906.

Ortiz, *La identificación dactiloscópica. Informe de Policiología y de Derecho Público, seguidos de las Instrucciones técnicas para la Práctica de la Identifación y del Decreto Orgánico no. 1.173 de 1911*, La Habana: Imprenta »La Universal de Ruiz y a., S. en C.«, 1913.

Ortiz, *Hampa afro-cubana: Los negros esclavos*. Estudio sociológico y de derecho público, La Habana: Imprenta La »Universal«, 1916 [Nueva edición: *Los negros esclavos*, La Habana: Editorial de Ciencias Sociales, 1976].

Ortiz, *La decadencia cubana*, La Habana: Imprenta y Papelería la Universal, 1924.

Ortiz, »Cultura, no raza«, in: *Revista Bimestre Cubana*, vol. XXIV, núm. 5 (1929), La Habana, S. 716–720.

Ortiz, *El engaño de las razas*, La Habana: Editorial de Ciencias Sociales, 1975 (erste Auflage: 1946).

Ortiz, »El fenómeno social de la transculturación y su importancia en Cuba«, in: *Revista Bimestre Cubana*, La Habana, vol. XLVI (julio–diciembre 1940), S. 273–278.

Ortiz, *La secta Conga de los matiabos de Cuba*, Ciudad de Méjico: UNAM, 1956.

Ortiz, *Contrapunteo cubano del tabaco y el azúcar*. Prólogo y cronología de Julio Le Riverend, Caracas 1978.

Ortiz, *Los cabildos y la fiesta afrocubanos del Día de Reyes*, La Habana: Editorial de Ciencias Sociales, 1992.

Ortiz, Jean; Fournial, Georges, *Le socialisme à la cubaine*, Paris: Editions Sociales, 1983.

Ortiz, Jean, *Julio Antonio Mella: L'Ange Rebelle. Aux origines du Communisme cubain*, Paris: L'Harmattan, 1999.

Orum, Thomas, *The Politics of Color: The Racial Dimension of Cuban Politics during the Early Republican Years, 1900–1912*, New York: New York University, 1975 (mikroverfilmte Phil. Diss).

Otero Echeverría, Rafael, *Reportaje a una revolución. De Batista a Fidel Castro*, Santiago de Chile: Editorial del Pacífico, 1959.

Otero, Lisandro, *Llover sobre mojado. Una reflexión personal sobre la historia*, La Habana: Editorial Letras Cubanas, 1997.

Otero, *Playa Girón, derrota del imperialismo*, 4 vols., La Habana:, 1961/62.

Pade, Werner, *Kuba: Volksbefreiungskrieg und Verteidigung einer Revolution*, Berlin: Militärverlag, 1986.

Padilla, Heberto, *Außerhalb des Spiels: Gedichte*. Übersetzt und hrsg. v. Maschke, Günther, Frankfurt am Main: Suhrkamp 1971.

Padilla, *Self-Portrait of the Other*, trans. Alexander Coleman, New York, 1990.

Padrón, Abelardo, *General de tres guerras*, La Habana: Letras Cubanas, 1991.

Padula, Alfred L., »The Ruin of the Cuban Bourgeoisie, 1959–1961«, in: *SECOLAS Annals*, XI (March 1980), S. 5–21.

Padura Fuentes, Leonardo, *El viaje más largo*, San Juan, Puerto Rico: Editorial Plaza Mayor, 2003 (Colección Cultura Cubana).

Palmié, Stephan, *Das Exil der Götter: Geschichte und Vorstellungswelt einer afrokubanischen Religion*, Frankfurt am Main; Bern [etc.]: Peter Lang, 1991.

Palmié, *Wizards & Scientists. Explorations in Afro-Cuban Modernity & Tradition*, Durham and London: Duke University Press, 2002.

Pardo Llada, José, *Memorias de la Sierra Maestra*, La Habana: Tierra Nueva, 1960.

Pardo Suárez, Vicente, »La reforma electoral«, in: Pardo Suárez, *La elección presidencial en Cuba*, La Habana: Impr. y Papelería de Rambla, Bouza y Cª, 1923, S. 44–50.

Pater, Siegfried, *Zuckerwasser – Vom Coca-Cola-Imperium*, Bonn: RETAP-Verlag, 2002.

Paterson, Thomas G., *Contesting Castro. The United States and the Triumph of the Cuban Revolution*, New York; Oxford: Oxford University Press, 1994.

Pavón, Ramiro, »El empleo femenino en Cuba«, in: *Santiago*, XXII (Diciembre 1975), S. 97–137.

Paz Sánchez, Manuel de, »Revolución y contrarrevolución en el Caribe: España, Trujillo y Fidel Castro en 1959«, in: *Revista de Indias* (1999), vol. LIX, núm. 216, S. 467–495;

Paz Sánchez, *Zona Rebelde. La diplomacia española ante la revolución cubana (1957–1960)*, Tenerife: Gobierno de Canarias; Centro de Cultura Popular Canaria, 1997.

Peligros y principios: La crisis de octubre desde Cuba, La Habana, 1992.

Pérez de la Riva, Juan, »Una isla con dos historias«, in: Pérez de la Riva, *El barracón y otros ensayos*, La Habana: Editorial de Ciencias Sociales, 1975, S. 75–90.

Pérez de la Riva, Juan et al., *La república neocolonial*, 2 Bde., La Habana: Editorial de Ciencias Sociales, 1979 (Anuario de Estudios Cubanos).

Pérez Guzmán, Francisco, *Herida profunda*, La Habana: Ediciones UNION, 1998.

Pérez Jr., Louis A., »Army Politics, Diplomacy and the Collapse of the Cuban Officer Corps: The ›Sergeants‹ Revolt of 1933«, in: *Journal of Latin American Studies (JLAS)*, 6 (1975), S. 59–71.

Pérez Jr., *Army Politics in Cuba, 1898–1958*, Pittsburgh, P.A.: University of Pittsburgh Press, 1976.

Pérez Jr., *The Cuban Revolutionary War, 1953–1958: A Bibliography*, Metuchem, N.J., 1976.

Pérez Jr., *Intervention, Revolution and Politics in Cuba, 1913–1921*, Pittsburgh, Pa.: The University of Pittsburgh Press, 1978.

Pérez Jr., »Politics, Peasants, and People of Color: The 1912 ›Race War‹ in Cuba Reconsidered«, in: *Hispanic American Historical Review (HAHR)*, 66 (August 1986), S. 509–539.

Pérez Jr., »›La Chambelona‹: Political Protest, Sugar, and Social Banditry in Cuba, 1914–1917«, in: Slatta, Richard W. (ed.), *Bandidos. The Varieties of Latin American Banditry*, New York; London: Greenwood, 1987, S. 131–149.

Pérez Jr. (comp.), *Cuba. An Annotated Bibliography* (Bibliographies and Indexes in World History, Number 10), New York/Westport, Conn./London: Greenwood Press, 1988.

Pérez Jr., »Indisposition to Intervention: The United States and the Cuban Revolution of 1906«, in: *South Eastern Latin Americanist*, 28 (December 1984), S. 1–19.

Pérez Jr., »Insurrection, Intervention, and the Transformation of Land Tenure System in Cuba, 1895–1902«, in: *Hispanic American Historical Review (HAHR)*, 65:2 (1985), S. 229–254.

Pérez Jr., *Cuba Between Empires, 1878–1902*, Pittsburgh, Pa.: University of Pittsburgh Press, 1986.

Pérez Jr., *Cuba Under the Platt Amendment, 1902–1934*, Pittsburg, Pa.: The University of Pittsburgh Press, 1986.

Pérez Jr., »In Defense of Hegemony: Sumner Welles and the Cuban Revolution of 1933«, in: *Ambassadors in Foreign Policy: The Influence of Individuals on U.S.-Latin American Policy*, ed. by Ronning, Neale and Vannucci, Albert P., New York: Praeger, 1987, S. 28–48.

Pérez Jr., *Lords of the Mountain: Social Banditry and Peasant Protest in Cuba, 1878–1918*. Pittsburgh: University of Pittsburgh Press, 1989.

Pérez Jr., »The Meaning of the ›Maine‹. Causation and the Historiography of the Spanish American War«, in: *Pacific Historical Review*, 58,3 (August 1989), S. 293–322.

Pérez Jr., *Cuba and the United States: Ties of Singular Intimacy*, Athens, Ga.: University of Georgia Press, 1990.

Pérez Jr. (ed.), *Slaves, Sugar, & Colonial Society. Travel Accounts of Cuba, 1801–1899*, Wilmington: Scholarly Resources Inc., 1992.

Pérez Jr., *Cuba. Between Reform & Revolution*, New York; Oxford: Oxford University Press, 1995.

Pérez Jr., *Essays on Cuban History: Historiography and Research*, Gainesville: University Press of Florida, 1995.

Pérez Jr., »Army Politics in Socialist Cuba, 1959–1969«, in: Pérez Jr., *Essays on Cuban History…*, S. 82–103.

Pérez Jr., »North American Protestant Missionaries in Cuba and the Culture of Hegemony«, in: Pérez Jr., *Essays on Cuban History…*, S. 53–72.

Pérez Jr., »Intervention and Collaboration: The Politics of Cuban Independence, 1898–1899«, in: Pérez Jr., *Essays on Cuban History…*, S. 20–34.

Pérez Jr., »Liberalism in Cuba: Between Reaction and Revolution, 1878–1898«, in: *Liberals, Politics and Power: State Formation in Nineteenth Century Latin America*, ed. by Peloso, Vincent C.; Tenenbaum, Barbara, Athens: Univ. of Georgia Press, 1996, S. 259–277.

Pérez Jr., *The War of 1898. The United States and Cuba in History and Historiography*, Chapel Hill & London: The University of North Carolina Press, 1998.

Pérez Jr., »Incurring a Dept of Gratitude: 1898 and the Moral Sources of United States' Hegemony in Cuba«, in: *American Historical Review (AHR)* 104:2 (April 1999), S. 356–398.

Pérez Jr., *On Becoming Cuban. Identity, Nationality, and Culture*, Chapel Hill & London: The University of North Carolina Press, 1999.

Pérez Jr., *Winds of Change. Hurricanes and the Transformation of Nineteenth-Century Cuba*, Chapel Hill, NC: University of North Carolina Press, 2001.

Pérez Jr., »Fear and Loathing of Fidel Castro: Sources of US Policy Toward Cuba«, in: *Journal of Latin American Studies (JLAS)*, 34 (2002), S. 227–254.

Pérez de Barradas, José, *Los mestizos de América*, Madrid: Colección Austral, 1976.

Pérez Landa, Rufino, *Bartolomé Masó y Márquez. Estudio biográfico documentado*, La Habana: Impr. El Siglo XX, 1947.

Pérez Landa, *Vida pública de Martín Morúa Delgado*, La Habana: Impreso por Carlos Romero, 1957.

Pérez Lobo, Rafael, *Código Civil y Constitución*, La Habana: Cultural, S.A., 1944 (Manuales de Legislación y Jurisprudencia, vol. VII).

Pérez Lobo, Rafael, *Código Civil y Legislación Civil complementaria*, La Habana: Cultural, S.A., 1955.

Pérez Medina, Tomás, *La santería cubana. El camino de Osha. Ceremonias, ritos y secreto*, Madrid: Biblioteca Nueva, 1998.

Pérez Rojas, Niurka, *El movimiento estudiantil universitario de 1934 a 1940*, La Habana, 1975.

Pérez Rojas, *Características sociodemográficas de la familia cubana, 1953–1970*, La Habana: 1979.

Pérez Samper, María de los Angeles, »España y América: el encuentro de dos sistemas alimentarios«, in: *Las raíces de la memoria*, coords. Pilar García Jordán et al., Barcelona: Universitat de Barcelona, 1996, S. 171–188.

Pérez Sarduy, Pedro; Stubbs, Jean (eds.), *Afrocuba: An Antology of Cuban Writing on Race, Politics, and Culture*; Melbourne: Ocean Press, 1993 [AfroCuba: una antología de escritos cubanos sobre raza, política y cultura, San Juan, 1998].

Pérez Sarduy, Pedro and Stubbs, Jean (eds.), *Afro-Cuban Voices. On Race and Identity in Contemporary Cuba*, Gainesville: University Press of Florida, 2000.

Pérez, E., *Historia de la pedagogía en Cuba*, La Habana: Universidad de la Habana, 1945.

Pérez, Lisandro, »The Political Context of Cuban Population Censuses, 1899–1981«, in: *Latin American Research Review (LARR)*, XIX (1984), S. 143–161.

Pérez-López, Jorge F., *The Economics of Sugar*, Pittsburgh, Pa.: University of Pittsburgh Press, 1991.

Pérez Rojas, Niurka; Torres Vila, Cary, »UBPC: hacia un nuevo proyecto de participación«, in: Dilla, Haroldo (ed.), *La participación en Cuba y los retos del futuro*, La Habana: Ediciones CEA, 1996, S. 167–182.

Pérez Villanueva, Omar Everleny, »La reestructuración de la economía cubana. El proceso en la agricultura«, in: Burchardt, *La última reforma agraria del siglo ...*, S. 71–105.

Pérez, Lisandro, »The Political Context of Cuban Population Censuses, 1899–1981«, in: *Latin American Research Review (LARR)*, XIX (1984), S. 143–161.

Pérez-Galdos Ortiz, Victor, *Joseíto Fernández y su Guajira Guantanamera*, La Habana: Editora Política, 1999.

Pérez-López, Jorge F., *The Economics of Sugar*, Pittsburgh, Pa.: University of Pittsburgh Press, 1991.

Pérez-Stable, »Institutionalization and Workers Response«, in: *Cuban Studies/Estudios Cubanos*, VI (July 1976), S. 31–54.

Pérez-Stable, »La Cuba que aún puede ser«, in: Rodríguez Beruff, Jorge (comp.), *Cuba en Crisis: Perspectivas económicas y políticas*, San Juan de Puerto Rico: Editorial de la Universidad de Puerto Rico, 1995, S. 157–174.

Pérez-Stable, Marifeli, *The Cuban Revolution. Origins, Course, and Legacy*, New York/Oxford: Oxford University Press, 1993.

Petras, James; Morley, Morris, »Clinton's Cuba Policy: Two Steps Backward, One Step Forward«, in: *Third World Quarterly*, 17 (1996), S. 269–287.

Phaf-Rheinberger, Ineke, »Avantgardistische Strömungen in der kubanischen Malerei des 20. Jahrhunderts«, in: *Kuba heute ...*, S. 733–747.

Pino Santos, Oscar, »La Ley de Reforma Agraria de 1959 y el fin de las oligarquías en Cuba«, in: *Temas. Cultura. Ideología. Sociedad*, no. 16–17 (octubre 1998–junio de 1999), número extraordinario. Nueva época, S. 42–60.

Pinto Soria, Julio C., »Orígenes y desarrollo de las revoluciones latinoamericanas: Ernesto »Ché« Guevara, Mario Payeras y Guatemala«, in: *Mesoamérica*, 38, ano 20 (Diciembre de 1999), S. 102–133.

Pollitt, Brian H., »Some Problems of Enumerating the ›Peasantry‹ in Cuba«, in: *Journal of Peasant Studies*, IV (Jan. 1977), S. 162–180.

Pollitt, »Agrarian Reform and the ›Agricultural Proletariat‹ in Cuba, 1958–1966: Some Notes«, University of Glasgow, Institute of Latin American Studies, Occasional Papers, No. 27, 1979.

Pollitt, »Agrarian Reform and the ›Agricultural Proletariat‹ in Cuba, 1958–1966: Further Notes and Some Second Thoughts«, University of Glasgow, Institute of Latin American Studies, Occasional Papers, No. 30, 1980.

Portell-Vilá, *Nueva historia de la República de Cuba, 1898–1979*, Miami: La Moderna Poesía, 1986.

Porter, Robert P., *Report on the Commercial and Industrial Conditions of the Island of Cuba*, Washington, D.C., 1899.

Portes, Alejandro; Stepick, Alex, *City on the Edge: The Transformation of Miami*, Berkeley, CA.: University of California Press, 1993.

Portuondo Linares, Serafín, *Los Independientes de Color. Historia del Partido Independiente de Color*, La Habana, Publicaciones del Ministerio de Educación, 1950.

Portuondo Linares, *Los Independientes de Color. Historia del Partido Independiente de Color*, pról. Fernando Martínez Heredia, La Habana: Caminos, 2002.

Portuondo Zúñiga, Olga, *La Vírgen de la Caridad del Cobre. Símbolo de Cubanía*, Santiago de Cuba: Editorial Oriente, 1995.

Poumier, Maria, »Fernando Ortiz (1881–1969), Troisième Découvreur de Cuba«, in: *Espace caraïbe*, 1 (1993), S. 81–93.

Poumier, »La expresión del pensamiento negro en Cuba bajo la Constitución de 1940«, in: *Cuba sous le régime de la constitution de 1940. Politique, pensée critique, littérature*, sous la direction de James Cohen et Françoise Moulin Civil, avant-propos de Paul Estrade, Paris: L'Harmattan/Montréal: L'Harmattan Inc., 1997, S. 269–288.

Prado Salmón, Gary, *The defeat of Che Guevara: military response to guerilla challenge in Bolivia*. Translated by John Deredita; foreword by Lawrence H. Hall, New York u.a.: Praeger, 1990.

Primelles, León, *Crónica cubana*, 2 Bde., La Habana: Editorial Lex, 1955/1957.

Quintana, Joaquín, »Lo que costó a Cuba la guerra de 1895«, in: *Bohemia*, 52 (11 de Sept. de 1960), S. 4–6.

Quintero Rivera, Ángel, *¡Salsa, Sabor y Contról! Sociología de la musica ›tropical‹*, La Habana: Fondo Editorial Casa de las Américas, 1998.

Ramos, Marcos, *Protestantism and Revolution in Cuba*, Coral Gables, Fla.: University of Miami, 1989.

Ratliff, William E., *Castroism and Communism in Latin America, 1959–1976*, Stanford, Calif., 1976.

Ratliff, »Política Exterior Cubana hacia el Asia Oriental y Sudoriental«, in: *Cuba, 1959–1991: Evaluando el Castrato*, Tijuana: Instituto de Investigaciones Culturales Latinoamericanas, 1991, S. 193–222.

Ratner, Michael; Smith, Michael Steven (eds.), *Che Guevara and the FBI: The U.S. Political Police Dossier on the Latin American Revolutionary*, Melbourne: Ocean Press, 1997.

Rees, Tim; Thorpe, Andrew (eds.), *International Communism and the Communist International, 1919–1943*, Manchester: Manchester University Press, 1999.

Regalado, Antero, *Las luchas campesinas en Cuba*, La Habana: Editorial Orbe, 1979. Reinstädtler, Janett; Ette, Ottmar (eds.), *Todas las islas la isla. Nuevas y novísimas - tendencias en la literatura y cultura de Cuba*, Frankfurt am Main; Madrid: Vervuert, 2000.

República de Cuba, *Junta Central de Planificación, Censo de Población y Viviendas 1970*, La Habana: Editorial Orbe, 1975.

Rexach, Rosario, »La segunda generación republicana en Cuba y sus figuras principales«, in: *Revista Iberoamericana*, 152–153 (julio–diciembre 1990), S. 1291–1311.

Riera Hernández, Mario, *Cuba Política, 1899–1955*, La Habana: Impresora Modelo, 1955.

Ritter, Archibald R.M., »Entrepreneurship, microenterprise, and public policy in Cuba: Promotion, containment or asphyxiation?, in: *Journal of Interamerican Studies and World Affaires*, vol. 40 (1998), No. 2, S. 63–94.

Ritter; Rowe, Nicholas, »Cuba: From »Dollarization« to »Eurozation« or »Peso Reconsolidation«?«, in: *Latin American Politics and Society*, Vol. 44/2 (Summer 2002), S. 99–123.

Roca, Sergio, *Cuban Economic Policy and Ideology: The Ten Million Ton Sugar Harvest*, Beverly Hills, Calif.: Sage, 1976.

Rodríguez, José Baltar, *Los chinos de Cuba. Apuntes etnográficos*, La Habana: Fundación Fernando Ortiz, 1997 (La Fuente Viva).

Rodríguez, Pedro Pablo, »Marcus Garvey en Cuba«, in: *Anales del Caribe*. Centro de Estudios del Caribe, Nr. 7–8, La Habana (1987–1988), S. 279–301.

Rodríguez Altunaga, Rafael, *Las Villas (Biografía de una provincia)*, La Habana, Impr. El Siglo XX, 1955.

Rodríguez Barazarte, Julio, »La ›Doctrina Betancourt‹ y las relaciones de Venezuela con Cuba (1959–1964)«, in: *Tierra Firme*, No. 43, Caracas, Año 11, Vol. XI (1993), S. 375–389.

Rodríguez Morejón, Gerardo, *Fidel Castro: Biografía*, La Habana: P. Fernández, 1959.

Röhrig-Assunção, Matthias; Zeuske, »›Race‹, Ethnicity and Social Structure in 19th Century Brazil and Cuba«, in: *Ibero-Amerikanisches Archiv*. Zeitschrift für Sozialwissenschaften und Geschichte. Neue Folge, Jg. 24 (1998), Heft 3–4, S. 375–443.

Roig de Leuchsenring, Emilio, *El grupo minorista de intelectuales y artistas habaneros*, La Habana: Oficina del Historiador de la Ciudad, 1961.

Roig de Leuchsenring, *Historia de la enmienda Platt. Una interpretación de la realidad cubana*, La Habana: Editorial de Ciencias Sociales, 1973 (1. Auflage: 2 Bde., 1935).

Rojas, Rafael, *Isla sin fin: Contribución a la crítica del nacionalismo cubano*, Miami: Ediciones Universal, 1998.

Rosado Eiró, Luis; Quesada González, Pilar, *Cienfuegos: sublevación de todo el pueblo*, La Habana: Editora Política, 1997.

Rosado Eiró; Suárez Ramos, Felipa, *Una mancha azul hacia el occidente. Historia de la Columna Invasora No. 8 »Ciro Redondo«*, La Habana: Ediciones Verde Olivo, 1999.

Rosado Eiró, *La ofensiva de la victoria*, La Habana: Editora Política, 2000.

Rosales del Toro, Ulises, »La agroindustria azucarera en Cuba. Transformaciones y perspectivas«, Quinta Mesa Redonda con el Gobierno de Cuba, Hotel Meliá Cohiba, febrero 1999.

Rosenberg, Jonathan, »Cuba's Free-Market Experiment: Los Mercados Libres Campesinos, 1980–1986«, in: *Latin American Research Review (LARR)*, XXVII (1992), S. 51–1986.

Rovira González, Violeta, »Los ›soviets‹ de Nazábal, Hormiguero y Parque Alto de la provincia de las Villas«, in: *Islas*, Nr. 31, Santa Clara (octubre-diciembre 1968), S. 221–253.

Roy, Joaquín, »España y Cuba: una relación muy especial«, in: *Afers Internas Internacionals* (Barcelona), 31 (1996), S. 147–166.

Roy, »La Unión Europea y España ante la ley Helms-Burton«, in: *Ibero-Amerikanisches Archiv*, Heft 24 (1998), Nr. 3/4, S. 213–245.

Roy, Maya, *Buena Vista. Die Musik Kubas*, Heidelberg: Palmyra, 2000 (mit Nachwort von Arno Frank Eser, Glossar und Diskografie).

Rubiera Castillo, Daisy (ed.), *Reyita, sencillamente (Testimonio de una negra cubana nonagenaria)*, La Habana: Instituto Cubano del Libro/World Data Research Center, 1997. Rubiera Castillo, *Ich, Reyita. Ein kubanisches Leben*, aus dem Spanischen von Max Zeuske, Nachwort von Michael Zeuske, Zürich: Rotpunktverlag, 2000.

Ruiz, Raúl R.; Lim Kim Martha, *Coreanos en Cuba*, La Habana: Fundación Fernando Ortiz, 2000 (La Fuente Viva).

Rutheiser, Charles, »Cuba in Our Minds«, in: *New West Indian Guide/Nieuwe West-Indische Gids*, vol. 76, no. 3&4 (2002), S. 305–311.

Ryan, Henry B., *A Story of Soldiers, Spies and Diplomats*, New York: Oxford University Press, 1998.

Sabio Alcutén, Alberto, »Un rasgo de política monetaria en tiempo de guerra: el canje de monedad en Cuba y Puerto Rico (1895–1898)«, in: *Tiempos de América*, Nr. 3–4 (1999), S. 3–18.

Saco, José Antonio, *Obras*, 2 Bde., La Habana, 2001 (Biblioteca de Clásicos Cubanos).

Sahagún, Felipe, »Cuba: un asunto interno español«, in: *Meridiano CERI*, 8 (1996), S. 4–9.

Sánchez Abadía, Silvia, »Olvidos de una guerra: el coste humano y económico de la independencia (Cuba-España, 1895–1898)«, in: *Revista/Review Interamericana*, Vol. LXI, Núm. 221 (2001), S. 113–140.

Sanjenis, Avelino, *Tiburón*, La Habana: Librería Hispanoamericana, 1915.

Santamaría García, Antonio, «Un problema, múltiples intereses y dos enfoques historiográficos: La crisis de 1920–1921 en Cuba«, in: *Revista Mexicana del Caribe*, Año IV, No. 8 (1999), Chetumal, Quintana Roo, S. 158–191.

Santamaría García, Antonio, »El crecimiento económico de Cuba Republicana (1902–1959). Una revisión y nuevas estimaciones en perspectiva comparada (población, inmigración golondrina, ingreso no azucarero y producto nacional bruto«, in: *Revista/Review Interamericana*, vol. LX, núm. 219 (2000), S. 505–545.

Santovenia, Emeterio S., *José Miguel Gómez. Contribución biográfica a la conmemoración del primer centenario de su nacimiento*, La Habana 1958.

Sarabia, Nydia, *Floro Pérez. Biografía de un revolucionario de 1930*, La Habana: Instituto Cubano del Libro, 1972.

Sarmiento Ramírez, Ismael, »Las bebidas alcohólicas en la Cuba del siglo XIX: Uso y abuso«, in: *Del Caribe*, Nr. 38 (2002), S. 75–89.

Sarusky, Jaime, *La aventura de los suecos en Cuba*, La Habana: Asdi; Editorial Arte y Literatura, 1999.

Scarpaci, Joseph L.; Segre, Roberto; Coyula, Mario, *Havana: Two Faces of the Antillean Metropolis*, foreword by Duany, Andrés, Chapel Hill: University of North Carolina Press, 2002.

Schumann, Peter B., »Dissident in Kuba – Formen politischer und kultureller Opposition«, in: *Kuba heute …*, S. 291–312.

Schwartz, Rosalie, *Lawless Liberators. Political Banditry and Cuban Independence*, Durham: Duke University Press, 1989.

Schwartz, *Pleasure Island: Tourism and Temptation in Cuba*, Lincoln: University of Nebraska Press, 1997.

Scott, Rebecca J., »The Transformations of Sugar Production in Cuba after Emancipation, 1880–1900: Planters, Colonos and Former Slaves«, in: *Crisis and Change in the International Sugar Economy 1860–1914*, ed. by Albert, Bill; Graves, Adrian, Norwich and Edinburgh, ISC Press, 1984, S. 111–120.

Scott, »Explaining Abolition: Contradiction, Adaption, and Challenge in Cuban Slave Society, 1860-86«, in: *CSSH*, 26 (January 1984), S. 83–111.

Scott, *Slave Emancipation in Cuba. The Transition to Free Labor, 1860–1899*, Princeton, N.Y.: Princeton University Press, 1985.

Scott, »Race, Labor, and Citizenship in Cuba. The View from the Sugar District of Cienfuegos, 1886–1909«, in: *Hispanic American Historical Review*, 78 (November 1998), S. 687–728.

Scott, »Raza, clase y acción colectiva en Cuba, 1895–1912: formación de alianzas interraciales en el mundo de la caña«, en: Op. Cit., *Revista del Centro de Investigaciones Históricas*, núm. 9 (1997), S. 131–157.

Scott, »Fault Lines, Color Lines, and Party Lines«, in: Cooper, Frederick; Holt, Thomas C.; Scott, Rebecca J., *Beyond Slavery. Explorations of Race, Labor, and Citizenship in Post-emancipation Societies*, Chapel Hill and London: The University of North Carolina Press, 2000, S. 61–106.

Scott, »Reclaiming Gregoria's Mule: The Meanings of Freedom in the Arimao and Caunao Valleys, Cienfuegos, Cuba, 1880–1899«, in: *Past & Present*, Number 170 (February 2001), S. 181–216.

Scott, »The Provincial Archive as a Place of Memory: Confronting Oral and Written Sources on the Role of Former Slaves in the Cuban War of Independence (1895–98)«, in: *New West Indian Guide/Nieuwe West-Indische Gids*, vol. 76 (3 & 4) (2002), S. 191–209.

Scott; Zeuske, »Demandas de propiedad y ciudadanía: Los exesclavos y sus descendientes en la región central de Cuba«, in: *Illes e Imperis*, 5, Barcelona (2001), S. 109–134.

Scott; Zeuske, »Property in Writing, Property on the Ground: Pigs, Horses, Land, and Citizenship in the Aftermath of Slavery, Cuba, 1880–1909«, in: *Comparative Studies in Society and History*. An International Quarterly, Vol. 44, No. 4 (October 2002), S. 669–699.

Scott; Zeuske, »The Right to have Rights: The Symbolic and Juridical Power of the Oral and the Written in the Claims-Making of Former Slaves, Cuba 1872–1907« (demnächst in *Annales*, Paris).

Segre, Roberto, »Continuidad y renovación en la arquitectura cubana del siglo XX«, in: *Santiago*, IV (marzo 1981), S. 9–35.

Sevilla, Rafael; Rode, Claus (Hrsg.), *Kuba. Die isolierte Revolution?*, Unkel/Rhein; Bad Honnef: Horlemann, 1993 (Edition Länderseminare).

Sims, Harold D., »Cuban Labor and the Communist Party, 1937–1958: An Interpretation«, in: *Cuban Studies/Estudios Cubanos*, XV (Winter 1985), S. 43–58.

Sims, »Collapse of the House of Labor: Ideological Divisions in the Cuban Labor Movement and the U.S. Role, 1944–1949«, in: *Cuban Studies/Estudios Cubanos*, XXI (1991), S. 123–147.

Skierka, Volker, *Fidel Castro. Eine Biographie*, Berlin: Kindler, 2001.

Smith, Earl T., *The Fourth Floor: An Account of the Castro Communist Revolution*, New York: Random House, 1962.

Smith, Lois M.; Padula, Alfred, *Sex and Revolution: Women in Socialist Cuba*, New York: Oxford University Press, 1996.

Smith, Wayne, *The Closest of Enemies*, New York: W.W. Norton, 1987.

Sola, José Sixto de, »Los extranjeros en Cuba«, in: *Cuba Contemporánea*, 8 (Junio de 1915), S. 105–128.

Soler Martínez, Rafael, »Los orígenes del trotzkismo en Cuba«, in: *Temas. Cultura. Ideología. Sociedad*, no. extraordinario 24–25 (enero–junio 2001), S. 45–55.

Soto, Lionel, *La revolución del 33*, 3 Bde., La Habana: Editorial de Ciencias Sociales, 1977.

Stokes, William S., »The ›Cuban Revolution‹ and the Presidential Elections of 1948«, in: *Hispanic American Historical Review*, 31 (February 1951), S. 37–79.

Stoner Wheeler, K. Lynn, »In Defense of Motherhood: Divorce Law in Cuba During the Early Republic«, in: *Studies in Third World Societies*, XV (March 1982), S. 1–32.

Stoner Wheeler, *From the House to the Streets. The Cuban Woman's Movement for Legal Reform, 1898–1940*, Durham and London: Duke University Press, 1991.

Stoner, *The Women's Movement in Cuba, 1898–1958*, Wilmington: Scholarly Resources, 1991.

Stubbs, Jean, *Cuba: the Test of Time*, London: Latin America Bureau, 1989.

Stubbs, *Tabaco en la periferia. El complejo agro-industrial cubano y su movimiento obrero, 1860–1959*, La Habana: Editorial de Ciencias Sociales, 1989.

Suárez, Andrés, »The Cuban Revolution: The Road to Power«, in: *Latin American Research Review (LARR)*, VII (Fall 1972), S. 5–29.

Suárez Núñez, *José, El gran culpable*, Caracas: 1963.

Suchlicki, Jaime, *University Students and Revolution in Cuba, 1920–1968*, Coral Gables, Fla.: University of Miami Press, 1969.

Suchlicki (ed.), *The Cuban military under Castro*, Research Institute for Cuban Studies, Coral Gables, Fla.: University of Miami, North-South Center Publications, 1989.

Swan, Harry, »The Nineteen Twenties: A Decade of Intellectual Change in Cuba«, in: *Revista/Review Interamericana*, VIII (Summer 1978), S. 275–288.

Sweig, Julia E., *Inside the Cuban Revolution. Fidel Castro and the Urban Underground*, Cambridge, Mass. [etc.]: Harvard University Press, 2002.

Tabares del Real, José, *La revolución del 30: sus dos últimos años*, La Habana: Edición de Arte y Literatura / Instituto Cubano del Libro, 1971.

Tabares del Real, »Batista: contrarevolución y reformismo. 1933–1945«, in: *Temas. Cultura. Ideología. Sociedad*, no. 24–25 (enero–junio de 2001), S. 66-82.

Taber, Robert, *M–26, the Biography of a Revolution*, New York: Lyle Stuart, 1961.

Taibo, Paco Ignacio II, *Ernesto Ché Guevara: también conocido como el Ché*, México: Editorial Joaquín Mortiz, Grupo Editorial Planeta, 1996.

Taibo, *Che. Die Biographie des Ernesto Che Guevara*, Hamburg: Edition Nautilus, 1997.

Tarragó, Rafael E., *Experiencias políticas de los cubanos en la Cuba española 1512–1898*, Barcelona: Puvill Libros, S.A. (Biblioteca Universitaria Puvill) [1996].

Tarragó, »Cuba and Cubans trough the Pages of the New York Times in 1898«, in: *Jahrbuch für Geschichte von Staat, Wirtschaft und Gesellschaft Lateinamerikas (JbLA)*, 39 (2002), S. 341–369.

Taylor, Frank, »Revolution, Race, and Some Aspects of Foreign Relations in Cuba since 1959«, in: *Cuban Studies*, 18 (1988), S. 19–41.

Tennant, Gary, *The Hidden Pearl of the Caribbean. Trotskyism in Cuba, Revolutionary History*, vol. 7, no. 3 (Spring 2000), London: Porcupine Press; Socialist Platform, 2000.

Thomas, Hugh, *Cuba or the Pursuit of Freedom*, London: Eyre & Spottiswoode, 1971.

Thomas, *Cuba, la lucha por la libertad*, 3 vols., Barcelona, Editorial Grijalbo, 1973–1974.

Thomas, Castros Cuba, Berlin: Siedler, 1984.

Thompson, Robert S., *The Missiles of October: The Declassified Story of John F. Kennedy and the Cuban Missile Crisis*, New York, 1992.

Tilly, Charles, »Does Modernization Breed Revolution?«, in: *Revolutions: Theoretical, Comparative, and Historical Studies*, ed. by Goldstone Jack, Orlando: Harcourt Brace Jovanovich, 1986, S. 47–57.

Torres-Cuevas, Eduardo, *Antonio Maceo. Las ideas que sostienen el arma*, La Habana: Editorial de Ciencias Sociales, 1995.

Tosstorff, Reiner, »Säuberungen im kubanischen Kommunismus. Anmerkungen zu zwei Augenzeugenberichten und einer Dokumentation«, in: *Jahrbuch für historische Kommunismusforschung*, Aufbau Berlin, Bd. 2000/2001, S. 213–236.

United States National Archives (USNA), Washington, Record Group (RG) 395, Records of U.S. Army Overseas Operation and Commands, 1898–1942, Army of Cuban Pacification, 1906–1909, General Correspondence of the Military Intelligence Division, 1906–1909, series (s.) 1008, entry (e.) 25, item (i.) 61, Aug 27, 1908.

U.S.-Cuban Relations in the 1990s, ed. Domínguez, Jorge I.; Hernández, Rafael, Boulder, Colo.: Westview, 1989.

Urrutia Lleo, Manuel, *Fidel Castro and Company*, Inc., New York, 1984.

Useem, Bert, »Peasant Involvement in the Cuban Revolution«, in: *Journal of Peasant Studies*, V (Oct. 1977), S. 99–111.

Valdés Paz, Juan, *Procesos agrarios en Cuba*, La Habana: Editorial de Ciencias Sociales, 1997.

Valdés, Nelson P., »Revolution and Institutionalization in Cuba«, in: *Cuban Studies/Estudios Cubanos*, VI (Jan. 1976), S. 1–37.

Valdés, Nelson P., »The Cuban Revolution: Economic Organization and Bureaucracy«, in: *Latin American Perspectives*, VI (Winter 1979), S. 13–37.

Varios Autores, redacción general: Zanetti, Oscar; García, Alejandro, *United Fruit Company; un caso de dominio imperialista en Cuba*, La Habana: Editorial de Ciencias Sociales, 1976.

Varona, Enrique José, *De la Colonia a la República*. Selección de trabajos políticos ordenada por el autor, La Habana: Sociedad Editorial Cuba Contemporánea, 1919.

Varona, *El imperialismo a la luz de la sociología*, La Habana: Editorial APRA, 1933.

Varona, *Política y Sociedad*, selecc. e introducc. de Meza, Josefina y Rodríguez, Pedro Pablo, La Habana: Editorial de Ciencias Sociales, 1999.

Varona, M. Franco, *La revolución del 4 de septiembre*, La Habana, 1934.

Vega Suñol, Jorge, »La colonización norteamericana en el territorio nororiental de Cuba, 1898–1933«, in: *Anales del Caribe*, 10 (1990), S. 211–234.

Veguer, Pascual B. *Marcos, El negro en Cuba*, La Habana: o.O., 1955.

Velasco, Carlos de, »El problema negro«, in: *Cuba Contemporánea I* (febrero 1913), S. 73–79.

Wallich, Henry Christopher, *Monetary Problems of an Export Economy: The Cuban Experience, 1917–1947*, Cambridge, Mass.: Harvard University Press, 1960.

Walter, Monika, »Testimonio y melodrama: en torno a un debate actual sobre Biografía de un cimarrón y sus consecuencias posibles«, in: Reinstädtler, Janett; Ette, Ottmar (eds.), *Todas las islas la isla. Nuevas y novísimas tendencias en la literatura y cultura de Cuba*, Frankfurt am Main; Madrid: Vervuert, 2000, S. 25–38.

Walter, »Was fehlt, ist eine kräftige Brise Verrücktheit.‹ Casa de las Américas und die kubanische Kulturpolitik«, in: *Kuba heute ...*, S. 523–549.

Wehler, Hans Ulrich, »›Cuba Libre‹ und amerikanische Intervention. Der kubanische Aufstand seit dem Februar 1895 und drei Phasen der amerikanischen Kubapolitik bis zum September 1897«, in: *Jahrbuch für Geschichte von Staat, Gesellschaft und Wirtschaft Lateinamerikas (JbLA)*, 2 (1965), S. 303–346.

Welch, Richard E., *Response to Revolution: The United States and the Cuban Revolution, 1959–1961*, Chapel Hill: The University of North Carolina Press, 1985.

Werz, Nikolaus, »Die kubanische Revolution 1958/59«, in: Wende, Peter (Hrsg.), *Große Revolutionen der Geschichte. Von der Frühzeit bis zur Gegenwart*, München: C.H. Beck, S. 277–288.

White, Mark J., *The Cuban Missile Crisis*, Hampshire: Macmillan Press, 1996.

Whitney, Robert, »The Architect of the Cuban State: Fulgencio Batista and Populism in Cuba, 1937–1940«, in: *Journal of Latin American Studies (JLAS)*, vol. 32, part 2 (May 2000), S. 435–459.

Whitney, *State and Revolution in Cuba. Mass Mobilization and Political Change, 1920–1940*, Chapel Hill & London: The University of North Carolina Press, 2001.

Wickham-Crowley, Timothy P., *Guerrillas and Revolution in Latin America: A Comparative Study of Insurgents and Regimes Since 1956*, Princeton: Princeton University Press, 1992.

Widderich, Sönke; Wehrhahn, Rainer, »Informeller Sektor in Kuba: Motor des Wandels oder individuelle Überlebensstrategie«, in: Bähr, Jürgen; Widderich, Sönke (Hrsg.), *Vom Notstand zum Normalzustand – Eine Bilanz des kubanischen Transformationsprozesses* (Kieler Geographische Schriften, Bd. 103), Kiel: Im Selbstverlag des Geographischen Instituts der Universität Kiel, 2000, S. 113–138.

Wilkerson, Loree, *Fidel Castro's Political Programs from Reformism to ›Marxism-Leninism‹*, Gainesville, Fla.: University Press of Florida, 1965.

Wirth, Dieter, »Die Bedeutung der Gewalt im Entwicklungsprozeß Cubas«, in: *Jahrbuch für Geschichte von Staat, Wirtschaft und Gesellschaft Lateinamerikas (JbLA)*, Bd. 16, Köln (1978), S. 175–189.

Wolf, Eric R., *Peasant Wars in the Twentieth Century*, New York: Harper and Row, 1969.

Wood, Dennis B., »The Long Revolution: Class Relations and Political Conflict in Cuba, 1868–1968«, in: *Science and Society*, XXXIV.

Wright, Ann, »Intellectuals of an Unheroic Period of Cuban History, 1913–1923: The ›Cuba Contemporánea‹ Group«, in: *Bulletin of Latin American Research*, 7 (1988), S. 109–122.

Wright, Irene A., *Cuba*, New York: The Macmillan Comp., 1910.

Wright, Thomas C., *Latin America in the Era of the Cuban Revolution*, New York: Praeger Publishers, 2000.

Wünderich, Volker, *Sandino. Eine politische Biographie*, Wuppertal: Peter Hammer, 1995, S. 161–174.

Yacou, Alain, »Altérité radicale et convivencia: le marronage dans l'île de Cuba dans la première moitié du XIXᵉ siècle«, in: *Structures et cultures des sociétés ibéro-américaines au-delà du modèle socio-économique*. Colloque international en hommage au professeur François Chevalier 29–30 avril 1988, Paris 1990, S. 95–111.

Yglesias Martínez, Teresita, *Cuba: primera república, segunda intervención*, La Habana: Editorial de Ciencias Sociales, 1976.

Yglesias Martínez, *El segundo ensayo de república*, La Habana: Editorial de Ciencias Sociales, 1980.

Zaldívar Morales, Elsy; Jiménez, Odalys, »Las inversiones de capital extranjero en Santiago de Cuba entre 1902 y 1919«, in: *Del Caribe*, núm. 33 (2000), S. 97–102.

Zanetti Lecuona, Oscar; García Álvarez, Alejandro, *Caminos para el azúcar*, La Habana: Editorial de Ciencias Sociales, 1987.

Zanetti Lecuona, »El siglo que se fue: azúcar y economía en Cuba«, in: *Temas. Cultura. Ideología. Sociedad*, nos. 24–25 (enero–junio 2001), número extraordinario. Nueva época, S. 10–22.

Zavala, Juan Ovidio, *Las constituciones vigentes*, 3 Bde., Buenos Aires: Editorial Perrot, 1961.

Zeitlin, Maurice, *Revolutionary Politics and the Cuban Working Class*, New York: Harper Torchbooks, 1970.

Zeuske, Max, »Zur Bildung des Partido Unido de la Revolución Socialista de Cuba«, in: *Die nationale Befreiungsbewegung*. Jahresübersicht 1963 (Wissenschaftliche Zeitschrift der Karl-Marx-Universität Leipzig, Gesellschafts- und Sprachwissenschaftliche Reihe, Sonderband III), Leipzig 1964, S. 81–107.

Zeuske, Max, »Erfolge der kubanischen Revolution im Bildungswesen«, in: *Das Hochschulwesen*, Heft 6 (1965), S. 419–426.

Zeuske, Max, »Zum Problem einer proletarischen Komponente in der kubanischen Unabhängigkeitsrevolution 1895–1898«, in: Manfred Kossok; Editha Kross (Hrsg.), *Proletariat und bürgerliche Revolution (1830–1917)*, Berlin: Akademie-Verlag, 1990 (Studien zur Revolutionsgeschichte. In Verbindung mit Walter Markov, Gerhard Schilfert und Walter Schmidt hrsg. v. M. Kossok), S. 233–251.

Zeuske, Michael, »The Cimarrón in the Archives: A Re-Reading of Miguel Barnet's Biography of Esteban Montejo«, in: *New West Indian Guide/Nieuwe West-Indische Gids*, vol. 71, no. 3 & 4 (1997), S. 265–279.

Zeuske, »Der Cimarrón und die Archive. Ex-Sklaven, ethnische Gewalt und Ideologie auf Kuba«, in: *Grenzgänge. Beiträge zu einer modernen Romanistik*, 4. Jg., H. 8 (1997), S. 122–139.

Zeuske, »Die diskrete Macht der Sklaven. Zur politischen Partizipation von Afrokubanern während des kubanischen Unabhängigkeitskrieges und der ersten Jahre der Republik (1895–1908) – eine regionale Perspektive«, in: *Comparativ. Leipziger Beiträge zur Universalgeschichte und zur vergleichenden Gesellschaftsforschung*, 7. Jg., H. 1 (1997), S. 32–98.

Zeuske (mit Reinhard Liehr und Matthias Röhrig-Assunção),»Afro-Latin America's Legacy. Introduction«, in: *Ibero-Amerikanisches Archiv. Zeitschrift für Sozialwissenschaften und Geschichte.* Neue Folge, Jg. 24 (1998), Heft 3–4, S. 269–278.

Zeuske,»¿Un Caribe alemán? El Imperio Guillermino y Cuba hacia 1898«, in: *El Caribe y América Latina.* El 98 en la coyuntura imperial, tomo I, María Teresa Zavala/Consuelo Naranjo Orovio/José Alfredo Uribe Salas (coords.), Michoacán: Instituto de Investigaciones Históricas, 1998, S. 153–166.

Zeuske,»El ›Cimarrón‹ y las consecuencias de la guerra del 95. Un repaso de la biografía de Esteban Montejo«, in: *Revista de Indias*: Cuba 1898, García, Armando; Naranjo Orovio, Consuelo (coords.), vol. LVIII, núm. 212 (1998), S. 65–84.

Zeuske,»Ethnische Gewalt auf Kuba zwischen Kolonie und Unabhängigkeit«, in: Heinz-Joachim Domnick/Jürgen Müller/Hans-Jürgen Prien (Hrsg.), *Interethnische Beziehungen in der Geschichte Lateinamerikas,* Frankfurt am Main: Vervuert, 1999 (Acta Coloniensia. Estudios Ibéricos y Latinoamericanos, eds. H.-J. Prien/M. Zeuske, vol. 3), S. 227–237.

Zeuske: »Novedades de Esteban Montejo«, in: *Revista de Indias,* vol. LIX, núm. 216 (1999), S. 521–525.

Zeuske,»Estructuras, movilización afrocubana y clientelas en un hinterland cubano: Cienfuegos 1895–1906«, in: *Identidad cultural y lingüística en Colombia, Venezuela y el Caribe hispánico.* Actas del Segundo Congreso Internacional del Centro de Estudios Latinoamericanos (CELA) de la Universidad de Maguncia en Germersheim, 23–27 de junio de 1997, editadas por Perl, Matthias; Pörtl, Klaus (Beihefte zur Iberoromania 15, hrsg. v. Briesemeister, Dietrich et al.), Tübingen: Max Niemeyer, 1999, S. 107–134.

Zeuske,»Clientelas regionales, alianzas interraciales y poder nacional en torno a la ›guerrita de Agosto‹ (1906)«, in: *Islas e Imperios. Estudios de historia de las sociedades en el mundo colonial y post-colonial,* núm. 2 (primavera 1999), Barcelona: Universitat Pompeu Fabra, S. 127–156.

Zeuske,»Schwarze Erzähler – weiße Literaten. Erinnerungen an die Sklaverei, Mimesis und Kubanertum«, in: Rubiera Castillo, Daisy, *Ich, Reyita. Ein kubanisches Leben,* aus dem Spanischen von Max Zeuske, Zürich: Rotpunktverlag, 2000, S. 211–262.

Zeuske,»Los negros hicimos la independencia‹: Aspectos de la movilización afrocubana en un hinterland cubano – Cienfuegos entre colonia y república«, in: Martínez Heredia; Scott; García Martínez, *Espacios, silencios y los sentidos de la libertad: Cuba 1898–1912,* La Habana: Ediciones Unión, 2001 (2003), S. 193–234.

Zeuske,»lux veritatis, vita memoriæ, magistra vitæ – Dieciséis vidas y la historia de Cuba«, in: Josef Opatrný y Consuelo Naranjo Orovio (eds.), *Visitando la isla. Temas de historia de Cuba,* Madrid-Frankfurt, Iberoamericana-Vervuert, Cuadernos AHILA, núm. 9 (2002), S. 161–190.

Zeuske,»Hidden Markers, Open Secrets. On Naming, Race Marking and Race Making in Cuba«, in: *New West Indian Guide/Nieuwe West-Indische Gids,* vol. 76, no. 3 & 4 (2002), S. 235–266.

Zeuske (mit Rebecca J. Scott), »Property in Writing, Property on the Ground: Pigs, Horses, Land, and Citizenship in the Aftermath of Slavery, Cuba, 1880–1909«, in: *Comparative*

Studies in Society and History. An International Quarterly, Vol. 44, No. 4 (October 2002), S. 669–699.

Zeuske, »Christian Wilhelm Jamm und die Sklaverei auf Kuba«, in: *Geroldsecker Land. Jahrbuch einer Landschaft,* Heft 45 (2003), S. 19–46.

Zeuske, »Einleitung: Liberale aller Länder, vereinigt Euch!«, in: Liberalismus in Spanien und Lateinamerika, Hrsg. Zeuske, Michael (*Comparativ. Leipziger Beiträge zur Universalgeschichte und zur vergleichenden Gesellschaftsforschung,* 12. Jg. (2002), Heft 4), S. 7–13.

Zeuske, »Verborgene Zeichen, offene Geheimnisse. Sklaverei, Postemanzipation, Namen und die Konstruktion von Rasse auf Kuba, 1870–1940«, in: *Zeitschrift für Weltgeschichte,* Hannover, 3, Heft 2 (Herbst 2002), S. 89–117.

Zeuske, »Sozialgeschichte, Historismus und der Zykluscharakter von Revolutionen. Lateinamerikanische und spanische Geschichte im Werk von Manfred Kossok«, in: *Vom Brasilienvertrag zur Globalgeschichte. In Erinnerung an Manfred Kossok anläßlich seines 70. Geburtstages* (Arbeitsberichte des Instituts für Kultur und Universalgeschichte Leipzig e.V., Heft 3), Matthias Middell (Hrsg.), Leipzig: Leipziger Universitätsverlag, 2002, S. 49–83.

Zeuske, »Un francés asesinado en Cuba. Alcaldes municipales y el gobierno provincial de Oriente ante un incidente de la ›guerra de razas‹ de 1912«, in: *Del Caribe,* No. 40, Santiago de Cuba (2003), S. 85–91.

Zeuske, »›Sin otro apellido‹. Nombres esclavos, marcadores raciales e identidades en la transformación de la colonia a la república, Cuba 1870–1940«, in: *Tzintzun. Revista de Historia,* 36, Morelia, Michoacán (julio–diciembre de 2002), S. 153–208.

Zeuske, »¿*Humboldteanización* del mundo occidental? La importancia del viaje de Humboldt para Europa y América Latina«, in: *Humboldt im Netz.* International Review for Humboldtian Studies (H*i*N), Potsdam, IV, 6 (2003).

Zeuske, »Rethinking Latin America's Cycle of 20th-Century Revolutions: Cuba 1959–2003«, Vortrag auf der Konferenz: *Rethinking Latin America's Century of Revolutionary Violence,* Yale University, New Haven, May 15–17, 2003, Luce Hall (demnächst).

Zeuske, *Schwarze Karibik. Sklaverei, Sklavenkulturen und Emanzipation,* Zürich: Rotpunktverlag, 2004.

Zimbalist, Andrew (ed.), *Cuba's Socialist Economy Toward the 1990s,* Boulder, Colo., Westview/London: Lynne Rienner Publishers, 1987.

Zito, Míriam, *Asalto,* La Habana: Casa Editora Abril, 2001.

Zuaznábar, Ismael, *La economía cubana en la década del 50,* La Habana: Editorial de Ciencias Sociales, 1986.

Personen- und Ortsregister

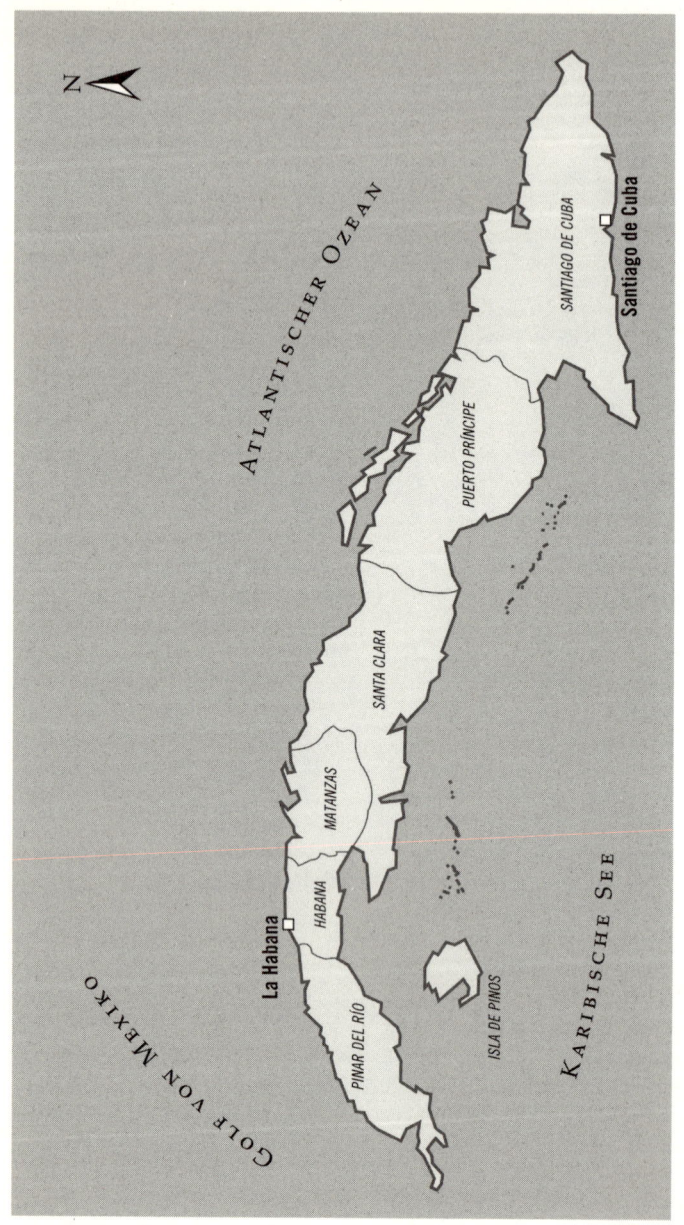

250 Kilometer

Santiago de Cuba

La Habana

GOLF VON MEXIKO

ATLANTISCHER OZEAN

KARIBISCHE SEE

PINAR DEL RÍO

HABANA

MATANZAS

SANTA CLARA

PUERTO PRÍNCIPE

SANTIAGO DE CUBA

ISLA DE PINOS